ERNST UDET

Als ich ein Knabe war, erzählte mir mein Vater von einem legendären deutschen Flieger, der mit dem Flügel seines Flugzeuges ein Taschentuch vom Boden aufheben konnte. Dem Gedächtnis meines Vaters widme ich dieses Buch.

Armand van Ishoven

Armand van Ishoven

ERNST UDET

Biographie eines großen Fliegers

Lizenzausgabe für
Manfred Pawlak Verlagsgesellschaft mbH, Herrsching

Deutschsprachige Ausgabe by Paul Neff Verlag KG, Wien

Printed in Germany
ISBN 3-88199-316-9

INHALT

VORWORT

Die Wolkenuntergrenze ist fast erreicht. Ich nehme wieder Kurs nach Süden. Langsam kommt die Stadt Verdun in Sicht. Dort hat sich Ernst Udet im Jahre 1913 aufgehalten.

Zu meiner Rechten sind die Argonnen undeutlich erkennbar und dahinter kann ich die Stadt Reims erahnen. In ihrer Nähe hat Udet zwei Gegner abgeschossen.

Ich fliege in meinem Segelflugzeug über den Schlachtfeldern des Ersten Weltkrieges. Hier haben die Ritter der Lüfte gekämpft: Guynemer, Ball, Richthofen, Udet und viele andere.

Es ist ihr Himmel, ihr Kampfgebiet, in dem ich in meiner Nußschale aus Sperrholz hänge: Ein Segelflugzeug auf freiem Streckenflug, der keinen Ruhm einbringt, scheinbar ohne Sinn und Zweck ist, aber unvergleichliche Einsichten und Aussichten in unserer ansonsten so technisierten Welt vermittelt.

So habe ich auf recht unkonventionelle Art in 1000 m Höhe Studien für meine Udet-Biographie betrieben. Nicht immer waren die Vorarbeiten für dieses Buch so unbeschwert, aber stets interessant und lohnend.

Hans Waldhausen, Udets Kamerad aus dem Ersten Weltkrieg, hat mit mir an einem bitterkalten Tag einen Gewaltmarsch durch Köln gemacht. Er dauerte zwei Stunden, aber der achtzigjährige ehemalige Jagdflieger meinte, es sei nur ein Spaziergang gewesen.

Drei Tage dauerten die Gespräche mit Erich Baier, der Udet als Mechaniker nach Afrika, Grönland und Amerika begleitet und sechs Jahre lang alle Freuden, Leiden und Abenteuer mit ihm geteilt hat.

Ich saß Inge Bleyle gegenüber, die verhalten weinte, als sie über die letzten Jahre Udets sprach, die sie mit ihm verbrachte, und ich traf Kurt Schnittke, der bei Udets letzten Flügen an seiner Seite war und heute noch die Bar aufbewahrt, die in seiner Reisemaschine Siebel Fh 104 eingebaut war und die leere Flasche Cognac Courvoisier, die er mit ihm in der Nacht vom 16. zum 17. November 1941 ausgetrunken hat.

Mit Walter Angermund, der ihn vielleicht von allen am besten gekannt hat, saß ich in einem Lokal am Münchener Hauptbahnhof stundenlang beisammen, ehe er in seine letzten Ferien in den Schwarzwald fuhr, und Werner Junck erzählte mir vor seinem Tode viele Geschichten aus dem Leben seines Kameraden.

So wie mit diesen Kronzeugen seines Lebens habe ich noch mit Hunderten von Menschen gesprochen, die Udet kannten oder glaubten, ihn gekannt zu haben, und ich habe an die tausend Briefe an Archive, Ämter und Augenzeugen mit der Bitte um Überlassung von Berichten, Dokumenten und Erinnerungen geschrieben. Das alles auf der Suche nach Ernst Udet, von seinen Freunden Erni, Knekkes oder Udlinger genannt.

Eine gültige Biographie dieses Mannes kann sich aber nicht auf die Aufzählung von Daten und Taten beschränken, sondern muß versuchen, dem Wesen seines legendären Rufes nachzuspüren. Im Schauspiel „Des Teufels General" seines Freundes Carl Zuckmayer hat diese Legende ihre literarische Überhöhung erfahren: Der Weg vom jungen Menschen, der sich des Lebens freut, über den reifen Mann, der ganz allein auf sich gestellt nur ein Flieger sein will, zum alten Wolf, der halb willig, halb widerwillig, noch einmal mit der Meute und in den Untergang zieht.

So habe ich mich bemüht, Leben und Legende des Mannes Ernst Udet zu schildern, mit dem mich eine tiefe, unstillbare Leidenschaft verbindet: das Fliegen.

A. v. I.

„Beim Ausprobieren einer Kampf-
maschine. Jawohl. Staatsbegräbnis."
Carl Zuckmayer, „Des Teufels General", III. Akt

„Der Generalluftzeugmeister Generaloberst Ernst Udet erlitt am 17. November 1941, bei Erprobung einer neuen Waffe einen so schweren Unglücksfall, daß er an den Verletzungen auf dem Transport verschied.

Der Führer hat für den auf so tragische Weise in Erfüllung seiner Pflicht dahingegangenen Offizier ein Staatsbegräbnis angeordnet."

Meldung des Deutschen Nachrichtenbüros vom 17. 11. 1941.

Der „Völkische Beobachter" berichtete am 22. 11. 1941 über dieses Staatsbegräbnis:

„In der Halle des Reichsluftfahrtministeriums liegen Hunderte von Kränzen, im Treppenhaus und auf der Empore weitere ungezählte Kranzspenden. Im Ehrensaal ruht auf dem Katafalk, bedeckt von der Reichskriegsflagge, von Degen und Helm des Verewigten, der Sarg mit den sterblichen Resten des Generalluftzeugmeisters. Aus vier hohen, schwarz umflorten, mit dem Eisernen Kreuz geschmückten Pylonen brennen die Opferflammen. Offiziere der Luftwaffe halten die Ehrenwache. Neben sie treten kurz vor Beginn der Trauerfeier die Adjutanten des Generalobersten mit den Ordenskissen.

Vor der Bahre nehmen die Mutter des Generalobersten Udet, seine nächsten Angehörigen und Frau Göring Platz.

Der Führer und der Reichsmarschall grüßen den toten Helden. Darauf wendet sich der Führer den Trauernden zu; lang drückt er der Mutter des Generaloberst Udet die Hand. Inzwischen intoniert die Staatskapelle den Trauermarsch aus der ‚Götterdämmerung'. Nachdem diese Klänge verhallt sind, tritt Reichsmarschall Göring vor den Katafalk und führt aus:

‚Jetzt müssen wir Abschied nehmen. Unfaßbar ist der Gedanke, daß du, mein lieber Udet, nicht mehr unter uns weilst. Noch können wir es nicht verstehen, denn gerade deine Art war so kraftvoll, so belebend und fröhlich, und du warst uns ein so guter Kamerad, daß jeder von uns sich dir auf das innigste verbunden fühlte.

Ich denke zurück vor sechsundzwanzig Jahren; da waren wir beide noch jung und Jagdflieger, und du warst der fröhlichste unter uns. Und doch – wie hart war dein Wille und wie stahlklar dein Auge, wenn es galt, den Feind zu vernichten!

Und wie oft sprachen wir, daß wir den Tag ersehnten, da unsere Luftwaffe neu und stärker erstehen sollte! Und dieser Tag kam. Damals sprachst du zum ersten Male von Sturzkampffliegern. Unvergessen sind mir deine begeisternden Worte, mit denen du – Soldat und Künstler zugleich – mir das auseinandergesetzt hast.

Wo gab es wohl einen Chef des Technischen Amtes, der selbst jede neue Maschine ausprobierte.

Und so bist du nun auch für uns gefallen, wiederum weil du alles selbst machen wolltest.

Noch wissen wir nicht, wie wir die Lücke, die du gelassen hast, ausfüllen sollen.

Der Allmächtige hat dich abberufen, und nun kannst du zu den anderen gehen, die vor dir gefallen sind.

Und nun kann ich als Letztes nur noch sagen: Mein bester Kamerad, leb wohl!'

Die Ordenskissenträger und die Fahnenträger verlassen den Saal. Nach ihnen wird der Sarg vom Katafalk gehoben. Ernst Udet verläßt für alle Zeiten die Stätte seines Wirkens. Als die Bahre das Portal des Luftfahrtministeriums verläßt, präsentiert die Trauerparade das Gewehr. Über die Wilhelmstraße, den Wilhelmplatz, die Luisenstraße entlang nimmt der Trauerzug seinen Weg. Ernst Udet findet seine Ruhestatt auf dem Invalidenfriedhof."

Soweit der Bericht des „Völkischen Beobachters" über das Begräbnis von Ernst Udet, der fünf Tage zuvor Selbstmord durch Erschießen begangen und als Abschiedsbotschaft an Hermann Göring die Worte hinterlassen hatte: „Eiserner, Du hast mich verlassen!"

ERSTER TEIL

Ein junger Mensch
1896–1918

„Wer ohne Hoffnung kämpft – der ist schon halb verloren. Und Hoffnung – das ist, daß man sich auf etwas freut. Ein junger Mensch muß sich doch freuen – aufs Leben!“

Carl Zuckmayer, „Des Teufels General“, I. Akt

I

DAS SONNTAGSKIND

Seine Vorfahren waren vor mehr als zweihundert Jahren als Protestanten, die unter der Herrschaft des Sonnenkönigs Ludwig XIV. verfolgt wurden, aus Frankreich geflohen. Nun stand er vor dem Standesbeamten, der langsam und sorgfältig die vorgeschriebenen Rubriken auf Seite 188 des Geburtenregisters ausfüllte.

Er erklärte, daß seine Frau, geborene Paula Krüger, drei Tage zuvor, am 26. April 1896, ihrem ersten Sohn das Leben geschenkt habe und daß er den Namen Ernst erhalten solle. Nachdem er geduldig gewartet hatte, bis der Beamte seine Eintragungen beendet hatte, fügte er dem vorgedruckten Vermerk: „Vorgelesen und genehmigt" das Wort „unterschrieben" hinzu und setzte seinen Namen darunter: Adolf Udet. Damit war Ernst Udets Geburt im Register der Stadt Frankfurt am Main vermerkt.

Paula Udet war sehr stolz auf ihren Sohn, der ein Sonntagskind war. Bald nach seiner Geburt übersiedelte die Familie nach München und bezog eine Wohnung in einem dreistöckigen Haus in der Kazmairstraße, die zur Theresienwiese führte, auf der das traditionelle Oktoberfest abgehalten wird.

Bald nach der Ankunft in München gingen die Eltern mit dem Kind in ein Photoatelier. Dort wurde Ernst zuerst mit seiner Mutter und dann mit seinem Vater photographiert. Die Bilder wurden der Großmutter geschickt, und Jahre danach, als ihr Sohn bereits berühmt war, erzählte Paula Udet einem Journalisten über die unerwartete Wirkung dieser Aufnahmen bei der Empfängerin: „Die Großmutter dachte, das wäre auf jedem Bild ein anderes Kind, und fragte besorgt an, ob es denn Zwillinge wären? Wir hätten doch nur von einem geschrieben!"

Der kleine Ernst wuchs heran und erwies sich als großer Tierfreund und unzertrennlicher Gefährte seines Airedaleterriers Flott. Nachdem der Knabe im Jahre 1902 in die Volksschule in der Stielerstraße eingetreten war, begleitete ihn der Hund auf dem täglichen Schulweg. Manchmal ging Flott bis ins Klassenzimmer mit, worauf der Lehrer mahnte: „Udet, bring deinen Hund hinunter! Er hat am Unterricht nicht teilzunehmen!"

Flott nahm aber an den Schlachten teil, die von den Schülern aus der Stielerstraße gegen die Knaben der Schwanthalerhöhe jenseits der Theresienwiese ausgefochten wurden. Ein Höhepunkt dieser Kämpfe war es, als Ernst und seine Kameraden eines Tages die Fahne der Gegner eroberten und Flott mit dem Feldzeichen im Maul über die „Wies'n" galoppierte.

Erni, wie er genannt wurde, war ein Lausbub. Seine Zeugnisse waren schlecht, aber er war ein ausgezeichneter Schütze mit der Zwille, der selbstverfertigten Schleuder. Vor allem war er ein Kind mit lebhafter Phantasie. Wenn er sich nicht mit seinen Freunden herumtrieb, zeichnete oder bastelte er. Seine Lieblingsbeschäftigungen waren das Zeichnen von kleinen Bildgeschichten und das Anfertigen von Flugzeugen. Anfänglich waren es einfache Papierflieger, später richtiggehende Modelle.

An seiner Mutter hing der Knabe in tiefster Liebe. Sie stammte aus Pommern, ihre Vorfahren und Verwandten waren Beamte, und nicht ohne Stolz wies sie darauf hin, daß ihr Vater Bismarck ähnlich gesehen habe.

Im Jahre 1906 trat Erni in die 1. Klasse C des Theresiengymnasiums auf dem Kaiser-Ludwig-Platz ein. Sein Schulweg führte ihn nun täglich an der Reiterstatue Kaiser Ludwigs des Bayern vorbei, der ernst vor sich hinblickte.

Erni war ein mäßiger Schüler, und am Ende des ersten Schuljahres lautete seine Beschreibung: „Körperlich normal, geistig gut begabt. Er erfaßt schnell, vergißt aber ebenso leicht wieder, interessiert sich für alles, aber etwas obenhin, weiß von vielem leicht und gefällig zu plaudern, kurz zeigt die charakteristischen Eigenschaften des sanguinischen Temperaments. Es geht ihm der tiefgreifende Ernst ab und die peinliche Genauigkeit in allen Arbeiten. Im Mündlichen war er sehr gut zu haben; sein Betragen blieb tadelfrei.“

Am 5. August des darauffolgenden Jahres 1908 zerschellte das Luftschiff LZ 4 des Grafen Zeppelin im Gewittersturm bei Echterdingen. Das Unglück war aber kein Rückschlag. Im Gegenteil: Eine Welle nationaler Begeisterung ging durch Deutschland, und bis Jahresende wurde die unerhörte Summe von sechs Millionen Mark aufgebracht, um Graf Zeppelin die Fortsetzung seiner Arbeit zu ermöglichen. Zum ersten Male hatte sich das intensive und in seiner Art einzigartige Interesse, das die Bevölkerung Deutschlands dem Luftfahrtgedanken entgegenbrachte, manifestiert. Man sprach überall von Luftschiffen und Flugzeugen, und vor allem die jungen Menschen begeisterten sich an der Vorstellung, eines Tages fliegen zu können. Einer von ihnen war Erni Udet.

Im Zeichen der Vorbereitungen für die erste Internationale Luftfahrtausstellung in Deutschland, kurz ILA genannt, die von Juli bis Oktober 1909 in Frankfurt am Main stattfand, gründete er mit Kameraden im Alter von zehn bis dreizehn Jahren den „Aero Club München“. An den schulfreien Mittwochnachmittagen trafen sie sich in ihrem „Clubraum“, dem Speicher des Hauses, in dem die Familie Udet wohnte, und bauten Flugmodelle. An Samstagnachmittagen zogen sie zur Isar oder zum Stadtbach, um die Modelle zu erproben. Erfolgreiche Flüge wurden mit einem Diplom bedacht, das der Klubpräsident Willy Götz und der Sekretär Otto Bergen unterzeichneten.

Manchmal wanderten die Knaben am Hauptbahnhof vorbei und über den Nymphenburger Kanal zum Oberwiesenfeld, auf dem die Baracken einer Luftschifferabteilung des bayrischen Heeres standen. Anfänglich war dort nur gelegentlich ein einsamer Fesselballon zu sehen. Nach und nach erschienen aber die ersten Piloten auf dem Oberwiesenfeld und machten mit dem Motorenlärm ihrer Maschinen die Pferde der Kavalleristen scheu.

Nachdem Gustav Otto, der Sohn Dr. Nicolaus Ottos, des

Schöpfers des Viertakt-Benzinmotors, in einem Holzschuppen in Milbertshofen begonnen hatte, Flugzeuge zu bauen, wurden auch die „Gustav Otto Flugmaschinenwerke“ ein beliebtes Ausflugsziel der Knaben. Sie preßten sich stundenlang an den Holzzaun der kleinen Fabrik und beobachteten die Mechaniker, die an den Doppeldeckern Gustav Ottos, an Eindeckern vom Typ Bleriot und an temperamentvollen Anzani-Motoren arbeiteten.

So wurden die Knaben mit dem Flugwesen vertraut und kannten bald die ersten bayerischen Flieger wie Dr. Lindpaintner und Baierlein. Ernst Udet, der nach wie vor gut und gerne zeichnete, begann um diese Zeit auch mit dem Photographieren. Doch die Fliegerei begeisterte ihn mehr denn je, und der Bau von Modellen genügte ihm nicht mehr. Er wollte fliegen und sich selbst einen Gleiter bauen.

Auf seinen Fortgang in der Schule wirkte sich diese Begeisterung abträglich aus. Er mußte die dritte Klasse wiederholen, und am Ende des Schuljahres 1909/10 lautete seine Beschreibung:

„Obwohl intelligent und nicht gerade schlecht begabt hat er doch nur mäßige Leistungen zu verzeichnen. Das kam größtenteils von seiner Zerstreutheit und Unaufmerksamkeit her. Er hat den Kopf voll anderer Gedanken, insbesondere spukt in ihm die Aviatik. Er will sogar selbst einen Eindecker konstruiert haben und später Aviatiker werden. Er zeichnet und photographiert zu viel; die Pflichtfächer werden nur so im Vorbeigehen mitgenommen. Ein Verkehr zwischen Schule und Haus wurde von der Familie nicht angestrebt.“

Der Wunsch, Flieger zu werden konnte im Jahre 1910 bei den Lehrern kaum Verständnis finden und Vertrauen erwecken. Der vierzehnjährige Ernst Udet stand aber mit seinem Streben nicht allein. Andere junge Menschen träumten den gleichen Traum und wurden so wie er berühmt. Willi Messerschmitt baute mit seinem älteren Freund Friedrich Harth um diese Zeit in Bamberg Segelflugzeuge, und Erwin Rommel hatte bereits zu Ostern 1908 in seinem Heimatort Aalen sein erstes Gleitflugzeug hergestellt. Zusammen mit Hans Keitel, der später leitender Ingenieur bei Dornier wurde, hat Rommel wahrscheinlich den ersten Gleitflug in einem Zweisitzer absolviert. Seltsame Duplizität des Schicksals: Erwin Rommel und Ernst Udet erhielten beide im Ersten Weltkrieg den Pour le mérite und starben beide – der eine als Generalfeldmarschall, der andere als Generaloberst – im Zweiten Weltkrieg von eigener Hand.

Die Sommerferien des Jahres 1910 verbrachte Ernst Udet mit seiner Mutter in Aschau, einem Dorf am Fuß der Berge, etwa 70 Kilometer von München entfernt. Dort baute er mit seinem Freund Berndthäusl seinen ersten Gleitflieger, wobei Berndthäusl nicht nur technische, sondern als Sohn eines wohlhabenden Münchner Bankdirektors auch finanzielle Hilfe gewährte. Der Apparat entstand im Hause des Bauern Martin Blimetsrieder, wo die Udets wohnten. Es war ein primitiver Hanggleiter aus Bambusrohren, die mit Leinen bespannt wurden. Die Holzböcke, auf denen er während der Arbeit ruhte, hatten sich die Knaben im Dorf ausgeborgt.

Der Apparat wog nach seiner Fertigstellung nur 35 Kilogramm, und die 17 Quadratmeter großen Flügel hatten weder Profil noch Ruder. Hätte der Gleiter jemals fliegen sollen, wäre es Aufgabe des Piloten gewesen, ihn durch Körperbewegungen und Gewichtsverlagerungen zu steuern.

Ernst Udet erprobte seine Konstruktion im Beisein einiger Kameraden vom Münchner Aeroclub und zog mit dem zerbrechlichen Apparat auf den nahe gelegenen Lehmbichl, gefolgt von zahlreichen Dorfbewohnern, die sich das Schauspiel des ersten Flugversuches in der Geschichte von Aschau nicht entgehen lassen wollten. Der vierzehnjährige Knabe lief einige Male den Hang hinunter, es gelangen ihm auch wenige kurze Sprünge, doch bald zeigte sich der Apparat den Anforderungen nicht gewachsen und zerbrach.

An Ort und Stelle kam Erni zu der Erkenntnis, daß es zum Fliegen zu früh sei und daß er sich vorläufig auf den Bau von Modellen beschränken müsse. Die Dorfbewohner waren zwar vom Ausgang des Flugversuches enttäuscht, zeigten sich jedoch beeindruckt, als ihnen der Vorsitzende des Münchner Aeroclubs, der Knabe Willi Götz, mit ernster Miene erklärte: „In dieser Gegend ist der Erdmagnetismus für das Fliegen zu stark." So kehrten die Bauern nach Aschau und Ernst Udet bald darauf nach München zurück, wo ihn die Schule und neue Flugmodellversuche erwarteten.

Das Erprobungsgelände waren nach wie vor die Isarauen und, inspiriert durch das Vorbild Bleriots, der am 25. Juli 1909 den Ärmelkanal überquert hatte, war es das Ziel der Mitglieder des Aeroclubs München, mit ihren Modellen die Isar, die sie den „Kanal" nannten, zu überqueren. Erni hatte sich einen kleinen Flugapparat mit Preßluftmotor gebastelt, der mit Hilfe einer Fahrradpumpe flugbereit gemacht wurde. Die Antriebskraft war zwar gering, die Maschine stürzte wiederholt in den Fluß und mußte mühsam geborgen werden, aber am 9. Januar 1909 erhielt Udet folgendes Diplom:

„Das offizielle Fliegerzeugnis des Aero Club München wurde von
Herrn Ernst Udet, Aviatiker
auf einem von der ‚M. G. W.' gebauten ‚Dorner Eindecker' erworben. Derselbe legte die vorgeschriebene Strecke von 3 m im Beisein des 1. Vorsitzenden und des Schriftführers zurück.
München im Januar 1911
1. Vorsitzender: W. Götz
Schriftführer: Otto Bergen
Aviatiker Claus Bergen"

Die Flugbegeisterung wirkte sich nachteiliger denn je auf den Schulerfolg aus, und am Ende des Schuljahres 1910/11 gaben die Lehrer folgendes Urteil über Ernst Udet ab:

„Der Junge ist für sein Alter schwächlich und macht einen nervösen Eindruck. Er hat auch öfter unter Magenbeschwerden und Unwohlsein zu leiden. Seine Begabung ist für das Gymnasium wohl nur noch zur Not hinreichend. Er ist ein unklarer Kopf und faßt langsam. Etwas reger zeigt sich seine Phantasie. Eine Verbesserung dieser Mängel wird noch erschwert durch seinen Mangel an Konzentration und durch sein flüchtiges, oberflächliches Wesen. Er ist eine gute, anhängliche Seele und tut auch gerne etwas dem Lehrer zuliebe. Seine Angehörigen waren nie in der Sprechstunde."

Erni mußte wieder einmal die Klasse wiederholen. Schuld daran dürfte auch sein Interesse für den väterlichen Betrieb gewesen sein, in dem Heizkessel und Warmwasseranlagen erzeugt wurden. Bald war er als eine Art Lehrling tätig, und ein junger Vorarbeiter namens Carl Moser brachte ihm das Schweißen bei. Den patriarchalischen Gepflogenheiten eines Familienbetriebes entsprechend, verbrachte Moser auch einen Teil seiner Freizeit mit dem Sohn des Firmenchefs und war dabei, wenn der Aeroclub München seine Modelle erprobte oder auf dem Oberwiesenfeld den Fliegern zusah.

Die Luftfahrt befand sich damals in stürmischer Aufwärtsentwicklung. Henri Farman hatte am 9. November 1907 eine neue Ära des Fliegens eröffnet, als ihm die erste Kurve mit einem Motorflugzeug gelang. Vier Jahre später waren die Maschinen bereits so weit entwickelt, daß der erste Europarundflug veranstaltet wurde. Die Teilnehmer hatten auf einem Rundkurs, der von Paris über Belgien und Holland wieder in die französische Hauptstadt führte, 1600 Kilometer in neun Etappen zurückzulegen.

Die Nachwirkungen des Krieges von 1870/71 waren in Frankreich aber noch immer zu verspüren, und im Gefolge einer heftigen Kampagne in der französischen Presse wurden deutsche Piloten von der Teilnahme an dem Bewerb ausgeschlossen. Daraufhin organisierte der „Verein deutscher Flugtechniker" den „Deutschen Rundflug um den B. Z.-Preis der Lüfte 1911". Er führte über 1900 Kilometer quer durch Deutschland, war nur deutschen Fliegern zugänglich und begann am 11. Juni, eine Woche vor dem Europarundflug.

Das Verlagshaus Ullstein hatte die Preissumme in der außerordentlichen Höhe von 100.000 Mark gestiftet und damit eine ausgezeichnete Werbung für seine „Berliner Zeitung", allgemein als „B. Z." bekannt, geschaffen. Der Rundflug führte zwar nicht über München, aber die ausführliche Berichterstattung in den Zeitungen bestärkte Erni in seinem Vorhaben, eines Tages auch ein Flieger zu werden. Davon vermochte ihn auch die Nachricht vom ersten Unglück nicht abzubringen, das sich über dem Oberwiesenfeld ereignet hatte. Am Samstag, den 27. Juli 1912 waren Joseph Fischer und Georg Kugler tödlich abgestürzt, nachdem ihr Otto-Doppeldecker in 300 Meter Höhe nach einer Explosion in Flammen aufgegangen war.

Um sein Schulfranzösisch zu verbessern und die Fremde kennenzulernen, verbrachte Ernst Udet den nächsten Sommer zunächst in Luc-sur-Mer im französischen Département Calvados, etwa 15 Kilometer von Arromanches entfernt. Einige Zeit war er in Verdun, an den Ufern der Meuse, wurde als Austausch-Student im „Collège Charles Buvignier" aufgenommen und wohnte bei der Familie Corre. Jeden Tag von halb eins bis halb zwei und von vier bis fünf Uhr machte er nun Spaziergänge mit den Studenten des Collège, brachte ihnen ein wenig Deutsch bei und verbesserte sein Französisch. Auch bei seinen neuen Kameraden war er als guter Sportler und übermütiger Spielgefährte rasch beliebt. Häufige Ausflüge führten „Monsieur Udet" nach Belleville-sur-Meuse, etwa zwei Kilometer nördlich von Verdun, wo sich ein Militärflugplatz befand, auf dem das Luftschiff „Adjutant Reau" vom Typ Astra No. II stationiert war.

Nach München zurückgekehrt, gelang es Udet im Jahre 1913, sein Einjährigen-Examen zu bestehen. Sein Vater belohnte ihn dafür mit einem großzügigen Geschenk, er erhielt ein Motorrad. Im Herbst des gleichen Jahres ging auch sein langgehegter Wunsch in Erfüllung: Er durfte zum ersten Male fliegen. Ernst Udet war nachgerade Stammgast auf dem Gelände der Gustav-Otto-Werke geworden. Dort begegnete er Leo Roth, einem der frühen Flugpioniere, der nach seiner Teilnahme am Ostpreußenflug 1913 von Gustav Otto ersucht worden war, ein kompliziertes Flugzeug, eine sogenannte Stahltaube einzufliegen. Die Flügelform dieser Maschine war von Igo Etrichs bewährter Taube übernommen worden, den Rumpf, der übrigens schwanzlastig war, was große Schwierigkeiten beim Einfliegen verursachte, hatte Otto konstruiert. Leo Roth schrieb Jahre später einen Zeitungsartikel über seine Begegnung mit Udet und dessen ersten Flug, in dem es hieß:

„Auf dem Flugplatz bemerkte ich dabei jeden Morgen schon in aller Frühe einen jungen Mann, der uns bei der Arbeit zuschaute und mir besonders durch seine Kleidung – Pumphosen und steifer Hut – auffiel. Wir kamen dann ins Gespräch, und er erklärte mir, daß er furchtbar gern einmal mitfliegen würde. Ich war sofort einverstanden, bat ihn jedoch, eine schriftliche Erlaubnis seines Vaters mitzubringen, da er erst 16 Jahre alt war. Am nächten Morgen winkte er mir schon von weitem mit einem entsprechenden Brief seines Vaters zu, so daß er dann mitfliegen durfte. Begeistert bedankte er sich nach der Landung, und erst Jahre später erinnerte er mich an diesen, seinen ersten Flug, den er mit mir gemacht hatte. Es war Ernst Udet, der später so berühmte Jagdflieger des Ersten Weltkrieges, Kunst- und Sportflieger der 20er und 30er Jahre sowie Generaloberst, Generalluftzeugmeister und Chef des Technischen Amtes der Deutschen Luftwaffe im Dritten Reich. Bis zu seinem tragischen Ende im November 1941 verband uns eine enge fliegerische Kameradschaft."

Noch eine Freundschaft fürs Leben schloß Ernst Udet in diesen Tagen. Auf dem Oberwiesenfeld lernte er den flugbegeisterten Jusstudenten Walter Angermund, dem er bis zu seinem Tode verbunden blieb, kennen.

So kam der Sommer 1914 heran, die letzten Ferien als Zivilist vor dem Militärdienst, die letzten unbeschwerten Tage mit den Eltern und seiner kleinen Schwester Irene, die 1908 zur Welt gekommen war. Und dann gab es noch Lo, wie ihre Freunde, zu denen Ernst Udet gehörte, Eleonore Zink, die Tochter eines wohlhabenden Nürnberger Kaufmannes, nannten.

Der Frühsommer war sonnig und das Leben war schön. Aber am 28. Juni 1914 ermordete der serbische Student Gavrilo Princip in Sarajevo das österreichische Thronfolgerpaar, und im Gefolge dieser Tat entluden sich die Spannungen, die seit Jahrzehnten den Kontinent erfüllt hatten, in furchtbarer Weise. Die Allianzen, Bündnisse und Ententen, in denen sich die europäischen Völker verstrickt hatten, fanden nun ihren Ausdruck in einer Kettenreaktion von Kriegserklärungen – bis zum Ende des Jahres waren es insgesamt neunzehn. Überall eilten die jungen Menschen freudig zu den Waffen, und alle waren überzeugt davon, daß dieser Krieg nicht lange dauern würde.

II

LEHRJAHRE AN DER FRONT

„Auch in mir erwachte der Drang, dem Vaterlande zu dienen", erinnerte sich Udet später. Der Drang wurde rasch gedämpft.

„Sie können bei keinem Truppenteil auf Aufnahme rechnen, Sie sind ja nicht einmal 1,60 Meter groß", erklärte man ihm am 2. August bei der Annahmestelle für Kriegsfreiwillige.

Dennoch ging er zwei Wochen später an die Front. Der Allgemeine Deutsche Automobil Club hatte in einem Aufruf freiwillige Motorradfahrer gesucht, die bereit waren, mit ihren eigenen Maschinen ins Feld zu ziehen. Udet meldete sich und wurde angenommen, weil für den ADAC weder sein Alter noch seine Größe, sondern nur die Tatsache zählte, daß er ein Motorrad besaß.

Am Abend des 18. August ging vom Münchener Hauptbahnhof sein Zug ab. Die Ausrüstung – einen schweren Lederanzug – hatte er selbst beistellen müssen, die Mütze kam vom Militär. Am 20. August traf er in Straßburg ein und wurde mit vier Kameraden der 26. Württembergischen Reservedivision als Meldefahrer zugeteilt. Noch am gleichen Tage legten sie auf ihren Motorrädern die 50 km lange Strecke nach Schirmeck zurück, wo sich der Gefechtsstand der Division befand. Auf der nach Westen führenden Straße begegneten sie erstmals der Wirklichkeit des Krieges: Nachschubkolonnen rollten nach vorne, französische Gefangene und deutsche Verwundete kamen ihnen entgegen, und als sie sich ihrem Ziele näherten, hörten sie das Donnern der Kanonen.

In Schirmeck erhielten sie zwar Pistolen, aber allzu ernst wurden die kriegsfreiwilligen Kraftfahrer, wie sie offiziell hießen, nicht genommen; man nannte sie spöttisch Herrenfahrer oder Benzinhusaren. Während sich die Division langsam in südwestlicher Richtung über Saales nach St. Dié vorankämpfte, wurde Udet hauptsächlich zur Beförderung von Post zwischen Straßburg und dem Divisionsgefechtsstand verwendet.

Gefahrlos war der Einsatz der jungen Freiwilligen aber nicht. Einer seiner Kameraden wurde bei einer Fahrt an die Front getötet, ein anderer erlitt einen Nervenzusammenbruch und erschoß sich. Auch Udet geriet in Gefahr. Als er eines Abends mit der Post in St. Dié eintraf, mußte er feststellen, daß die Stadt von deutschen Truppen geräumt war und die französischen Vorhuten jeden Augenblick eintreffen konnten. Im Artilleriefeuer trat er den Rückweg an; Verwundete, Tote, Pferdekadaver und Trümmer säumten ihn. Es war eine wilde Fahrt, auf der er zu spät einen Granattrichter, der die Straße aufgerissen hatte, bemerkte. Bevor er noch bremsen oder ausweichen konnte, krachte es, und dann wurde ihm schwarz vor den Augen. Ein stechender Schmerz in der Schulter brachte ihn wieder zum Bewußtsein. Er zog das Motorrad aus dem Trichter, aber an Weiterfahren war nicht zu denken. Die Maschine, die ihm sein Vater im Vorjahr zum Einjährigen-Examen geschenkt hatte, war schwer beschädigt. Im ersten Impuls wollte er sie liegen lassen, aber dann dachte er daran, daß ihn sein Vater oft leichtsinnig und feige gescholten hatte. Also biß er die Zähne zusammen und begann trotz der Schmerzen und des strömenden Regens, der eingesetzt hatte, das Motorrad auf der nächtlichen Straße zu schieben. Nach kilometerlangem Marsch stieß er auf ein Pferdefahrzeug, das ihn mitnahm. Am Morgen des nächsten Tages langten sie in Straßburg an, wo Udet ins Lazarett und die Maschine in die Reparaturwerkstätte kam.

Am 15. September waren beide wieder einsatzbereit, doch war die 26. Division inzwischen nach Belgien verlegt worden. Udet fuhr ihr teils mit der Bahn, teils mit dem wiederinstandgesetzten Motorrad nach. Als er in Namur eintraf, konnte ihm niemand den Standort seiner Division sagen. Stattdessen bot man ihm an, beim Kraftwagenpark Namur Dienst zu tun. Er nahm an, wurde mit Wirkung vom 25. September offiziell versetzt und bezog Quartier im Hotel de Dinant. Das Leben in Namur war nicht ohne Reiz, und seine französischen Sprachkenntnisse kamen ihm gut zustatten, insbesonders im Umgang mit den jungen Mädchen der Stadt.

Wichtiger als die Damenbekanntschaften, die er anknüpfte, war die Begegnung mit Offizieren einer bei Chauny, 30 Kilometer westlich von Laon, stationierten Feldfliegerabteilung, die auf dem Durchmarsch im Hotel de Dinant abstiegen.

Die deutsche Fliegertruppe war im Sommer 1914 nach fünftägiger Mobilmachung mit 33 Feldfliegerabteilungen zu je sechs Flugzeugen in den Kampf gezogen. 30 Abteilungen gehörten zur preußischen, die übrigen drei zur bayerischen Armee. Ferner gab es acht Festungsfliegerabteilungen zu je vier Flugzeugen und acht Etappenflugzeugparks mit je drei Reserveflugzeugen. Den acht Armeeoberkommandos und den 25 Armeekorps stand je eine Feldfliegerabteilung zur Verfügung. Die Maschinen wurden bereits in den ersten Kriegstagen zur Aufklärung eingesetzt und erzielten dabei große Erfolge, die sie zu einem unentbehrlichen Instrument der Truppenführung machten.

Udet erzählte den Fliegeroffizieren, denen er in Namur begegnete, von seinen frühen Flugversuchen und seinem Wunsch, Flieger zu werden. Sie nahmen ihn daraufhin auf einen Flug mit und schlugen ihm vor, sich nach Chauny versetzen zu lassen und bei ihnen als Beobachter Dienst zu tun.

Es gelang ihm, diese Versetzung einzuleiten, aber an dem Tag, an dem sein Marschbefehl nach Chauny eintraf, löste das Heer seine Verträge mit den freiwilligen Motorradfahrern, und am 20. Oktober 1914 wurde Udet zur Disposition der Ersatzbehörden entlassen. Als er die Rückfahrt nach München antrat, trug sein Personalakt die Vermerke: „Teilnahme an der Schlacht in den Mittleren Vogesen, 20. bis 22. August 1914; Teilnahme an der Schlacht vor Nancy-Epinal, 23. August bis 10. September 1914."

Kaum war er in der Heimat, setzte er alles daran, wieder an die Front zu kommen. Das Kriegsministerium hatte einen Aufruf zur freiwilligen Meldung für die Ausbildung als Flugzeugführer oder Flugzeugmonteur erlassen, auf den – was Udet nicht wußte – 15.000

Bewerbungen eingegangen waren. Erwartungsvoll meldete er sich bei Major Friedrich Stempel, dem Chef der Fliegerersatzabteilung Schleißheim und eigentlichen Schöpfer der bayerischen Luftstreitkräfte, der ihm erklärte: „Aktive Offiziere haben sich besonders zahlreich gemeldet, und die haben den Vorrang. Es wird noch Monate dauern, bevor Sie an der Reihe sind. Die Sache wäre anders, wenn Sie ausgebildeter Flieger wären. Die werden sofort eingestellt."

Aus dieser Unterredung konnte es für ihn nur eine Konsequenz geben: Er mußte fliegen lernen. Wozu waren er und seine Familie mit Gustav Otto befreundet, der neben seiner Fabrik eine Fliegerschule am Oberwiesenfeld betrieb und den Flugzeugführerschein Nr. 34 besaß? Der Vater war zunächst dagegen, aber die Mutter erwies sich als erfolgreiche Fürsprecherin, und für ein Honorar von 2000 Mark, zu dem eine Badezimmereinrichtung aus der Werkstatt der väterlichen Firma kam, wurde Udet in die Fliegerschule aufgenommen. „So sah ich Ende 1914 meine dringendsten Wünsche erfüllt: Ich war Flugschüler bei den Otto-Werken", erinnerte er sich später.

Die Ausbildung verlief recht unkonventionell. Die Otto-Werke bauten in Lizenz LVG-Schulflugzeuge der Luft-Verkehrs-Gesellschaft in Berlin Johannisthal. Mit jeder fertiggestellten Maschine wurde ein Abnahmeflug durchgeführt, an dem Udet zur Eingewöhnung als Passagier mitflog. Im Februar 1915 durfte er dann beginnen, mit einer Maschine bei 800 Touren über das Feld zu rollen. Das war ihm bald zu langweilig, er gab Vollgas, hob mit dem Flugzeug ab und setzte es nach einem Sprung wieder auf die Erde.

Diese Eigenmächtigkeit wurde ihm nicht übel genommen. Im Gegenteil; am nächsten Tag durfte er seinen ersten Alleinflug machen und von da an schulte er regelmäßig; anfänglich mit einem Sandsack als Ballast, später gelegentlich auch mit einem Passagier.

Als er zur Fliegerprüfung antrat, mahnte ihn der Monteur: „Fliegen Sie höchstens acht Minuten, länger hält der Motor bestimmt nicht aus." Der Mann war zu optimistisch gewesen; der Motor setzte schon nach fünf Minuten aus. Erst bei einem zweiten Versuch mit einem besseren Motor legte Udet die Flugprüfung ab und erhielt Ende April 1915 seinen Zivilflugschein. Sofort begab er sich wieder zur Fliegerersatzabteilung nach Schleißheim, die nicht mehr Major Stempel, der spätere Inspekteur des bayerischen Militärluftfahrtwesens, sondern Oberst Edmund Weber, der am 25. April 1914 sein Pilotenzeugnis erhalten hatte, leitete. Weber warf einen Blick auf seinen Flugzeugführerschein und fragte: „Wie alt sind Sie?" „Neunzehn Jahre, Herr Oberst!" – „Bedaure", sagte Weber, „Sie sind zu jung."

Es war zum Verzweifeln: Zuerst war er zu klein gewesen, jetzt war er zu jung. Zumindest für die bayerische Fliegertruppe. Vielleicht dachte man anderswo anders. Udet ging jedenfalls zum nächsten Postamt und schickte je ein Telegramm an die Fliegerersatzabteilungen in Warnemünde, Döberitz und Darmstadt, in dem er sich als Kunst- und Höhenflieger vorstellte und um Einstellung bat.

Alle drei Abteilungen antworteten bejahend. Der telegraphische Gestellungsbefehl aus Darmstadt traf als erster ein und eine Fahrkarte wurde ebenfalls geschickt. Vor dem Abschied sagte Udet zu seiner Mutter: „Das mußt du mir versprechen: Du darfst dich nicht aufregen, sonst kann ich nicht ruhig arbeiten! Wenn du mir das versprichst, wird es mir helfen."

Dann fuhr er ab und trat am 15. Juni 1915 als Flugzeugführer bei der Fliegerersatzabteilung 9 auf dem Flugplatz Darmstadt-Griesheim seinen Dienst an. Sein Traum war Wirklichkeit geworden, aber seine Erwartungen wurden nicht erfüllt.

Die lange Reihe der Enttäuschungen auf dem Weg zur Militärfliegerei war noch keineswegs zu Ende. Nach der Einkleidung in Darmstadt wurde er nicht der Fliegerschule, sondern der Bodenkompanie zugeteilt. Alle Hinweise darauf, daß er als ausgebildeter Flieger auf die Fliegerschule gehöre, stießen auf taube Ohren. Der Kompaniefeldwebel hielt nicht viel von den Herren Flugschülern mit ihren 150 Mark Zulage. Als auch freundliche Bestechungsversuche in der Form von Aufschnitt mit Bier für das Abendessen des Feldwebels nichts nützten, meldete sich Udet nach vierzehn Tagen unter Umgehung des Dienstweges bei Hauptmann Bruno Steffen, dem Chef der Fliegerschule. Steffen war ein bekannter Vorkriegsflieger, der beim Deutschlandflug 1911 eine praktische, noch heute verwendete Erfindung gemacht hatte: einen Blechkasten, in den die Streckenkarte eingespannt und mit Hilfe einer Schraube wie ein Film abgespult werden konnte.

Die Vorsprache bei Hauptmann Steffen hatte Erfolg. Noch am gleichen Tage wurde Udet zur Fliegerschule versetzt und stieg sofort in einen LVG-Schuldoppelsitzer. Sein Fluglehrer war der 22jährige Hermann Weller, ein Württemberger, trotz seines jugendlichen Alters Papa Weller genannt.

Die Ausbildung war hart, aber Udet war ein ausgezeichneter Flieger. Als Soldat zeichnete er sich weniger aus. Er hatte wenig Verständnis für militärische Umgangsformen und geringen Respekt vor Autorität – Eigenschaften, die er zeit seines Lebens beibehielt und die nun zu seiner ersten Bestrafung führten.

Jeden freien Nachmittag fuhren die Flugschüler mit der Bahn vom Flugplatz nach Darmstadt. Bei einer dieser Fahrten wurde Udet von Hauptmann Steffen gestellt und ins Lager zurückgeschickt. Grund: Er trug eine Phantasiehose, die er sich als freiwilliger Motorradfahrer nach seinem Geschmack hatte machen lassen. Bestrafung: Zwei Stunden Strafexerzieren und die Ermahnung, nie wieder eine Phantasiehose zu tragen. Das Exerzieren fand unter Aufsicht eines Unteroffiziers statt, der ein gutes Herz hatte. Als sie zum Exerzierplatz abmarschierten, war Udets Tornister noch mit Steinen gefüllt, als sie dort eintrafen, war er leer.

Phantasie bewies Udet nicht nur, wenn es um Hosen ging. Bei der Feldpilotenprüfung verflog er sich, mußte in einer Waldschneise notlanden und rollte gegen einen Baumstumpf, wobei ein Reifen des Fahrgestells platzte. Von Bauern ließ er sich die Richtung nach Darmstadt zeigen, aber mit einem defekten Reifen wagte er nicht zu starten. Also montierte er den anderen Reifen auch ab, startete auf den Felgen und flog zum Flugplatz zurück.

Auf die Feldpilotenprüfung, nach deren Ablegung er begann, Flugschüler auszubilden, folgte die Flugzeugmeisterprüfung, für die ein Überlandflug von 250 km vorgeschrieben war. Mit Leutnant

Gerlich flog er, immer dem Rhein folgend, nach Bonn-Hangelar, wo sich die beiden jungen Herren in die Stadt begaben, um zu speisen. Als sie zum Flugplatz kamen, war, diesmal vermutlich durch Sonneneinwirkung, ein Reifen geplatzt. Wieder startete er auf den Felgen und flog nach Köln, wo sie übernachteten, um am nächsten Tag ohne Zwischenlandung nach Darmstadt zu fliegen.

Nach bestandener Flugzeugmeisterprüfung drängte Udet, an die Front zu kommen. Dort waren auf Grund der Erfahrungen der ersten Kriegsmonate Änderungen in der Organisation der Fliegertruppe vorgenommen worden. Major Hermann von der Lieth-Thomsen war am 11. März 1915 zum Chef des Feldflugwesens bei der Obersten Heeresleitung bestellt worden. Eine seiner ersten Taten war die Ergänzung der bisherigen Feldfliegerabteilungen durch 14 Artilleriefliegerabteilungen, deren Aufgabe es war, das Feuer der Batterien zu lenken. Eine dieser Abteilungen, die Artilleriefliegerabteilung 206, war in Heiligenkreuz südlich Colmar aufgestellt worden, und einer ihrer Beobachter, Leutnant Bruno Justinus, kam nach Darmstadt, um sich gute Piloten auszusuchen. Justinus war am 22. August 1892 in Bayreuth zur Welt gekommen, am 1. Oktober 1911 in die Armee eingetreten und am 25. Oktober 1913 zum Leutnant befördert worden. Seine Wahl in Darmstadt fiel auf den Flieger Udet, der die Frechheit hatte, auf die Frage „Wollen Sie mein Pilot werden?“ zu antworten: „Jawohl, Leutnant Franz!“

Nun wurden bei der Fliegertruppe tatsächlich alle Beobachter Franz genannt, was angeblich auf die Kaisermanöver des Jahres 1912 zurückzuführen war. Damals soll Wilhelm II. den mit seiner Maschine eingesetzten Leutnant Blüthgen nach dem Namen seines Beobachters gefragt und darauf zur Antwort erhalten haben: „Das weiß ich nicht, Majestät, denn der wechselt alle Tage. Ich nenne ihn deshalb immer Franz.“

Justinus nahm Udet seine unbekümmerte Antwort nicht übel. Sie begossen ihre Fliegerehe mit einer Feier, die bis in die Morgenstunden dauerte, und bei der Rückkehr auf den Flugplatz hängte der Leutnant seinem künftigen Piloten die Offizierspelerine um, damit er ungeschoren an der Wache vorbeikam.

Am 4. September 1915 trat Udet seinen Dienst als Flugzeugführer bei der Artilleriefliegerabteilung 206, die der Armeeabteilung Gaede zugeteilt war, an. Der Feldflugplatz lag westlich der Vogesen, etwa fünf Kilometer südöstlich von Kolmar an der Straße nach Mülhausen vor dem Dorf Heiligenkreuz, dem heutigen St. Croix en Plaine. Zur gleichen Zeit lag zwischen Metz und Verdun die Artilleriefliegerabteilung 204, in der als Beobachter ein junger Leutnant aus Wilhelmshaven namens Erhard Milch diente.

Im Herbst 1915 war die Westfront zwischen Nordsee und der Schweizer Grenze längst im Grabenkrieg erstarrt. Joffres Angriffe im Artois und in der Champagne hatten die Erwartungen nicht erfüllt, und die deutsche Offensive zur Beseitigung des Ypernbogens im April hatte lediglich zur Wegnahme einiger Dörfer geführt.

Die Abteilung 206 verfügte nur über vier Piloten. Sie flogen den Aviatik B II, einen Doppeldecker mit einem Daimlermotor von 120 PS, den die Leipziger Automobil Aviatik AG in ihrer Fabrik in Freiburg im Breisgau herstellte. Udets Maschine war weiß gestrichen; als Monteur wurde ihm Walter Behrend, genannt der dicke Behrend, zugeteilt, der bis zum Ende des Krieges an seiner Seite blieb.

Der Feldflugplatz war einfach eine große Wiese, was bei den geringen Start- und Landegeschwindigkeiten der damaligen Maschinen genügte. Je zwei Flugzeuge waren am Rande des Platzes in großen grauen Zelten, Erzeugnissen der Kasseler Firma Baumann & Lederer, untergebracht. Udet hauste in einem Zivilquartier und wurde von seiner Wirtin als guter Mieter angesehen, weil er die Kosten für das Insektenpulver nicht von der Miete abzog. Die Elsässer waren den Soldaten freundlich gesinnt, und Udet verdankte ihnen seinen neuen Spitznamen: Kneckes, der Knirps, wie ihn nun auch seine Kameraden nannten. Er selbst nannte sich zwar in seinen Memoiren „Knägges", doch sein Freund Waldhausen, ein Kenner des Elsaß, betonte wiederholt, daß die richtige Schreibweise „Kneckes" sei.

Der erste Feindflug mit Leutnant Justinus verlief ereignislos: Über den dunklen Wäldern der Vogesen sahen sie ein paar Flakwölkchen und in der Ferne einen Farman-Doppeldecker, der französische Batterien einschoß. Man ließ einander zwangsläufig unbehelligt, denn Artillerieflieger waren damals meist noch nicht bewaffnet.

Der zweite Feindflug am 14. September verlief ereignisreicher; er wäre beinahe Udets letzter geworden. Sämtliche Fliegerabteilungen des Abschnittes wurden zu einem Großangriff auf Belfort, 60 km südwestlich von Colmar und nur 20 km von der Schweizer Grenze entfernt, zusammengefaßt. Der Anflug führte über Thann im Elsaß, der einzigen deutschen Stadt, die von den Franzosen im bisherigen Verlauf des Krieges erobert worden war.

Udet und Justinus nahmen mit ihrer Maschine an dem Angriff teil; der weiße Aviatik-Doppeldecker war mit sechs Zehnkilogramm-Carbonit-Bomben beladen und als Verteidigungswaffe nahm Justinus ein Mauser-Selbstladegewehr mit. Der Himmel war grau und nach Westen lag eine dicke Wolkendecke auf, die sie erst in 3500 m Höhe durchstießen. Etwa eine Viertelstunde nachdem sie die Front überflogen hatten, wurde ihnen klar, daß es wegen der dichten Wolkendecke unmöglich war, Belfort anzugreifen. Sie beschlossen umzukehren, und Udet legte die Maschine in eine Linkskurve. In diesem Augenblick gab es ein peitschendes metallisches Geräusch; „es klang, als ob eine Klaviersaite gerissen wäre", erinnerte sich Udet später. Im gleichen Augenblick begann die Maschine unaufhaltsam nach links zu trudeln, 2000 m tief, ehe es Udet mühsam gelang, sie in Fluglage zu bringen, indem er Quer- und Seitenruder ganz nach links ausschlug. Der Scheckel des Hauptkabels, das die rechte obere Tragfläche des Doppeldeckers mit dem Rumpf verband, war gebrochen. Das Kabel peitschte im Fahrtwind, die Tragfläche bog sich gefährlich nach oben, und jedesmal, wenn Udet Gas zu geben versuchte, drohte die Maschine abzustürzen.

Sie befanden sich südlich von Belfort, fast über Montbéliard, also über feindlichem Gebiet. Justinus deutete in Richtung Delle, das nahe der Schweizer Grenze lag. Sie hatten noch eine Höhe von 1800 m und damit eine Chance, im Gleitflug die neutrale Schweiz zu erreichen. Udet schlug vorsichtig den angegebenen Kurs ein, und Justinus stemmte sich aus seinem Beobachtersitz im Vorderteil der Maschine und kroch auf die rechte untere Tragfläche, um das

Gleichgewicht der Maschine herzustellen. Ohne Fallschirm und ohne Gurt, die Beine im Fahrtwind baumelnd, saß er auf der Fläche der Maschine, die nun in 1600 m Höhe dahinglitt.

Es war eine mutige Tat, aber sie nützte nichts. Udet mußte das Steuer noch immer mit aller Gewalt austreten, um den Doppeldekker in Fluglage zu halten, und allmählich drohten ihn die Kräfte zu verlassen. Als Justinus das erkannte, kroch er an Bord zurück, zertrümmerte die Holzwand zwischen seinem Beobachtersitz und dem Pilotensitz und griff mit blutigen Händen nach dem Steuerrad.

Mit vereinten Kräften gelang es ihnen, die Maschine zu halten und in 600 m Höhe die Schweizer Grenze 5 km südlich von Delle zu erreichen. „Die Schweiz!" schrie Udet. „Nach Deutschland!" schrie Justinus zurück. Damit stellten sie sich eine fast unlösbare Aufgabe: Deutsches Gebiet war noch 16 km entfernt. Niedriger und niedriger werdend, glitt der Aviatik-Doppeldecker dahin; bisweilen gab Udet vorsichtig Gas, um wenigstens die Höhe zu halten. Dörfer zogen unter ihnen vorbei: Courtemaîche, Coeuve, Vendlincourt, noch zwei Kilometer bis zur Grenze, dann die Grenze und schließlich ein Kartoffelacker, auf dem Udet die Maschine aufsetzte. Erschöpft, aber glücklich sprangen sie aus dem Doppeldecker und vollführten einen Freudentanz.

Sie waren in der Nähe eines Dorfes niedergegangen. Von dort konnten sie in Heiligenkreuz anrufen, der Dorfschmied stellte ihnen einen neuen Scheckel her, und gleich daneben lag eine Feldfliegerabteilung, deren Offiziere sie zum Mittagessen einluden.

Als sie nach dem Essen mit der inzwischen instandgesetzten Maschine starten wollten, erschien ein Stabsoffizier der Flieger, der sie zunächst freundlich zu ihrer Leistung beglückwünschte und dann ein fürchterliches Donnerwetter über sie ergehen ließ, weil sie den gebrochenen Scheckel beim Dorfschmied achtlos fortgeworfen hatten. Zur gleichen Stunde, in der sie auf dem Rückflug von Belfort um ihr Leben gekämpft hatten, war ein Aviatik-Doppeldecker ihrer Abteilung über dem Hartmannsweilerkopf abgestürzt. Die Insassen, Leutnant Winter und Vizefeldwebel Preiss, waren tot. Ursache des Absturzes: ein defekter Scheckel.

Udet und Justinus stöberten das zerbrochene Stück beim Dorfschmied auf und übergaben es dem Stabsoffizier zur Weiterleitung an das Prüfungsamt. Das unmittelbare Ergebnis war, daß der Aviatik B bis auf weiteres gesperrt wurde.

Dem aufregenden Flug folgten ruhigere Tage. Udet und Justinus flogen meist den Hauptkamm der Vogesen entlang und schossen Batterien ein. Gelegentlich stießen sie bis St. Dié vor, wo Udet als Benzinhusar ein Jahr zuvor zum erstenmal den Krieg erlebt hatte.

Am 21. September wurde der Flugzeugführer Udet zum etatsmäßigen Gefreiten ernannt und mit dem Eisernen Kreuz II. Klasse ausgezeichnet, „weil er ein Flugzeug gerettet hatte". Justinus erhielt das Eiserne Kreuz I. Klasse. Einer, der sich mit Udet über die Auszeichnung freuen konnte, war sein Freund Walter Angermund, der als Kompanieführer beim 6. Bayerischen Infanterieregiment stand und ihn in Heiligenkreuz besuchte.

Bereits drei Tage nach der Beförderung und Auszeichnung starteten Udet und Justinus zu einem folgenschwren Flug. Sie sollten am 24. September wie üblich eine Batterie einschießen. Die Maschine war vollgetankt, und weil in den letzten Tagen deutsche Artillerieflieger von französischen Maschinen angegriffen worden waren, nahmen sie zwei Maschinengewehre an Bord. Außerdem nahm Justinus ein Funkgerät mit, das er erproben wollte, und zu allem Überfluß hatten sie auch einige Bomben geladen, um französische Stellungen anzugreifen. Das alles bedeutete, daß ihr Flugzeug hoffnungslos überladen war.

Die Kriegsfliegerei steckte eben noch in mehr als einer Hinsicht in den Anfängen: Hatte der Flug vom 14. September gezeigt, wie unzulänglich vielfach noch das Material war, so bewies dieser Start, wie wenig man über die Leistungsfähigkeit der Maschinen wußte. Der schwerbeladene Apparat hob mühsam ab, und es dauerte lange, bis sie 100 m Höhe erreicht hatten. In einer weiten Kurve kehrte Udet zum Flugplatz zurück; er wollte erst über der Rheinebene Höhe gewinnen, ehe er in Richtung Vogesen flog. Als er über dem Flugplatz neuerlich zu einer Kurve ansetzte, begann die Maschine, deren Überziehgeschwindigkeit angesichts der enormen Belastung höher als üblich war, zu trudeln. Udet versuchte sie abzufangen, aber dazu reichte die geringe Höhe nicht aus. Justinus kroch im letzten Augenblick aus seinem Sitz und zog sich am Spannturm hoch, um nicht vom Motor zerquetscht zu werden. Dann krachte es.

Als Udet wieder zu sich kam, verspürte er heftige Schmerzen im Knie. Sein erster Gedanke galt Justinus, der beim Aufprall aus der Maschine geschleudert worden und mit Prellungen davongekommen war. Ihr großes Glück war gewesen, daß die Bomben beim Aufprall nicht detoniert waren. Sie kamen beide ins Reservelazarett Kolmar, wo sie getrennt wurden.

Nach etwa vierzehn Tagen wurde Udet entlassen. Erstaunlicherweise hatte ihn niemand von seiner Abteilung besucht; auch Post hatte er keine erhalten, und in Heiligenkreuz empfingen ihn eisige Mienen. Sein Monteur Behrend klärte ihn auf: Sofort nach dem Absturz hatte der Chef der Abteilung den Stabsoffizier der Flieger in Mülhausen angerufen und strenge Bestrafung Udets wegen „wahnsinnigen Kurvens“ verlangt.

Tatsächlich lag der Befehl für die Rückversetzung zum Armeeflugpark Gaede in Neubreisach vor, sein Nachfolger war bereits eingetroffen, und Udet konnte sich gerade noch von Justinus verabschieden, ehe er den Feldflugplatz verließ. Die beiden sahen einander nie wieder. Justinus fiel im Jahre 1918 als Jagdflieger.

Udet traf am Abend des 2. Oktober in Neubreisach ein. Am Morgen des nächsten Tages verlas der Chef des Armeeflugparkes vor den versammelten Flugschülern den Straftenor: „Der Gefreite Udet wird mit sieben Tagen Mittelarrest bestraft, weil er durch leichtfertiges Kurvenfliegen das Leben seines Beobachters gefährdet und eine wertvolle Maschine zerstört hat. Nur in Anbetracht seiner bisherigen guten Führung im Felde fällt die Strafe nicht höher aus.“ Anschließend wurde er von einem Unteroffizier in das Militärgefängnis Diesheim, einen alten Festungsbau zwei Kilometer nördlich von Neubreisach geführt, wo ihm Taschenmesser und Hosenträger abgenommen wurden. Er kam in eine verwanzte Zelle und mußte zweimal täglich, wenn die Zelleninspektion erschien, den Straftenor wiederholen: „Der Gefreite Udet wird ..." Das schlimmste von allem war, daß er durch das Fenster der Zelle das Dröhnen der Motoren vom nahe gelegenen Flugpark hören konnte.

Als er sich nach verbüßter Strafe in Neubreisach zurückmeldete, herrschte dort hellste Aufregung. Sämtliche verfügbaren Maschinen des Flugparks waren zu einem Angriff auf Belfort befohlen worden. Inmitten des allgemeinen Durcheinanders kam ein Offizier, der sich nach dem Flug als Leutnant Hartmann vorstellte, zu Udet und fragte ihn, ob er Flugzeugführer sei. Auf die bejahende Antwort lief er mit ihm zu einem alten LVG-Doppeldecker, der aufgetankt und mit Bomben beladen vor einer Halle stand.

Wenige Minuten später waren sie bereits in der Luft. Das Flugzeug war zwar eine „müde Krähe", vermutlich eine ausrangierte Schulmaschine, aber Udet war überglücklich: Im Arrest hatte er in der Furcht gelebt, nie wieder fliegen zu dürfen. Kurz vor Belfort kamen ihnen drei französische Maschinen entgegen: ein Morane-Eindecker und zwei Farman.

Da der LVG unbewaffnet war, wichen sie nach Süden aus. Bei Montreux am Rheinkanal, zwölf Kilometer östlich von Belfort, sahen sie Kasernen und Depots. Leutnant Hartmann öffnete eine Luke im Boden des Beobachtersitzes und begann mit dem Abwurf. Die ersten Bomben lagen im Ziel; dann geschah das Unglück: Eine Bombe blieb am Fahrgestell hängen, und ihre Detonation mußte das Flugzeug unweigerlich in Stücke reißen. Vorsichtig versuchte Udet durch Schräglage nach links und rechts die Bombe vom Fahrgestell zu lösen. Dann versuchte Leutnant Hartmann die Bombe mit dem ausgestreckten Fuß wegzustoßen; auch das nützte nichts, er blieb lediglich mit dem Bein in der engen Luke stecken. Udet blieb nichts anderes übrig, als Kurven zu drehen, die noch viel steiler waren als jene, wegen der er eben von einer Führung, die wenig Ahnung von den tatsächlichen fliegerischen Erfordernissen der Front hatte, zu sieben Tagen Arrest verurteilt worden war. Das nützte; die Bombe löste sich, und die beiden konnten unversehrt in Neubreisach landen.

Dort erwartete Udet, der innerhalb weniger Wochen befördert, ausgezeichnet, bestraft und eingesperrt worden war, neuerlich ein überraschender Befehl: Versetzung nach Habsheim zur Feldfliegerabteilung 68. Habsheim – das bedeutete Anschluß an die neueste Entwicklung der Militärfliegerei. Die Zeiten, in denen unbewaffnete Flugzeuge einander über der Front begegneten, gingen ihrem Ende entgegen. Bereits am 19. April 1915 hatte ein deutscher Landsturmmann, der in der Nähe von Kortrijk in Flandern zur Bewachung einer Eisenbahnlinie eingesetzt war, mit einem gut gezielten Gewehrschuß den französischen Leutnant Roland Garros mit seinem Eindecker vom Typ Morane Saulnier N heruntergeholt. Bei der Untersuchung der Maschine stellte sich heraus, daß sie mit einem Hotchkiss-Maschinengewehr ausgerüstet war, das durch den Propellerkreis schoß. Allerdings war das Maschinengewehr nicht mit dem Motor synchronisiert. Man hatte einfach zur Ablenkung der Kugeln, die gegen die Luftschraube schlugen, die Propellerblätter mit Abweisern aus Metall versehen.

Anthony Fokker, dem man die erbeutete französische Maschine vorgeführt hatte, fand eine bessere Lösung. Er synchronisierte die Feuerfolge des Maschinengewehres mit dem Motor. Die ersten Maschinen mit synchronisiertem MG waren die Einsitzer vom Typ Fokker E I, aber gegen Jahresende 1915 kam vereinzelt bereits das verbesserte Modell E III an die Front.

Fokker hatte mit seiner Neuerung den Luftkrieg revolutioniert und den deutschen Fliegern vom Sommer 1915 bis zum Frühjahr 1916 die Luftüberlegenheit gesichert. Die Legende vom „Fokkerschrecken“ entstand und die Opfer der deutschen Piloten, meist BE 2 vom britischen Royal Flying Corps, wurden „Fokkerfutter“ genannt.

Und so eine gefürchtete Maschine sollte Udet, den eben noch die Wanzen im Militärgefängnis von Diesheim gebissen hatten, fliegen. Es war zu schön, um wahr zu sein. Zwischen dem Versetzungsbefehl und dem Eintreffen der Maschine, mit der er nach Habsheim fliegen sollte, verstrichen einige Tage. Udet nützte sie, um sich an Hand der in Neubreisach stationierten Flugzeuge mit dem Umlaufmotor des neuen Modells vertraut zu machen. Dann stand endlich sein Fokker E III vor ihm. Mit fröhlichem Winken startete er nach Habsheim, aber unmittelbar nach dem Abheben zog die Maschine nach rechts, war trotz starkem Steuerdruck nicht auf geraden Kurs zu legen und raste gegen eine Halle. Udet blieb unverletzt, der Fokker E III war schwer beschädigt. Innerhalb weniger Tage hatte er zwei Maschinen zerstört; die Gefahr des Flugverbotes erhob sich neuerlich. Aber die Untersuchung des Wracks rehabilitierte den Piloten. Der Bowdenzug, der zur Feuerauslösung vom Steuerknüppel zum Maschinengewehr führte, hatte sich am Benzinhahn verhängt und die Steuerung blockiert.

Am nächsten Tag erhielt Udet eine Ersatzmaschine; keinen neuen Fokker E III, sondern ein älteres Modell, mit dem er still, ohne Aufsehen, aber auch ohne Zwischenfall nach Habsheim flog. Am 29. November 1915 erfolgte offiziell seine Versetzung zur Feldfliegerabteilung 68; einen Tag zuvor war er zum Unteroffizier befördert worden.

Der Flugplatz Habsheim lag fünf Kilometer östlich von Mülhausen inmitten des Harthwaldes. Er war bereits in den Vorkriegsjahren entstanden und 1910 Schauplatz eines großen Flugtages gewesen. Im gleichen Jahr wurde die Aviatik GmbH, die spätere Automobil & Aviatik AG gegründet, die in Habsheim eine Fliegerschule unterhielt.

Nun lagen auf dem Platz die Feldfliegerabteilung 68 mit ihren Einsitzern und die Feldfliegerabteilung 48. Sie war mit zweimotorigen Bombern vom Typ AEG G II ausgerüstet, die eine Bombenlast von 200 Kilogramm mitführen konnten. Kommandeur von Habsheim war Hauptmann Walter Mackenthun, der bereits vor dem Kriege den Flugplatz Niederneuendorf bei Neuruppin befehligt hatte. Der dicke Behrend war Udet nach Habsheim gefolgt, aber er und sein Chef hatten zunächst wenig zu tun. Sie lagen an einer ruhigen Front; die Armee Heeringen, zu der sie gehörten, wurde das schlafende Heer in den Vogesen genannt. Immerhin flogen sie fleißig Sperre; meist allein, denn damals galt es noch als Luxus, zwei Maschinen zugleich über die Front zu schicken. Udet freundete sich mit Leutnant Kurt Grashoff an und verbrachte seine freie Zeit in

Habsheim, wo außer dem schönen Rathaus aus dem Jahre 1578 nicht viel zu sehen war, und in Mülhausen, das eine bewegte Vergangenheit hatte: Die Stadt war bis 1798 schweizerisch gewesen, bis 1810 französisch und seither war sie deutsch.

In der Buch- und Papierhandlung der Witwe Seiffert in Mülhausen erstand er ein schwarzgebundenes Schulheft, das er mit Porträts, Karikaturen und gelegentlich auch mit einem Vers füllte. So wurde ein Monteur, der sich beim Anwerfen des Triebwerkes verletzt hatte, mit dem Reim verewigt:

„Wirfst du den Motor an, so bleibe
fernab von Deines Kniees Scheibe."

Kurz vor Weihnachten erlebte Udet seinen ersten Luftkampf. In den Mittagsstunden wurde in Habsheim gemeldet, daß ein französischer Caudron G 4, ein zweimotoriger Doppeldecker, die Front in Richtung Mülhausen überflogen habe. Udet startete in seinem Fokker und stellte die feindliche Maschine in 2000 m Höhe über der Wolkendecke. Die Hand am Auslöser des Maschinengewehres, näherte er sich dem Caudron, konnte alle Einzelheiten des Doppeldeckers erkennen und schoß nicht. „Es ist, als habe das Entsetzen mein Blut in den Adern zu Eis erstarren lassen, meine Arme gelähmt und alles Denken mit einem Tatzenhieb aus dem Hirn gerissen", beschrieb er später diesen Augenblick. Der Beobachter des Caudron griff dagegen zum Maschinengewehr und schickte dem anfliegenden Fokker eine Garbe entgegen. Sie traf die Maschine, und eine Kugel streifte Udets Fliegerbrille; wenige Millimeter bewahrten ihn davor, daß sein erster Luftkampf zugleich auch sein letzter gewesen wäre.

Udet drehte ab, flog nach Habsheim zurück, wo ihm Sanitäter Splitter der Brille aus dem Fleisch rund um das Auge zogen. Ärger als der Schmerz nagte in ihm das Bewußtsein: „Du hast versagt, du bist feige gewesen."

Nach einer schlaflosen Nacht stand sein Entschluß fest: Er mußte das Fliegen und das Schießen üben. Mit Behrend baute er eine Scheibe, die den ungefähren Umriß eines Nieuport hatte, stellte sie an den Rand des Flugplatzes und stieß immer wieder feuernd im Sturzflug auf sie herab. Die Ergebnisse besserten sich zusehends, bis eines Tages der Befehl kam, diese Übungen einzustellen, weil Munition gespart werden mußte.

Obwohl Udet an einer ruhigen Front lag, wies sein Personalakt am Ende des Jahres 1915 zwei neue Eintragungen auf: „Feldzug gegen Frankreich in den Vogesen bis 29. November 1915; Stellungskampf im Oberelsaß ab 29. November 1915."

Das nunmehr anbrechende Jahr 1916 brachte eine bedeutsame Neuerung für die Fliegertruppe. Jeder Feldfliegerabteilung wurden Fokker-Eindecker zur Aufstellung sogenannter Kampfeinsitzerkommandos zugewiesen. Die Idee zur Bildung dieser Einheiten, aus denen im weiteren Verlauf des Krieges die Jagdstaffeln entstanden, die zu losen Gruppen oder ständigen Geschwadern zusammengefaßt wurden, stammte von Major Stempel.

Bei der Feldfliegerabteilung 68 wurde das Kampfeinsitzerkommando Habsheim aufgestellt. Führer war Leutnant Pfälzer; außerdem gehörten ihm an: Vizefeldwebel Weingärtner, der größte der Gruppe, Unteroffizier Glinkermann und Udet, der als kleinster der vier seinem Namen Kneckes, der Knirps, wieder einmal gerecht wurde. Die vier Piloten lebten in einer Villa außerhalb von Mülhausen, in der vor dem Kriege ein wohlhabender Amerikaner gewohnt hatte, und die bald den Namen „Fokker-Villa" erhielt.

Am 13. Januar 1916 wurden Hauptmann Oswald Boelcke und Oberleutnant Max Immelmann mit dem Pour le mérite ausgezeichnet; beide hatten mit ihren Fokker-Eindeckern je acht Gegner abgeschossen. Davon war Udet noch weit entfernt, aber er machte Fortschritte. Bei seiner zweiten Feindbegegnung eröffnete er auf einen Voisin-Zweisitzer aus 600 m Entfernung das Feuer, das erwidert wurde. Weder er noch der Gegner trafen, aber er hatte die Schießangst überwunden, die ihn im ersten Luftkampf gelähmt hatte. Einige Tage später griff er einen Caudron-Doppeldecker an, aber nach dem dritten Schuß hatte sein Maschinengewehr Ladehemmung. Der Franzose eröffnete seinerseits das Feuer, und Udet überzog seine Maschine so sehr, daß sie abtrudelte.

Um endlich zu einem Erfolg zu gelangen, versuchte er es mit einer List. Er hatte inzwischen eine neue Maschine bekommen, einen

Doppeldecker vom Typ Fokker D III, Nr. 364/16. Von Behrend ließ er sich hinter dem Führersitz einen Blechkopf montieren, der einen Beobachter vortäuschen und Gegner abhalten sollte, ihn von hinten anzugreifen. Genützt hat der blecherne Mitflieger freilich nichts, denn Udet hatte nach wie vor keinen Abschuß aufzuweisen.

Am 13. März, zwei Tage nachdem bei Verdun durch Zusammenziehen von Kampfeinsitzerkommandos die erste Jagdgruppe geschaffen worden war, wurde er zum Vizefeldwebel befördert, und fünf Tage danach, am 18. März 1916, errang er endlich seinen ersten Luftsieg. Er war am Vorabend spät von einem Angriff auf französische Maschinengewehrnester bei Thann zurückgekehrt, und bei der nächtlichen Landung im Schein von Pechfackeln war das Fahrgestell des Fokkers zu Bruch gegangen. Am 18. März war er vor fünf Uhr früh mit Behrend und einem anderen Mechaniker auf den Beinen, um den Schaden zu beheben. In den Mittagsstunden war der Fokker wieder einsatzfähig, und um 15.30 Uhr kam die Meldung, daß zwei französische Flugzeuge die Front überflogen hätten und sich 20 Kilometer südwestlich von Mülhausen befänden.

Udet startete, und als er auf 3000 m Höhe war, sah er statt zwei feindlichen Maschinen in drei Wellen gestaffelt, 22 Bomber: Caudron G IV und die neuesten Farman F 40. Er war in einen der ersten Großangriffe des Krieges geraten, dessen Ziel Mülhausen war. Udet suchte sich einen der großen Farmans aus, näherte sich ihm bis auf 30 Meter und begann zu feuern. Im gleichen Augenblick, in dem aus dem Benzintank der feindlichen Maschine eine Stichflamme emporschoß, geriet Udet in das Feuer zweier Caudrons. Während er im Sturzflug entkam, sah er, wie der Farman abstürzte und der Beobachter aus dem brennenden Wrack auf die Erde geschleudert wurde. „Ich kann das Gefühl nicht beschreiben, das ich damals hatte, ich hätte aufjauchzen können vor Stolz und Freude", schrieb er später über seinen ersten Luftsieg.

Udet griff noch einen Caudron an, der sich auf der Flucht befand, mußte aber wegen Ladehemmung von ihm ablassen. Nach der Landung erfuhr er, daß der Farman mitten in das Stadtgebiet von

Mülhausen gefallen war und daß beide Insassen, ein Hauptmann und ein Unteroffizier, getötet worden waren.

Am Abend des 28. März wurde in Habsheim gefeiert. Jeder der vier Piloten des Kampfeinsitzerkommandos hatte einen Gegner abgeschossen. Udet wurde im Armeebericht lobend erwähnt, erhielt am 20. März das Eiserne Kreuz I. Klasse und am 17. April den Ehrenbecher „Dem Sieger im Luftkampf". Eine Woche später feierte er seinen 20. Geburtstag.

Im Sommer 1916 wurden die ersten deutschen Jagdstaffeln aufgestellt. Am 23. August wurde das Kampfeinsitzerkommando Nord in Berthincourt in die Jagdstaffel 1 unter Führung von Hauptmann Zander umgewandelt. Am 28. August wurde ebenfalls in Berthincourt unter Hauptmann Oswald Boelcke die Jagdstaffel 2 aufgestellt. In den Vogesen, wo die Front nach wie vor verhältnismäßig ruhig war, blieb es vorläufig bei der alten Gliederung. Auch Udet gelang es zunächst nicht, einen neuerlichen Luftsieg zu erringen, wohl aber erlitt er einen schweren Unfall.

Bei der Rückkehr von einem Einsatz setzte in der Abenddämmerung bei Ensisheim, etwa 15 km vor Habsheim, der Motor seines Fokkers aus. Er wollte auf einem Feld notlanden, durch das, vom hohen Korn verdeckt, ein Damm von etwa ein Meter Höhe lief, gegen den die Maschine prallte. Udet lag eingeklemmt unter dem Wrack, das glücklicherweise nicht Feuer gefangen hatte. Eine Viertelstunde verging, ehe er durch Leutnant Sigwart von einem nahe gelegenen Kampfeinsitzerkommando befreit wurde. Der Fokker hatte beide Tragflächen und das Leitwerk verloren; Motor und Maschinengewehr waren weit weggeschleudert worden, aber Udet war unverletzt geblieben.

Im Herbst 1916 wurde schließlich auch das Kampfeinsitzerkommando Habsheim in die Jagdstaffel 15 umgewandelt. Ihr Führer wurde Oberleutnant Reinhold, der bei den Kaisermanövern 1913 Beobachter in der Maschine gewesen war, mit der Leutnant Carganico den ersten Angriff gegen ein Luftschiff geflogen hatte. Udet wurde am 8. Oktober formell zur Jagdstaffel 15 versetzt, am gleichen Tage, an dem durch kaiserliche Kabinettsorder die Vereinigung aller Luftkampf- und Luftabwehrstreitkräfte unter einem Kommandierenden General der Luftstreitkräfte, genannt Kogenluft, befohlen wurde. Die Funktion übernahm Generalleutnant von Hoeppner, sein Stabschef wurde Oberstleutnant Thomsen.

Am 12. Oktober 1916, vier Tage nach seiner Versetzung zur Jagdstaffel 15, erzielte Udet seinen zweiten Luftsieg. Die Staffel startete in den Nachmittagsstunden nach Erhalt der Meldung, daß feindliche Flugzeuge die Front überquert hätten, und warf sich, was die Piloten nicht wissen konnten, dem ersten strategischen Angriff entgegen, den französische und britische Luftstreitkräfte gemeinsam durchführten. Das Ziel des Gegners: die Waffenfabrik der Mauser-Werke in Oberndorf, 60 km nordöstlich von Freiburg.

Bereits Tage zuvor hatten die Alliierten Wettererkundungsflüge über dem Zielgebiet durchgeführt. Am Einsatztag war eine Armada von 46 Bombern in Luxeuil-les-Bains, etwa 60 km nordwestlich von Freiburg gestartet: zwanzig Farman XLII und Breguet Michelin IV der 4. Groupe de Bombardement und 26 Sopwith 1 1/2 Strutter des 3. Wing des britischen Royal Naval Aviation Service. Einige dieser Sopwith waren Jäger und hatten die Aufgabe, die Bomber zu schützen. Außerdem flogen zwölf französische Jäger vom Typ Nieuport 17 mit. Einige davon gehörten zur Escadrille 124, der legendären Escadrille Lafayette, die sich aus amerikanischen Freiwilligen zusammensetzte.

Die Jagdstaffel 15 erreichte den Gegner, der bereits zehn Maschinen eingebüßt hatte, über Neubreisach. Udet sah unter sich sieben Breguet Michelin IV, die von zwei etwas höher fliegenden Nieuport 17 geschützt wurden. An den beiden Jägern vorbeistürzend, eröffnete er das Feuer auf den führenden Bomber. Nach fast 350 Schuß bemerkte er, daß der gegnerische Pilot zur Notlandung ansetzte. Udet wollte neben ihm niedergehen, um zu verhindern, daß die feindliche Maschine von den Insassen in Brand gesteckt wurde. Aber sein Fokker hatte acht Treffer abbekommen, einer davon hatte einen Reifen aufgerissen, und als Udet aufsetzte, überschlug sich seine Maschine. Der Beobachter des Bombers, Soldat Luneau, war am linken Arm verwundet, aber der unverletzt gebliebene Pilot Maréchal de Logis Barlet, im Zivilberuf Kriminalbeamter in Nancy, half ihm, sich aus dem umgestürzten Doppeldecker zu befreien. Udet revanchierte sich für diese Hilfe. 1930, vierzehn Jahre nach dem Abschuß, erinnerte sich Luneau an den 12. Oktober 1916 mit den Worten: „Ich möchte die absolute Korrektheit Udets hervorheben, der ein fairer Gegner war. Er schüttelte uns die Hand und unterhielt sich höflich mit uns. Als er ging, drückte er mir sein Bedauern aus, mich verwundet zu haben. Er hat mich dann noch zweimal in Mülhausen besucht und mir jedesmal eine Schachtel Zigaretten mitgebracht."

Der zur Notlandung gezwungene Bomber gehörte zur Escadrille B-M. 120 und war an beiden Rumpfseiten mit einem Schachbrett bemalt. Außerdem trug er auf der Rumpfnase die Aufschrift: „Le voilà le foudroyant. – Hier ist der Zerschmetterer!" Die Maschine hatte noch dreißig Bomben an Bord und wies zu Udets Genugtuung fast 80 Treffer auf, von denen einige allerdings von einer doppelrumpfigen Ago C II stammten, die auf das bereits landende Flugzeug gefeuert hatte.

Im übrigen war der Großangriff der Alliierten kein durchschlagender Erfolg gewesen. Viele Maschinen waren abgeschossen worden, andere hatten versehentlich Donaueschingen angegriffen, und von den Bomben, die auf Oberndorf fielen, hatten die meisten die Mauser-Werke verfehlt. Außerdem hatte der Angriff unter der Problematik des Jagdschutzes für Bomber gelitten, die noch Jahre und Jahrzehnte später die Theoretiker und Praktiker des Luftkrieges beschäftigen sollte. So hatten die Jäger der Escadrille Lafayette die Bombenflugzeuge nur von Luxeuil-les-Bains bis Ettenheim begleiten können. Dann waren sie nach Corcieux in den Vogesen zurückgeflogen, um aufzutanken und die rückkehrenden Bomber wieder aufzunehmen. Bei der Landung in Corcieux war einer der amerikanischen Piloten, Norman Prince, mit dem Fahrgestell seiner Maschine in einer Hochspannungsleitung hängengeblieben. Er stürzte ab und starb drei Tage später.

Udet wurde am 17. Oktober zum Reserveoffiziersanwärter ernannt, erhielt am 4. November das Württembergische Verdienstkreuz mit Krone und Schwertern und wurde einen Tag darauf zum Offiziersstellvertreter befördert. Er hatte nun zwei Luftsiege erzielt und war damit noch weit davon entfernt, ein As zu sein, wie die Alliierten die erfolgreichen Jagdflieger zu nennen pflegten, um die ein wahrer Heldenkult entstand, der über die Fronten hinwegreichte. Am 16. November 1916 erschien in Paris zum ersten Male „La Guerre Aérienne", eine wöchentliche Illustrierte, die ausschließlich dem Luftkrieg gewidmet war. Das Blatt brachte in seiner ersten Ausgabe eine Liste der deutschen Asse mit Stand vom 1. November 1916. Am Beginn stand eine Aufzählung der erfolgreichsten Jagdflieger, die bereits gefallen waren: Hauptmann Boelcke 40 Siege, Leutnant Wintgens 18 Siege, Oberleutnant Immelmann 15 Siege, Leutnant Mulzer 10 Siege, Leutnant Parschau 8 Siege. Dann folgte eine Liste der noch lebenden deutschen Asse: Leutnant Frankl 14 Siege, Leutnant Hoehndorf 12 Siege, Oberleutnant Buddecke 10 Siege, Oberleutnant von Althaus 8 Siege, Oberleutnant Berthold 8 Siege, Leutnant Leffers 7 Siege, Leutnant Dossenbach 7 Siege.

Manfred von Richthofen und Ernst Udet, die beiden erfolgreichsten deutschen Jagdflieger, schienen in der Liste des Jahres 1916 noch gar nicht auf.

Angesichts der zunehmenden Bedeutung des Luftkrieges faßte das Kriegsministerium mit Wirkung vom 20. November 1916 alle fliegenden Verbände zu den sogenannten Luftstreitkräften zusammen, und am 29. November wurden die bisherigen Stabsoffiziere der Flieger zu Kommandeuren der Flieger bestellt und damit Vorgesetzte aller fliegenden Verbände ihrer Armee. Zu dieser Zeit verfügten die Luftstreitkräfte über 33 Jagdstaffeln, die aber noch nicht alle ihre Sollstärke von 14 Maschinen erreicht hatten. Die Fokker-Eindecker standen kaum mehr im Einsatz. Die Jagdstaffeln waren nun vorwiegend mit Doppeldeckern vom Typ Fokker D III, Halberstadt D II und Albatros D II ausgerüstet.

Am Heiligen Abend des Jahres 1916 erzielte Udet seinen dritten Abschuß. Gegen 11 Uhr vormittag des 24. Dezember stieß er über Niederaspach auf zwei zweimotorige Caudron G IV, die, beschützt von einem Nieuport 17, Batterien einschossen. Aus der Sonne kommend, näherte er sich unbemerkt einem der beiden Caudrons und eröffnete aus 200 m Entfernung das Feuer. Der rechte Motor begann zu brennen, der Pilot machte noch einige Abwehrbewegungen, dann schlug die in Flammen gehüllte Maschine dicht hinter den feindlichen Linien auf. Der zweite Caudron ergriff die Flucht, und auch der Nieuport 17 setzte sich nach einer Feuergarbe aus großer Entfernung, die nicht traf, nach Westen ab. Von der Maschine des abgeschossenen Gegners stieg noch eine halbe Stunde nach dem Kampf eine Rauchsäule empor. Es war ein Bild, das Udet noch oft sehen sollte.

Am 12. Dezember hatten die vier Mittelmächte über die neutralen Staaten den Alliierten ein Friedensangebot gemacht: „Von dem Wunsche beseelt, weiteres Blutvergießen zu verhüten und den Greueln des Krieges ein Ende zu machen ..." Noch vor Jahresschluß lag die Antwort vor: „Der angebliche Vorschlag ... erscheint weniger als ein Friedensangebot, denn als Kriegsmanöver ..."

Das Blutvergießen ging weiter.

III

FÜHRER DER JAGDSTAFFEL 37

Am 22. Januar 1917 wurde Ernst Udet zum Leutnant der Reserve der Fliegertruppe befördert. Er erhielt nun, einschließlich der Fliegerzulage von 150 Mark, einen Sold von 460 Mark. Annähernd zur gleichen Zeit wurde die Staffel mit neuen Maschinen vom Typ Albatros D III ausgerüstet. Es war ein Flugzeug, das bewies, wie sehr der Luftkrieg zu einem Wettlauf um die technische Überlegenheit geworden war. Im Vorjahr hatte die Inspektion der Fliegertruppen alle deutschen Flugzeugkonstrukteure auf die ausgezeichneten Flugeigenschaften des französischen Jagdflugzeuges Nieuport hingewiesen und die Übernahme von Konstruktionsdetails dieser Maschine angeregt. Dipl.-Ing. Thelen von den Albatros-Werken in Johannisthal hatte daraufhin für den Rumpf des D II neue Tragflächen entworfen; das Ergebnis war der Albatros D III, ein hervorragendes Jagdflugzeug.

Udet erhielt die Maschine D 1941/16 und ließ auf den Rumpf den Namen des Mädchens malen, das er als seine Braut betrachtete: Lo. Aber auch der Gegner hatte neue Maschinen bekommen, den Nieuport N 17. Obwohl der Albatros mit einem Mercedes Motor von 160 PS und der Nieuport mit einem Le-Rhone-Triebwerk von nur 110 PS ausgerüstet war, hatten beide Maschinen mit 175 km/h ungefähr die gleiche Höchstgeschwindigkeit. Ihre Gipfelhöhe lag bei 5500 m, und beide konnten etwa zwei Stunden in der Luft bleiben.

Am 20. Februar kam es zu einem Duell der neuen Typen. In den Mittagsstunden überflogen drei Nieuport 17 fast in Gipfelhöhe die Front und stießen bis hinter Mülhausen vor. Udet und Glinkermann, die Sperre flogen, stiegen auf über 5000 m, um ihnen den Rückweg zu verlegen. Als sie aufeinanderstießen, ergriffen zwei Nieuport im Sturzflug die Flucht. Der dritte nahm den Kurvenkampf mit Udet auf. Sie verloren dabei langsam an Höhe; als sie bei etwa 3000 Metern angelangt waren, war der Motor des Nieuport zerschossen, und die Luftschraube drehte sich nicht mehr. Aber der Franzose war ein zäher Gegner. Als Udet ganz nahe an ihm vorbeizog, drohte er mit seiner behandschuhten Faust. Abschießen konnte ihn Udet nicht, weil inzwischen an seinem Maschinengewehr eine Ladehemmung aufgetreten war. Der Kampf hatte sie etwa zehn Kilometer westlich von Mülhausen geführt, ihre Höhe betrug nur noch 400 m, und der Franzose versuchte im Gleitflug die eigenen Linien zu erreichen. Udet blieb nichts anderes übrig, als so nahe vor dem Nieuport zu fliegen, daß er ihm den Weg versperrte. Bei Aspach setzte der Franzose schließlich im Niemandsland auf, sprang aus dem Nieuport und verschwand in den feindlichen Gräben. Bevor die Maschine geborgen werden konnte, wurde sie von deutscher Artillerie in Brand geschossen.

Udet hatte seinen 4. Gegner abgeschossen, aber er war nicht zufrieden, denn er hatte über 500 Schuß Munition verbraucht. Er begann daraufhin wieder mit Schießübungen aus der Luft gegen eine Scheibe, aber Ende Februar traf ein Verlegungsbefehl ein. In der Jagdstaffel 15 war man froh, die vergessene Front in den Vogesen endlich zu verlassen.

Es war eine lange Kolonne, die am Bahnhof Mülhausen zur Abfahrt bereitstand. Der Staffelführer Oberleutnant Reinhold; die Leutnants Udet, Hänisch, genannt Puz, und Esser, Udets bester Freund; die Vizefeldwebel Müller, Eichenhauer und Glinkermann, genannt Glinkerle; die Gebrüder Wendel und einige weitere Piloten; außerdem die Flugzeuge, die Schreiner, die Waffenmeister, die Werft. Drei Tage und Nächte dauerte die Fahrt nach Norden, immer wieder von Aufenthalten unterbrochen. Truppen- und Munitionszüge fuhren an ihnen vorbei, Verwundetentransporte kamen ihnen entgegen. Es regnete in Strömen, als sie schließlich in der Champagne, etwa 30 km östlich von Laon, ausgeladen wurden. Verglichen mit der Landschaft des Elsaß war die Gegend trostlos. Sofort wurden vier Maschinen montiert, um am nächsten Morgen zum sechs Kilometer entfernten Feldflugplatz in La Selve geflogen zu werden. Über Nacht waren sie mit Schnee bedeckt und darunter lag eine Eisschicht, die vor dem Start mühsam weggekratzt werden mußte.

Die restlichen Maschinen wurden auf Lastwagen zum Flugplatz gebracht, und die Piloten der Staffel bezogen Quartier in kleinen ebenerdigen Lehmhäusern an der Hauptstraße von La Selve. Udet und sein Freund Esser brauchten mit ihren Burschen vier Tage, bis sie ihr „Loch" eingerichtet hatten. Mit Hilfe von Bettlaken, Decken, Teppichen und einer roten Lampe schufen sie, wie Udet bemerkte, eine „schwüle Behaglichkeit".

Am 3. März 1917 war die Jagdstaffel 15 einsatzbereit. Die Front lag 25 km weiter südlich. Die deutsche Heeresleitung hatte in Erwartung einer großen Frühjahrsoffensive der Alliierten zwischen Reims und Lille am Beginn des Jahres in der sogenannten Siegfried-Bewegung ihre Truppen in gut ausgebaute Stellungen zurückgeführt, wo sie zur Abwehr bereitstanden. Die Franzosen ihrerseits waren noch mit der Vorbereitung ihres Angriffes beschäftigt. 37 km südwestlich von La Selve lag in der Nähe des Ortes La Bonne-Maison ein französischer Feldflugplatz. Dort trafen am 25. März die französischen Groupes de Chasse Nr. 12, 13 und 14 ein. Etwas weiter südlich lag die Groupe de Chasse Nr. 11. Damit lag der Jagdstaffel 15 die Elite der französischen Jagdflieger gegenüber, darunter die legendäre Escadrille SP 3, genannt „Les Cicognes", die Störche, in deren Reihen der 22jährige Hauptmann Georges Guynemer kämpfte.

Die Franzosen flogen vorwiegend den Spad VII, einen Doppeldecker, der mit seinem Hispano Suiza 8 Aa Motor von 150 PS fast 20 km/h schneller war als der Albatros D III und rund 30 km/h schneller als der Halberstadt D II, den die Jagdstaffel 15 flog.

Am 7. April, einen Tag nachdem die Vereinigten Staaten den Krieg erklärt hatten, brach das französische Trommelfeuer los; die langerwartete Offensive stand bevor. Der Artilleriebeschuß dauerte zehn Tage und war von nie zuvor erlebter Heftigkeit. Ganze Landstriche wurden in Trichterfelder verwandelt. Der Lärm der Geschütze übertönte oft die Motorengeräusche der Flugzeuge, und der Hagel der Geschosse war so dicht, daß die Maschinen in der Luft immer wieder von einer der an ihnen vorbeiziehenden Granaten durcheinandergerüttelt wurden. Einmal sah Udet neben sich einen schwarzen Körper emporsteigen, einen Augenblick lang regungslos verharren und dann umkippend zur Erde fallen. Es war ein Mörsergeschoß auf dem Höhepunkt seiner Flugbahn gewesen.

Zu Luftkämpfen kam es vorläufig aber nicht. Erst am 16. April, einen Tag bevor der Infanterieangriff begann, schoß Esser einen Nieuport und Glinkermann einen Caudron ab. Esser hatte noch eine zweite französische Maschine verfolgt, war aber nicht nach La Selve zurückgekehrt. In den Mittagsstunden traf die Nachricht von seinem Tode ein: Über den eigenen Linien abgestürzt. Es war zum ersten Male, daß ein Verlust Udet persönlich traf; noch nie hatte er einen Kameraden gefunden, „mit dem mich ein so inniges und harmonisches Freundschaftsverhältnis verbunden hatte", schrieb er später. Ein Brief an die Eltern war der letzte Dienst, den er dem gefallenen Freund erweisen konnte. Einige Tage hauste Udet allein in seiner Lehmhütte, dann nahm Leutnant Hänisch, genannt Puz, den verwaisten Platz ein.

An dem Tag, an dem die Staffel die Nachricht vom Tode Essers erhalten hatte, war die feindliche Offensive losgebrochen. Erstes Angriffsziel der französischen Infanterie war der über die Höhen von Soissons und Craonne führende „Chemin des Dames", jener „Damenweg", der einst gebaut worden war, um den Töchtern Ludwigs XV. die Reisen zwischen Compiègne und dem Château de la Bove bequemer zu machen.

Am Abend des Angriffstages gab das Große Hauptquartier bekannt: „An der Aisne, Heeresgruppe Deutscher Kronprinz, ist eine der größten Schlachten des gewaltigen Krieges und damit der Weltgeschichte im Gange. Am 17. April frühmorgens setzte von Soupir an der Aisne bis Betheny nördlich von Reims der auf einer Front von 40 Kilometern mit ungeheurer Wucht von starken Infanteriekräften geführte und durch Nachschub von Reserven genährte, tiefgegliederte französische Durchbruchsangriff ein."

Aber die großangelegte Doppelschlacht an der Aisne und in der Champagne brachte statt dem erwarteten Durchbruch nur einen zähen Stellungskrieg am Chemin des Dames mit geringem Geländegewinn. Welle auf Welle der französischen Infanterie blieb im deutschen Abwehrfeuer liegen, bis sich die Truppen schließlich weigerten, weiter anzugreifen. Insgesamt 54 Divisionen wurden von der Meuterei erfaßt, 55 Anführer exekutiert, dann hatte General Pétain, dem man den Befehl über dem Abschnitt übertragen hatte, die Truppen wieder in der Hand. Die deutsche Führung wußte von diesen Vorgängen nichts und versäumte die Chance, die geschwächte Front des Gegners zu durchstoßen.

Für die deutschen Jagdflieger wurde die französische Offensive zu einer fürchterlichen Abnützungsschlacht. Sie standen einem Gegner gegenüber, dessen fliegerisches Material überlegen, dessen Können hervorragend und dessen Taktik ebenso vorsichtig wie erfolgreich war. Die Jagdstaffel 15 wurde während der Kämpfe buchstäblich dezimiert. Als die französische Offensive vorüber war, zählte sie noch vier Flugzeuge.

Udet errang in diesen Kämpfen am 24. April seinen fünften Luftsieg: Um 19.30 Uhr schoß er einen Nieuport 17 ab, der nach kurzem Kurvenkampf in Brand geriet und im Trichterfeld bei Chavignon, 12 km südwestlich von Laon neben der Straße nach Soissons abstürzte. Zwei Tage später, am 26. April lud Udet die Kameraden ein, seinen ersten Luftsieg an der Aisne-Front zugleich mit seinem Geburtstag zu feiern. Er war nun 21 Jahre alt, Leutnant der Reserve, Träger des Eisernen Kreuzes I. Klasse und Sieger in fünf Luftkämpfen. Aber während sie bei Kaffee und Kuchen beisammensaßen, wollte sich die rechte Stimmung nicht einstellen. Der Staffelführer Oberleutnant Reinhold war von einem Sperrflug nicht zurückgekehrt. Gegen 17 Uhr kam von einer Einheit bei Lierval, 8 km südlich von Laon die Meldung, daß in der Nähe eine deutsche Maschine fast unbeschädigt niedergegangen sei. Am Steuer saß Oberleutnant Reinhold. Kopfschuß. Tot.

Bereits am 30. April traf sein Nachfolger ein: Leutnant Heinrich Gontermann aus Siegen in Westfalen, bisher bei der Jagdstaffel 5, erst 21 Jahre alt, aber mit seiner grüngestrichenen Maschine bereits armeebekannt. Er hatte innerhalb kurzer Zeit zwölf feindliche Flugzeuge und sechs Fesselballons abgeschossen. Die Jagd auf die „Fesselschweine", wie sie in der Landsersprache hießen, war überaus gefährlich, denn sie wurden fast immer durch Jagdflieger und einen dichten Flakgürtel geschützt.

Obwohl die französische Offensive nur wenige Kilometer vorangekommen war, wurde die Jagdstaffel 15 bald nach dem Eintreffen Gontermanns von La Selve nach Boncourt verlegt. Für die Piloten war es eine willkommene Abwechslung, denn statt in Lehmhütten waren sie nun in einem alten Schloß einquartiert.

Udet hatte bereits einmal im Elsaß vergeblich versucht, einen Fesselballon abzuschießen. Nun inspirierte ihn das Vorbild Gontermanns zu einem neuen Versuch, der abermals mißglückte. Er stieß im flachen Gleitflug auf einen der zahlreichen Ballons zu, die über der Front standen, und hielt dabei Ausschau nach feindlichen Jägern. Als er noch vier Kilometer vom Ballon entfernt war, tauchte in seinem Rücken ein Spad auf. Er flog ihm entgegen, und es entspann sich ein Kurvenkampf, in dessen Verlauf Udets Maschine zahlreiche Treffer erhielt und seine Fliegerkombination von einem Streifschuß aufgerissen wurde. Er beschloß, den Kampf abzubrechen, ließ seine Maschine 500 m abtrudeln und flog nach Boncourt zurück. Der Spad hatte als Abzeichen einen großen schwarzen Totenkopf getragen; vermutlich war es die Maschine Leutnant Charles Nungessers, eines der französischen Jagdfliegerasse gewesen.

Wenige Tage später mußte Udet feststellen, daß nicht nur die Jäger, sondern auch die Flakartilleristen des Gegners ausgezeichnet schossen. Gemeinsam mit Leutnant Hänisch griff er bei Brimont, acht Kilometer nördlich von Reims, zwei französische Artillerieflieger an, aber Hänisch hatte Ladehemmung, und einer der beiden Farman-Doppeldecker konnte entkommen. Der andere schwang nach kurzem Beschuß durch Udet mit einer Rauchfahne nach unten ab; ein sicherer Abschuß war es nicht. Udet war jetzt allein auf 1400 m

Höhe und wollte nach Hause fliegen, kam aber wegen des starken Gegenwindes nur langsam voran. Plötzlich war die Maschine von schwarzen Flakwölkchen umgeben, und dann überschlug sie sich, wie von einer Riesenfaust gepackt. Eine Granate hatte die obere Tragfläche durchschlagen. Udet konnte das Flugzeug knapp über dem Boden abfangen und mit äußerster Vorsicht nach Boncourt zurückkehren.

Erst am 7. März gelang ihm der nächste Abschuß. Der 6. Gegner, den er bezwang, war ein Spad VII, der um 19.30 Uhr in einen Wald nördlich von Villers-Cotterets abstürzte.

Zehn Tage später erhielt Gontermann den Pour le mérite, trat einen vierwöchigen Urlaub an und betraute Udet mit seiner Vertretung. Schwere Tage folgten. Am 25. Mai flogen sie wie fast täglich Sperre: Udet, die Brüder Wendel, Hänisch und Glinkermann. Keiner von ihnen hatte rechtzeitig genug den Spad bemerkt, der den Albatros von Hänisch plötzlich in Flammen schoß. „Puz" hob noch einmal die Hand – es mochte ein letzter Gruß gewesen sein oder der Todeskrampf – dann brach die brennende Maschine auseinander. Udet versuchte den Spad im Sturz einzuholen, aber als die Flächen des Albatros zu flattern begannen, mußte er die Verfolgung aufgeben.

Wenige Tage später fiel Vizefeldwebel Müller, dann Glinkermann, dann Vizefeldwebel Eichenhauer. Die Staffel bestand noch aus vier Piloten: Udet und drei Vizefeldwebeln. Jedesmal wenn ein Kamerad gefallen war, fiel ihm als Führer der Staffel die Aufgabe zu, die Angehörigen zu verständigen. So schrieb er Brief um Brief, bis er schließlich am 4. Juni, an dem Tag, an dem Eichenhauer gefallen war, auch an seinen Freund Grashoff schrieb, mit dem er in Habsheim zusammen gewesen war und der nun die Jagdstaffel 37 führte: „Ich bin der Letzte der Jagdstaffel 15, der letzte von denen, die damals von Habsheim abfuhren. Ich möchte an eine andere Front. Ich möchte zu dir."

Noch war es nicht soweit, noch flogen die vier überlebenden Piloten der Jagdstaffel 15 täglich Sperre. Udet hatte überdies seine Absicht, endlich einen Fesselballon abzuschießen, noch immer nicht aufgegeben. So startete er eines Tages in den frühen Morgenstunden, um aus der Sonne heraus auf einen Ballon herabzustoßen. Als er sich in 5000 m Höhe über Lierval befand, wo kurz zuvor der Staffelführer Oberleutnant Reinhold gefallen war, bemerkte er einen französischen Artilleriebeobachter mit Gitterrumpf. Aber bevor er ihn angreifen konnte, hatte sich ein Spad VII genähert, der ihn in einen wilden Kurvenkampf verwickelte. So nahe umkreisten die beiden Maschinen einander, daß Udet die Inschrift auf dem Rumpf der gegnerischen Maschine lesen konnte: „Le Vieux", der Alte. Er stand Hauptmann Guynemer gegenüber, der bereits mehr als 40 Abschüsse zu verzeichnen hatte. Es war ein Kampf, der Udet, dessen Maschine sofort einige Treffer erhalten hatte, das Letzte abverlangte. Als er endlich den hellbraunen Doppeldecker Guynemers im Visier hatte, versagte sein Maschinengewehr: Ladehemmung. An Flucht war angesichts des fliegerischen Könnens des Gegners nicht zu denken, also setzte Udet den Kurvenkampf, der nun schon fast zehn Minuten dauerte, fort. Er hieb mit beiden Fäusten auf das defekte Maschinengewehr ein, und Guynemer, der knapp über ihn hinwegstrich, schien diese Geste bemerkt zu haben. Das französische As hob winkend die Hand und verschwand im Sturzflug. Später behaupteten viele, Guynemer habe ebenfalls Ladehemmung gehabt oder befürchtet, sein Gegner werde ihn rammen. Udet ließ diese Auslegungen nicht gelten und meinte, es sei „ein Stück vom ritterlichen Heldentum alter Zeiten" gewesen.

Am 19. Juni kam Gontermann vom Urlaub zurück, aber bis zu Udets Versetzung verstrichen noch fast zwei Monate. Angesichts der schweren Luftkämpfe, die nun fast überall an der Westfront ausgetragen wurden, entschloß sich der Kommandierende General der Luftstreitkräfte zu einer Zusammenfassung seiner Kräfte. Am 24. Juni wurde aus den Jagdstaffeln 4, 6, 10 und 11 das erste deutsche Jagdgeschwader aufgestellt. Zum Kommandeur wurde Rittmeister Manfred von Richthofen ernannt, der sich als Adjutanten Oberleutnant Karl Bodenschatz holte, den Adjutanten der Jagdstaffel, die einst Hauptmann Boelcke geführt hatte.

In dem von Lieth-Thomsen, dem Chef des Stabes des Kommandierenden Generals der Luftstreitkräfte gezeichneten Aufstellungsbefehl hieß es: „Das Geschwader ist ein geschlossener Verband. Es ist dazu bestimmt, an entscheidenden Kampfabschnitten die Herrschaft in der Luft zu erkämpfen und zu sichern." Als Einsatzraum wurde ihm der Frontabschnitt von Kortrijk in Flandern zugewiesen.

Im gleichen flandrischen Raum waren damals im Sommer 1917, ohne einander zu kennen und voneinander zu wissen, drei Männer eingesetzt, die den Lebensweg Ernst Udets noch oft kreuzen sollten.

Am 12. Juli wurde in Flandern nach einer Ruhepause das Regiment List eingesetzt, in dessen Reihen der Gefreite Adolf Hitler diente. Wenige Kilometer vom Frontabschnitt des Regimentes entfernt, bei Izegem, lag die Jagdstaffel 27 unter ihrem Führer Oberleutnant Hermann Göring. Etwas weiter südlich, bei Lille, kämpfte die Fliegerabteilung 5, deren stellvertretender Führer Oberleutnant Erhard Milch war.

Am 31. Juli begann die dritte große Offensive der Engländer bei Ypern, und am gleichen Tag wandte sich General Ludendorff in einem geheimen Rundschreiben an die höheren Kommandostellen des Frontheeres: „Die Stimmung in der Heimat ist tief gesunken und hat tatsächlich schon vereinzelt auf das Heer übergegriffen, wie zahlreiche Zuschriften bezeugen. Dem kann nicht tatenlos zugesehen werden. Es gilt, im Heere die Kampfkraft und damit die Siegeszuversicht, die Liebe zum Kaiser und den Landesherren und ein starkes deutsch-vaterländisches Gefühl immer von neuem zu beleben."

Nachdem der Versetzungsbefehl endlich eingetroffen war, kam Udet am 6. August auf dem Feldflugplatz der Jagdstaffel 37 in Moncheaux, einem kleinen Ort zehn Kilometer nördlich der Industriestadt Douai, an. Er fühlte sich in der neuen Umgebung vom ersten Augenblick an wohl. Sein Quartier war das kleine baufällige Château Bellincamp, gleich neben dem Flugplatz gelegen und allgemein das Fliegerschlößchen genannt. In Douai, das mit dem Auto der Staffel in wenigen Minuten zu erreichen war, gab es das ausgezeichnete Weinhaus Palmier, und auch der Kognak war gut, billig und reichlich vorhanden. Sein alter Freund, der Staffelführer Oberleutnant Grashoff empfing ihn freundlich, und bald gewann er neue Freunde, vor allem den Oberleutnant Waldhausen, der bei der bayerischen Fliegerabteilung 9 b gedient hatte und über die Jagdfliegerschule in Valenciennes zur Jagdstaffel 37 gekommen war.

Es war ein bewegtes Leben, das er mit seinen Kameraden und mit den Mädchen der Umgebung führte. Nach einer durchzechten Nacht floh er einmal in Moncheaux vor einer Offiziersstreife auf eine Aschenhalde, wo er bis in die Knie einsank, und in einem verlassenen Haus hatte er sich ein Zimmer mit einem Bett eingerichtet, dessen Größe Grashoff zu der Bemerkung veranlaßte: „Bei solchen Ausmaßen kannst du auf diesem Landeplatz das Landekreuz nach jeder gewünschten Windrichtung auslegen."

Jenseits der Front, die etwa zwanzig Kilometer weiter westlich lag, waren die Feldflugplätze des Royal Flying Corps. Vorläufig gab es kaum Feindberührung, und Udet nützte die Zeit, um mit Waldhausen den Luftkampf zu üben. Viele Jahre später, 1935, hat Waldhausen diese Übungen in der „Luftwelt" geschildert:

„Mit Udet übte ich tagtäglich Luftkampf. Wir konnten dabei manchmal kein Ende finden. So vernarrt waren wir ineinander. Ich lernte dabei, das Äußerste aus der Maschine herauszuholen in bezug auf Wendigkeit, enge Kurven, Spiralen und Sturzflüge.

Ebenso lehrreich war es, wenn ich mit Udet in der Luft ‚Nachlaufen' spielte; besonders wenn es die Wolkenbildung möglich machte, dabei plötzlich hinter einem von Frau Holles Federkissen zu verschwinden und unerwartet an anderer Stelle aufzutauchen ...

Lange Zeit hatte ich angenommen, ich könnte mir während des Luftkampfes das genaue Zielen sparen, wenn ich auf nächste Entfernung an den Gegner heranginge. Durch Udet wurde ich dahin belehrt, daß das Schießen, ohne zuvor Visier und Korn haarscharf in eine Linie gebracht zu haben, stets ein großer Fehler sei. ‚Und sei das feindliche Flugzeug noch so nah!'

Ferner warnte mich Udet, feindliche Doppelsitzer von oben her anzugreifen."

Grashoff, der die Übungen vom Liegestuhl am Flugplatzrand verfolgte, meinte erstaunt: „So was macht doch sonst keiner meiner Herren!“ Kunstflug gehörte eben damals noch nicht zur Ausbildung eines Jagdfliegers.

Eine Woche nach seiner Ankunft stieß Udet zum ersten Male auf die Engländer: Sie flogen fünf französische Nieuport N 17, von denen er einen zur Landung hinter den deutschen Linien zwang. Udet setzte seine Maschine neben dem Nieuport auf, schüttelte dem Piloten des Royal Flying Corps die Hand, und dann rauchte er mit dem 7. Gegner, den er bezwungen hatte, eine der süßlich schmeckenden englischen Zigaretten.

Am nächsten Tag, dem 14. August, schoß er seinen 8. Gegner und zugleich seine erste englische Maschine ab; alle bisher von ihm heruntergeholten Flugzeuge waren französische Fabrikate gewesen. Gegen 20 Uhr bemerkte er auf einem Sperrflug fünf Zweisitzer vom Typ Bristol F 2, die ostwärts hinter die deutsche Front flogen. Udet wartete ihre Rückkehr ab und griff das Führerflugzeug an, das sofort zu qualmen begann. Trotzdem setzte der gegnerische Pilot zu einem Angriff an. Udet ließ seinen Albatros 500 m tief fallen, aber der Engländer folgte ihm. Neuerlicher Sturz, dem der Gegner nicht mehr zu folgen vermochte. Der Bristol explodierte in der Luft; inmitten eines Trümmergewirrs stürzten Pilot und Beobachter zur Erde.

Am nächsten Tag, dem 15. August, fiel bereits der nächste Gegner. Es regnete, die Wolkenuntergrenze lag bei 300 m, und Udet war nach 10 Uhr vormittags gerade von einem Sperrflug zurückgekehrt, als ein Sopwith 1 1/2 Strutter den Platz im Tiefflug mit Maschinengewehrfeuer belegte. Udet sprang in eine frisch betankte Maschine, deren Motor noch kalt war, und nahm mit zwei Staffelkameraden die Verfolgung auf. Es wurde, wie Udet sagte „eine wilde Jagd, so richtig für das Kino“.

Im Tiefflug jagten sie über das Land, Hindernisse wie Wälder, Eisenbahndämme und Kirchtürme überspringend. Dann kamen sie zu einer Pappelallee, der Udet rechts und der Engländer links entlang flog, wobei der Beobachter wild auf den Albatros feuerte. Aber in der Nähe von Pont-à-Vendin, 15 km von Moncheaux entfernt, der Nähe von Pont-à-Vendin, 15 km von Moncheaux entfernt, knapp vor den eigenen Linien, begann der Sopwith zu brennen. Der Pilot versuchte noch zu landen, aber die Maschine explodierte, und beide Insassen wurden getötet.

Udet hatte innerhalb von drei Tagen drei Gegner abgeschossen, aber mit seinen neun Luftsiegen gehörte er noch nicht zur Spitzengruppe der deutschen Jagdflieger. Manfred von Richthofen hatte 58 Luftsiege, Werner Voss 37, Gontermann 34.

Am 21. August verfolgte er eine Gruppe von sechs englischen Bombern. Es waren De Havilland D H 4 mit Rolls Royce Eagle III Motoren von 250 PS, die mit 190 km/h dem Albatros an Geschwindigkeit fast ebenbürtig waren. Je weiter der Verband nach Osten flog, desto schwerer war er im Auge zu behalten, weil hinter der Front kaum mehr Flak stand, deren Sprengwölkchen den Weg wiesen. Hinter Valenciennes stießen weitere sechs Maschinen zu dem Verband, der nun nach Norden in Richtung Doornik in Belgien flog. Als Udet den Verband endlich eingeholt hatte, traf er einen der Bomber mit dem ersten Feuerstoß. Der Doppeldecker begann zu qualmen und verlor langsam an Höhe; der Beobachter lag tödlich getroffen in seinem Sitz. Bei Ascq setzte der Bomber zur Landung an und überschlug sich, wobei der tote Beobachter aus dem Rumpf geschleudert wurde. Nachdem er in Moncheaux gelandet war, fuhr Udet zu dem Wrack und unterhielt sich mit dem Piloten, einem australischen Leutnant, im Zivilberuf Student. Udet mochte ihn nicht: „Er erzählte Räubergeschichten von Kämpfen mit deutschen Einsitzern und kam sich furchtbar kühn vor ... Ein australischer Aufschneider."

Noch zwei Gegner schoß er an dieser Front ab: Am 17. September einen Einsitzer vom Typ De Havilland D H 5 bei Izel und am 24. September bei Loos, 2 km nordwestlich von Lille, ein englisches Gitterrumpfflugzeug.

Dann kam der Verlegungsbefehl nach Flandern, wo die deutschen Truppen seit Tagen in einer schweren Abwehrschlacht standen. Der neue Feldflugplatz der Jagdstaffel 37 lag bei dem Dorf Wingene, 16 km südlich der schönen alten Stadt Brügge. Man brauchte mit der Maschine nur wenige hundert Meter zu steigen, um das Meer zu sehen, das weniger als 40 km entfernt war. Die Front verlief etwa 30 km westlich von Wingene entlang der Iser, an der belgische Truppen die Stellung hielten. Der Heftigkeit der Kämpfe entsprechend, waren in Wingene starke Fliegerkräfte konzentriert: Außer der Jagdstaffel 37 lagen dort die Infanterie- und Schlachtfliegerabteilung der Schutzstaffel 4, die Schutzstaffel 12 unter Oberleutnant Missfelder und die Fliegerabteilung 40 unter Hauptmann Daniels. Die Infanterieflieger unterstützten die vorgehenden Truppen mit MG-Feuer und durch das Abwerfen kleiner Bomben; außerdem flogen sie Früh- und Abendaufklärung.

Udet war bei der Familie Brouwers in der Bruggestraat einquartiert, und das Leben, das er in Wingene führte, ist dadurch charakterisiert, daß er Flandern als das Land bezeichnete, „wo es noch Milch, Honig und Butter gab". Die Bevölkerung ertrug die Besatzung mit Würde, aber ohne Haß, und die deutschen Soldaten respektierten diese aufrechte Haltung. Ungezwungen war das Zusammensein mit den Schulkindern, die jede freie Minute benützten, um den Flugplatz zu umlagern und von den Fliegern Süßigkeiten oder eine Zigarette zu erbitten.

Um Udet und seine Maschine mit der Aufschrift „Lo" rankten sich im Ort bald viele Legenden. Man erzählte, einer seiner Gegner habe nach Verschießen seiner Munition wehrlos die Hände gehoben, worauf ihn Udet, ohne einen Schuß abzugeben, mehrmals umkreist habe und heimgeflogen sei.

Die Konzentration von Fliegerverbänden auf engem Raum führte zu interessanten Begegnungen. Prominentester Besucher auf dem Feldflugplatz der Jagdstaffel 37 bei Wingene war der Kommandeur des Jagdgeschwaders 1, Rittmeister Manfred von Richthofen, der sich lange mit Udet und Waldhausen unterhielt. Waldhausen, der sich auf seinen Albatros D V, D.2284/17, einen Stern und Halbmond malen hatte lassen, war mit sechs Luftsiegen auf dem Wege zum Jagdflieger-As. Aber am 27. September 1917 wurde er nach einem Angriff auf einen Fesselballon abgeschossen und geriet in englische Gefangenschaft. Er kehrte erst im Jahre 1919 in die Hei-

Nicht alle Besucher in Wingene waren willkommen. Einen von sich reichlich eingenommenen Hauptmann des Generalstabes redete Udet in der Offiziersmesse der Staffel unbekümmert mit „Sie“ an, statt die Anrede in der dritten Person „Herr Hauptmann“ zu gebrauchen. Als ihn der Gast schließlich indigniert fragte, ob er denn nicht seine Hauptmannsterne auf den Achselstücken bemerkt habe, meinte Udet: „Donnerwetter, das sehe ich leider erst jetzt. Andernfalls hätte ich von Anfang an nur Du gesagt . . .“

Gerne hielt sich Udet in dem Kasino der Schutzstaffel 4 auf, in der es ungezwungen zuging, weil in der Staffel fast nur Offiziersanwärter dienten.

Im übrigen entwickelte er in Wingene eine neue Taktik: Er ging fast immer allein auf die Jagd, um Überraschungserfolge zu erzielen. So war er am Abend des 28. September bereits zwanzig Minuten in der Luft und wartete darauf, einen feindlichen Artillerieflieger angreifen zu können. Während er auf der Lauer lag, kreuzten fünf englische Sopwith Camel, die neuesten Jagdflugzeuge des Royal Flying Corps, seinen Weg. Er setzte sich hinter die Formation, deren Piloten ihn offensichtlich nicht bemerkten oder gar glaubten, er gehöre zu ihnen. Jedenfalls konnte er sich so nahe heranschieben, daß er schließlich mitten in dem Verband war; links und rechts von ihm flog in je 30 m Entfernung ein Sopwith. Mit einem kurzen Feuerstoß traf er die Maschine links vom Führerflugzeug, die brennend abstürzte. Ein zweiter Feuerstoß traf die Führermaschine selbst, deren Pilot eine Notlandung hinter den deutschen Linien bei Wingles, 22 km nordöstlich von Arras, gelang. Nun waren die englischen Flieger endlich gewarnt und stoben auseinander. Udet hatte seine erste Doublette erzielt und dazu kaum 20 Sekunden gebraucht.

Als er von diesem Feindflug zurückgekehrt war, nahm ihn Grashoff beiseite und sagte: „Wenn ich hier mal abgehe, Kneckes, sollst du die Staffel erben.“ Grashoff, der schon seit langem keinen Luftsieg erzielt hatte, verschwieg, daß er bereits seine Versetzung an die Front nach Mazedonien beantragt hatte, wo er sich mehr Jagdglück erhoffte.

Auch Udet mußte bis zum 18. Oktober warten, ehe er wieder Erfolg hatte. An diesem Tage sah er, südlich von Ypern, tief unter sich, zwei deutsche LVG-Artilleriebeobachter, die von zwei Sopwith Camel angegriffen wurden. Udet stürzte sich auf die beiden Angreifer; einer floh nach Westen, der andere war offensichtlich ein Anfänger. Udet konnte sich ihm ungehindert bis auf 40 m Entfernung nähern und das Feuer eröffnen. Mit zerschossener linker Tragfläche stürzte die englische Maschine um 10.35 Uhr bei Deulemont, 14 km südlich von Ypern, ab.

Bei der Rückkehr beobachtete Udet einen Luftkampf, der damit endete, daß die englische Maschine in der Luft zerbrach. Udet folgte dem deutschen Flieger bis zu dessen Feldflugplatz bei Gistel, 7 km südlich von Ostende, um seinen erfolgreichen Kameraden zu beglückwünschen. Es war der Offiziersstellvertreter Buckler von der Jagdstaffel 17, der gerade seinen 16. Luftsieg errungen hatte, während Udet soeben seinen 14. Gegner bezwungen hatte. Damit waren die Rollen vertauscht, denn einige Wochen zuvor hatten beide einen Bericht des Kommandierenden Generals der Luftstreitkräfte gelesen, in dem Udets 13. und Bucklers 12. Luftsieg erwähnt worden war. Nachdem sich die beiden einige Zeit miteinander unterhalten hatten, sagte Udet: „Jetzt kommst du mit mir zu meiner Staffel zum Frühstück." Sie flogen mit ihren Maschinen nach Wingene, und das Beisammensein in der Offiziersmesse der Jagdstaffel 37 machte auf Buckler einen tiefen Eindruck, denn er erklärte später: „Manche meiner Erfolge habe ich Udet und dieser kurzen Frühstücksstunde zu danken."

Nach dem geselligen Beisammensein in Wingene starteten beide wieder mit ihren Maschinen. Buckler wandte sich nach Süden, um auf dem Heimweg noch zu jagen; Udet flog nach Norden, dem 12 km langen Überschwemmungsgebiet Nieuwpoort und Diksmuiden entgegen. Flakwölkchen machten ihn auf einen englischen Doppeldecker vom Typ R. E. 8 aufmerksam, der tief unter ihm Batterien einschoß. Er setzte zum Sturzflug an, und als er knapp hinter der feindlichen Maschine war, zog der Pilot des zweisitzigen Flugzeuges eine Kurve, und der Beobachter begann mit seinem Lewis-Maschinengewehr zu feuern. Udet verspürte einen heftigen Schlag gegen das Knie, aus dem durchlöcherten Benzintank schoß ein dikker Strahl, und gleich darauf stand die Luftschraube still. Der Albatros befand sich in 1500 m Höhe etwa vier Kilometer hinter der Front auf feindlichem Gebiet, was bedeutete, daß er im Gleitflug leicht die eigenen Linien erreichen konnte. Aber nun tauchte eine Formation von Sopwith Camel auf, aus der sich drei Maschinen zum Angriff lösten. Das Ende schien unvermeidlich; der Albatros zog eine verräterische Benzinfahne hinter sich her, und mit stehendem Motor war an Kampf nicht zu denken. Zum Glück waren die Engländer offensichtlich Anfänger; sie eröffneten zwar das Feuer, hielten aber einen Abstand von 300 m ein. Udet erreichte die deutschen Linien und setzte die Maschine auf, die noch einige Meter rollte, ehe sie in einen breiten Wassergraben krachte. Er stemmte sich aus dem Sitz, rutschte im Reitsitz den Rumpf entlang und wurde vom Führer eines deutschen Flakzuges in Empfang genommen, während bereits die ersten feindlichen Granaten bei der Maschine einschlugen. Im Unterstand des Flakzuges wurde eine Flasche geleert, und gegen 15 Uhr trat Udet den Heimweg nach Wingene an. Zuerst marschierte er, dann sollte er einen Gig besteigen, dessen Pferd aber nicht von der Stelle zu bringen war, und der Lastwagen, auf dem er die Fahrt fortsetzte, blieb nach wenigen Kilometern mit Achsenbruch liegen; das alles im strömenden Regen. Endlich landete er bei einer Feldfliegerabteilung und erbat sich telephonisch das Staffelauto aus Wingene, wo er schließlich am nächsten Tag um 8.00 Uhr früh eintraf.

Grashoffs Versetzung nach Mazedonien war schließlich genehmigt worden, und am 7. November 1917 wurde Udet mit Befehl 4 II a 38662/4 des Kommandierenden Generals der Luftstreitkräfte zum Führer der Jagdstaffel 37 ernannt. Er war noch nicht einmal 22 Jahre alt, und kaum drei Jahre waren vergangen, seit man ihm erklärt hatte, zu klein und zu jung für den Krieg zu sein.

Mit der Ernennung war die Zeit des Alleinjagens vorbei. Nun war es seine Aufgabe, die Staffel geschlossen in den Kampf zu führen. Der fliegerischen Ausbildung seiner Piloten wandte er größte Sorgfalt zu. Er verlangte von ihnen, daß sie mit ihren Maschinen gleichsam verwachsen seien, denn: „Wie kann ich von jemandem verlangen, daß er abschießt, wenn er seine Maschine nicht in allen Lagen beherrscht?" Vom Looping hielt er nicht viel, aber das Abtrudeln ließ er unermüdlich üben, weil man sich damit nach seiner Meinung „den kritischsten Situationen mühelos entziehen konnte".

Am 13. November erhielt er das Ritterkreuz des Hausordens von Hohenzollern, und diese Auszeichnung und die Ernennung zum Staffelführer gedachte er, auf seine Art zu feiern: Er wollte endlich einen Fesselballon abschießen. Auch dieser Versuch mißglückte. Als er sich in den Abendstunden westlich des Houthulst-Waldes noch etwa zwei Kilometer von dem Ballon entfernt sah, den er angreifen wollte, wurde er von fünf englischen Jägern in den modernsten Maschinen, den S. E. 5 a mit Wolseley-Motor von 200 PS überfallen. Er konnte sich nur durch Flucht in die Wolken retten, in denen er, nachdem sein Kompaß ausgefallen war, die Orientierung verlor. Als er wieder ins Freie stieß, sah er unter sich unbekannte Ortschaften und weit und breit keine Front. Er war überzeugt, in Gefangenschaft geraten zu müssen, und vor Wut liefen ihm die Tränen über die Wangen.

Nach endlosem Umherirren sah er weiße Kalkfelsen; er war in der Nähe der Front bei Lens, fast 75 km von Wingene entfernt. Beim Überfliegen der eigenen Linien schoß er eine Leuchtkugel ab, sah eine Leuchtkugel als Antwort aufsteigen und landete auf dem Flugplatz einer bayerischen Feldfliegerabteilung, in deren Messe er bei den Klängen einer Hauskapelle mit Bier bewirtet wurde. So endete sein vierter Versuch, einen Fesselballon abzuschießen, zwar fröhlich, aber wiederum ergebnislos.

Seinen nächsten Gegner schoß er nach einer durchzechten Nacht ab. Die Staffel hatte ein Fest gefeiert, und Udet ließ sich am 28. November um 5.00 Uhr früh wecken, um sich noch vor dem Frühstück „den Wind um den Kopf und durch die Haare pfeifen zu lassen". Bald nach dem Start sah er drei englische Flugzeuge, von denen er zunächst dachte, es seien Sopwith Camel, die auf dem Rücken flogen. Es waren aber Jäger des neuesten Typs, De Havilland D H 5, die stark nach hinten gestaffelte Tragflächen hatten. Einer der Gegner flog ihm direkt entgegen, machte aber im letzten Augenblick eine Ausweichbewegung. Dabei geriet er in 30 m Entfernung in Udets Visier und brach nach einem Feuerstoß in der Luft auseinander.

Sein nächster Gegner und zugleich sein letzter im Jahre 1917, ein S E 5 a, fiel eine Woche später zwischen Poelkapelle und Westrozebeke.

Das Jahr, das nun zu Ende ging, hatte Udet große Erfolge gebracht. Er war zum Leutnant befördert und zum Staffelführer ernannt worden und hatte vierzehn Gegner abgeschossen. Zugleich hatte er auch die ganze Härte des Krieges kennengelernt: Reinhold, Gontermann, Esser und Hänisch waren gefallen, und auch sein Jugendfreund Otto Bergen, der ihm am Jahresbeginn noch geschrieben hatte, er hoffe, zur Jagdstaffel 15 versetzt zu werden, war am 26. September von einem Luftkampf über Hendicourt nicht zurückgekehrt. Udet war dagegen ein Sonntagskind. Nicht einmal verwundet wurde er; nur drei Streifschüsse hatte er erhalten, zwei am Ärmel und einen am Stiefel.

Flog er über der winterlichen Front, lag unter ihm eine Trümmerlandschaft: Paschendale, Poelkapelle, Langemarck, einst blühende Dörfer, die in einem erbarmungslosen Stellungskrieg, in dem die Geländegewinne nach Metern gemessen wurden, dem Erdboden gleichgemacht worden waren. Und doch bestand alle Ursache, dem nunmehr anhebenden fünften Kriegsjahr mit Zuversicht entgegenzublicken. Die Oktoberrevolution hatte Rußland erschüttert, am 15. Dezember war der Waffenstillstand von Brest-Litowsk unterzeichnet worden, und nun konnte Deutschland seine Truppen von der Ostfront abziehen und nach dem Westen werfen. Dort mußte 1918 die Entscheidung fallen.

IV

POUR LE MÉRITE

Das neue Jahr begann für Udet mit drei Abschüssen: Am 6. Januar fiel sein 17. Gegner, ein Nieuport-Jäger bei Bikschote, am 28. Januar der 18., ein Sopwith Camel 9 km nördlich von Ypern und am darauffolgenden Tag der 19., ein Bristol.

Dann nahm er für kurze Zeit Abschied von der Front und fuhr nach Berlin, wo am 21. Januar das Jagdflugzeug-Vergleichsfliegen begonnen hatte. Dieses Vergleichsfliegen, das sicherstellen sollte, daß die Jagdstaffeln an der Front die besten Modelle erhielten, fand in drei Etappen statt: Zunächst wurden die Maschinen unter der Aufsicht von Offizieren montiert, gewogen und überprüft. Dann wurden sie von Werkspiloten vorgeflogen und anschließend von erfahrenen Frontfliegern erprobt. Ihr Urteil über Geschwindigkeit, Steigfähigkeit und sonstige Flugeigenschaften war die Entscheidungsgrundlage für die Vergebung von Serienaufträgen.

In Berlin-Adlershof standen insgesamt 28 Maschinen bereit, von denen aber nicht alle am eigentlichen Vergleichsfliegen teilnahmen. Fünf Firmen waren mit jeweils einem Modell vertreten; es waren dies: ein A.E.G. D I, ein Aviatik D III, ein Kondor D II, ein Schütte-Lanz D III und ein Siemens-Schuckert D III. Rumpler stellte zwei D I, aber mit verschieden Streben. Die Firmen Albatros, Pfalz und Roland nahmen mit je vier Maschinen teil: vier Albatros D Va mit verschiedenen Motoren; zwei Pfalz D III a, ein Pfalz D VI und ein Pfalz D VII; schließlich zwei Roland D VI, ein Roland D VII und ein Roland D IX. Das stärkste Kontingent stellte Fokker mit 9 Maschinen: ein V 9, ein V 11, ein V 13 I, ein V 13 II, ein V 17, ein V 18, ein V 20 und zwei Dr I.

Zum Vergleichsfliegen hatte sich die Elite der deutschen Jagdflieger in Berlin versammelt. Es gab Tage, an denen man in Adlershof ein halbes Dutzend Träger des Pour le mérite antreffen konnte. Sie waren die Helden der Nation und lebten ein außergewöhnliches Leben. Die Masse des Feldheeres hauste in Schützengräben und Unterständen und war dem ewigen Gleichmaß von Grabenkampf, Stellungskrieg und Trommelfeuer unterworfen. Die Jagdflieger kehrten nach ihren Kämpfen hoch in der Luft, die höchste Bewährung erforderten, in ihre Quartiere zurück, die heute eine rasch aufgestellte Wellblechbaracke am Rande des Flugplatzes, morgen ein behagliches Landschloß inmitten eines alten Parks sein konnten. Immer aber erwarteten sie Essen, Getränke und Zigaretten, und stets stand ein Wagen oder Flugzeug bereit, um einen Ausflug in Gegenden zu machen, in denen man den Krieg vergessen konnte.

Aber alle Annehmlichkeiten, die ihnen das Jagdfliegerleben an der Front zu bieten hatte, waren bescheiden im Vergleich mit den Freuden, die sie in Berlin erwarteten. Die Luftfahrtindustrie hatte für das Vergleichsfliegen mehr als nur ihre neuesten Modelle bereitgestellt. Für die Piloten, die von der Front kamen, waren von den Firmen ganze Etagen in den besten Hotels von Berlin gemietet worden, Zimmer, in denen Delikatessen, Getränke und Rauchwaren bereitstanden, Geschenke wie Pelzmäntel, Uhren und Feuerzeuge lagen, und zu später Stunde wohl auch ebenso schöne wie willige Frauen erwartet werden durften.

Fokker empfing im Hotel Bristol, die Gebrüder Eversbusch von den Pfalzwerken bewirteten ihre Gäste im Hotel Adlon. Das Gerücht, daß die Berliner Tänzerin Kieselhausen dort gegen viel Geld nackt auf dem Tisch getanzt habe, drang bis an die Front.

Grenzte dies alles nicht an Bestechung? Möglicherweise, aber für die Flugzeugfirmen stand auch viel auf dem Spiel. Anthony Fokkers V 11, später D VII genannt, ging als Sieger aus dem Vergleichsfliegen hervor, worauf 400 Maschinen dieses Typs zum Stückpreis von 25.000 Mark bestellt wurden. Das war eine Auftragssumme von zehn Millionen Mark, und bei solchen Beträgen spielten die Ausgaben für ein paar Hotelzimmer mit üppigem toten und lebenden Inventar wirklich keine Rolle.

Der Fokker D VII war ein hervorragendes Jagdflugzeug, obwohl in Adlershof Maschinen vorgeführt worden waren, die bessere Leistungen erzielten. Es hatte aber den Vorzug, daß es einfach und dementsprechend schnell zu bauen war und außerdem Eigenschaften, die von den Frontpiloten geschätzt wurden, wie z. B. ein gutes Blickfeld.

Udet, der die Tage in Berlin sehr genossen hatte, erzielte nach der Rückkehr an die Front am 18. Februar seinen nächsten Luftsieg. Er hatte die Staffel in den frühen Morgenstunden die Front entlanggeführt, um den Gegner anzulocken, und sich dann gegen Osten gewendet. Der Sonne entgegenfliegend, wendete er einen Trick an, um nicht geblendet zu werden: Er hielt den Daumen der Sonnenscheibe entgegen und sah tatsächlich etwa 50 m über sich und rund 100 m entfernt acht Camel. Er schoß eine Maschine ab, die bei Zandvoorde, vier Kilometer südlich von Ypern, auf der Erde zerschellte. Die Staffel verwickelte die übrigen sieben Flieger in einen Kurvenkampf, der fünf Minuten dauerte, aber keinen weiteren Abschuß brachte.

Der Camel war der 20. Gegner, den Udet abgeschossen hatte. Es war sein letzter Erfolg über Wingene und als Führer der Jagdstaffel 37. Außerdem hatte er damit jene Zahl von Luftsiegen erreicht, der üblicherweise die Verleihung des Pour le mérite folgte.

Wenige Tage danach hatte er sein schauerlichstes Kriegserlebnis. Er flog an der Spitze der Staffel in Richtung Ypern, einige hundert Meter unter einer geschlossenen Wolkendecke, aus der plötzlich ein menschlicher Körper, alle Glieder von sich gestreckt und sich immer wieder überschlagend, zu Boden stürzte und etwa zwei Kilometer hinter den feindlichen Linien aufschlug. Sonst war nichts zu sehen, kein Flugzeug und keine Trümmer fielen aus der Wolkenwand. „Ich werde das grausige Bild mein Leben lang nicht vergessen", schrieb er später.

Am 18. März 1918 erhielt die Jagdstaffel 37 den Befehl, von Wingene nach Le Cateau zu verlegen, das 100 km weiter südlich lag. Die deutsche Heeresleitung bereitete die Frühjahrsoffensive vor, die den Sieg im Westen bringen sollte, bevor die Truppen Amerikas, das ein Jahr zuvor in den Krieg eingetreten war, in voller Stärke in Frankreich eintrafen. Zur Unterstützung der Offensive wurden das Jagdgeschwader 1 und achtzig weitere Jagdstaffeln zusammengezogen und zwei neue Jagdgeschwader aufgestellt: das Jagdgeschwader 2 aus den Staffeln 12, 13, 15 und 19 sowie das Jagdgeschwader 3 mit den Staffeln 2, 26, 27 und 36.

Le Cateau, der neue Feldflugplatz der Jagdstaffel 37, lag nur 22 km südöstlich von Avesnes-le-Sec, einem kleinen Dorf, in dessen Nähe seit dem 25. November 1917 das Jagdgeschwader 1 unter Manfred von Richthofen seinen Standort hatte. Udet war kaum in Le Cateau eingetroffen und war gerade im strömenden Regen damit beschäftigt, den Mechanikern beim Einschlagen von Zeltpflöcken zu helfen, als er den Besuch Richthofens erhielt. Es folgte ein kurzes Gespräch zwischen den beiden. „Wie viele Abschüsse haben Sie jetzt, Udet?“ – „Neunzehn anerkannt, einen angemeldet.“ – „Da wäre es ja Zeit, daß Sie zu uns kommen.“

Das kam einem Versetzungsbefehl gleich, denn Richthofen war ermächtigt, sich nach Belieben die Piloten für sein Geschwader auszusuchen. Fast hätte Udet dem Ruf des Rittmeisters nicht Folge leisten können. Er war mit dem Verlauf der Front, an der er jetzt kämpfte, noch nicht vertraut, als er mit seiner Staffel neun Bomber des Royal Flying Corps verfolgte, die von einem Einsatz zurückkehrten. Einen RE 8 drückte er im Kurvenkampf von 3000 m auf 500 m herab, hatte dann aber Ladehemmung. In der Annahme, daß er noch hinter den deutschen Linien sei, versuchte er den Gegner zur Landung zu zwingen. Der Engländer setzte auch tatsächlich zur Landung an, aber der feindliche Beobachter eröffnete das Feuer. Udets Maschine wurde getroffen, und heißes Kühlwasser spritzte ihm ins Gesicht. Nicht genug damit: Auf den gelandeten Bomber liefen englische Soldaten zu, Maschinengewehre und Flakgeschütze eröffneten das Feuer, Udet war noch hinter den feindlichen Linien. Geistesgegenwärtig nahm er das Gas weg und tat so, als setzte er zur Notlandung an. Er schwebte bis auf wenige Meter über den Boden herab, die englischen Soldaten liefen auf ihn zu, aber er schwebte, vorsichtig Gas gebend, weiter und weiter, bis er nach acht Minuten die Front erreichte und in Le Cateau landete, wohin deutsche Beobachter bereits seine Landung hinter den feindlichen Linien gemeldet hatten.

Udets Eintreffen beim Jagdgeschwader 1 hat der Geschwaderadjutant, Oberleutnant Bodenschatz, in seinem Buch „Jagd in Flanderns Himmel" sehr anschaulich geschildert: „In jenen heißen Tagen kam zum Geschwader ein sehr vergnügter jüngerer Herr, der auf seiner Maschine die zarten Anfangsbuchstaben ‚Lo' aufgemalt und der bis dahin schon 21 Gegner aus der Luft geholt hatte und den Richthofen mit großer Herzlichkeit und eitel Freude begrüßte, denn er wußte, wer da so vergnügt ankam: ein Jagdflieger allerersten Ranges."

Die von Bodenschatz gegebene Beschreibung war treffend, wenngleich er Udet einen Luftsieg zuviel zuerkannt hatte. Nach einem gemeinsam eingenommenen Essen sagte Richthofen, er brauche als Ersatz für seinen Bruder Lothar, der am 13. März verwundet worden war, einen Führer für die Jagdstaffel 11 und bot Udet diese Stelle an. „Ich war natürlich Feuer und Flamme dafür, mit ihm arbeiten zu dürfen ... mit diesem von ganz Deutschland bewunderten Mann zusammen an der Front zu fliegen", schrieb er später.

Am 21. März erfolgte seine Ernennung zum stellvertretenden Führer der Staffel, die folgende Zusammensetzung hatte:
Leutnant Steinhäuser, 23 Jahre
Leutnant Esser, 24 Jahre
Leutnant Mohnike, 20 Jahre
Leutnant Wolff, 22 Jahre
Leutnant von Conta, 20 Jahre
Leutnant Lübbert, 20 Jahre
Leutnant von Breiten-Landenberg, 21 Jahre
Leutnant d. R. Just, 20 Jahre
Leutnant d. R. Gussmann, 22 Jahre
Leutnant d. R. Krefft, 26 Jahre
Vizefeldwebel Scholz, 20 Jahre

Mohnike hatte sieben, Scholz fünf und Gussmann drei Abschüsse: die übrigen hatten nur einen oder gar keinen Luftsieg errungen. Die Staffel erhielt in den nächsten Tagen Verstärkung, darunter den Leutnant Weiss, der elf Abschüsse hatte.

Obwohl Udet längst ein erfahrener und anerkannter Jagdflieger war, lernte er doch beim Geschwader eine neue Welt kennen. Die Staffeln lagen nur wenige Kilometer hinter der Front, die Piloten, die in Baracken untergebracht waren, die schnell abgebrochen und wieder aufgebaut werden konnten, starteten oft dreimal am Tag. Der Rittmeister schoß seine Gegner fast immer in Flammen und pflegte Piloten, die einen Luftsieg meldeten, zu fragen: „Brennend?"

Das Geschwader war mit dem Fokker-Dreidecker Dr I ausgerüstet, den der Rittmeister bereits seit dem 1. September 1917 flog. Er war zwar langsamer als andere Typen, aber überaus wendig und laut Udet „die idealste Maschine, die es für den Luftkampf gibt".

Am 21. März begann die große deutsche Frühjahrsoffensive, das „Unternehmen Michael". Bedeutende Anfangserfolge wurden erzielt, Bapaume und Péronne den Engländern entrissen. Bereits am 26. März verlegte das Geschwader nach vorne, auf den von den Engländern geräumten Flughafen bei Léchelle, 9 km südöstlich von Bapaume. Es war der Standort der 15. Squadron gewesen, die mit RE 8 ausgerüstet war. Die Räumung war überstürzt erfolgt. Vier Flugzeughallen standen noch, 1500 Liter Benzin wurden gefunden, und einige Granattrichter auf dem Feld wurden schnell zugeschüttet. In zwölf Kilometer Entfernung auf einer Anhöhe in den vordersten Linien war ein Luftschutzoffizier stationiert, der dem Geschwader anfliegende Gegner meldete.

In den ersten Tagen der Offensive hatte Schlechtwetter geherrscht, so daß es zu keiner nennenswerten Fliegertätigkeit gekommen war. Das änderte sich nun. Am 27. März, einen Tag nach dem Beziehen des neuen Flugplatzes, schoß Richthofen um 9 Uhr früh seinen 71. Gegner ab.

Anschließend startete er mit Udet, der zum erstenmal den Fokker-Dreidecker flog, und drei weiteren Angehörigen der Jagdstaffel 11. Über Albert sah Udet einen Beobachter vom Typ RE 8, verließ die Formation und schoß ihn ab. Nachdem sie wieder gelandet waren, sagte ihm Richthofen, er könne am nächsten Tag die Führung der Staffel endgültig übernehmen. Udet feierte seinen Einstand als Staffelführer am 28. März, indem er mit Leutnant Gussmann startete und zwischen Bapaume und Albert nach erbittertem Kurvenkampf einen Sopwith Camel abschoß. Am Abend fuhr er zu dem Feldlazarett, in dem man die Leiche des Piloten aufgebahrt hatte. Es war Leutnant C. R. Maasdorp, ein Kanadier aus Ontario. „Man darf nicht daran denken, daß eine Mutter um jeden weint, den man abschießt", beschrieb er seine Gefühle im Anblick des gefallenen Gegners.

Als er heimkam, lag beim Geschwader ein Telegramm des Kommandierenden Generals der Luftstreitkräfte vor, das die Brüder Richthofen beglückwünschte, die zusammen 100 Luftsiege erzielt hatten, und in dem es weiter hieß: „Den Leutnants Udet und Löwenhardt, die in schneller Folge und vorbildlichem Tatendrang die Zahl ihrer Siege ständig erhöhen, spreche ich meine herzliche Anerkennung aus."

Löwenhardt hatte 15 Luftsiege, Udet nunmehr 23, aber er fühlte sich schlecht. Stechende Schmerzen im Ohr machten ihm zu schaffen. Das Geschwader hatte keinen Arzt, sondern nur einen Sanitäter, der sich auf die Feststellung beschränken mußte, daß das Ohr vereitert sei und ihn zur Untersuchung in das Kriegslazarett 7 in Valenciennes einwies.

Während er sich noch dort befand, traf in Léchelle der Leutnant Wolfram von Richthofen ein, der Vetter des Rittmeisters. Der junge Mann, späterer Generalfeldmarschall des Zweiten Weltkrieges, wurde der Jagdstaffel 11 zugewiesen.

Udet hielt es nicht im Lazarett. Am 6. April kehrte er mit anhaltenden Schmerzen zum Geschwader zurück. Um noch näher am Feind zu sein, hatte der Rittmeister inzwischen bei dem Ort Harbonnières, 24 km östlich von Amiens an der alten Römerstraße, die nach St-Quentin führte, einen neuen Gefechtslandeplatz einrichten lassen, der nur 8 km hinter den vordersten Linien der 2. Armee lag. Gleich nach seinem Eintreffen in Harbonnières startete Udet und schoß südlich Ham aus einem englischen Verband einen Sopwith Camel brennend ab. Als er von diesem Feindflug zurückkehrte, waren die Schmerzen unerträglich geworden. Nun griff der Rittmeister ein und schickte Udet, der protestierte und beim Geschwader bleiben wollte, auf Urlaub und zur ärztlichen Behandlung nach München. Am Morgen des 7. April flog er mit einem alten LVG-Doppeldecker zur nächsten Bahnstation und trat von dort die Heimreise an.

In München empfingen ihn die Eltern, die Schwester, Lo, die als Hilfsschwester in einem Lazarett in Schwabing arbeitete, und eine niederschmetternde Mitteilung des Hausarztes: Das Mittelohr war vereitert und das Trommelfell bereits angegriffen. „Mit dem Fliegen ist es aus", meinte der Doktor. Das war, wie sich zeigen sollte, ein vorschnelles Urteil gewesen. Durch sorgfältige Pflege ging die Entzündung rasch zurück.

Als Udet am Abend des 9. April von einem seiner ersten Spaziergänge durch die Stadt zurückkehrte, fand er ein Telegramm vor: „Seine Majestät der Kaiser und König haben geruht, Ihnen anläßlich des 20. von Ihnen abgeschossenen Flugzeuges den Pour le mérite zu verleihen." Sein Vater holte eine Flasche Steinberger Kabinett 1884 aus dem Keller, und seine kleine Schwester schnitt ihm aus Papier einen Pour le mérite zurecht. Auf den echten Orden mußte er warten; er war in München in keinem Geschäft aufzutreiben und mußte telegraphisch in Berlin bestellt werden. Udet trug ihn mit berechtigtem Stolz, und Lo war begeistert, wenn die Wachtposten vor den Münchener Kasernen das Gewehr präsentierten und die Wache herausriefen, sobald sie den Stern an Udets Uniformkragen sahen.

Es waren „Tage wie aus blauer Seide, nie wieder habe ich solch einen Frühling erlebt", schrieb er später. Aber der Krieg ließ ihn nicht los, auch wenn er darüber nicht sprechen wollte: „Ich kann nicht bei Sauerbraten und Klößen über Männer reden, die durch mich gefallen sind." Am schwersten fiel ihm der Besuch beim Vater seines Jugendfreundes Otto Bergen, der im Vorjahr gefallen war. In Ottos Mansardenzimmer, das so geblieben war, wie er es verlassen hatte, fand er die Buchhaltung ihres Aero Clubs, die Modelle, die sie gebaut hatten, und die Briefe, die er ihm aus dem Felde geschrieben hatte.

Gustav Otto lud ihn in sein Landhaus ein. Lo lehnte zunächst ab, mitzukommen – „Was werden die Eltern sagen?" –, ließ sich aber später überreden, und sie verlebten einige unbeschwerte Tage am Starnberger See.

Ein amüsantes Zwischenspiel war, daß jetzt die bayerische Armee an ihn mit der Frage herantrat, ob er nicht zu ihr übertreten wolle. Als Sieger in mehr als 20 Luftkämpfen und Träger des Pour le mérite hätte er automatisch den königlich-bayerischen Max-Josefs-Orden bekommen, der mit der Erhebung in den Adelsstand verbunden war. Ernst Ritter von Udet hätte er dann geheißen. Aber er lehnte ab: „Ich bleibe bei den Saupreußen, die mich 1915 genommen haben. Bei den Bayern bin ich damals abgeblitzt."

Er ging aber zur DELKA, der Deutschen Luftkriegsbeute-Ausstellung, die gerade in München stattfand. Vor einer De Havilland D. H. 4, die Vizefeldwebel Lautenschlager von der Jagdstaffel 11 im Vorjahr abgeschossen hatte, ließ er sich zusammen mit dem Leiter der Ausstellung, Ernst Friedrich Eichler, für die Presse photographieren. Eichler schlug ihm vor, er solle seine Kriegserlebnisse veröffentlichen. Udet brauche nur zu erzählen, er werde das Buch herausbringen. Die beiden wurden sich einig. Mehrere Jagdflieger hatten bereits solche Bücher veröffentlicht. Manfred von Richthofen: „Der rote Kampfflieger", Max Immelmann: „Meine Kampfflüge", Oswald Boelcke: „Feldberichte", Adolf von Tutschek: „Stürme und Luftsiege".

Am 21. April, fünf Tage vor Udets 22. Geburtstag, meldete der deutsche Heeresbericht: „Rittmeister Freiherr von Richthofen ist von der Verfolgung eines Gegners über dem Schlachtfelde an der Somme nicht zurückgekehrt. Nach englischem Bericht ist er gefallen."

Nun litt es Udet nicht mehr in München. Er wartete, bis sein Ohr fast geheilt war, dann kehrte er an die Front zurück. Das Jagdgeschwader Richthofen, wie es seit dem Tode des Rittmeisters offiziell hieß, lag nunmehr in Guise, 24 km nordöstlich von St-Quentin, wo es den Durchbruch der 7. Armee am Chemin des Dames unterstützen sollte. Dafür wurden zwei Gefechtslandeplätze bei Puisieux, 8 km nordöstlich von Laon, vorbereitet.

Richthofen hatte ein Testament hinterlassen, das aus einem einzigen Satz bestand: „Sollte ich nicht zurückkommen, so soll Oblt. Reinhard (Jasta 6) die Führung des Geschwaders übernehmen."

Dieses Vermächtnis hatte überrascht. Reinhard, 1892 geboren, Sieger in zwölf Luftkämpfen, galt als schlechter Kenner und wenig geschickter Führer von Menschen. Eine andere Veränderung im Geschwader war, daß Leutnant Löwenhardt die Führung der Jagdstaffel 10 übernommen hatte. Mit 24 Abschüssen lag er nun knapp vor Udet.

Schließlich hatte das Geschwader neue Maschinen erhalten; den Fokker D VII, der als Sieger aus dem Jagdflugzeug-Vergleichsfliegen hervorgegangen und schneller, aber weniger wendig als der Dreidecker war. Er hatte auch geringeres Steigvermögen in Bodennähe, stieg aber in größeren Höhen dank seines überkomprimierten Mercedes-Motors von 160 PS sehr gut.

Udet übernahm am 22. Mai die Führung der Jagdstaffel 4, die er bis Kriegsende beibehielt. Die Angehörigen der Staffel waren die Leutnants v. Gluszewski, Graue, Hertz, v. Rautter und v. Winterfeld und die Leutnants der Reserve Drekmann, Koepsch, Maushake und Meyer. Am 30. Mai stießen zur Staffel die Leutnants v. Puttkamer und Bender und die Leutnants d. R. Jessen und Kraut. Alle hatten höchstens ein oder zwei Abschüsse aufzuweisen. Erfolgreichster Angehöriger der Staffel war Lt. v. Rautter mit zwölf Luftsiegen. Er schoß noch drei Gegner ab, kehrte aber am 31. Mai von einem Luftkampf nicht zurück. Auch Walter Angermund, Udets Freund aus Vorkriegstagen, der es inzwischen zum Jagdflieger gebracht hatte, wurde im Mai 1918 abgeschossen, verwundet und anschließend zu den Beobachtern nach Schleißheim versetzt.

Am 27. Mai begann die dritte Phase der großen deutschen Frühjahrsoffensive. Die Flugzeuge des Geschwaders waren am Vorabend auf dem Feldflugplatz bei Puisieux gelandet, wo ihnen nicht mehr die Piloten des Royal Flying Corps, sondern wieder Franzosen gegenüberlagen. Um 2 Uhr früh begann das Trommelfeuer, um 4.20 Uhr der Infanterieangriff, der die Stellungen der 50. britischen und der 22. französischen Division überrollte. Die feindliche Flugtätigkeit war aber gering, so daß das Geschwader nur wenige Abschüsse erzielte.

Der Angriff ging so zügig voran, daß bereits nach drei Tagen ein neuer, von den Franzosen geräumter Flugplatz bei Beugneux, 44 km westlich von Puisieux und 16 km südöstlich von Soissons, erkundet wurde. Da er aber noch unter Artilleriefeuer lag, konnte er am 31. Mai zunächst nicht bezogen werden. Das Geschwader verwendete statt dessen zwei Wiesen bei Arcy und Rugny, einige Kilometer östlich von Beugneux, als Gefechtslandeplätze und flog am Abend nach Puisieux zurück.

Udet schoß am 31. Mai seinen ersten Gegner nach der Rückkehr vom Urlaub und als Führer der Jagdstaffel 4 ab. Es war ein französischer Breguet 14, der südwestlich von Soissons zerschellte.

Am 1. Juni konnte das Geschwader nach Beugneux verlegen. Es war ein gut ausgebauter Platz, der vor allem von Nachtbombern verwendet worden war. Die Räumung war überstürzt erfolgt; die Wracks eines Breguet-Bombers und von zehn Voisin 5-Bombern sowie von zwölf Spad-Jagdflugzeugen lagen noch herum. Der Geschwaderadjutant freute sich besonders über eine Herde von 300 Schafen, die auf dem Platz weidete.

Am 2. Juni startete Udet erstmals vom neuen Platz und schoß gegen 13 Uhr nordwestlich von Neuilly seinen 25. Gegner ab. Auch Löwenhardt errang an diesem Tag seinen 25. Luftsieg und erhielt die telegraphische Nachricht von der Verleihung des Pour le mérite. Am Abend fand eine große Feier statt, die im Zeichen einer einmaligen Rivalität stand. Ernst Udet und Erich Löwenhardt – beide waren Leutnants, Staffelführer im Richthofengeschwader, Sieger in 25 Luftkämpfen, Träger des Pour le mérite. Beide waren im April geboren, Löwenhardt ein Jahr vor Udet in Breslau. Beide flogen einen Fokker VII; Udet hatte seinen rot, Löwenhardt seinen gelb angestrichen. Die kameradschaftliche Rivalität der beiden fand ihren Ausdruck in einer beispiellosen Abschußserie. Udet schoß am 5., 6., 7.,

13. und 14. Juni je einen Spad ab. Am 18. Juni übernahm er für einen Tag die Führung des Geschwaders, weil Reinhard und Leutnant Kirschstein von der Jagdstaffel 6 nach Berlin-Adlershof gereist waren, wo am 21. Mai das zweite Jagdflugzeug-Vergleichsfliegen begonnen hatte. Am nächsten Tag ging die Geschwaderführung an Löwenhardt über.

Udet schoß am 23. und 24. Juni je einen Breguet ab und hielt damit bei 33 Siegen; Löwenhardt wies 28 Abschüsse auf.

Die zunehmende feindliche Fliegertätigkeit führte nun zu wahren Luftschlachten, die das Kriegstagebuch des Geschwaders in nüchternen Worten verzeichnete: „Auftreten zahlreicher feindlicher Bombengeschwader. Durch Jagdgeschwader 1 und 3 ist die Luftherrschaft zu sichern. Drei feindliche Bombengeschwader bewerfen Gegend Fère en Tardenois planmäßig ..."

Am 25. Juni erzielte Udet seine zweite Doublette und damit seinen 34. und 35. Luftsieg. Bei der Rückkehr vom zweiten abendlichen Jagdflug seiner Staffel schoß er aus einem feindlichen Geschwader zwei Spads ab.

Sein Fokker war eine auffallende Maschine: Der Rumpf war rot gestrichen, die Oberseite der oberen Tragfläche rot-weiß-rot gestreift, und auf das Höhenruder hatte er die Worte malen lassen: „Du noch nicht!!" Am 29. Juni hätte die Inschrift lauten sollen: „Hochmut kommt vor dem Fall" oder „Übermut tut selten gut". Die deutschen Flieger waren eben erst mit Fallschirmen ausgerüstet worden; die französischen und englischen Piloten erhielten bis Kriegsende keine. Einer der ersten deutschen Jagdflieger, der vom lebensrettenden Fallschirm Gebrauch machte, war Ernst Udet. Sein Bericht darüber lautete:

„Am 29. 6. 18 vormittags 7.15 startete ich mit meiner Staffel zu einem Jagdflug. 7.40 griff ich über Cutry einen in 800 m Höhe fliegenden Infanterieflieger an, der über das unter französischem Trommelfeuer liegende Gebiet flog. Auf meinen ersten Angriff hin kurvte der Breguet entgegen und flog unter mir durch. Dabei beobachtete ich, daß der Beobachter nicht mehr im MG-Kreuz stand. Ich nahm also an, daß ich den Beobachter bereits getroffen hätte, und griff gegen meine Gewohnheit den feindlichen Flieger von der Flanke an. Plötzlich jedoch bemerkte ich, daß der französische Beobachter wieder aus der Karosserie auftauchte, und in demselben Moment erhielt ich mehrere Treffer, darunter einen ins MG, einen weiteren in den Tank. Gleichzeitig mußte mir das Höhensteuer und Querruderkabel durchschossen worden sein, denn mein Fokker D VII stürzte steuerlos ab. Ich versuchte alles mögliche, teils durch Drosseln, teils durch Seitensteuer, das Flugzeug wieder in meine Gewalt zu bringen, aber vergebens. In ungefähr 500 m Höhe stand die Maschine senkrecht auf dem Kopf und war nicht mehr aus dieser Lage zu bringen. Es war höchste Zeit, auszusteigen. Ich schnallte mich los und stellte mich auf den Sitz und wurde im nächsten Moment durch den ungeheuren Luftzug nach hinten geschleudert. Gleichzeitig spürte ich einen heftigen Ruck und merkte, daß ich mich an der vordersten Spitze des Seitensteuers mit dem Fallschirmgurt verhängt hatte. Unter Aufbietung der letzten Kräfte brach ich die Spitze ab und stürzte frei hinter dem Flugzeug her, mich mehrmals überschlagend. Ich nahm bereits an, daß der Fallschirm versagt hätte, als ich plötzlich ein leises Bremsen fühlte und kurz darauf auf den Boden schlug. Die Landung erfolgte ziemlich heftig, und ich verstauchte mir das linke Bein. Ich war westlich Cutry im Trommelfeuer zu Boden gekommen. Vom Gegner wurde ich kurz vor und nach der Landung heftig mit MG beschossen. Ich schnallte mich vom Fallschirm los und rannte Richtung Osten davon. Gleich darauf erhielt ich einen harten Schlag auf den Hinterkopf und wurde durch den Luftdruck auf die Erde geworfen.

Anscheinend hatte mich ein von einem Einschlag schweren Kalibers aufgeworfener Erdklumpen getroffen. Kurz darauf erhielt ich einen kleinen Stein gegen die linke Backe, der ebenfalls bei den zahlreich um mich erfolgten Einschlägen herumgeworfen wurde. Ich lief unter Aufbietung all meiner Kräfte und gelangte glücklich an den Rand der Schlucht nördlich Missy, wo ich beim 16. Infanterieregiment Aufnahme fand. Ich verspürte heftigen Husten und Brechreiz, da ich den etwa 3 km langen Weg ohne Gasmaske zurückgelegt hatte. Nach etwa drei Stunden ließ der Gasbeschuß nach, ich konnte die Pariser Straße erreichen und von dort Courmelles, von wo ich mich telephonisch mit dem Geschwader verständigen konnte. Ich wurde im Auto abgeholt und konnte nachmittags bereits einen glücklicheren Jagdflug ausführen."

Tatsächlich hatte sich Udet vom Schock des Abspringens, der Landung in den vordersten Linien und des feindlichen Beschusses rasch erholt. Bereits am nächsten Tag, dem 30. Juni, schoß er seinen 36. Gegner, einen Spad, ab. In dieser Zeit erhielt das Jagdgeschwader Richthofen den Besuch Carl Zuckmayers, der als Beobachter bei einer 15-cm-Batterie diente und zu einer Spezialausbildung für Luftbeobachtung abkommandiert worden war. In seinen Memoiren „Als wär's ein Stück von mir" schrieb Zuckmayer über diesen Besuch: „... und begegnete dort einem kleingewachsenen, quirligen, drahtigen, temperamentvollen und außerordentlich witzigen, sogar geistreichen Fliegerleutnant, bereits mit dem ‚Pour le mérite' ausgezeichnet: Ernst Udet. Wir mochten uns nach den ersten paar Worten, soffen unsere erste Flasche Kognak zusammen aus und verloren uns bis kurz vor dem Zweiten Weltkrieg nicht mehr aus den Augen."

Das Geschwader erhielt damals neue Fokker D VII F, die mit BMW III a-Motoren von 185 PS ausgerüstet waren. Udets Lob für dieses Triebwerk war vorbehaltlos. Sein Urteil zeigt, wie sehr kämpferische Erfolge von technischen Voraussetzungen abhingen:

„Wir lagen im Flughafen Beugneux während des Vorstoßes zwischen Reims und Soissons, als die ersten BMW-Maschinen für die Front eintrafen. Zunächst waren es 22 Stück, die für die Staffel 11 bestimmt waren. Allgemeines Mißtrauen, namentlich von Seiten der Werkmeister und Monteure, das man als kluger Frontmann, neuen nur in der Heimat erprobten Sachen entgegenbringt.

Bei den Probeflügen fiel mir bereits der in dem Motor steckende bedeutende Kraftüberschuß auf. Der Motor arbeitete einwandfrei und ließ sich ganz vorzüglich drosseln. Am nächsten Tag benützte ich zum Frontflug zum ersten Mal eine BMW-Maschine und konnte einen enormen Unterschied dem Mercedes-Fokker gegenüber feststellen. Ich durfte nur mit Halbgas fliegen, um nicht meine Staffel zu übersteigen oder zu überholen. Die Geschwindigkeit war namentlich beim Drücken auch in den niederen Höhen wesentlich größer und erhöhte sich den anderen Flugzeugen gegenüber zusehends in größeren Höhen. In ca. 5000 m war die Maschine richtig ausbalanciert. Trotzdem ist noch gewaltiger Kraftüberschuß vorhanden, den man im Bedarfsfalle jederzeit geltend machen kann. Für den Kampf ist es ein beruhigendes Gefühl zu wissen, daß man noch mit Kraftreserven rechnen kann. Die Tourenzahl blieb bis 5500 m konstant, bei Höhengas holte sie in dieser Höhe um 60–80 Touren auf.

Dank dem Kraftüberschuß konnte ich es mir erlauben, dem Gegner von unten zu Leibe zu gehen; eine Taktik, die ich in den meisten Fällen angewandt habe.

Da ich mich aber zu leicht infolge des stärkeren Motors von den anderen Flugzeugen meiner Staffel trennte und diese mir nicht zu folgen vermochte, gab ich den zweiten BMW-Fokker dem Leutnant Drekmann, mit dem ich dann gemeinschaftlich bis zu seinem unaufgeklärten Tod viele Jagdflüge ausführte. Wir überflogen nun in der Regel in ca. 6000 m Höhe die Front, was mit anderen Motoren, nicht möglich war, und hielten uns, vom Gegner völlig unbemerkt, 10–20 km hinter seinen Linien auf. Unsere Angriffe waren größtenteils überraschend von Erfolg.

Kurze Zeit nach Eintreffen und Benützung der BMW-Motoren war eine Steigerung der Abschußziffern im Geschwader deutlich zu erkennen, Hauptmann Reinhard (20 Siege), Oberleutnant Löwenhardt (53 Siege), Leutnant Kirschstein (27 Siege) usw. hatten den größten Teil ihrer Erfolge mit BMW-Motoren erzielt. Ich selbst trug annähernd 30 Luftsiege mit Hilfe des BMW-Motors davon.

Die Leistungen meines Fokkers D VII Nr. 4253 mit BMW-Motor III a waren folgende: 0–2000 m in 6 Minuten, 0–3000 m in 9 Minuten, 0–4000 m in 12 Minuten, 0–5000 m in 16 Minuten, 0–6000 m in 21 Minuten, allerdings allein, ohne Geschwader geflogen.

Als später meine Staffel ganz mit BMW ausgerüstet war, rechnete ich ca. 22–23 Minuten auf 6000 m für das Geschwader. Nach 82 Betriebsstunden ließ ich den Motor während meines Urlaubs überholen. Die Abnützung der Lager und anderer Teile war sehr gering; es wurden lediglich die Ventile frisch eingeschliffen und einige Kolbenringe erneuert.

Es dürfte wohl einwandfrei feststehen, daß der BMW-Motor den Höhe- und Glanzpunkt während des letzten Kriegsstadiums bildet. Sein einziger Fehler ist nur seine allzu späte Geburt."

Am 1. Juli erzielte Udet seine nächste Doublette, einen Breguet und einen Spad, und am nächsten Tag hörte er am Morgen Flakfeuer, zog, obwohl er eigentlich flugfrei war, die Fliegerkombination über seinen Pyjama, startete und schoß um 8.15 Uhr bei Bezu-St-Germain einen Nieuport, geflogen von Leutnant Walter Wanamaker der 27. Pursuit Squadron des United States Air Corps ab. Wanamaker hatte Löwenhardts gelben Fokker, der seinerseits hinter einem Nieuport her war, verfolgt und war von Udet abgeschossen worden, obwohl ein Maschinengewehr des roten Fokkers ausgefallen war. Udet ging neben der abgeschossenen Maschine nieder, gab dem verwundeten Wanamaker eine Zigarette und bat ihn, seine Unterschrift auf das Kennzeichen des Nieuport zu setzen, das er herausgeschnitten hatte.

Am 4. Juli, einen Tag nachdem er seinen 40. Gegner abgeschossen hatte, traf beim Geschwader ein Telegramm des Kommandierenden Generals der Luftstreitkräfte ein: „Der Kommandeur des Jagdgeschwaders Nr. 1, Hauptmann Reinhard, bei einem Probeflug in Berlin-Adlershof tödlich abgestürzt."

Reinhard war beim Jagdflugzeug-Vergleichsfliegen in dem neuartigen Zeppelin Lindau D I gestartet, einem von Dipl.-Ing. Claudius Dornier entworfenen freitragenden Doppeldecker aus Aluminium. Vor ihm hatte der Führer der Jagdstaffel 27, Oberleutnant Hermann Göring, die Maschine geflogen; als sie Reinhard erprobte, war in 1000 m Höhe die obere Tragfläche gebrochen.

Zum zweitenmal innerhalb von weniger als drei Monaten hatte das Geschwader, das annähernd 50 Offiziere sowie 550 Unteroffiziere und Mannschaften zählte, seinen Kommandeur verloren. Udet wurde mit der vorläufigen Führung betraut, und das Raten um den Nachfolger begann: Udet, Führer der Jagdstaffel 4 mit 40 Abschüssen? Leutnant Löwenhardt, Führer der Jagdstaffel 10 mit 34 Abschüssen? Oder Lothar von Richthofen? Man war jedenfalls überzeugt, daß der Kommandeur abermals aus den Reihen des Geschwaders kommen werde. Dagegen sprach lediglich, daß alle denkbaren Kandidaten Leutnants waren. Kommandeur des Jagdgeschwaders 2 war Rudolf Berthold, ein Hauptmann, Kommandeur des Jagdgeschwaders 3, Bruno Loerzer, ein Oberleutnant.

Fünf Tage verstrichen, in denen das Geschwader keinen Gegner abschoß und die Vorbereitungen für die Teilnahme an der nächsten Offensive gegen Epernay, Châlons und Reims traf. Dann langte am 8. Juli ein Telegramm ein: „Gemäß Befehl des Kommandierenden Generals der Luftstreitkräfte Nr. 178654 vom 8. Juli 18 wird Oberleutnant Hermann Göring zum Kommandeur des Jagdgeschwaders Richthofen ernannt.“ Also ein Fremder, wenn auch kein Unbekannter: Göring hatte 21 Abschüsse und trug den Pour le mérite.

Einen Tag vor der Ernennung hatte das Geschwader neue Maschinen bekommen, sogenannte Fokker EV, später Fokker D VIII genannt. Es waren Eindecker, die von den an Doppel- und Dreidekker gewohnten Piloten mit Mißtrauen in Empfang genommen wurden, weil sie befürchteten, sie seien zu wenig stabil.

Udet lernte weder den neuen Kommandeur noch die neuen Maschinen kennen, denn er reiste am 9. Juli nach Berlin-Adlerhof, wo ein Nachfliegen zum Jagdflugzeug-Vergleichsfliegen stattfand. Der Zeppelin D I, mit dem Reinhard abgestürzt war, fehlte, aber ansonsten waren nicht weniger als 40 Maschinen versammelt, und zwar folgende Typen:

Ein Daimler D I, eine Junkers D I, eine Naglo D II und eine Schütte-Lanz D VII. Je zwei Maschinen stellten Albatros, D X und D XII, Kondor, D I und D II, und Rumpler, zwei D I. Aviatik war mit zwei D III und je einer D IV und D VI vertreten, Siemens-Schuckert mit je einer D III, D III a, D IV und D V, Roland mit einer D VI b, zwei D VII, einer D IX und einer D XIV und Pfalz mit zwei D VIII, einem Parasol, zwei D XII und einer D XIV. Das stärkste Kontingent stellte wie immer Fokker: eine V 24, je zwei V 27 und V 28 sowie vier D VII.

Den Frontpiloten waren drei Aufgaben gestellt: Zuerst mußten sie jede Maschine fliegen und nachher in vorgedruckten Formularen Flug- und Kampfeigenschaften beurteilen. Dann fand ein Vergleichsfliegen zur Ermittlung der Höchstgeschwindigkeit in 500 m und in 1000 m Höhe statt. Abschließend nahmen die Piloten an einer Besprechung teil, bei der die Ergebnisse verglichen und bewertet wurden.

Udet war sehr von dem neuen Pfalz D XII Doppeldecker beeindruckt. Er kannte die Direktoren der Pfalzflugzeugwerke in Speyer, die im Jahre 1913 von Gustav Otto mit den Brüdern Ernst, Alfred und Walter Eversbusch mit Hilfe der bayerischen Regierung gegründet worden waren. Prompt wurde vermutet, er sei von einem der Brüder Eversbusch bestochen worden, um den Pfalz D XII zu bevorzugen, aber derartige Gerüchte waren bei den Jagdflugzeug-Vergleichsfliegen an der Tagesordnung.

Von Berlin fuhr Udet nach München und benützte einen kurzen Urlaub, um seine Kriegserlebnisse zu diktieren, die Ernst Eichler unter dem Titel „Kreuz wider Kokarde“ herausbrachte. Sein Ruf war längst über die Fronten gedrungen. Am 25. Juli 1918 veröffentlichte „La Guerre Aérienne“ sein Bild mit der Unterschrift: „As des as boche actuel choisi pour remplacer Richthofen et dépasser Fonck: 40 victoires!“ – „Das gegenwärtige As der Asse der Boches, das Richthofen ersetzen und Fonck überholen soll: 40 Siege!“ Später schoß Udet einen Gegner ab, der dieses Bild ausgeschnitten hatte und bei sich trug.

Die Mangel- und Verfallserscheinungen in der Heimat beeindruckten ihn tief. In seinem schwarzen Skizzenbuch, das er immer bei sich trug, hielt er seine Eindrücke fest: Ein Paar, das der freien Liebe huldigt, einen Lebensmittelwucherer und einen Ganoven. „Für fuffzich Fennich gannste meene Schwester hamm ...“

Als Udet zum Geschwader zurückkehrte, lag es bei Courcelles sur Vesle, 16 km südöstlich von Soissons, wo bei der Ferme Monthoussard ein Feldflugplatz errichtet worden war. Aber die deutsche Front war im Weichen und das Geschwader im Begriff nach Puisieux bei Laon zurückzuverlegen. Udet war mit seiner Staffel in einem

Schloß bei Courcelles untergebracht, das beim Abzug gesprengt werden sollte. Zuvor luden sie die Piloten einer befreundeten Staffel ein und schmückten gemeinsam die Ahnengalerie. Sie schnitten den Herren ein Loch neben das Jabot, machten den Damen einen Schnitt quer durch die Hände und steckten frische Blumen aus den Glashäusern in die Bilder. Udet hat dieses Treiben Jahre später Elly Beinhorn geschildert, die es in ihrem Buch „... so waren diese Flieger" wiedergab und dabei auch seine entschuldigende Erklärung festhielt: „Wir waren so jung, daß wir bei den ersten Kämpfen am liebsten nach unserer Mama geschrien hätten. Manche von uns haben es sicherlich auch getan. Wir sahen Blut und Tod – wir erlebten die schreienden Verwundeten ... Wir brauchten einfach so etwas – und wem haben wir denn geschadet? Den Ahnen? Die Besitzer und das Personal waren lange geflohen. Vielleicht haben die Ahnfrauen oben im Himmel sogar Spaß gehabt an ihrem Blumenschmuck ..."

Seinem neuen Kommandeur war Udet noch immer nicht begegnet, denn Göring war am 26. Juli auf Urlaub gefahren. Das Geschwader führte stellvertretend Lothar von Richthofen. Kaum vom Urlaub zurück, schoß Udet am 1. August erstmalig an einem Tag drei Gegner ab: Um 9.30 Uhr einen Nieuport, um 12.15 Uhr einen Breguet und um 20.30 Uhr einen Spad. Aber obwohl er am 4. August neuerlich einen Spad und damit seinen 44. Gegner abschoß, lag er hinter Löwenhardt, der während seines Urlaubs die Zahl seiner Luftsiege auf 47 erhöht hatte.

In der Nacht vom 7. auf den 8. August hörten die Piloten des Geschwaders schweres Trommelfeuer, und am frühen Morgen wurde Lothar von Richthofen durch Funkspruch in das Hauptquartier der 2. Armee gerufen. Als er mit Löwenhardt dort eintraf, wurde ihm mitgeteilt, daß Franzosen, Kanadier und Australier östlich von Amiens die deutsche Front mit massiver Tankunterstützung durchbrochen hätten. Das Geschwader, das den Befehl erhalten hatte, sich an die wankende Front zu begeben, wurde von Lothar von Richthofen nach Péronne geführt, das 60 km nordwestlich von Puisieux lag. Dort ging das Auftanken aber so langsam vor sich, daß das Geschwader erst am Nachmittag in den Kampf eingreifen konnte. Udet, Löwenhardt und Lothar von Richthofen schossen jeder an diesem Tag drei Gegner ab; damit hatte Udet seinen 47., Löwenhardt seinen 51. und Richthofen seinen 35. Sieg erzielt.

Der Himmel war von gegnerischen Flugzeugen erfüllt, und auf dem Boden schoben sich die Tanks der Angreifer voran. „Wie gewaltige stählerne Schildkröten. Sie krochen, krochen, krochen“, schrieb Udet später. General Ludendorff hat in seinen „Kriegserinnerungen“ die Bedeutung des Tages in die Worte gefaßt: „Der 8. August ist der schwarze Tag des deutschen Heeres in der Geschichte dieses Krieges. Der 8. August brachte Klarheit für beide Heeresleitungen ... Das Schicksal des deutschen Volkes war mir für ein Glücksspiel zu hoch. Der Krieg war zu beendigen.“

Eines der drei Flugzeuge, die Udet am 8. August bezwungen hatte, ein Camel D. 9481, war von ihm mit dem Fahrgestell am oberen Tragdeck gerammt worden. Er besuchte den gegnerischen Piloten, einen Studenten aus Ontario, der Flugzettel abgeworfen hatte, in denen die deutschen Soldaten zum Überlaufen aufgefordert wurden, im Lazarett von Foucaucourt. Dabei stellten sie fest, daß er den Camel in dem Augenblick gerammt hatte, in dem beide Maschinen am Scheitelpunkt eines Loopings waren.

Am 9. August ging die Schlacht weiter. Udet schoß abermals zwei Camel ab und hielt damit bei seinem 49. Luftsieg. Löwenhardt, der an diesem Tage zum Oberleutnant befördert worden war, schoß seinen 52. Gegner ab.

Die Jagdgeschwader waren seinerzeit geschaffen worden, um jeweils an den Brennpunkten der Front eingesetzt zu werden. Das bekam das Jagdgeschwader Richthofen nun zu spüren. Am 10. August verlegte es auf schlechte und unvorbereitete Gefechtslandeplätze in der Nähe von Falmy, 12 km südlich von Péronne. Udet schoß an diesem Tag zwei Camel, Löwenhardt einen S. E. 5, seinen 53. Gegner ab. Dann wurde der gelbe Fokker von der Maschine des Leutnant Wentz von der Jagdstaffel 11 gerammt. Beide Piloten sprangen ab, aber der Fallschirm Löwenhardts öffnete sich nicht, und er stürzte wie ein Stein zu Boden. Das Geschwader hatte seinen erfolgreichsten Piloten verloren, der Tod hatte eine kameradschaftliche

Rivalität beendet, und Udet war mit 51 Abschüssen an die Spitze der im Einsatz stehenden Jagdflieger getreten.

Bereits am 11. August verlegte das Geschwader neuerlich; diesmal um 12 km nach Nordosten auf einen großen Platz bei Bernes, und Udet schoß gleich beim ersten Start einen Gegner ab: Nr. 52.

Angesichts der starken feindlichen Fliegertätigkeit flog das Geschwader nun gemeinsam mit den Jagdgruppen Greim und Thuy. Im Gegensatz zu den Geschwadern, die stets vier Staffeln hatten, waren diese Gruppen vorübergehende Zusammenfassungen von Staffeln und schwankten in ihrer Stärke zwischen 36 und 75 Maschinen. Leutnant Emil Thuy, gebürtig aus Hagen, war Führer der Jagdstaffel 28 und hatte einen Monat zuvor den Pour le mérite erhalten. Oberleutnant Robert Greim war Führer der bayerischen Jagdstaffel 34. Am 13. August flog das Jagdgeschwader Richthofen zusammen mit dem Jagdgeschwader 3 unter Oberleutnant Bruno Loerzer. Die Verluste waren so groß, daß das während Görings Abwesenheit von Lothar von Richthofen geführte Geschwader schließlich nur mehr Staffelstärke hatte. Als Richthofen am 13. August verwundet wurde, übernahm Udet, der nun fast täglich einen Gegner abschoß, die Führung.

Am 12. August fiel ein S. E. 5, am 14. ein Bristol, am 15. ein Camel, am 10. ein Spad, dessen Pilot der französische Leutnant Cael war. Udet besuchte seinen Gegner, der vier Luftsiege aufzuweisen hatte, im Gefängnis von Cambrai. Cael berichtete zwei Jahre danach in der Zeitschrift „La Vie Aérienne" über den Besuch: „Er erzählte mir, daß er mit einem Spad, der sein ‚Lieblingsflugzeug' sei, und mit dem er alle Reisen unternehme, nach München auf Urlaub fliegen werde. Gleichzeitig versprach er mir, daß einer seiner Piloten eine Botschaft abwerfen werde, daß ich in Gefangenschaft geraten sei. Als er mich verließ, zögerte er. Ich fühlte, daß er Bedenken hatte, mir die Hand zu geben. Schließlich streckte er sie aus, und ich hielt ihm meine entgegen. Wir hatten keinen Grund, uns dieses Zeichen der Wertschätzung zu verweigern, denn wir hatten uns in gegenseitiger Achtung bekämpft."

Die Befürchtungen, mit denen die Piloten die Fokker-Eindecker empfangen hatten, bewahrheiteten sich nun. Am 19. August montierte bei einer Maschine in 300 m Höhe die Fläche ab. Der Pilot, Leutnant Rolff von der Jagdstaffel 6, stürzte tödlich ab. Udet befahl daraufhin Startverbot für die Maschine.

Am 21. und 22. August schoß er jeweils zwei Gegner ab. Er hatte damit 60 Luftsiege und allein seit dem 1. August 22 Abschüsse erzielt. Am 22. August kam Göring vom Urlaub zurück. Die beiden sahen einander nur vier Stunden, dann übergab Udet die Führung der Staffel an Leutnant d. R. Koepsch, stieg in seinen weißgestrichenen Spad VII und flog seinerseits auf einen vierwöchigen Urlaub nach München. Dort erwartete ihn bereits das Buch „Kreuz wider Kokarde – Jagdflüge des Leutnant Udet", das Eichler im Berliner Verlag Gustav Braunbeck herausgebracht hatte. Es enthielt 37 Illustrationen des Malers und Zeichners Erpf; der Umschlag stammte von Claus Bergen. Der Urlaub war voller Ehrungen: Am 24. August erhielt Udet das Lübecker Hanseatenkreuz, am 14. September wurde er zum Oberleutnant befördert, und am 17. September wurde ihm das Hamburger Hanseatenkreuz verliehen.

Während Udets Urlaub verlegte das Geschwader zunächst im Zuge der deutschen Absetzbewegung nach Busigny, 9 km südwestlich von Le Cateau, und am 19. September mehr als 230 km nach Süden auf den Flugplatz Frescaty in der Nähe von Metz. Dort hatten nach vierstündigem Artilleriefeuer, unterstützt von 1500 Flugzeugen, dreizehn australische und acht französische Kolonialdivisionen angegriffen und bereits am ersten Tag mehr als 13.000 Gefangene gemacht.

Als Udet am 25. September in Metz eintraf, erwartete ihn sein Freund Leutnant v. Barnekow von der Jagdstaffel 11, der am 23. August an beiden Oberschenkeln verwundet worden war. Das Vorkommando des Geschwaders war gerade in Frescaty gelandet.

Bereits am nächsten Tag schoß Udet seinen 61. und 62. Gegner ab, zwei De Havilland, geflogen von amerikanischen Piloten. Einen dritten ließ er unbehelligt nach Hause fliegen, „damit wenigstens einer die Trauerkunde erzählen kann". Sein Abschußbericht lautete:

„Nach Abschuß des ersten D. H. 9 griff ich das Geschwader, das nur noch aus 4 oder 5 Einheiten bestand und sich auf dem Rückflug befand, erneut an. Ich schoß die mittlere D. H. 9 erst stinkend und sofort darauf brennend. Der Brand ließ teilweise nach und fachte wieder auf. Der Absturz erfolgte südl. Metz."

Einer der vorgeschriebenen Zeugenberichte stammte von Oberleutnant Göring:

„Ich beobachtete gegen 5.15 Uhr, wie die rote Maschine des Oblt. Udet erst einen D. H. 9 abmontierend und kurz darauf einen zweiten D. H. 9 brennend zum Absturz brachte. Gegend südöstl. Metz."

Die rote Maschine des Oblt. Udet war der Fokker D VII 4253/18 gewesen, und der 62. Abschuß, den ihm sein Geschwaderkommandeur bestätigte, war der letzte, den er je erzielen sollte. Seit er am 22. Mai ihr Führer geworden war, hatte die Jagdstaffel 4 insgesamt 71 Abschüsse erzielt, davon entfielen 39, mehr als die Hälfte, auf ihn. Er war in diesem seinen letzten Luftkampf durch einen Streifschuß am Arm leicht verletzt worden und kam ins Lazarett, von wo er am 3. Oktober zum Geschwader zurückkehrte.

Die deutsche Front im Westen war nun überall im Weichen, und die Überlegenheit des Gegners wurde immer drückender. Daran vermochten auch die neuesten Maschinen nichts zu ändern, die das Jagdgeschwader Richthofen erhielt: den Doppeldecker Siemens Schuckert D III, mit einem Siemens-Halske-Sh-III-Motor von 160 PS; klein, wendig und von phänomenaler Steigfähigkeit. Udets Maschine wurde wie üblich rot gestrichen und trug in weißer Schrift den Namen Lo. Das Flugzeug war so erfolgreich, daß das Geschwader am 15. Oktober zwölf Maschinen des neuesten Typs S. S. W. D IV anforderte, denen zwölf weitere folgen sollten. Dazu kam es aber nicht mehr.

Udet hatte in diesen letzten Tagen des Krieges endlich Gelegenheit, seinen neuen Kommandeur näher kennenzulernen. So flog er mit ihm zum Feldflugplatz der Jagdstaffel 90, die mit Pfalz D VIII ausgerüstet war und von Oberleutnant Rudolf Nebel geführt wurde, der einmal mit Göring bei der Jagdstaffel 5 gedient hatte. Nebel hielt nicht viel von Göring und dessen selbstherrlicher Art und hatte deshalb seinem Werkmeister, als ihm der Besuch angekündigt wurde, befohlen, „die Ohren steif zu halten". Der Mann hielt sich daran, denn als ihm Göring nach der Landung befahl, ein Auto vorfahren zu lassen, erklärte er, da müsse sich der Besucher an Oberleutnant Nebel wenden und blieb auch dabei, als Göring mit dem Kriegsgericht drohte. Weil aber der Kommandeur des Jagdgeschwaders Richthofen zu stolz war, sich an den Führer einer Jagdstaffel zu wenden, mußte er sechs Kilometer in die nächste Stadt, die das eigentliche Reiseziel gewesen war, marschieren. Später meinte Udet zu einem Freund: „Du kennst ja Hermann. Wenn er nicht will, will er nicht und läuft lieber zu Fuß."

Das Geschwader wurde am 9. Oktober neuerlich verlegt; diesmal nach Marville, 32 km nördlich von Verdun, wo es im Bereich der 5. Armee kämpfte. Udets Tage als Jagdflieger an der Front waren vorbei. Am 11. Oktober wurde er gemäß Befehl 278786 Fl. VII des Kommandierenden Generals der Luftstreitkräfte als Typenprüfer zur Inspektion der Fliegertruppen versetzt und der Fliegerersatzabteilung 3 in Gotha zugewiesen. In dieser neuen Eigenschaft wurde er vom 15. bis 18. Oktober zur Motorenfabrik Rhemag-Rhenania kommandiert, die in Lizenz Siemens-Sh-III-Umlaufmotoren anfertigte, die noch zuverlässiger arbeiteten als die Originaltriebwerke. Lo war ebenfalls nach Mannheim gekommen und verbrachte die drei Tage mit ihm.

Am 22. Oktober schrieb Oberleutnant Bodenschatz in das Kriegstagebuch des Geschwaders: „Während der Abwesenheit von Oblt. Göring und Oblt. Udet übernimmt Oblt. von Wedel die stellvertretende Führung des Geschwaders und Lt. Maushake die stellvertretende Führung der Jagdstaffel 4."

Udet und Göring waren zu diesem Zeitpunkt unterwegs nach Berlin-Adlerhof, wo am 15. Oktober das dritte und letzte Jagdflugzeug-Vergleichsfliegen des Krieges begonnen hatte. Fünfzehn Maschinen standen bereit: Eine Junkers D I, eine Rumpler D I und eine Zeppelin D I, eine Albatros D XI und eine Albatros D XII, eine Kondor D III und eine Kondor D III a, eine Pfalz D XV und eine Pfalz D XV f, eine Roland D XVI und eine Roland D XVII; ferner vier Fokker, und zwar der Typen V 28, V 29 und V 36 sowie eine

D VIII, alle ausgerüstet mit dem BMW-III-a-Motor, den Udet so sehr gelobt hatte.

Das Vergleichsfliegen endete am 31. Oktober mit einem gemeinsamen Abendessen im Hotel Bristol in Berlin. Die Stimmung war düster. In ganz Deutschland herrschte Hungersnot, überall traten Auflösungserscheinungen zutage, die ersten Meutereien begannen. Nach dem Essen wurde Udet von Fokker beiseite genommen und gefragt, ob er nach dem unvermeidlichen Ende des Krieges, das bald kommen mußte, für ihn fliegen wolle.

Der November brach an, der graue, nebelverhangene Monat, den Udet so haßte. Über Marville schoß Leutnant Heldmann von der Jagdstaffel 10 am 6. November einen Spad ab; es war der letzte Sieg des Geschwaders. Am nächsten Tag flog es bei strömendem Regen in Baumhöhe nach Tellancourt, 8 km südöstlich von Virton in Belgien. Dort lag es, als am 11. November im Wald von Compiegne der Waffenstillstand unterzeichnet wurde. Drei Tage danach, am 14. November, wurden die Maschinen des Jagdgeschwaders in Straßburg den Franzosen übergeben, und mit Wirkung vom 18. November wurde Udet aus der Armee entlassen.

Der Krieg war zu Ende, die deutsche Fliegertruppe existierte nicht mehr, aber inmitten des Unterganges traten die Ansätze einer künftigen Entwicklung zutage. Am 11. November, dem Tag des Waffenstillstandes, hatte der erste zivile Verkehrsflug in Deutschland stattgefunden. Der in Klagenfurt geborene österreichische Konstrukteur und Pilot Dr. Ing. Josef Sablatnig war mit Beamten der Reichsregierung und wichtigen Akten an Bord von Berlin nach Kiel geflogen. Das Ereignis blieb fast unbemerkt, und doch hatte nunmehr zugleich mit einem neuen Abschnitt in der Geschichte Deutschlands eine neue Ära der Luftfahrt begonnen.

ZWEITER TEIL

Nur ein Flieger
1918–1933

„Wenn du das meinst: ein Nazi bin ich nie gewesen. Da hast du ganz recht. Immer nur ein Flieger. Und mein Geld hab ich mir selber verdient, hab oft genug den Kragen dafür riskiert.“

Carl Zuckmayer, „Des Teufels General“, I. Akt

V

DIE ERSTEN SCHAUFLÜGE

Ernst Udet kehrte nach München zurück. Bayern war seit der Revolution eine Republik; ihr Präsident war der gebürtige Berliner Kurt Eisner. Die Münchner hungerten und froren, die Stadt war von Unruhe erfüllt, und ehemalige Offiziere hatten es schwer, unter den geänderten Verhältnissen und den neuen Machthabern eine Beschäftigung zu finden. Ernst Udet konnte von Glück reden, daß er dank seiner Freundschaft mit der Familie Otto bei den Gustav-Otto-Werken unterkam. Er arbeitete in der Automobilabteilung, denn die Erzeugung von Flugzeugen war eingestellt worden. Und da er nun wieder in München lebte, hatte er auch Zeit, sich um Lo zu kümmern.

Kriegsende und Auflösung der Armee bedeuteten nicht, daß nun jegliches militärisches Fliegen aufgehört hatte. Im Gegenteil: Einzelne Piloten und ganze Einheiten flogen und kämpften weiter. Sie standen im Dienste der Freikorps, die sich überall gebildet hatten und die vor allem an den Ostgrenzen des Reiches weiterhin Krieg führten.

Auch die Anfänge einer zivilen Luftfahrt regten sich, unbeschadet der chaotischen Verhältnisse, die in Deutschland herrschten. Bereits am 8. Januar 1919 hatte August Euler, Unterstaatssekretär im Reichsluftamt, der „Deutschen Luftreederei G.m.b.H.", die Genehmigung zur Eröffnung des Luftverkehrs erteilt. Die Luftreederei war eine Firma, die im Jahre 1917 im Hinblick auf künftige friedlichere Verhältnisse, die man sich damals freilich noch anders vorgestellt hatte, gegründet worden war. Ebenfalls im Januar 1919 nahm Ernst

Schlegel den regelmäßigen Luftverkehr zwischen Konstanz, Stuttgart, Berlin, Freiburg, Friedrichshafen und München auf. Andere Firmen folgten, und bald gab es einen behelfsmäßigen und dementsprechend störungsanfälligen Luftverkehr innerhalb Deutschlands.

Zur gleichen Zeit war die Luftfahrtindustrie, die sich mit einem Schlag der Kriegsaufträge beraubt sah, um die Anpassung an die Friedensverhältnisse bemüht. In den Konstruktionsbüros arbeitete man an den Entwürfen für Verkehrsflugzeuge, um den erhofften Bedarf der Luftfahrtgesellschaften, die vorläufig noch mit ehemaligen Militärmaschinen flogen, zu decken. Zwar hatte man sie umgebaut, um den Passagieren ein Minimum an Komfort zu bieten, aber das änderte nichts daran, daß diese Flugzeuge unwirtschaftlich im Gebrauch und für den Flugverkehr grundsätzlich nicht geeignet waren.

In Dessau arbeitete Professor Hugo Junkers an einem Ganzmetalltiefdecker, der späteren F 13. In Schwerin führte Reinhold Platz die Fokker-Werke, nachdem es Anthony Fokker im Gefolge der Novemberereignisse vorgezogen hatte, sich in seine holländische Heimat zurückzubegeben. Platz entwarf eine Verkehrsmaschine mit Stahlrumpf und Tragflächen in Holzbauweise. In der Hoffnung, daß es in Deutschland auch einen Markt für Sportflugzeuge geben werde, ließ er auch eine Zivilversion der D VIII, des neuesten Jagdeinsitzers der Fokker-Werke entwickeln. Viele andere Flugzeugwerke wie Albatros, Aviatik, DFW, Dornier, Hawa, LVG, Sablatnig und Zeppelin hofften ebenfalls auf eine friedliche Zukunft und planten Maschinen für den künftigen Markt.

Diese Hoffnungen und Pläne standen zunächst im Widerspruch zu der politischen Situation, die sich immer mehr verschärfte. Am 16. Januar 1919 waren in Berlin Karl Liebknecht und Rosa Luxemburg ermordet worden; am 21. Februar wurde Kurt Eisner vom 22jährigen Grafen Anton Arco-Valley erschossen. Nun brach die Anarchie aus. Die Arbeiterräte griffen nach der Macht, eine Rote Armee, deren Angehörige 6 Mark Taggeld erhielten, bildete sich, und trotz Ausrufung des Standrechtes konnte die Ordnung nicht wiederhergestellt werden. Die legale bayerische Regierung verlegte ihren Sitz nach Bamberg, und die Revolutionäre proklamierten am 7. April die Räterrepublik. Aus Budapest, wo Bela Kun ebenfalls eine Räterepublik ausgerufen hatte, sandte der sowjetische Volkskommissar für auswärtige Beziehungen, Tschitscherin, ein Telegramm nach München, das mit den Worten endete: „Uns gehört die Zukunft. Der Tag des vollen Sieges ist nahe.“ Der Text des Telegrammes wurde überall in München angeschlagen und trug wenig dazu bei, die aufgebrachte Bürgerschaft zu beruhigen.

Aber die Gegenkräfte formierten sich bereits. Ein erster Versuch, die Räterepublik zu stürzen, schlug am 13. April fehl. Am darauffolgenden Tag rief die Regierung in Bamberg jedoch die Bayerische Volkswehr mit dem Auftrag ins Leben, die Ordnung wiederherzustellen. Freikorps aus Schwaben und Württemberg schlossen sich an, und die Truppen, die schließlich auf München marschierten, verfügten sogar über vier Fliegerstaffeln mit Maschinen vom Typ Fokker und Pfalz.

Am 30. April war die bayerische Hauptstadt von allen Seiten eingeschlossen, und am 2. Mai rückte General Franz Ritter von Epp an der Spitze der Verbände in München ein. Die Räterepublik gehörte der Vergangenheit an.

Udet hatte das Geschehen am Beginn des Jahres 1919 aufmerksam verfolgt, sich aber nicht daran beteiligt. Er beschränkte sich darauf, die Verbindung mit alten Kameraden aufrechtzuerhalten, insbesondere mit Robert Ritter von Greim, dem ehemaligen Kommandeur der Jagdgruppe 9, Sieger in 25 Luftkämpfen und Träger des Ordens Pour le mérite. Die ehemaligen Flieger trafen sich gelegentlich am Abend zu einem geselligen Beisammensein und stets kreisten ihre Gespräche um ein Thema: Sie wollten wieder fliegen. Eine Zeitlang gehörte dem Münchener Kreis auch Hermann Göring an, doch ging der letzte Kommandeur des Jagdgeschwaders Richthofen bald nach Schwerin, wo er in die Dienste der ehemaligen Fokker-Werke trat, die nun Schweriner Industriewerke hießen. Als Vertreter der Firma flog er am 8. Mai mit einer Fokker D VII F nach Kopenhagen und blieb bis Ende des Jahres 1919 in Dänemark.

Udet fuhr dagegen am 2. Mai nach Erhalt der Nachricht, daß die

Staffeln der Verbände Epps gelandet seien, mit seinem Motorrad zum Oberwiesenfeld. Dort standen tatsächlich die Flugzeuge der Freikorps, geschmückt mit dem vertrauten schwarz-weißen Balkenkreuz. Udet fuhr in die Stadt zurück, holte seinen Freund Greim, und dann versuchten die beiden Pour-le-mérite-Flieger ihre Freikorpskameraden zu bewegen, sie eine Platzrunde fliegen zu lassen. Die Hoffnung, nach mehr als halbjähriger Unterbrechung wieder in einer Maschine sitzen zu können, wurde aber enttäuscht. Nicht einmal die Piloten der Freikorps konnten starten; sie hatten keinen Treibstoff.

Das Ende der Räterepublik hatte aber eine Normalisierung der Verhältnisse in München bewirkt. Der Erni hieß zwar jetzt Knekkes, aber er war der fröhliche und unbeschwerte junge Mensch der Zeit vor dem Kriege geblieben. Seine Lebenslust kam in der Fülle von Karikaturen, die er auf das Papier warf, ebenso zum Ausdruck wie in den Streichen, die er verübte. Bald war er eine bekannte Erscheinung im Münchener Nachtleben, und man gewöhnte sich daran, daß er mit seinem Motorrad in Schwabinger Künstlerlokalen Kurven zwischen den Tischen drehte. „Luftkampf am Boden", nannte er das. Neben der Maxim-Bar war sein bevorzugter Aufenthaltsort die Odeon-Bar, das Reptilienhaus, wie er es nannte, wobei die Reptilien die schönen Frauen waren, die das Lokal frequentierten.

Udet trug noch immer das schwarze Heft bei sich, das er während des Krieges in Mülhausen im Papiergeschäft der Frau Seifert gekauft hatte. Darin hielt er nun die Typen der Münchener Nachkriegszeit fest: Bardamen und Besucher von Maxim und Odeon, Kriegsgewinnler und ehemalige Kriegskameraden und dazu schrieb er Reime, die wie die Karikaturen saßen und trafen.

Etwas würdiger als in Udets Lieblingslokalen ging es im Bayerischen Fliegerklub zu, dessen Präsident Freiherr von Könitz schon vor 1914 geflogen und im Krieg der erste Kommandeur der Riesenflugzeug-Ersatzabteilung gewesen war. Udet ging zu den wöchentlichen Zusammenkünften des Clubs und traf dort viele ehemalige Kameraden, darunter Franz Hailer und Karl Braun. Die Aktivität des Clubs war ein Gradmesser des ungebrochenen Interesses an der Luftfahrt; drei Jahre nach Kriegsende zählte er bereits 1500 Mitglieder.

Im Mai 1919, wenig mehr als ein halbes Jahr nachdem er zum letztenmal an der Westfront kämpfend geflogen war, hatte Ernst Udet die erste in einer langen Reihe von freundschaftlichen Begegnungen mit ehemaligen Gegnern. Offiziere des amerikanischen Fliegerkorps kamen nach München, um den erfolgreichsten überlebenden deutschen Jagdflieger kennenzulernen. Einer von ihnen, Major Fred Zinn, der bei der amerikanischen Übernahmekommission in Koblenz stationiert war, verband bei der Begegnung persönliches Interesse mit dienstlichen Aufgaben. Er unterhielt sich mit Udet und dessen Kameraden, Karl Bolle, einem Pour-le-mérite-Flieger mit 36 Abschüssen eingehend über die Flugzeuge, die Ausrüstung und die Bewaffnung der deutschen Jagdflieger.

Ebenfalls im Mai 1919 saß Udet zum ersten Male wieder in einer Maschine. Reinhold Platz hatte seine Arbeiten zur Umwandlung der D VIII in eine Sportmaschine beendet. Das Ergebnis waren zwei einsitzige Eindecker, die V 39 und die V 40. Udet kletterte in den Pilotensitz der V 40, genannt die Baby-Fokker. Die Zeit für Sportflugzeuge war aber noch nicht gekommen. Die Schweriner Industriewerke bauten von der V 39 und der V 40 nur je einen Prototyp.

Nach der Niederwerfung der Räterepublik lösten sich die Freikorps in Bayern allmählich auf. Zur gleichen Zeit begann die deutsche Nachkriegsarmee unter Heranziehung der Kader der Freikorps Gestalt anzunehmen. Hauptmann Wilberg vom preußischen Kriegsministerium vertrat am 18. Mai 1919 die Ansicht, die künftige Reichswehr werde über sechzehn Flugplätze und etwa hundert Flugzeuge verfügen. So war z. B. die „Freiwillige Fliegerabteilung Schmalschläger", eine fliegende Freikorpseinheit, in die „Truppen-Fliegerstaffel 21" der Reichswehr umgewandelt worden.

Als sich aber die Reichsregierung am 28. Juni 1919 nach langem Zögern und lebhaften Protesten der Öffentlichkeit gezwungen sah, den Vertrag von Versailles zu unterzeichnen, schienen alle Hoffnungen und Pläne der Flieger mit einem Schlag zerstört zu sein. Die

Vertragsbestimmungen waren drastisch: Flugstreitkräfte waren verboten. Nachdem bereits nach dem Waffenstillstand 1700 Maschinen abzuliefern gewesen waren, mußten nunmehr die restlichen in Deutschland befindlichen Militärflugzeuge den Alliierten übergeben werden. Der Zivilluftfahrt wurden Behinderungen auferlegt; für die Dauer eines halben Jahres durften Flugzeuge, Motoren und Bestandteile weder gebaut noch eingeführt werden.

Am 25. Juni 1919, drei Tage vor der Vertragsunterzeichnung, war die F 13 von Hugo Junkers, das erste Ganzmetallverkehrsflugzeug der Welt, von den deutschen Luftfahrtbehörden zugelassen worden. Nun sah sich die Luftfahrtindustrie Bestimmungen unterworfen, die ihre Konkurrenzfähigkeit gegenüber ausländischen Unternehmen beeinträchtigte. Viele Firmen stellten daraufhin die Erzeugung ein, andere verlagerten ihre Tätigkeit ins Ausland.

Die Alliierten trugen Sorge dafür, daß die Vertragsbestimmungen auch eingehalten wurden. Eine Interalliierte Kontrollkommission wurde eingesetzt, deren Mitglieder im September 1919 ihre Arbeit aufnahmen. Die Vorschriften und Verbote des Vertrages von Versailles vermochten aber Udet von seinem Verlangen, endlich wieder zu fliegen, nicht abzubringen. Im Gegenteil. Mit seinem Freund Ritter von Greim war er unermüdlich auf seinem Motorrad unterwegs, um Flugzeuge, die vielleicht irgendwo verborgen waren, aufzustöbern. Udet und Greim wußten, wofür und weshalb sie die Maschinen suchten: Sie wollten Schauflüge veranstalten.

Nach langem Suchen hatten sie endlich Erfolg. In einer Fabrik in Bamberg stießen sie auf Jagdflugzeuge vom Typ D VII und D VIII, die zur Übergabe an die Alliierten bereitgestellt waren. Den beiden Pour-le-mérite-Fliegern gelang es, den Verwalter der Fabrik zu überreden, ihnen einige Maschinen zu überlassen. Udet fuhr außerdem nach Speyer, wo er von der „Pfalz Flugzeug-Werke G. m. b. H." eine fabrikneue Pfalz D XV erhielt.

Überall in München wurde ein Plakat mit der Ankündigung des ersten Schaufliegens am Sonntag, den 10. August, am Oberwiesenfeld angeschlagen. Der Zustrom war ungeheuer. Tausende von Zuschauern drängten sich innerhalb der Absperrungen, und dazu kamen viele tausend Zaungäste am Rande des Flugfeldes, die sich das Eintrittsgeld ersparen wollten.

Sechs Maschinen standen am Start. Udet flog eine Fokker D VII, eine Fokker D VIII und eine Pfalz D XV; alle drei leuchtend rot gestrichen. Greim startete mit Maschinen vom Typ Fokker D VII und D VIII, die silberfarben gestrichen waren und je zwei rote Rumpfbänder hatten. Die Zuschauer, von denen viele zum ersten Male in ihrem Leben ein Jagdflugzeug sahen, drängten sich so nahe an die Maschinen heran, daß die Piloten schließlich die Motoren anwarfen und mit laufendem Propeller die Menge langsam zurückdrängten; ein für alle Beteiligten nicht ungefährliches Unterfangen. Um 15.15 Uhr konnte Udet schließlich starten. Er flog in geringer Höhe über das Oberwiesenfeld und warf Flugzettel ab, auf denen die Zaungäste, die kein Eintrittsgeld bezahlt hatten, aufgefordert wurden, wenigstens Geld in die Sammelbüchsen der Ordner zu werfen, denn der Flugtag wurde zugunsten der deutschen Kriegs- und Zivilgefangenen veranstaltet.

Für Udet war dieser erste Flug über den Platz ein einmaliges Erlebnis. Drei Jahre lang war er über Schlachtfeldern geflogen und hatte unter sich Schützengräben, Batteriestellungen und verwüstete Erde gesehen. Nun lag ihm seine Heimatstadt zu Füßen, und unter sich sah er Tausende von Menschen, die zu ihm heraufwinkten. Sobald er in 300 Meter Höhe angelangt war, begann Udet mit seinem Kunstflugprogramm: Loopings, Immelmanns, Rollen . . .

Als er nach zehn Minuten landete, startete Greim in seiner silberfarbenen Maschine und bot ebenfalls ein Kunstflugprogramm. Die beiden Piloten lösten einander auf wechselnden Maschinen ab, bis gegen 18 Uhr der Höhepunkt des Flugtages kam: „Luftkampf" zwischen Ernst Udet und Robert Ritter von Greim.

Als die beiden schließlich landeten, schlug Udet zum ersten Mal jener Lärm entgegen, der in den folgenden Jahren sein vertrauter Begleiter werden sollte: das Klatschen und die Rufe eines jubelnden Publikums. Aber nicht nur die Zuseher, sondern auch Udet war begeistert: Das war Fliegen in seiner reinsten, schönsten und beglükkendsten Form.

Zehn Tage später, am Mittwoch, den 20. August, starteten die beiden bereits zu ihrem nächsten Schaufliegen, diesmal über dem Tegernsee. Die Ankündigung des „Tegernseer Anzeigers" vom gleichen Tage ist ein Zeitdokument; die Formulierungen dieses Artikels spiegeln die Empfindungen wieder, die damals in weiten Kreisen der deutschen Bevölkerung vorherrschten:

„Die ursprünglich auf Samstag, den 16. ds. angesetzten Schauflüge unserer berühmten Kampfflieger Udet und Greim finden nunmehr bestimmt am Mittwoch, den 20. August, statt. Die beiden Piloten starten mit ihren im Felde geflogenen Maschinen und treffen gemeinsam über dem Tegernsee ein. Zu der Strecke München–Tegernsee benötigen sie mit ihren Kampfmaschinen ca. 20 Minuten. Hier über dem See werden die beiden Luftkämpfer ein getreuliches Bild all der Bewegungen in der Luft geben, die draußen an der Front in ungezählten Luftkämpfen ihnen immer wieder den Sieg brachten. Kühne Sturzflüge, Loopings, seitliches Abrutschen über den Flügel, Rückenflüge und manch andere atemberaubende Momente werden im friedlichen Turnier die Meisterschaft unserer Lufthelden bekunden. Unsere beiden Pour-le-mérite-Flieger Udet und Greim, die zusammen 90 feindliche Flugzeuge abschossen, haben in dankenswerter Weise sich in den Dienst der Wohltätigkeit gestellt. Für die Ärmsten der Armen, die immer noch unter dem Joch barbarischer Verblendung schmachten, die abgezehrt und abgehärmt des Augenblickes der Befreiung aus menschenunwürdiger, jeglicher Kultur hohnsprechender Gefangenschaft harren, für diese Ärmsten setzen sie ihr meisterhaftes Können ein. Sowie sie am Feind für Deutschlands Größe fochten, so wollen sie im Kampfe gegen den inneren Feind mithelfen zum Wiederaufbau unseres armen Vaterlandes. Denn nichts anderes soll erreicht werden, als Mittel zu gewinnen, um unsere entkräfteten und seelisch zerrütteten gefangenen Brüder würdig in der Heimat empfangen zu können, um sie vor Not und Elend und damit deren Spießgesellen, dem Bolschewismus, zu bewahren. Wir, die wir gesund und im Vollgenuß der herrlichen Berge uns der Freiheit erfreuen, wir sollen und müssen nach Kräften beisteuern, um unseren schmachtenden Brüdern zu helfen. Darum gebe jeder nach Kräften und zeichne in die Liste, die in jedem Hause aufgelegt wird.

Oberleutnant Udet und Greim werden voraussichtlich gegen halb 6 Uhr über dem See eintreffen und nach ihren Vorführungen hier landen. Der Landungsplatz wird nicht bekanntgegeben, um Flurschäden durch Neugierige zu vermeiden."

Wie üblich endeten die Vorführungen mit einem simulierten Luftkampf zwischen Udet und Greim. Dabei kam es zu einem Zwischenfall, den der „Tegernseer Anzeiger" vom 24. August folgendermaßen schilderte:

„Wohl manchem wird das Herz fast stillgestanden haben, als Herr Oberleutnant Greim durch Berühren des Fahrgestells mit der Starkstromleitung abstürzte, dennoch mit gewohnter Sicherheit den Apparat in waagrechter Lage auf das Wasser aufsetzen konnte, so daß zwar der Apparat in wenigen Minuten versank, Herr Oberleutnant Greim sich aber noch schnell losschnallte, so daß er außer einigen Verstauchungen keine Verletzungen erlitt und kurz darauf im Motorboote an Land kam, umjubelt von der Menge, die um sein Leben gezittert hatte."

Der Tag endete mit einem gemütlichen Beisammensein im Schloßcafé von Tegernsee, der Reingewinn der Sammlung für das Hilfswerk der Kriegs- und Zivilgefangenen betrug 3815 Mark, und Greims Maschine wurde im Oktober fast unbeschädigt aus dem See geborgen.

Udet, der bis dahin ohne Zivilpilotenschein geflogen war, erhielt am 25. September 1919 den Flugschein Nr. 172. Zu diesem Zeitpunkt war er bereits Angestellter des Bayerischen Rumpler Werke AG. in Augsburg. Der Leiter dieser Firma, Dipl.-Ing. Otto Meyer, war eine dynamische Unternehmerpersönlichkeit. Bereits am 13. März 1919 hatte er mit einer Rumpler Ru C IV den Flugverkehr von Berlin nach Augsburg über Gotha aufgenommen. Am 24. Juni 1919 begann er mit regelmäßigen Rundflügen über den bayrischen Seen. Der „Rumpler Luftverkehr" machte sich bald einen Namen, es gab sogar einen Rumpler-Foxtrott, den das bekannte Tanzpaar Erry und Merry popularisierte. Die Beschäftigung eines so berühmten Piloten wie Ernst Udet, zunächst als Schau- und später als Verkehrsflieger, war natürlich eine besonders gute Werbung für das Unternehmen. In diesem Sinne veranstaltete Meyer in Augsburg ein „Rumpler-Schaufliegen Udet–Greim", für das Professor Ludwig Hohlwein ein Plakat entworfen hatte. Das Programm war zunächst das übliche, nur die Maschinen waren zum Teil neu. Udet startete pünktlich um 15 Uhr auf einer Rumpler D I, die leuchtend rot gestrichen war und das Kennzeichen D-289 hatte. Eine weiße Leuchtkugel ging hoch, die Musikkapelle des Augsburger Infanterieregimentes spielte, und Otto Meyer selbst senkte die Startflagge. Es folgte das übliche Kunstflugprogramm, und nachdem Udet mit seinem Doppeldecker, der einen 180-PS-Motor hatte, gelandet war, startete Greim. Die beiden Piloten flogen an diesem Tag drei Maschinen: eine Fokker D VII, eine Pfalz D XV und die Rumpler D I. Zwischen den einzelnen Flugvorführungen konnten die Zuschauer Rundflüge in Rumpler-Flugzeugen machen. Den Höhepunkt bildete wie immer der „Luftkampf", der diesmal damit endete, daß Udet, so wie einst oft im Felde, eine Meldekapsel mit einem langen schwarz-weiß-roten Signalwimpel abwarf.

Zum Abschluß der Vorführungen sprang der zweiundzwanzigjährige Toni Ficklscherer aus einer Rumpler C I mit dem Kennzeichen D-136 mit dem Fallschirm ab. Als alles vorüber war, marschierten die zweitausend Stadtwehrmänner, die den Ordnerdienst versehen hatten, unter Vorantritt der Musikkapelle durch ein dichtes Spalier vom Flugplatz in die Stadt, wo ihr Kommandeur, umgeben von den Honoratioren, vor dem Hotel Kaiserhof unter den Klängen des Bayerischen Präsentiermarsches den Vorbeimarsch abnahm.

Der Tag endete aber tragisch. Ficklscherer, selbst ein begabter Flieger, war auf dem Flugplatz zurückgeblieben, um Udets Rumpler-Maschine auszuprobieren. Gegen 18 Uhr startete er und wollte den letzten Zuschauern, die sich entfernten, zeigen, daß auch er ein Kunstflugprogramm beherrschte. Der erste Looping gelang ihm perfekt, den zweiten setzte er zu tief an. Die Maschine raste in einen Schuppen, der Benzintank explodierte, und Ficklscherer wurde auf der Stelle getötet.

Am 12. Oktober 1919 fand dann noch ein Flugtag in Nürnberg statt. 15.000 Zuschauer hatten sich auf dem Exerzierplatz Großreuth eingefunden, der aber so klein war, daß die Flugzeuge auf dem nahe gelegenen Fürther Flugplatz starten und landen mußten. Außer Udet und Greim flog auch Vizefeldwebel Steiner aus Nürnberg.

Wenige Tage danach, am 16. Oktober, fand in München eine Versammlung der Deutschen Arbeiterpartei statt. Redner war ein völlig unbekannter Mann, der zum ersten Male in einer Versammlung vor die Öffentlichkeit trat: Adolf Hitler. Sein Thema: der Schandvertrag von Versailles. Bereits nach einer halben Stunde hatten seine leidenschaftlichen Ausführungen die Zuschauer so begeistert, daß die anschließende Sammlung dreihundert Mark für die Parteikasse erbrachte.

Politische Versammlungen dieser Art interessierten Udet nicht. Er kannte keinen Haß. Im Gegenteil. Er war regelmäßiger Bezieher der französischen Flugzeitschrift „La Vie Aérienne", die im Jahre 1916 unter dem Titel „La Guerre Aérienne" gegründet worden war. Da er aber die Zeitschrift nur über die Schweiz erhalten konnte, traf sie mit einer Verspätung von etwa sechs Wochen bei ihm ein. Deshalb schrieb Udet einen Brief an Jacques Mortane, den Herausgeber von „La Vie Aérienne", und fragte, ob er ihm die Zeitschrift nicht direkt schicken könne. Udet erwähnte auch, daß er keinen Einwand gegen den Abdruck seines Buches „Kreuz wider Kokarde" habe, mit dem das französische Magazin, ohne ihn zu fragen, begonnen hatte. In einem Postskriptum teilte Udet mit, daß er Leutnant J. Cael, den er am 16. August 1918 abgeschossen hatte, gerne das Storchen-Abzeichen zurückgeben würde, das er aus dessen Spad herausgeschnitten hatte. Der in deutscher Sprache geschriebene Brief erregte in der Redaktion von „La Vie Aérienne" zwar Aufsehen, doch beschloß man nach einigem Zögern, ihn im vollen Wortlaut abzudrucken.

Da der hereinbrechende Winter die Abhaltung weiterer Flugtage unmöglich machte, wandte sich Udet mehr seinen erdgebundenen Vergnügungen zu. Am 19. November traf Hans Waldhausen, mit dem Udet in Flandern geflogen war und der lange Zeit in englischer Gefangenschaft gewesen war, aus Berlin kommend in München ein.

Udet war pünktlich um 20 Uhr am Hauptbahnhof, doch der Zug hatte mehr als vier Stunden Verspätung. Als er schließlich nach Mitternacht ankam, führte Udet seinen Freund nur kurz in das Parkhotel am Maximilianplatz, um das Gepäck abzugeben, und dann begann ein fast zwölfstündiger Stadtbummel, der dank der Gastfreundschaft Otto Meyers und dessen Braut mit einem Sektfrühstück eingeleitet wurde. Wenn er in Laune war, konnte es vorkommen, daß Udet nach so einer durchbummelten Nacht auf einem Rummelplatz erschien, einem Schießbudenbesitzer einen 50-Mark-Schein in die Hand drückte und dann systematisch, Schuß für Schuß, sämtliche Schießbudenfiguren zertrümmerte.

Sein Motorrad hatte er längst gegen ein Auto eingetauscht. Als er eines Tages durch München fuhr, stieß er mit einem Wagen zusammen, den eine bemerkenswerte junge Dame lenkte; eine Eishockeyspielerin aus Dresden, die mit ihrer Mannschaft nach München gekommen war, um gegen eine Damenauswahl der bayrischen Hauptstadt zu spielen. Der Zusammenstoß, bei dem die Autos kaum beschädigt wurden, hatte dennoch Folgen. Gegen Ende des Jahres 1919 traf Udet, in Begleitung der ebenso hübschen wie lebenslustigen Sportlerin aus Dresden in der Hotelhalle der „Vier Jahreszeiten" seine Freunde Waldhausen und Greim. Udet stellte die junge Dame als seine Braut vor und zog sich nach einigen Minuten angeregten Geplauders mit ihr in das gemeinsame Hotelzimmer im ersten Stock zurück. Waldhausen nahm es gelassen hin, aber Robert von Greim, ein Mann von strengen Grundsätzen, war sprachlos.

Am 5. Januar 1920 heiratete Otto Meyer, zu dessen wenigen Duzfreunden Udet zählte. Der dynamische Chef der Rumpler-Werke hatte so wenig Zeit, daß er keine Hochzeitsreise machen konnte. Udet bot einen Ersatz. Er unternahm mit dem jungen Paar – erst mit der Gattin, dann mit dem Gatten – einen Rundflug über Augsburg in einem Zweisitzer der Rumpler Luftverkehrs AG.

Am gleichen Tag erschien in Paris eine Ausgabe von „La Vie Aérienne", in der vier Seiten Udet gewidmet waren. Abgedruckt wurde der Briefwechsel mit dem Herausgeber des Luftfahrtmagazines, in dem Udet u. a. darauf hingewiesen hatte, daß er das Fliegen eingeschränkt habe, um seine technischen Kenntnisse zu verbessern. Illustriert war der Abdruck mit Karikaturen Udets, und außerdem wurde die Übersetzung eines Artikels veröffentlicht, den Udet für die „Illustrierte Motor Zeitung" geschrieben hatte. Auch Leutnant Cael kam zu Wort: Er schilderte die ritterliche Behandlung durch Udet nach seinem Abschuß und die weniger erfreulichen Erfahrungen, die er anschließend in deutscher Gefangenschaft gemacht hatte.

Udet hatte in seinem Brief der Hoffnung Ausdruck gegeben, daß Deutschland bald wieder eine bedeutende Rolle in der Entwicklung des zivilen Luftverkehres spielen werde, was Jacques Mortane zu der Replik veranlaßte: „Die Bestimmungen des Friedensvertrages könnten auch im deutschen As der Asse keine Illusionen aufkommen lassen."

Der Krieg hatte eben tiefe Wunden geschlagen, die noch nicht verheilt waren. Das wurde den Deutschen vor Augen geführt, als am 10. Januar 1920 die Bestimmungen des Versailler Vertrages in Kraft traten. Fast 15.000 Flugzeuge und 28.000 Flugmotoren mußten abgeliefert bzw. zerstört werden. Rümpfe wurden verbrannt, Tragflächen zu Brennholz zerhackt, Motoren zusammengeschlagen und Propellerblätter zersägt. Hangars und Schuppen mit einer Gesamtfläche von rund einer Million Quadratmetern wurden niedergerissen.

Udet und Greim mußten ihre Schauflüge einstellen, denn die Benützung ehemaliger Militärmaschinen war nunmehr endgültig verboten. Die fabrikneue Pfalz D XV Udets ging an Max Holtzem, einen früheren Einflieger der Pfalz-Werke und ehemaligen Angehörigen der Jagdstaffel 16, der sie nach Argentinien mitnahm.

Als Udet den großen Hangar auf dem Schleißheimer Flugfeld aufsuchte, bot sich ihm ein deprimierender Anblick. Er war mit zerstörten Flugzeugen vollgestopft, und überall lagen Leinwandfetzen und Holztrümmer umher.

Die Offiziere der Interalliierten Militärkontrollkommission, die am 22. Februar 1920 offiziell ihre Arbeit aufnahmen, sorgten dafür, daß kein Flugzeug verschont blieb. Die in München stationierte

Kommission, deren Büro sich oberhalb des Cafés Fürstenhof befand, hatte hohe Prämien für Anzeigen ausgesetzt, die zur Auffindung versteckten Kriegsmaterials führten.

Eines der Mitglieder der Kommission war der R. A. F.-Captain Frank Beaumont, der vom 16. Januar 1920 bis 28. Februar 1921 in Deutschland blieb. Udet wurde mit ihm bekannt und bezeichnete ihn als einen „feinen Kerl".

In einem verzweifelten Versuch, wenigstens einige Militärmaschinen zu retten, wurden sieben Polizeifliegerstaffeln geschaffen. Die Flugzeuge und die Flugzeugführer wurden der Polizei von der Armee zur Verfügung gestellt. Einer dieser Piloten war Hauptmann Erhard Milch, der den Krieg als Beobachter mitgemacht hatte und seit April 1919 die Freiwillige Fliegerabteilung 412 befehligt hatte, die an der polnischen Grenze eingesetzt gewesen war. Ende Januar 1920 war Milch Chef einer in Ostpreußen stationierten Polizeifliegerstaffel geworden.

Am 24. Februar 1920 hielt die Deutsche Arbeiterpartei im Münchener Hofbräuhaus eine Massenversammlung ab. Hauptredner war Adolf Hitler, der die 25 Punkte des neuen Parteiprogramms verkündete. Eine Woche später setzte er die Änderung des Namens Deutsche Arbeiterpartei in Nationalsozialistische Deutsche Arbeiterpartei, kurz NSDAP genannt, durch. Das Abzeichen der Bewegung war fortan das Hakenkreuz.

Ernst Udet interessierte sich nach wie vor nicht für Politik. An der Versammlung im Hofbräuhaus hätte er allerdings auf keinen Fall teilnehmen können, denn am nächsten Tag heiratete er. Nicht die Sportlerin aus Dresden, sondern seine Jugendliebe Lo Zink. Der dreiundzwanzigjährige Oberleutnant a. D. trug bei der Hochzeit und dem anschließenden Empfang im Hotel Regina seine alte Uniform mit allen Orden. Gefeiert wurde im üblichen Stile Udets – zuletzt mit Freudenschüssen aus der Pistole während der Hochzeitsnacht.

Nach einer kurzen Hochzeitsreise in einer Maschine der Rumpler-Werke ließ sich das junge Paar in einer Wohnung, die fünf Räume umfaßte, in der Wiedermayerstraße am Westufer der Isar nieder.

Die Ehe änderte wenig an Udets Gewohnheiten. Nach wie vor war er häufiger Gast in Lokalen aller Art. In Bars jonglierte er mit Gläsern, in Kaffeehäusern brillierte er beim Billardspiel, und in einem Kabarett sprang er einmal aus dem Zuschauerraum auf die Bühne und erfreute das Publikum mit einer Imitation der Tänzerin, die eben abgegangen war.

Ein derart ausgelassenes Leben stand in drastischem Gegensatz zu der politischen Situation, die sich zunehmend verschärfte. Am 13. März 1920 unternahmen der Generallandschaftsdirektor Kapp und General Lüttwitz in Berlin einen Putsch, der aber nach wenigen Tagen zusammenbrach. Am 15. März brach im Ruhrgebiet ein kommunistischer Aufstand aus, und am gleichen Tage wurde in Hamburg Hauptmann Rudolf Berthold, Träger des Pour le mérite, ehemaliger Kommandeur des Jagdgeschwaders 2 und nunmehriger Führer des Freikorps „Eiserne Schar Berthold“, erschlagen.

Inmitten dieser chaotischen Ereignisse schritten aber der Aufbau der Reichswehr und mit ihr die Planung einer geheimen Fliegertruppe systematisch voran. Im Truppenamt, das General von Seeckt, der Chef der Reichswehr, anstelle des verbotenen Generalstabes eingerichtet hatte, wurde mit Wirkung vom 1. März 1920 ein Fliegerreferat unter Hauptmann Wilberg eingerichtet. Ihm unterstanden anfänglich nur ein Unteroffizier und eine Schreibkraft, aber welche Bedeutung man der Luftfahrt in der Reichswehr zumaß, ging aus dem Tagesbefehl hervor, den Seeckt am 6. Mai 1920 aus Anlaß der offiziellen Auflösung der alten Fliegertruppe erließ: „In der Geschichte der deutschen Armee wird das Ruhmesblatt der Fliegerwaffe nie welken. Die Waffe ist nicht tot; ihr Geist lebt!“

Die Alliierten waren der Ansicht, daß die tatsächliche Liquidation der alten Fliegertruppe viel zu langsam erfolgte. Deshalb beschloß die Londoner Botschafterkonferenz am 22. Juni 1920, daß das ursprünglich mit einem halben Jahr nach Inkrafttreten des Versailler Vertrages befristete Verbot der Erzeugung und Einfuhr von Flugzeugen erst drei Monate nach der Ablieferung der letzten deutschen Militärmaschine aufgehoben werden würde. Angesichts dieser Verschärfung wandten die deutschen Flieger ihre Aufmerksamkeit nun der Tatsache zu, daß der Vertrag von Versailles keinerlei Bestimmungen über das Segelfliegen enthielt. Bereits zwischen Februar und April 1919 hatte Oskar Ursinus, den man später den „Rhönvater" nannte, in dem von ihm gegründeten und geleiteten Magazin „Flugsport" den Segelflug als einen Ausweg aus der hoffnungslos erscheinenden Lage der deutschen Fliegerei propagiert. Nun fand auf seine Anregung hin vom 15. Juli bis 7. September 1920 auf der Wasserkuppe in der Rhön, wo bereits vor dem Kriege Gleitversuche stattgefunden hatten, ein Segelflugwettbewerb statt.

Udet, der schon als vierzehnjähriger Knabe mit einem Gleitflieger experimentiert hatte, hielt damals noch wenig vom Segelflug. Seinem Freund Waldhausen vertraute er an, daß er ihn für Quatsch halte, aber unter dem Eindruck des Wettbewerbes auf der Rhön änderte er seine Ansicht. Der erfolgreichste Teilnehmer des Bewerbes, Dipl.-Ing. Klemperer, war am 4. September eine Strecke von 1830 Metern in 2 Minuten 23 Sekunden geflogen.

Dieser erste Rhönwettbewerb eröffnete eine neue Ära der deutschen Nachkriegsfliegerei. Nicht nur eine wachsende Zahl von Jugendlichen, sondern auch viele alte Kriegsflieger wandten sich dem Segelflug zu, denn nur wenige von ihnen waren so glücklich, im Dienste einer Flugverkehrsgesellschaft eine Motormaschine fliegen zu können.

Ernst Udet war einer dieser Glücklichen. Nach Lockerung der Beschränkungen, die dem deutschen Flugverkehr von den Alliierten zwischen Juni und September 1920 auferlegt worden waren, machte die Rumpler Luftverkehrs AG. verstärkte Anstrengungen zum Ausbau ihres Liniendienstes. Aus Anlaß der Frankfurter Messe wurden zwischen 3. und 9. Oktober Sonderflüge von München, Berlin und Leipzig nach Frankfurt veranstaltet. Darüber hinaus wollte die Firma ihr Flugnetz über die Grenzen Deutschlands ausweiten. Die ersten Linien sollten von München nach Wien bzw. nach Rom führen, später sollte der Verkehr bis nach Istanbul ausgedehnt werden, und Ernst Udet war ausersehen, bei der Eröffnung dieses internationalen Luftverkehrs dabei zu sein.

Der erste Flug sollte auf der Strecke München–Wien am 20. Oktober 1920 stattfinden. Udet flog die D-138, einen ehemaligen zweisitzigen Aufklärer vom Typ Rumpler C I. Die Maschine war so umgebaut worden, daß nun zwei Passagiere in offenen Sitzen hinter dem Piloten untergebracht werden konnten. Eine andere Maschine der gleichen Art wurde von Gustav Basser geflogen, der am 24. Juni 1914 mit einem Flug von 18 Stunden einen Dauerweltrekord aufgestellt hatte. Der Pilot der dritten Maschine, die das Kennzeichen D-103 hatte, war Adolf Doldi. Es handelte sich ebenfalls um eine ehemalige Rumpler C I, die aber nun die Typenbezeichnung 5 A 2 trug. Sie hatte im Gegensatz zu den beiden anderen Maschinen eine Kabinenhaube, unter der die beiden Passagiere auf gepolsterten Sesseln saßen. Jeder hatte vor sich ein Kästchen, in dem er Reiseutensilien aufbewahren konnte, und ein Sprachrohr ermöglichte die Verständigung mit dem Piloten. Eine kleine Leiter, mit deren Hilfe die Fluggäste die Maschine bestiegen, vervollständigte die Ausrüstung.

Otto Meyer hatte den Erstflug mit Energie und Sorgfalt vorbereitet. Das Reichsamt für Luftfahrt- und Kraftfahrwesen in Berlin und das Staatsamt für Verkehrswesen in Wien hatten die Erlaubnis erteilt, und die bayrische Presse zollte der neuen Flugverbindung, mit deren Hilfe man in zweieinhalb Stunden in Wien sein sollte, große Vorschußlorbeeren. Sie wies darauf hin, daß einst diese Strecke in zwei Wochen durchwandert worden sei, daß die Postkutsche zweieinhalb Tage gebraucht habe und daß selbst der legendäre Orientexpreß dreizehn Stunden benötigte.

Am Morgen des 20. Oktober flogen die drei Maschinen, die in den Rumplerschen Hausfarben Schwarz und Blau gestrichen waren, von Augsburg zum Münchener Oberwiesenfeld, wo sich Vertreter des öffentlichen Lebens und viele Neugierige eingefunden hatten, um der Eröffnung des Luftverkehrs zwischen München und Wien beizuwohnen. Udets einziger Passagier war seine Frau Lo. In den beiden anderen Maschinen flogen Rittmeister von Crailsheim und Reporter dreier Münchener Blätter mit. Dr. Ing. Edmund Rumpler, ein gebürtiger Wiener, und Otto Meyer waren bereits mit dem Zug nach Wien vorausgefahren, um die dortigen Empfangsfeierlichkeiten zu organisieren.

Der Abflug gestaltete sich sehr feierlich. Reden wurden gehalten, Photo- und Filmaufnahmen gemacht, und schließlich kletterten Ernst und Lo, nachdem sie sich von Udets Eltern verabschiedet hatten, warm gekleidet und in einen dicken Pelz gehüllt in die Maschine. Gegen 13 Uhr starteten die drei Flugzeuge; zurück blieben eine winkende Menge auf dem Oberwiesenfeld, die Silhouette der Stadt München und das silberne Band der Isar.

Nach etwa eineinhalbstündigem Flug tauchte ein anderes Silberband auf, der Inn. Gegen 14 Uhr 45 überflog das Ehepaar Udet die deutsch-österreichische Grenze bei Braunau. Nun zeigte sich, daß ein starker Gegenwind von etwa 70 km/h herrschte, so daß die Maschine für die ersten 110 Kilometer eine Stunde und 45 Minuten gebraucht hatte. Nicht genug damit; nach fast vierstündigem Flug, noch immer etwa hundert Kilometer von Wien entfernt, entdeckte Lo Udet, daß aus einem Hahn des Benzintanks Treibstoff tropfte. Sie klopfte ihrem Mann, der vor ihr saß, auf die Schultern, schrie nach Leibeskräften in das Sprachrohr, wurde aber nicht verstanden. Auch der Versuch, ihrem Mann eine schriftliche Nachricht in den Führersitz zu reichen, scheiterte, da beide keinen Bleistift bei sich hatten. Geistesgegenwärtig nahm Lo Udet schließlich eine Schokoladetafel, die sie als Proviant bei sich führte, und ritzte mit dem Fingernagel die Mitteilung vom austropfenden Benzin in die Schokolade.

Udet entschloß sich daraufhin, nachdem er seine Frau angewiesen hatte, wegen der Splittergefahr ihre Fliegerbrille abzunehmen, zu einer Notlandung auf einem Feld bei Blindenmarkt, etwa acht Kilometer östlich der niederösterreichischen Stadt Amstetten. Die Maschine kam knapp vor einem tiefen Geländeeinschnitt zum Stehen, und Udets erste Worte zu den herbeieilenden Bauern waren: „Jetzt hätte es uns fast erwischt. Wir haben Glück gehabt."

Udet rief in Wien an, wo man ihm mitteilte, daß am nächsten Tag eine andere Maschine Treibstoff bringen werde. Das Ehepaar übernachtete in Blindenmarkt, und am nächsten Morgen ließ Udet ein großes Landekreuz aus weißem Papier auslegen. Schließlich erschien eine Rumpler C I mit Doldi am Steuer. Er brachte ein Faß mit 100 Liter Treibstoff und die Nachricht, daß auch er und Basser

Wien nicht in einem Zuge erreicht hatten. Beide hatten wegen Benzinmangels notlanden müssen; der eine schon in der Nähe der oberösterreichischen Hauptstadt Linz, der andere bei Tulln. Doldi ließ seinen Motor laufen, während Udet Treibstoff aus dem Faß in seinen Tank pumpte. Dann kletterte das Ehepaar in die Maschine, Doldi warf den Propeller an, und beide Flugzeuge starteten nach Wien.

Welch tiefen Eindruck das Erscheinen Udets gemacht hatte, kann man daraus entnehmen, daß der ehemalige Volksschuldirektor von Blindenmarkt, Otto Pausinger, am 23. Oktober 1973, also fast auf den Tag genau nach 53 Jahren, noch folgende Schilderung der Ereignisse vom 20. Oktober 1920 zu geben vermochte:

„Es war ein trüber Herbsttag. Ein unbändiger Oststurm fegte über das Ybbsfeld. Ich wohnte damals im Schulhaus zu Blindenmarkt. Am späten Nachmittag beobachtete ich einen ‚Aeroplan', der mit geringer Höhe über dem Markt kreiste. Vermutlich suchte der Pilot einen passenden Landeplatz. Nachdem das Flugzeug im Südwesten des Ortes entschwunden und nicht mehr zu sehen war, ergriff ich mein Fahrrad und fuhr in die angegebene Richtung. In ca. 1 km Entfernung, südlich von Atzelsdorf, sah ich auf einem abgemähten Kleefeld das Flugzeug stehen. Es war ein einmotoriger Doppeldecker, möglicherweise ein ‚Rumpler-Flugzeug'.

Der Pilot war soeben ausgestiegen. Den umstehenden Leuten, zu denen ich nun auch gehörte, erklärte er, daß er sich auf einem Testflug von Deutschland nach Österreich befinde, um die Flugstrecke für einen geplanten Post-Flugverkehr München–Wien zu erkunden. Durch den starken Gegenwind wurde das Flugzeug so zurückgehalten, daß der Kraftstoff schon bedenklich zur Neige ging und er einen Weiterflug nach Wien nicht mehr wagte. Der Pilot gab sich als Ernst Udet zu erkennen. Wir kannten nur zu gut diesen Namen aus den Armeeberichten des Ersten Weltkrieges. Auch seine Gattin, eine stattliche blonde Frau, war mitgekommen. Udets erste Frage lautete: ‚Ich möchte nach Wien telephonieren, wo kann ich das?' Damals gab es hier nur eine Fernsprechstelle, das Postamt in Blindenmarkt.

Ich stellte Udet mein Fahrrad zur Verfügung und wies ihm den

Weg dorthin. Nach ca. einer halben Stunde kehrte er zurück und berichtete, er habe mit Wien gute Verbindung bekommen, und sein Flugzeug werde am nächsten Tag mit Benzin versorgt. Es blieb über Nacht auf dem Felde stehen und wurde am 21. Oktober aufgetankt. Dieses Ereignis konnte ich leider nicht mehr persönlich verfolgen, da ich zur Zeit an der benachbarten Volksschule in St. Georgen am Ybbsfelde unterrichtete. Der Wind hatte sich über Nacht gelegt, und somit konnte Udet seinen Flug nach Wien fortsetzen.

Der Landwirt Haberfellner aus Atzelsdorf erzählte mir weitere Einzelheiten: Er hütete, damals ein fünfzehnjähriger Bauernbub, die Kühe auf der Weide. Das Flugzeug kreiste ziemlich niedrig über dem Gelände bis Balldorf und landete schließlich in seiner Nähe auf dem Kleefeld, das zum ‚Kammerhof' gehörte. Die alte Pachnerin nahm sich gleich der jungen Frau an, half ihr beim Stiefelausziehen und betreute sie. Udet und seine Gattin nächtigten im Gasthaus ‚Zur Sonne' in Blindenmarkt. Das Flugzeug selbst bewachten der Kleinbauer Frenzl und etliche Helfer. Udet legte großen Wert darauf, daß niemand das Flugzeug besteige, was auch die Leute getreulich beachteten."

Auch in der Schulchronik von Blindenmarkt wurde das Ereignis vermerkt; dort heißt es:

„Am 20. Oktober 1920 wurde der Flugpostdienst München–Wien eingeführt. An diesem Tag mußte wegen Benzinmangels ein Luftschiff bei Atzelsdorf landen. Geführt wurde dieses Flugzeug von dem bekannten deutschen Kampfflieger Oberleutnant Udet. Nächsten Tag überbrachte ein anderes Flugzeug von Wien Benzin, und am Nachmittag flogen beide wieder nach Wien zurück. Die Schüler der hiesigen Volksschule unternahmen einen Lehrausgang dorthin."

Udet und Doldi wurden bei der Landung in Wien auf dem Flughafen Aspern von Rumpler und Meyer und außerdem von Oberst Sochor vom österreichischen Staatsamt für Heerwesen, Ministerialrat Dr. Stoj von der Post- und Telegraphenverwaltung und Ministerialsekretär Dr. Resch vom Verkehrsamt empfangen.

Unmittelbar danach begannen die drei Maschinen mit Rundflügen über Wien, wobei sie Vertreter der Wiener Presse mitnahmen und Flugzettel abwarfen, die ihre Ankunft verkündeten. Der erfolgreichen Aufnahme des Luftverkehrs München–Wien schien nichts im Wege zu stehen, bis am Nachmittag eine Kommission alliierter Offiziere, bestehend aus dem britischen Major Thomson, dem italienischen Oberst de Marsellis, einem japanischen Offizier und einem französischen Dolmetscher, auf dem Flugplatz erschien. Die Offiziere erklärten, daß die Alliierten in Berlin ihre Zustimmung zu diesem Flug nicht nach Wien durchgegeben hätten, daß man die Alliierten in Wien um ihre Zustimmung gar nicht gefragt habe und daß der Rückflug der Maschinen nach München nicht gestattet werde. Vergeblich wies Rumpler darauf hin, daß die alliierten Behörden in Deutschland sehr wohl ihre Zustimmung gegeben hätten und daß es sich um ein friedliches Vorhaben handle, das der Vorbereitung eines zivilen Luftverkehrs diene.

Die Offiziere ließen sich jedoch nicht erweichen, und die Flugzeuge wurden beschlagnahmt. Piloten und Passagiere mußten die Rückreise nach München mit der Eisenbahn antreten. Udet war besonders wütend über den japanischen Offizier, der ihm nicht einmal gestattet hatte, seine Fliegerbrille aus der Maschine zu holen. Zwei Wochen später wurden die inzwischen freigegebenen Flugzeuge von Doldi und den Rumpler-Piloten Schneider und Emmerich nach München zurückgeflogen.

Der Versuch der Rumpler-Werke, ein internationales Flugnetz aufzubauen, war gescheitert. Die Alliierten behinderten aber nicht nur den deutschen Zivilluftverkehr, sondern gingen auch schärfer denn je gegen alle Ansätze einer Militärluftfahrt vor. Am 8. November 1920 ordnete die Botschafterkonferenz die Auflösung aller Polizeifliegerstaffeln an.

Udets Karriere als Verkehrsflieger war ereignisreich, aber nur kurz gewesen. Einschließlich der Übernachtung in Blindenmarkt hatte sie nur zwei Tage gedauert. Wobei die Frage offenbleibt, ob er, wären damals die Alliierten in Wien nicht eingeschritten, Verkehrsflieger geblieben wäre und sein Leben gar als Flugmillionär der Lufthansa beschlossen hätte.

VI

DER UDET-FLUGZEUGBAU ENTSTEHT

Am 29. Januar 1921 verlangten die Alliierten in Verfolg der Beschlüsse der Botschafterkonferenz vom 8. November 1920 die unwiderrufliche Auflösung der Polizeifliegerstaffeln. Die ehemaligen Kriegsflieger, aus denen sich diese Staffeln zusammengesetzt hatten, mußten sich um eine andere Tätigkeit umsehen. Einer von ihnen, Erhard Milch, wurde Direktor bei der „Danziger Luftpost G. m. b. H.", aus der einige Monate später das Unternehmen „Luftverkehr", die Fluggesellschaft der Firma Junkers, entstand. Für Milch war es der Beginn einer steilen Karriere in der deutschen Nachkriegsfliegerei, die ihn schließlich an die Spitze der Lufthansa und von dort in Führungspositionen der Luftwaffe brachte.

Je hartnäckiger die Alliierten die Luftfahrt behinderten, desto nachdrücklicher bekannten sich die Deutschen zu ihr; ganz im Sinne des Wortes Seeckts: „Die Waffe ist nicht tot; ihr Geist lebt!" Eine der Institutionen, die es sich angelegen sein ließen, den Geist lebendig zu erhalten, war der Bayerische Flieger Club, dessen Klubräume sich in dem schönen Barockgebäude des Palais Preysing befanden. Im Dienste der Aufgabe, die Erinnerung an die Fliegertruppe wachzuhalten, veranstaltete der Klub vom 19. bis 22. Mai 1921 „Deutsche Flieger Gedenktage", deren Ehrenschutz Generalfeldmarschall von Hindenburg übernommen hatte. Die Veranstaltungen begannen am Abend des 19. Mai mit einer Versammlung im Löwenbräukeller. Drei Referate wurden gehalten. Als letzter Redner sprach Lothar von Richthofen, Manfreds Bruder. Sein Thema: das Jagdgeschwader Richthofen im Felde. Lothar, Sieger in 40 Luftkämpfen und Träger des Pour le mérite, stürzte im darauffolgenden Jahr, am 4. Juli 1922, bei Hamburg mit dem AEG-Verkehrsflugzeug D-148 tödlich ab. Er hatte die Maschine, deren einzige Passagiere eine amerikanische Filmschauspielerin und ihr Manager waren, auf einem Charterflug von Hamburg nach Berlin bringen sollen.

Das Programm der „Deutschen Flieger Gedenktage" wurde am 20. Mai mit dem Besuch von Gedenkstätten fortgesetzt. Die Rumpler Luftverkehr A. G. und der Bayrische Luftlloyd veranstalteten für eine Gebühr von 200 Mark Rundflüge vom Oberwiesenfeld aus. Auch der bayrische Ministerpräsident Kahr und der Münchener Polizeipräsident Pöhner unternahmen auf Einladung von Otto Meyer einen solchen Rundflug in einer von Udet gesteuerten Maschine. An den beiden letzten Tagen fanden auch Vorführungen auf dem Schleißheimer Flugfeld statt, das der Bayrische Luftlloyd mit seiner Fluglinie Konstanz–Schleißheim in das Luftverkehrsnetz einbezogen hatte.

Imposante Veranstaltungen wie die „Deutschen Flieger Gedenktage" vermochten nicht darüber hinwegzutäuschen, daß die Nachkriegsfliegerei angesichts der allgemeinen wirtschaftlichen Lage und der vielen von den Alliierten auferlegten Beschränkungen für Ernst Udet kein angemessenes Betätigungsfeld bot. Also wandte er seine Energien neuen Aktivitäten zu und fuhr ein Motorradrennen.

Der „Deggendorfer Donaubote" vom 14. September 1921 berichtete darüber: „Nach langem, durch den Weltkrieg und seine Auswirkungen verursachten Verzicht auf sportliche Betätigung hat es der Gau Südbayern des Allgemeinen Deutschen Automobil Clubs unternommen, für den 3. und 4. September d. J. seine klassische Bergprüfungsfahrt auf die Rusel bei Deggendorf wieder zur Ausschreibung zu bringen. Die Veranstaltung zerfiel in eine Nachtfahrt von Landshut nach Deggendorf (75 km) mit einer eingeschalteten Prüfung der Beleuchtungsanlagen am Abend des 3. September und einer Bergprüfungsfahrt auf den Ruselberg in den Morgenstunden des 4. September.

Gemäß der Ausschreibung mußten sich die Konkurrenten am 3. September bis abends 7 Uhr in Landshut sammeln, wo sich denn auch vor dem Treffpunkt Hotel Dräxelmeier bald ein rühriger sportlicher Betrieb entwickelte. Von den gemeldeten 68 Konkurrenten waren 60 am Start zur Nachtfahrt erschienen, der wegen der kolossalen Zuschauermenge und der dadurch verursachten Behinderung außerhalb Landshut verlegt werden mußte. Die Nachtfahrt, bei welcher durch einen Führungswagen das Fahrtempo von etwa 30 km vorgelegt wurde und bei der jedes gegenseitige Überholen streng verboten war, verlief glatt und brachte gegen 11 Uhr nachts 54 Bewerber strafpunktfrei nach Deggendorf. Die Anteilnahme der an der Strecke wohnenden Landbevölkerung wirkte mit wenigen Ausnahmen geradezu wohltuend. Von einem Autohaß gegenüber den durch die Ortschaften in langsamstem Tempo fahrenden Kolonnen war wenig zu verspüren, ein Beweis dafür, daß sich der Autohaß nicht so sehr gegen das Kraftfahrzeug als solches, sondern in erster Linie gegen die rücksichtslose Fahrweise einzelner Automobilisten richtet."

Udet nahm an dem Bergrennen des darauffolgenden Tages auf einem amerikanischen Motorrad der Type „Indian" teil und erzielte mit 4 Minuten 52 Sekunden die schnellste Zeit. Auf Grund des Handikap-Systems landete er allerdings auf dem 4. Platz. Sieger wurde der Fahrer einer schwächeren Triumph-Maschine, der 5 Minuten 19 Sekunden benötigt hatte. Auch Udets Freund, Gustav Otto, nahm an dem Rennen teil, konnte sich aber nicht placieren.

Seit dem Ende des Krieges waren nun drei Jahre vergangen, und Ernst Udet hatte sich in dieser Zeit als Schauflieger, als Verkehrsflieger und als Motorradrennfahrer betätigt. Nun erschloß sich ihm abermals ein neues Betätigungsfeld. Er wurde Unternehmer. In München war er Heinz Pohl begegnet, dessen Bruder Wilhelm, der sich jetzt William nannte, nach Amerika ausgewandert war, in Milwaukee, Wisconsin, lebte und ein beträchtliches Vermögen erworben hatte. Im Einvernehmen mit seinem Bruder schlug Heinz Pohl die Gründung einer Firma vor, die Flugzeuge erzeugen sollte, die Udets Namen trugen. Gedacht war an Sportflugzeuge, die mit geringem Aufwand gebaut und geflogen werden konnten, also an eine

Art von Volksflugzeug, für das man sich gute Absatzchancen in Deutschland und Amerika erhoffte, wo es unter dem Namen „Everybody" verkauft werden sollte. Udet war von der Idee begeistert, obwohl der Bau von Flugzeugen in Deutschland vorläufig noch unter das Verbot der Alliierten fiel. Vermutlich hat aber gerade dieser Umstand seinen Unternehmungsgeist beflügelt.

Er mietete eine kleine Werkstätte in Milbertshofen nahe beim Oberwiesenfeld und verpflichtete Dipl.-Ing. Hans Herrmann als Konstrukteur. Das war eine ausgezeichnete Wahl. Herrmann, 1897 in Koblenz geboren, war im Jahre 1916 Bomberpilot geworden und hatte zuerst im Osten, dann an der Westfront gekämpft. Nach dem Krieg war er an die Technische Hochschule in Berlin gegangen. Nun entwarf er einen freitragenden einsitzigen Tiefdecker in Holzbauweise. Als Triebwerk war ein zweizylindriger Haacke-HFM-2a-Motor vorgesehen, der bei 1320 Umdrehungen 35 PS leistete.

Außer Herrmann wurden zwei Arbeiter verpflichtet, und am 26. November 1921 konnte Udet Pohl mitteilen, daß der Bau der Maschine in etwa drei Wochen beginnen könne und daß er den Motor bei der Hermann-Haacke-Motorenfabrik in Berlin-Johannisthal zum Preis von 16.000 Mark bestellen werde. Die Stärkeberechnungen wurden von Alfred R. Weyl, einem Mitarbeiter der Deutschen Versuchsanstalt für Luftfahrt in Adlershof, der nach der Machtergreifung nach England ging, überprüft. Udet rechnete mit der Fertigstellung der ersten Maschine im März 1922.

Der Bau hatte unter völliger Geheimhaltung zu erfolgen, da die Offiziere der Interalliierten Militärkontrollkommission ständig nach verborgenen Aktivitäten forschten. Die Fenster der Werkstätte waren abgedunkelt, rund um das Haus lagen Fußangeln, und beim Öffnen der Gartentür ertönte ein Warnsignal. Übrigens waren Udet und Herrmann nicht die einzigen in Deutschland, die im geheimen Flugzeuge bauten. Zur gleichen Zeit arbeiteten in Bremen Heinrich Focke und Georg Wulf buchstäblich im Untergrund, d. h. in einem Keller, an einer Maschine.

Am 1. Februar 1922 gab die Botschafterkonferenz in London bekannt, daß die Verbotsfrist für den Bau und die Einfuhr von Flugzeugen am 5. Mai des gleichen Jahres enden werde. In der Bekanntmachung wurde angekündigt, daß die alliierten Regierungen rechtzeitig die sogenannten „Begriffsbestimmungen“ erlassen würden, d. h. die Vorschriften, die beim Bau von Zivilflugzeugen zu beobachten waren, um ihre allfällige Verwendung für militärische Zwekke auszuschließen.

Udet suchte nach Bekanntwerden der Londoner Beschlüsse seinen Freund Walter Angermund auf, der nun als deutscher Verbindungsoffizier bei der Luftfahrtfriedenskommission in München tätig war, und bestürmte ihn mit der Frage, wann mit der Verlautbarung der Begriffsbestimmungen zu rechnen sei. „Ich muß doch wissen, welche Maschine ich in Scheuermanns Taubenschlag bauen kann“, fügte er hinzu.

Der Taubenschlag war die neue Werkstätte des jungen Unternehmens. Die alte Werkstatt in Milbertshofen war zu unsicher geworden; ihr Verrat an die Kontrollkommission der Alliierten mußte befürchtet werden. Auf der Suche nach einem Ausweichquartier war Udet auf seinen Freund Erich Scheuermann gestoßen, der bereits 1911 in Puchheim geflogen war und am 6. September 1913, drei Wochen nach Erwerb seines Flugscheines, mehr als vier Stunden in der Luft geblieben war. Im März 1914 hatte Scheuermann sogar einen Flug von 7 1/2 Stunden absolviert und war nach Kriegsbeginn zur Feldflieger-Abteilung 16 eingerückt, ehe er der Zentralen Abnahme-Kommission in Berlin-Adlershof zugeteilt wurde. Im Jahre 1917 war Scheuermann als Geschäftsführer der Bayerischen Flugzeug-Werke nach München gegangen. Nun besaß er ein kleines Unternehmen in Ramersdorf, einem Vorort im Südosten Münchens, wo er seit 1919 mit etwa dreißig ehemaligen Mitarbeitern der Bayerischen Flugzeug-Werke Hühnerställe, Bienenkästen und ähnliches Gerät herstellte. Hin und wieder baute er auch Rümpfe für die Segelflugzeuge, die der damals 24jährige Student der Technischen Hochschule München Willi Messerschmitt zusammen mit seinem Freund Friedrich Harth entworfen hatte.

Scheuermann schlug Udet gemeinsame Arbeit in seinem Ramersdorfer Unternehmen vor. Daraufhin wurde das gesamte Inventar der

Werkstätte in Milbertshofen einschließlich des halbfertigen Flugzeuges unter Zeltplanen verpackt und nächtlicherweile auf Pferdewagen nach Ramersdorf gebracht.

Die Begriffsbestimmungen, die am 14. April 1922 endlich veröffentlicht wurden, waren so drastisch, daß die deutsche Luftfahrtindustrie die Beschränkungen, die man ihr auferlegen wollte, anfänglich gar nicht fassen konnte. Die Motoren von Einsitzern durften nicht mehr als 60 PS haben. In Hinkunft sollte kein Flugzeug erzeugt werden, dessen Geschwindigkeit 170 km/h, dessen Reichweite 300 km, dessen Gipfelhöhe 4000 m und dessen Flugdauer zweieinhalb Stunden überstieg. Das entsprach etwa dem Leistungsstand des Jahres 1916.

Aus diesen Bestimmungen konnte geschlossen werden, daß die Alliierten nicht nur den Wiederaufbau einer Fliegertruppe verhindern, sondern auch die Entwicklung der Zivilluftfahrt und des Luftverkehrs in Deutschland beschränken wollten. Glücklicherweise entsprach der Einsitzer, den Udet baute, voll und ganz den Begriffsbestimmungen, und so konnte er ihn in aller Ruhe fertigstellen. Am 12. Mai 1922 wurde die Maschine einer letzten Kontrolle vor dem Start unterworfen. Dabei machte Herrmann eine geradezu unglaubliche Entdeckung. In den Berechnungen war ein Fehler unterlaufen, der Motor gehörte 47 Zentimeter weiter vom mittleren Schwerpunkt der Maschine entfernt, das hieß, daß die U 1 um fast einen halben Meter zu kurz war. Sie mußte also auseinandergenommen werden, was keine große Arbeit war, weil die Tragflächen nur mit acht großen Bolzen am Rumpf befestigt waren. Dann wurde sie wieder in die Werkstätte gebracht, wo der Holzrumpf verlängert wurde. Das nahm zwar nur einige Tage in Anspruch, verbesserte aber das Aussehen der Maschine nicht. Udets Kommentar: „Eine fliegende Gans!“

Schließlich wurde die U 1 zum ersten Start auf das Oberwiesenfeld gebracht, wozu die Tragflächen auf die Rumpfoberseite gelegt wurden. Wieder gab es eine Fahrt von zehn Kilometer Länge quer durch München. Diesmal hing die Maschine hinter Udets Auto vom nicht mehr existenten Typ Steiger. Verborgen mußte sie nicht mehr werden, und so staunten die vielen Passanten sehr, als sie das rotweiß gestrichene Flugzeug durch die Straßen rollen sahen.

Am Oberwiesenfeld wurde die U 1 montiert, und Udet, der seit einigen Monaten nicht geflogen war, brannte darauf, sie zu erproben. Da die Maschine keine Bremsen hatte, mußten sie zwei Männer an den Tragflächen halten, während Udet den Motor warmlaufen ließ. Schwarzer Rauch stieß aus dem nach unten gebogenen Auspuffrohr, und die Maschine vibrierte so stark, daß Udet nicht einmal die Instrumente lesen konnte. Trotzdem begann er über das Feld zu rollen, und nach einigen Sprüngen hob er ab, machte eine Platzrunde und legte eine perfekte Landung hin. Das erste nach dem Krieg in Bayern gebaute Flugzeug hatte seinen ersten Flug absolviert.

Udet fand, daß sich die U 1 in der Luft wie eine D VII und beim Landen wie eine Albatros B benehme. In den nächsten Tagen wurde die Flugerprobung fortgesetzt, und da die Maschine ja auch verkauft werden sollte, versuchte man, die Fachblätter für sie zu interessieren. Mit Erfolg. Die „Illustrierte Flug Woche" schrieb am 21. Juni 1922: „Oberleutnant a. D. Udet gebührt mit der Gründung dieses Unternehmens und mit dem Bau des kleinen Sporteindeckers unstreitig das Verdienst, den Flugzeugbau im Süden unseres Vaterlandes, in Bayern, wieder zu neuem Leben erweckt zu haben." Auch die englische Zeitschrift „Flight" vom 13. Juli und die „Illustrierte Motorzeitung" vom 24. August brachten Berichte; andere Fachblätter folgten.

In dieser Zeit des beruflichen Erfolges schuf Udet Klarheit in seinen privaten Verhältnissen. Er trennte sich von Lo, und zwar in aller Freundschaft, wie man zu sagen pflegt. In diesem Falle war das keine Phrase. Die beiden Menschen blieben einander auch nach der Trennung, der am 16. Februar 1923 die formelle Scheidung folgte, freundschaftlich verbunden. Ihre Ehe war von Anfang an unter keinem guten Stern gestanden. Los Vater wollte von Udet, dessen Seriosität er bezweifelte und dessen finanzielle Situation ihm mißfiel, nichts wissen. Udet seinerseits meinte in Anspielung auf eine Ballade von Uhland, über der Ehe habe „Des Vaters Fluch" gelastet und nannte Lo, diesmal mit biblischer Anspielung, „Vater Zinks verlorene Tochter". Am allermerkwürdigsten war wohl, daß er seinem Schwiegervater nie persönlich begegnet war.

Als Lo im September 1931 Gert Wolff-Bühring heiratete, schickte ihr Udet als Glückwunsch eine Karikatur, die ihn im Flamingo zeigte. Darunter hatte er geschrieben: „Meine liebe, gute Lo – laß' Dir und Deinem lieben Mann recht herzlich Glück wünschen – Alles Gute und viele frohe Jahre".

Nach der Trennung verließ Udet die Wohnung in der Wiedermayerstraße und zog mit seinem schwarz-weiß gefleckten Hund „Bulli" in das Hotel „Vier Jahreszeiten", in dem er auf Firmenkosten zwei Zimmer bewohnte, die er nach seinem Geschmack einrichtete. An den Wänden hingen Kriegserinnerungen aller Art – Kokarden, Erkennungszeichen und Propeller gegnerischer Maschinen, die er abgeschossen hatte, und viele Photos. An einer der Türen war eine Zielscheibe angebracht, auf die er mit einem Luftdruckgewehr schoß. Besucher lud er gerne ein, auf eine Zigarette zu schießen, die er zwischen den Lippen hielt. Die meisten lehnten ab, worauf sie Udet ihrerseits bat, sich samt Zigarette als Ziel zur Verfügung zu stellen. Sie konnten dieser Einladung ruhig Folge leisten, denn der Gastgeber fehlte nie.

Am 23. Oktober 1922 wurde die Firma Udet-Flugzeugbau formell gegründet. Teilhaber waren neben Ernst Udet Heinz Pohl, der Konstrukteur Dipl.-Ing. Hans Herrmann und der Besitzer der Werkstätte in Ramersdorf, Dipl.-Ing. Erich Scheuermann. Das Stammkapital betrug 100.000 Mark, aber das war angesichts der Inflation nicht viel Geld. Die fortschreitende Geldentwertung traf vor allem den Mittelstand, und eine politische Konsequenz dieser wirtschaftlichen und sozialen Entwicklung war ein starker Zustrom zu den radikalen Parteien, insbesonders zur NSDAP. Udets letzter Geschwaderkommandeur Hermann Göring, der aus Schweden, wo er nach dem Aufenthalt in Dänemark gelebt hatte, nach München zurückgekehrt war, wurde im November 1922 ein Gefolgsmann Adolf Hitlers, der ihm die Führung der Sturmabteilungen, kurz SA genannt, übertrug. Bereits ein Jahr zuvor war ein anderer ehemaliger Kriegsflieger, Rudolf Heß, in die NSDAP eingetreten, in der er bald zum Stellvertreter des Führers, wie Adolf Hitler nun genannt wurde, emporstieg.

Udet aber baute in Ramersdorf an seinen Flugzeugen. Im Dezember 1922 wurde die erste U 2 fertiggestellt, ein aus der U 1 entwikkelter Zweisitzer, der den gleichen 35-PS-Haacke-Motor hatte. Von diesem Modell wurde eine kleine Serie aufgelegt.

Die U 1, die nur in einem Exemplar gebaut worden war, stellte der Udet-Flugzeugbau in der Luftfahrtabteilung der Deutschen Gewerbeschau in München an der Seite einiger anderer in Deutschland gebauter Kleinflugzeuge aus. Die Fachleute waren beeindruckt, das Publikum, das mehrheitlich noch nie ein Flugzeug aus der Nähe gesehen hatte, war begeistert, und die „Illustrierte Flug-Woche" schrieb: „Udets 35-PS-Sport-Einsitzer kündet von neuen Verheißungen für die Zukunft."

Am 1. Januar 1923 wurde Deutschland wieder Herr über seinen Luftraum. Der Artikel 320 des Versailler Vertrages, der den Flugzeugen der Alliierten unbeschränkte Start-, Lande- und Überflugsrechte eingeräumt hatte, trat außer Kraft. Diese erfreuliche Tatsache wurde aber von der zunehmenden Verschlechterung der wirtschaftlichen Situation überschattet.

Bei Kriegsende war der Dollar vier Mark wert gewesen, im Januar 1922 schon 200 Mark, im Juli des gleichen Jahres 4000 Mark, und am Beginn des Jahres 1923 notierte er bei 7620 Mark. Diese Geldentwertung erschwerte die Erfüllung der Reparationsverpflichtungen, bis schließlich die Reichsregierung erklärte, daß sie die Zahlungen einstellen müsse. Französische und belgische Truppen besetzten daraufhin am 11. Januar 1923 das Ruhrgebiet, um die Fortsetzung der Reparationslieferungen zu erzwingen.

Die Reichsregierung rief zum passiven Widerstand auf, und General Seeckt gelang es unter Hinweis auf die völlige Schutzlosigkeit des Reichsgebietes, das Kabinett von der Notwendigkeit des Aufbaus einer Luftverteidigung zu überzeugen. Unter dem Vorwand, daß die Flugzeuge für Südamerika bestimmt seien, wurden bei der Firma Fokker in Holland 100 Jagdmaschinen vom Typ D XIII, ausgerüstet mit britischen Napier-Lion-Motoren, bestellt. Ernst Heinkel, der in Travemünde eine Flugzeugfabrik unterhielt, bekam den Auftrag, für die deutsche Marine zehn Seeflugzeuge vom Typ He 1, ausgerüstet mit britischen Rolls-Royce-Eagle-Motoren, zu liefern. Aus Geheimhaltungsgründen sollten die Maschinen in Schweden gebaut und erprobt und anschließend in Kisten verpackt nach Deutschland gebracht werden. Finanziert wurden diese Flugzeugankäufe aus dem sogenannten Ruhrfonds der deutschen Industrie.

Unberührt von diesen Ereignissen, setzte Udet seine Arbeit in Ramersdorf fort. Sein Tiefdecker war das 28. Modell gewesen, das die Interalliierte Militärkontrollkommission zur Erzeugung in Deutschland zugelassen hatte. Im April 1923 waren bereits sieben U 2 erzeugt. Ebenfalls fertiggestellt war der Prototyp ihrer Nachfolgerin, der U 4. Der Haacke-Motor hatte sich bereits für die U 2 als zu schwach erwiesen. Deshalb erhielt die U 4 einen fünfzylindrigen luftgekühlten Sternmotor von 55 PS. Es war der Sh 4 der Firma Siemens Halske in Spandau, die seit 1921 an der Entwicklung von Motoren für Sportflugzeuge arbeitete.

Es genügte aber nicht, Flugzeuge zu bauen; sie mußten auch verkauft werden. Angesichts der Verschlechterung der wirtschaftlichen Situation waren die Chancen auf dem inländischen Markt gering. Auch aus den Plänen William Pohls, das billige deutsche Sportflugzeug des Udet-Flugzeugbaus in den Vereinigten Staaten zu verkaufen, war nichts geworden. Also mußten andere Exportmärkte erschlossen werden, wobei man vor allem an Südamerika dachte. So hatte die „Illustrierte Flug-Woche" bereits am 7. Juni 1922 einen Artikel veröffentlicht, der den Titel trug: „Kann die deutsche Flugzeugindustrie einen Absatz in Argentinien erhoffen?"

Nun, ein Jahr später erhielt Udet eine Einladung vom argentinischen „Círculo Aeronáutico Alemán", sich am 5. August 1923 an der „Copa Wilbur Wright", einem Handikap-Flugrennen, zu beteiligen. Scheuermann bedrängte Udet, die Einladung anzunehmen und die Gelegenheit zu nützen, für den Udet-Flugzeugbau zu werben, Geschäftsverbindungen anzuknüpfen und womöglich Abschlüsse zu tätigen. Dabei verwies Scheuermann auf das Beispiel von Professor Junkers, der im November 1922 eine F 13 nach Havanna geschickt hatte. Von dort flog dieses Ganzmetallverkehrsflugzeug langsam die südamerikanische Küste entlang, von Stadt zu Stadt, bis Buenos Aires, und wurde überall zu Verkaufszwecken vorgeführt. Heinz Pohl war skeptischer als Scheuermann. Er fürchtete vor allem die hohen Kosten einer solchen Expedition nach Südamerika. Nach langen Diskussionen wurde beschlossen, daß Udet mit einer U 2 und einer U 4 nach Argentinien reisen sollte.

Mit der U 4 sollte er an dem Luftrennen teilnehmen. Außerdem sollte Udet Schauflüge veranstalten, während Otto Heinecke, der bekannte Fallschirmerzeuger – ein Heinecke-Fallschirm hatte im Juni 1918 Udets Leben gerettet –, auf Einladung des „Aero Club Argentino" Schauspringen bot. Nicht zuletzt sollte Udet versuchen, Verkaufsverbindungen anzuknüpfen und die Möglichkeit der Errichtung eines Zweigwerkes des Udet-Flugzeugbaus in Argentinien zu prüfen. Das hätte die Aussicht eröffnet, moderne Maschinen ohne Rücksicht auf die Beschränkungen der Alliierten entwickeln zu können.

Am 11. April 1922 reiste Udet als Passagier 1. Klasse von Hamburg an Bord der „Cap Polonio", eines 20.000-Tonnen-Dampfers der Hamburg-Südamerikanischen Dampfschiffahrtsgesellschaft, der aus dem Jahre 1914 stammte, ab. Zwei Wochen später kam Otto Heinecke auf der „Antonio Delfino" nach. Es war eine langsame Reise, die mehr als drei Wochen dauerte. Boulogne, Southampton, La Coruña, Vigo und Lissabon wurden angelaufen, ehe die „Cap Polonio" den Atlantik überquerte. In Südamerika gab es einen Aufenthalt in Rio de Janeiro, und dann kam Udet in Montevideo an, wo er von Max Holtzem begrüßt wurde. Die beiden waren einander das erste Mal im März 1918 bei Le Cateau an der Front begegnet. Zwei Jahre später hatten sie sich bei den Pfalz-Flugzeugwerken getroffen, und schließlich war Holtzem mit Udets Pfalz XV nach Südamerika gereist, wo er die Maschine bei Schauflügen einsetzte. Gemeinsam legten die beiden nun das letzte Stück der Reise nach Buenos Aires zurück. Dort wurde Udet von einem Herrn Mayenberger, der sich als Geschäftsführer des „Círculo Aeronáutico Alemán" vorstellte, und von einem Herrn Pablo Salómon Leube empfangen, der erklärte, „Vertreter der amerikanischen Presse“ zu sein. Holtzem war einigermaßen erstaunt, denn er kannte sich in argentinischen Luftfahrtkreisen aus, war den beiden Männern aber nie begegnet.

Mayenberger erklärte, er habe für Udet ein Zimmer im Plaza, dem besten Hotel von Buenos Aires, bestellt. Außerdem werde er die beiden Flugzeuge nach ihrem Eintreffen mit der Bahn zum El-Palomar-Flugfeld der „Escueló de Aviación Militar“, der Eliteschule der argentinischen Luftwaffe, bringen lassen. Von dort könne Udet dann zu den Vorführungen auf den übrigen Flugplätzen des Landes starten.

Unmittelbar nach seiner Ankunft wurde der Gast aus Deutschland aber auch von zahlreichen Persönlichkeiten begrüßt, die tatsächlich einen angesehenen Namen in argentinischen Luftfahrtkreisen hatten: Florencio Martinez de Hoz, Juan Antonio Fernandez, Carlos Alfredo Tornquist, Gonzalo García, Juan Etcheverry, Julio A. Noble, Major Aníbal Brihuega und Hauptmann Antonio Parodi. Udet besuchte auch das „Centro de Aviacion Civil“ und die Flugplätze San Isidro, San Fernando und Villa Lugano.

Am 21. Mai, drei Wochen nach Udet, traf Heinecke in Buenos Aires ein, und am 28. Mai kam endlich die „Württemberg“ mit den beiden Flugzeugen an Bord an. Sie wurden wie vorgesehen nach El Palomar gebracht. Bereits am 29. Mai sprach Udet im Beisein des deutschen Botschafters Dr. Adolf von Pauli vor den Angehörigen der Fliegerschule der argentinischen Luftwaffe über Taktik des Luftkampfes. Anschließend gab er eine Kunstflugvorführung, und Heinecke machte einen Fallschirmabsprung.

Am 2. Juni wurden Udet und Heinecke im Rahmen eines Empfanges zu Ehrenmitgliedern des „Aero Club Argentino“ ernannt, und nach einem Aufenthalt von fünf Wochen wurde am 10. Juni auf dem Flugfeld von San Isidro, 20 km nordwestlich von Buenos Aires in der Nähe des Rio de la Plata, endlich das erste Schaufliegen veranstaltet. Der deutsche Botschafter, der Präsident des argentinischen Aeroclubs und viele Zuschauer waren gekommen. Udet begann mit Kunstflügen auf der U 2, startete anschließend auf der U 4 und absolvierte schließlich einen „Luftkampf“ gegen einen argentinischen Flieger in einer Curtiss Jenny. Zwischendurch hatte Heinecke einen Fallschirmabsprung vorgeführt.

Der Erfolg war groß, doch mit dem „Círculo Aeronáutico Alemán" war Udet weniger zufrieden. Er hatte bald herausgefunden, daß hinter diesem hochtrabenden Namen eigentlich nichts stand als die Herren Mayenberger und Leube. Als er sich bei den beiden über das geringe Echo des Schaufliegens von San Isidro in den Zeitungen beschwerte, erklärten sie, die amerikanischen Flieger in Argentinien hätten eben bessere Beziehungen zur Presse, und schlugen ihm vor, Reklameflüge für eine Zigarettenfirma zu machen, um in der Öffentlichkeit bekannt zu werden. Udet lehnte dieses Ansinnen ab, worauf ihm Mayenberger und Leube erklärten, er könne nicht tun und lassen, was ihm beliebe, da er ja noch 12.000 Pesos für den Eisenbahntransport seiner Flugzeuge zahlen müsse und die Frachtpapiere überdies auf den „Círculo Aeronáutico Alemán" ausgestellt seien.

In dieser unangenehmen Situation wandte sich Udet, der über keine größeren Geldmittel verfügte, an Carlos Tornquist, den er gleich nach seiner Ankunft kennengelernt hatte und der nicht nur ein angesehenes Mitglied des Aeroclubs war, sondern als bedeutender Bankier auch im Aufsichtsrat der argentinischen Eisenbahngesellschaft saß. Tornquist erklärte, daß für den Flugzeugtransport nichts zu bezahlen sei und daß er neue Frachtpapiere auf Udets Namen ausstellen lassen werde. Damit war Udet die Herren Mayenberger, Leube und den „Círculo Aeronáutico Alemán" endgültig los.

Am 15. Juni flog er mit Holtzem auf Einladung des dortigen Aeroclubs nach Rosario in der Provinz Santa Fé, um an einer Flugwoche teilzunehmen. Über den Rückflug berichtete eine argentinische Zeitung unter dem Titel „Durchschlagender Erfolg des deutschen Flugzeuges": „Udet legte die Strecke von 330 km in 1 Stunde 30 Minuten zurück. Er verbrauchte nur 27 l Treibstoff und 1 l Öl. Die Kosten des Fluges betrugen somit lediglich 10 Pesos. Er war in 500 bis 600 m Höhe dreimal so schnell als der Schnellzug Rosario–Buenos Aires."

Das war alles sehr schön, aber konkrete Erfolge hatte Udet bisher nicht erzielt. Keine Maschine war verkauft, keine Geschäftsverbindung angeknüpft, von der Errichtung eines Zweigwerkes gar nicht zu reden. Udet hatte aber bei einer der zahlreichen gesellschaftlichen Veranstaltungen zu seinen Ehren auch die drei Brüder Luro kennengelernt, die einer wohlhabenden Familie entstammten und begeisterte Sportflieger waren. Jorge Luro, der älteste Bruder, der auch ein bekannter Rennfahrer war, schlug Udet vor, die Vertretung des Udet-Flugzeugbaus in Argentinien zu übernehmen und ihm die beiden mitgebrachten Maschinen abzukaufen. Udet war einverstanden und fuhr, ohne die Copa Wilbur Wright abzuwarten, nach Deutschland zurück.

In der ersten Runde dieses Bewerbes am 5. August konnte Holtzem nicht, wie vorgesehen, auf der U 2 starten, weil der Motor der Maschine zu anfällig war. Das Triebwerk blieb auch weiterhin das große Problem der U 2, die deshalb lediglich gelegentlich zu Rundflügen auf argentinischen Flugplätzen eingesetzt wurde. Eduardo A. Olivero, ein argentinischer Pilot, der mit Jorge Luro befreundet war, landete mit der U 4 auf dem 9. Platz; er hatte für die 156 km lange Strecke 1 Stunde, 6 Minuten und 15 Sekunden benötigt. Die Veranstaltung wurde von den Curtiss Jennys dominiert; sieben der fünfzehn Teilnehmer, die das Rennen durchstanden, flogen diese amerikanische Maschine, darunter der Sieger Leon und einer der Brüder Luro, der auf dem 10. Platz landete.

Am 19. August erreichte Olivero zwar über dem Flugplatz von Villa Lugano mit der U 4 die beachtliche Höhe von 4000 Metern, aber in der zweiten Runde der Copa Wilbur Wright, die am 5. Oktober geflogen wurde, konnte er sich nicht placieren. Ein durchschlagender Erfolg stellte sich erst ein, als er am 9. Dezember 1923 mit der gleichen Maschine bei einem Luftrennen den 135 km langen Rundkurs in 1 Stunde, 9 Minuten und 31 Sekunden zurücklegte und damit den ersten Platz belegte.

Als Udet von dem argentinischen Abenteuer nach München zurückkehrte, erwartete ihn viel Arbeit. Die zweite U 4 mit dem Kennzeichen D-203 war inzwischen fertiggestellt, aber dieser Typ wurde nicht weitergebaut. Inzwischen war bereits die Nachfolgerin, die U 6, Kennzeichen D-325, entstanden. Sie hatte den gleichen Siemens-Halske-Motor, aber im Gegensatz zur U 4 zwei getrennte Sitze. Außerdem hatte Herrmann Tragflächen und Ruder der neuen Maschine abgerundet, was eine günstigere aerodynamische Form und eine Erhöhung der Geschwindigkeit um etwa 10 km/h auf 145 km/h brachte. Ferner hatte er ein ziemlich kompliziertes Auspuffsystem entwickelt, das den Motorenlärm ganz wesentlich herabsetzte.

Im übrigen beschränkte man sich in Ramersdorf nicht mehr darauf, Sportzweisitzer zu bauen. Die Luftverkehrsgesellschaften konnten nicht länger mit umgebauten Militärmaschinen fliegen, und so entstand die U 5, Kennzeichen D-302, ein kleines Verkehrsflugzeug oder, wie man damals zu sagen pflegte, eine „Limousine". Der Pilot saß in einem offenen Führersitz vor und die beiden Passagiere in einer kleinen Kabine unter der Tragfläche. Die Kabine war nicht völlig geschlossen, sondern hatte eine Öffnung in der Tragfläche, um den Passagieren eine bessere „Ventilation" zu bieten. Die von Herrmann entworfene U 5 war der erste Hochdecker des Udet-Flugzeugbaus. Der sehr vielseitige Herrmann hatte für die U 5 und die U 6 eine Luftschraube entwickelt, die weniger Lärm verursachte als die Propeller alter Art und die ebenfalls vom Udet-Flugzeugbau erzeugt wurde.

Die Firma beschäftigte nun bereits 20 Mitarbeiter und übertrug den Vertrieb ihrer Maschinen der Firma Bäumer-Aero. Sie gehörte Paul Bäumer, einem Jagdflieger mit 43 Abschüssen und Träger des Pour le mérite. Bäumers Unternehmen vertrieb auch die Maschinen der Dietrich-Gobiet Flugzeugbau A. G. in Kassel.

Vom 20. Juli bis 12. August 1923 fand in Göteborg aus Anlaß der schwedischen 300-Jahr-Feiern eine große Ausstellung statt, in deren Rahmen es auch eine internationale Luftfahrtschau gab. Da beim Pariser „Salon Aéronautique" im Dezember 1919, November 1921 und Dezember 1922 deutsche Firmen nicht zugelassen gewesen waren, stellte die Ausstellung in Göteborg den ersten wirklich internationalen Luftfahrtsalon der Nachkriegszeit dar. Die Bäumer-Aero sorgte dafür, daß die U 6 gezeigt wurde und an den Bewerben im

Anschluß an die Ausstellung teilnahm. Die U 5 konnte nicht wie ursprünglich geplant nach Göteborg geschickt werden. Der bekannte englische Flugzeugkonstrukteur Frederick Handley Page gab über die Ausstellung in Schweden ein bezeichnendes Urteil ab, als er erklärte: „Wenn man die Entwicklung der Luftfahrt innerhalb des letzten Jahrzehnts studieren will, muß man von der französischen Abteilung über die englische zur deutschen gehen. Man sieht dabei nacheinander veraltete, moderne und schließlich technisch optimale Flugzeuge.“

Als das bekannte englische Jahrbuch „Jane's All the World's Aircraft“ für 1923 einen Beitrag über den Udet-Flugzeugbau erbat, lieferte Ernst Udet folgenden Bericht:

„Die grundlegende Idee des Udet-Flugzeugbaus ist es, das Fliegen so billig und gewinnbringend wie möglich zu machen. Die großartigen Leistungen des 40 PS starken Avro Baby beweisen, daß auch eine Maschine mit schwachem Triebwerk gute Flugeigenschaften aufweisen kann. Dazu kamen die von der Kontrollkommission auferlegten Erzeugungsbeschränkungen, und so brachten wir im Mai vergangenen Jahres einen kleinen Einsitzer mit 30-PS-Motor heraus.

Da er vollkommen zufriedenstellende Leistungen erzielte, nahmen wir im Juli die Serienfertigung auf. Derzeit erzeugen wir wöchentlich eine Maschine. Ich glaube, daß wir neben Junkers und Dornier die einzige Firma in Deutschland sind, die Flugzeuge in Serie herstellt. In finanzieller Hinsicht kann der Udet-Flugzeugbau als eines der bestfundierten Unternehmen seiner Art in Deutschland gelten.

Der Vorkriegspilot Dipl.-Ing. E. Scheuermann, der während des Krieges Geschäftsführer der Bayerischen Flugzeug-Werke in München war, ist unser technischer Direktor, während ich selbst mich als Einflieger mit der Erprobung der neuen Maschinen beschäftige.

Ing. Herrmann, früher bei der Deutschen Versuchsanstalt für Luftfahrt in Berlin, ist der Chef unserer Versuchsabteilung. Ich habe besonderen Wert auf die bestmögliche Zusammenarbeit von Technik, Theorie und Praxis in unserem Unternehmen gelegt.

Gegenwärtig produzieren wir eine dreisitzige Limousine mit einem Fünfzylinder-Siemens-Halske-Sternmotor von 55 PS, mit dem wir eine Geschwindigkeit von 160 km/h zu erreichen hoffen.

Der Preis einer unserer kleinen Maschinen entspricht etwa dem Wert eines englischen Motorrades mit Beiwagen. Dementsprechend ist die Nachfrage groß, und wir erschließen der breiten Öffentlichkeit die Möglichkeit des Fliegens."

Soweit der Bericht, aus dem typische Charaktereigenschaften Udets sprechen, akzentuiert durch den Umstand, daß er sich als ein Repräsentant des besiegten Deutschlands gegenüber der Öffentlichkeit eines Siegerstaates äußerte. Ein beachtliches Selbstbewußtsein, das sich bei aller Korrektheit der Darstellung in sanguinischen Übertreibungen äußerte, spricht aus ihm. So stimmte zum Beispiel mitnichten, daß der Udet-Flugzeugbau wöchentlich eine Maschine herstellte.

In der Zwischenzeit hatten sich die wirtschaftlichen Verhältnisse in Deutschland weiterhin verschlechtert. Der passive Widerstand gegen die Besetzung des Ruhrgebietes war nicht länger aufrechtzuerhalten; am 20. September 1923 ordnete die Reichsregierung seine Einstellung an. Das verbesserte zwar die wirtschaftliche Situation ein wenig, verstärkte aber den Kampf der nationalen Kreise gegen die ihrer Meinung nach allzu nachgiebigen Erfüllungspolitiker.

In der Nacht vom 8. zum 9. November proklamierte Adolf Hitler im Münchener Bürgerbräukeller an der Spitze seiner Getreuen die nationale Revolution. Am nächsten Tag wollte die SA den Schleißheimer Flugplatz besetzen und die dortigen Maschinen, darunter vier Flugzeuge des Udet-Flugzeugbaus, in ihren Besitz bringen. Die Reichswehr vereitelte dieses Vorhaben, und auch der Marsch an die Macht brach vor der Feldherrenhalle im Feuer einer Polizeieinheit zusammen. Hitler blieb unverletzt, sechzehn seiner Anhänger fielen, einige wurden verwundet. Hermann Göring, der einen Schuß in den Oberschenkel erhalten hatte, wurde heimlich über die Grenze nach Österreich gebracht, um dadurch der unvermeidlichen Verhaftung zu entgehen.

Udet nahm an diesen politischen Ereignissen nach wie vor nicht teil. Am Abend des 8. November war er mit seinem Freund Angermund, der nun Vertreter der Junkers-Werke in Süddeutschland war, im Café Fürstenhof gesessen. Sie hatten wie stets vom Fliegen gesprochen. Der Winter, der vor der Tür stand, bedeutete für Udet keine Unterbrechung in dieser einzigen Beschäftigung, die ihn wirklich interessierte. Längst hatte er sich an seiner U 4 mit dem Kennzeichen D-325 Kufen montiert, die ihm erlaubten, auch im Schnee zu starten und zu landen. Fliegen in den Bergen war seine neueste Leidenschaft, und das Jahr 1924 begann für ihn am Neujahrstag mit einem Wettflug gegen ein Sportauto auf der Rennbahn von Garmisch Partenkirchen.

Fünf Jahre waren nun seit dem Kriege vergangen, und obwohl kein Zweifel daran bestehen konnte, daß Udet ein Patriot war, der mit seiner Zeit lebte, so wurde doch der Gegensatz zwischen seinem privaten Leben und der allgemeinen Lage in Deutschland immer deutlicher. Es war ein Gegensatz, der letztlich nur bewies, welch ungewöhnliche Persönlichkeit dieser nunmehr 27jährige Mann war. In einem Land, in dem die politischen Strömungen immer mächtiger wurden, hielt er sich von der Politik fern, in einer Zeit, in der immer lauter der Ruf nach einem starken Führer erscholl, war er niemandes Gefolgsmann, sondern sein eigener Herr, und während überall die alten Soldaten in geschlossener Formation, angetan mit Uniform und Orden, marschierten, trug er, der erfolgreichste überlebende deutsche Jagdflieger, lieber saloppes Zivil und umgab sich mit schönen Frauen. Die wirtschaftlichen Verhältnisse waren katastrophal, aber er verdiente genug, um auf eigenen Füßen stehen zu können, und obwohl das besiegte Deutschland unter der Last der Niederlage stöhnte, war er dank seines Könnens ein freier und froher Mann.

VII

IM KOLIBRI ÜBER DER WASSERKUPPE

Trotz der optimistischen Mitteilungen an Jane's Jahrbuch „All the World's Aircraft“ war es das Hauptproblem des Udet-Flugzeugbaus, Flugzeuge nicht nur zu bauen, sondern auch zu verkaufen und zu exportieren. Das war nicht leicht, auch wenn internationale Fachzeitschriften wie „Flight“ am 22. November, „Les Ailes“ am 29. November und „The Aeroplane“ am 12. Dezember 1923 positive Berichte über die U 5 brachten.

In Argentinien hatte Luis Luro zwar am 24. Mai 1924 mit seiner U 4 die Coppa Gobernador Cantilo, die am Flugplatz von Castelar ausgetragen wurde, gewonnen, doch Maschinen hatte er keine verkauft. Professor Junkers erwies sich auf lange Sicht als erfolgreicher. Zwar war seine erste Südamerikaexpedition ein Fehlschlag gewesen, doch am 19. Januar 1924 begab sich in seinem Auftrag Erhard Milch nach Rio de Janeiro, um Verkehrsflugzeuge zu verkaufen und gleichzeitig die Möglichkeit der Gründung von Fluggesellschaften zu prüfen.

Am 14. April 1924 schrieb Hans Herrmann an seinen Freund Weyl: „Lieber Herr Weyl, umseitig erblicken Sie die Übersicht einer im Bau befindlichen Maschine für 3 Personen und Führer. Studienmaschine über Gewichtserleichterung und billige Herstellung. Mit Ihren Ergebnissen wird die Spaltflügelmaschine entworfen. Soll sehr schnell gebaut werden und eventuell schon Juni eingeflogen werden.

Douglas vertröstet uns von Woche zu Woche und von Monat zu Monat. Nach 4 Monaten werden wir wohl noch einen weiteren auf die englischen Motoren warten müssen. Ziemlich unglaublich! Nach

Ostern wird dann endlich der ‚Kolibri' fertig zum Einfliegen. Er ist schon lange komplett bis auf den Motor... Bitte Zeichnung und Angaben bis zum Einfliegen geheim halten..."

Die Maschine, die Herrmann gemeint hatte, war die U 8, eine Weiterentwicklung der U 5. Sie hatte ein stärkeres Triebwerk, einen Siemens Halske Sh 12 Motor von 100 PS. Der Deutsche Aero Lloyd hatte drei Maschinen dieses Typs für seinen Liniendienst Hannover–Hamburg, Hannover–Bremen, München–Garmisch und München–Berchtesgaden bestellt. Auch aus Mexiko kam ein Auftrag für diese Maschine. Von dort war auch eine U 6 bestellt worden, die als Schulmaschine in einer Fliegerschule eingesetzt wurde. Die Schule leitete Enriquo Schöndube, der bei der Gründung der mexikanischen Fliegervereinigung am 30. Januar 1928 deren erster Vizepräsident wurde.

Der Udet-Tiefdecker erwarb sich einen gewissen Ruf als Schulmaschine. Außer von Schöndube in Mexiko wurde er bei der Relakraft GmbH. in Königsberg, bei der Ortloff AG. in Berlin und bei der Arbeitsgemeinschaft der Flieger in Würzburg verwendet; Udet selbst flog ebenfalls eine U 6.

Nach dem Zweiten Deutschen Küstensegelflug-Wettbewerb, der eine Woche gedauert hatte, schrieb der „Ostpreußische Verein für Luftfahrt" den Ostpreußischen Samland-Küstenflug aus, der am 18. Mai 1924 am Königsberger Flugfeld Devau beginnen sollte. Udet und sein Freund Franz Hailer beschlossen, sich mit je einer U 6 zu beteiligen.

Die Reise nach Königsberg trat Udet in Begleitung seiner neuen Gefährtin an: Gräfin Margot von Einsiedel, eine verheiratete Frau mit zwei Kindern. Sie flogen von München über Leipzig, Berlin, Köslin und Danzig nach Königsberg. Die reine Flugzeit für die 1.250 km lange Strecke betrug nur zehn Stunden. Die U 6 verbrauchte 140 Liter Treibstoff zum Preis von 63 Mark und 12 Liter Öl zum Preis von 12 Mark. Die Reisekosten für eine Person betrugen somit 37,50 Mark; die Bahnreise 2. Klasse, die mindestens 25 Stunden dauerte, hätte demgegenüber 102,80 Mark gekostet.

Der Ostpreußische Samland-Küstenflug wurde zu einem großen

Erfolg für den Udet-Flugzeugbau. Udet landete auf dem ersten, Franz Hailer auf dem zweiten Platz. Hailers Passagier war der Architekt Mossner, der das Fliegerdenkmal auf der Wasserkuppe entworfen hatte. Den Adler, der das Denkmal krönte, hatte die Witwe Albert Ballins, des Generaldirektors der Dampfschiffahrtsgesellschaft HAPAG, gestiftet.

An dem Segel- und Motorseglerbewerb, der vor dem Küstenflug stattfand, hätte auch das neueste Modell des Udet-Flugzeugbaus, die U 7, genannt Kolibri, teilnehmen sollen. Aber der Pilot Heppner stand untätig neben seiner Maschine, die noch keinen Motor hatte. Erst am 31. Mai 1924 war sie endlich flugbereit. Der Kolibri war ein extrem leichter einsitziger Hochdecker, den Herrmann im November 1923 entworfen hatte. Nach der Fertigstellung verstrichen aber drei Monate, bis das Triebwerk, ein englischer Douglas-Motorradmotor, eintraf.

Noch am gleichen Tag wurde die Maschine von Udet in Schleißheim eingeflogen, und bereits am darauffolgenden Tag legte sie ihre Bewährungsprobe ab. Die „Wissenschaftliche Vereinigung für Luftfahrt" hatte einen Preis von 2000 Mark für jenes Leichtflugzeug ausgeschrieben, das länger als zwei Stunden aus eigener Kraft in der Luft bleiben konnte. Udet startete in Gegenwart von Hauptmann Berthold als offiziellem Zeugen, und als er 2 Stunden und 2 Minuten später landete, war er Inhaber eines neuen Rekordes und Gewinner des Preises von 2000 Mark.

Anfang Juli 1924 stand das erste Verkehrsflugzeug vom Typ U 8 zur Abnahme bereit. Sein Empfänger, der Deutsche Aero Lloyd, war neben dem Junkers-Luftverkehr die einzige von ursprünglich 38 Fluggesellschaften, die sich auf dem Markt behauptet hatte. Udet wollte die Leistungsfähigkeit der neuen Maschine, die das Kennzeichen D-417 trug, demonstrieren. Mit Scheuermann als Passagier startete er von Schleißheim nach Fürth. Von dort flog er dann in 3 Stunden 12 Minuten nach Berlin, was einer Durchschnittsgeschwindigkeit von 141 km/h entsprach. Udet war zufrieden, und die deutsche Presse würdigte den Flug gebührend.

Die Entwicklung von Verkehrsmaschinen bedeutete nicht, daß

der Udet-Flugzeugbau die Herstellung von Sportflugzeugen vernachlässigte. Der zweisitzige Tiefdecker wurde vielmehr ständig weiterentwickelt, und im Juli 1924 war der letzte Typ dieser Reihe, die U 10, fertiggestellt. Die Typenbezeichnung U 9 war für ein Amphibienflugzeug vorgesehen gewesen, dessen Entwicklung inzwischen aber eingestellt worden war. Die U 10 ähnelte ihrer Vorgängerin, der U 6, hatte aber dank vergrößerter und verbesserter Tragflächen eine größere Nutzlast und eine kürzere Start- und Landestrecke. Auch die Sitze für Pilot und Kopilot waren verbessert worden.

Im Sommer 1924 fand der Rhönwettbewerb, der sich längst zu einem der bedeutendsten Luftsportereignisse Deutschlands entwickelt hatte, zum fünften Male statt. Um die Entwicklung von Leichtflugzeugen und Motorseglern zu fördern, hatte Oskar Ursinus einen eigenen Wettbewerb für diese Maschinen ausgeschrieben. Der Kolibri, der für den gleichartigen Bewerb vor dem Ostpreußischen Samland-Küstenflug zu spät gekommen war, ging diesmal mit Udet am Steuer an den Start. Udets Freund Paul Bäumer hatte für sich sogar eigens eine Maschine entwickelt, die B 1 Roter Vogel.

Fast vierzig Flugzeuge versammelten sich auf der Wasserkuppe. Eine Halle, die sieben Maschinen fassen konnte, und siebzehn große Zelte standen für sie bereit. Außerdem hatte man eine eigene Reparaturwerkstatt, eine Küche, die 500 Personen verpflegen konnte, eine Funkstation, ein kleines Elektrizitätswerk und ein Krankenrevier, in dem drei Ärzte tätig waren, eingerichtet. Da es im Vorjahr Schwierigkeiten mit der Wasserversorgung gegeben hatte, war eine Pumpstation gebaut worden. Die Teilnehmer des Wettbewerbes waren in Wohnbaracken untergebracht, und die Straße, die auf die Wasserkuppe führte, war wesentlich verbessert worden.

Nicht alle Maschinen, die an dem Bewerb teilnahmen, wurden von ihren Erbauern geflogen. Willi Messerschmitt hatte 1923 den „Flugzeugbau Messerschmitt Bamberg“ gegründet. Das junge Unternehmen wurde vor allem aus den Preisgeldern finanziert, die Messerschmitt beim Rhönwettbewerb 1923 eingeheimst hatte. Damals war seine S 14, geflogen von Hackmack, als Siegerin aus dem

Höhenbewerb hervorgegangen. Für den Bewerb des Jahres 1924 meldete Messerschmitt zwei Motorsegler: die S 16a Bubi und die S 16b Betti. Aber er hatte kein Glück und wohl auch noch wenig Erfahrung mit Triebwerken. Bubi büßte bei einer Notlandung die Luftschraube ein, und Betti mußte notlanden, weil ihre Antriebskette riß.

Udet machte am 22. August zwei kurze Flüge mit dem Kolibri, der die Wettbewerbsnummer 57 erhalten hatte. Am darauffolgenden Tag blieb er bereits 1 1/2 Stunden in der Luft. Der Wettbewerb wurde durch schlechtes Wetter beeinträchtigt. Auch am 28. August regnete es; an diesem Tag war die Strecke von der Wasserkuppe nach Bad Kissingen und zurück, insgesamt 70 km, zu fliegen. Mit Ausnahme von Bäumers Rotem Vogel verließen alle Teilnehmer die Wasserkuppe und erreichten Bad Kissingen; Udet traf dort nach einem Flug von 21 Minuten gegen 15 Uhr ein. Nun begannen die Schwierigkeiten. Der Regen hatte das Feld in Bad Kissingen aufgeweicht, und sämtliche Maschinen krochen wie riesige Insekten über den Platz, ohne abheben zu können; ihre Triebwerke waren durchwegs zu schwach. Nur Udet gelang gegen 18 Uhr 45 der Start, und als er nach etwa halbstündigem Flug auf der Wasserkuppe landete, hatte er den Bewerb gewonnen: Dreitausend Mark und eine goldene Schale.

Am darauffolgenden Tag machte Udet wieder von sich reden, als er mit dem Kolibri über der Wasserkuppe 4 Stunden 39 Minuten in der Luft blieb. Unter den Zuschauern, die diesen bemerkenswerten Flug verfolgten, waren Richard Kern, Einflieger und Mechaniker bei Udet-Flugzeugbau, Hans Weidinger, ein Freund Udets aus dem Bayrischen Fliegerclub, Willi Messerschmitt, Ada Otto, die Frau Gustav Ottos, und Thea Rasche, Tochter eines wohlhabenden Brauereibesitzers in Essen und Flugschülerin bei Paul Bäumer. Ein Augenzeuge hat den Flug Udets beschrieben: „Er kreiste und spiralte und kurvte in ganz niedriger Höhe mit einer Selbstverständlichkeit, daß sogar den alten, ausgekochten Kanonen der Mund vor Staunen offenblieb. Zumal als Udet – sicher war es ihm allmählich zu langweilig geworden – während des Fluges das kleine Einsteigetürchen des schmalen Rumpfes öffnete, sich weit herausbeugte und ganz dicht über den Köpfen der staunenden Zuschauer abwechselnd mit der Hand und dann mit dem Fuß an den Fahrgestellrädern drehte. Dabei war das lachende Gesicht des Piloten genau zu beobachten, dem man die jungenhafte Freude an solch spaßigem Tun anmerkte."

Ohne jeden Zweifel hatte Udet den Motorseglerbewerb beherrscht, und als Prinz Heinrich von Preußen, ein Freund und Förderer der Luftfahrt, auf die Wasserkuppe kam, ließ er sich mit dem Sieger vor dem Kolibri photographieren.

Eine Woche nach dem Rhönwettbewerb begannen am 6. September auf dem Flugplatz Rebstock die Frankfurter Fliegertage. Udet wurde eingeladen, den Kolibri im Kunstflug zu zeigen. Er traf zwar erst im letzten Augenblick ein, weil er mit einem Motorschaden in Würzburg liegengeblieben war, aber die Vorführung wurde ein voller Erfolg. Außer seinem knallroten Kolibri tummelten sich ein gelber Albatros und zwei Dietrich-Gobiets in der Luft, und die Zuschauer konnten in zwei schwarz-weiß gestrichenen Junkers F 13 Rundflüge unternehmen. Die Pentagramm-Filmgesellschaft nahm die Vorführungen auf, und wenige Tage später war der Film bereits im Schumannkino zu sehen.

Der Udet-Flugzeugbau versuchte natürlich die Erfolge des Kolibri zu nützen. Er bot den „unbestrittenen Sieger des Rhönwettbewerbes" in Inseraten zum Preis von 7500 Mark an. Aber nur zwei Kolibris wurden schließlich gebaut. Viele Leute in Deutschland glaubten damals, das Flugzeug werde das Automobil als Verkehrsmittel verdrängen, doch das war ein Irrtum. Die Kleinflugzeugwelle setzte nie ein.

Trotzdem konnte sich der Udet-Flugzeugbau über Mangel an Beschäftigung nicht beklagen; bis zum Oktober 1924 waren vier U 10 und drei U 8 erzeugt worden. Die U 8 wurde in Zusammenarbeit mit Dr.-Ing. Gustav Lachmann zum ersten Verkehrsflugzeug mit Vorflügel entwickelt. Lachmann war während des Krieges abgestürzt und hatte im Lazarett über die Verbesserung von Flugeigenschaften nachzudenken begonnen. Das Ergebnis seiner Überlegungen war der Vorflügel, der im Normalflug direkt an die Flügelnase gepreßt war. Wurde der Vorflügel dagegen ausgefahren, entstand zwischen ihm und dem Hauptflügel, also der eigentlichen Tragfläche, ein Schlitz, durch den die Luft strömte. Dadurch wurde die Tragfähigkeit erhöht und eine geringere Geschwindigkeit ohne Absturzgefahr ermöglicht. Lachmann war mit seiner Idee zuerst zu den Albatros-Werken gegangen, betrieb aber nun im Auftrag des englischen Konstrukteurs Frederick Handley Page Versuche im Göttinger Windkanal. Der Udet-Flugzeugbau war die erste deutsche Firma, die das Lizenzrecht für den Handley-Page-Lachmann-Vorflügel erwarb.

Welch bedeutende Position sich das Unternehmen innerhalb von zwei Jahren erworben hatte, beweist das Urteil eines Konkurrenten. Richard Dietrich von der Dietrich Flugzeugwerke AG. in Kassel meinte: „Unsere Konkurrenten, Udet in Ramersdorf und die Stahlwerke Mark AG. in Breslau, haben mit ihren leichten Hoch- und Tiefdeckern offensichtlich einen Vorsprung erzielt. Behindert werden sie allerdings durch den Mangel an verläßlichen und preiswerten Triebwerken von 25 bis 30 PS."

Im Oktober 1924 nahm Udet an der Coppa d'Italia, dem klassischen Flugrennen für zweisitzige Sportmaschinen von weniger als 80 PS, teil. Er flog eine U 10 mit dem Kennzeichen D-460, und sein Begleiter und Mechaniker war Richard Kern, einer aus der alten Garde der Vorkriegsflieger. In den Vorbewerben hatte Udet nicht die geforderte Mindestgeschwindigkeit erbringen können. Seine Spitzengeschwindigkeit war 146 km/h, seine geringste Geschwindigkeit 67,2 km/h gewesen. Im Hauptwettbewerb startete er als erster auf der 50 km langen Dreiecksstrecke Centocelio-Ciampino-Montecelio-Centocelio, die sechsmal zu durchfliegen war. Es gab nur acht Teilnehmer: vier Deutsche, drei Italiener und einen Franzosen. Unter den Zuschauern waren die italienischen Generale Guidoni und Prandoni und die bekannten Flugzeugkonstrukteure Macchi, Caproni und Caudron. Udet benötigte für die 300 km lange Strecke 2 Stunden, 33 Minuten und 30 Sekunden, das war die absolut schnellste Zeit; der zweitbeste Teilnehmer war um 20 Minuten langsamer. Im Gesamtbewerb belegte er aber hinter dem Italiener De Briganti auf einer Macchi 20 und dem Franzosen Becheler auf einer Caudron C 127 nur den dritten Platz.

Anfang November 1924 wandte sich Professor Dr.-Ing. Wilhelm Hoff von der Deutschen Versuchsanstalt für Luftfahrt in Berlin-Adlershof an den Udet-Flugzeugbau. Er hatte einen Vortrag über die deutsche Luftfahrtindustrie zu halten und benötigte dazu Angaben über Produktion und Pläne der Firma in Ramersdorf. In Erfüllung dieses Ersuchens stellte der Udet-Flugzeugbau Professor Hoff einen Überblick über seine bisherige Erzeugung zur Verfügung. Daraus ging hervor, daß die Firma in etwas mehr als zwei Jahren 27 Maschinen gebaut hatte, also durchschnittlich etwas mehr als ein Flugzeug pro Monat. Im einzelnen wurden hergestellt:
Eine U 1 im Mai 1922
Sieben U 2 zwischen Dezember 1922 und April 1924
Zwei U 4 im April und Mai 1923
Eine U 5 im Juli 1923
Sieben U 6 zwischen Juli 1923 und Mai 1924
Zwei U 7 zwischen Mai und Dezember 1924
Drei U 8 zwischen April und Oktober 1924
Vier U 10 zwischen Juli und Oktober 1924.

Bemerkenswert war ferner eine von Herrmann und Scheuermann gefertigte Darstellung der künftigen Pläne des Unternehmens. Darin wurde, obwohl der Bau von Militärflugzeugen verboten war, ganz offen von der Entwicklung eines Jagdflugzeuges gesprochen. Die Darstellung, die Professor Hoff übermittelt wurde, hatte folgenden Wortlaut:

„Darlegung der technischen Richtlinien des Unternehmens.

Wir wollen laufend Großverkehrsflugzeuge, Militärmaschinen und Schulflugzeuge bauen. Die Sportflugzeuge, mit denen wir angefangen haben und groß geworden sind, werden weiterhin gebaut werden. Ein großes Absatzgebiet für sie fehlt. Wir sehen den Vorteil an ihnen in der gleichen Richtung wie die Automobilfabrik im Rennauto.

Im Entwurf sind ein viermotoriges dezentrales Großverkehrsflugzeug für lange Strecken, für 8 Reisende mit Gepäck und 180 km/h, sowie ein Schuldoppeldecker 80 PS Siemens, 45–110 km/h Geschwindigkeitsspanne.

Alle Flugzeuge, mit Ausnahme des Schuldoppeldeckers, haben freitragende Flügel. Im Herbst wollen wir ein Jagdflugzeug als freitragenden Hochdecker mit dem Flügel in Augenhöhe bauen. Umfangreiche Versuche ergaben, daß der zweiholmige, freitragende Flügel, wie wir ihn heute bauen, nicht die genügende Torsionsfestigkeit besitzt. Es besteht noch eine Möglichkeit, durch Verwendung von Holmen mit dreieckigem Querschnitt diese zu erhöhen. Gelingt das in ausreichendem Maße, wollen wir die Maschine mit Sperrholzrumpf und stoffbespanntem Flügel bauen. Geht das nicht, ist der Baugang in Metall geplant. Als Motor ist ein Sechszylinder-BMW in Aussicht genommen. Seine geringe Leistung versuchen wir durch Ausnutzung seiner kleinen Stirnfläche wettzumachen.

Um leicht Neukonstruktionen kurzfristig bauen zu können, arbeiten wir auf Normalisierung der einzelnen Bauelemente hin. Folgendes ist bereits da:

1) Stoffbespannte Ruder mit Lagerung usw. sind so normalisiert, daß die Einzelteile sinngemäß auf jedes Flugzeug übertragen werden können. Eine Gewichtsverminderung erscheint im Augenblick nicht mehr möglich.

2) Freitragende Holztragflügel mit Holmen, Rippen und Innenverspannung. Rippen und Holme sind normalisiert. Die Grenze der Verwendbarkeit der Anordnung ist ermittelt. Das Einheitsgewicht zwischen 5,5 und 6,6 kg/qm läßt sich vielleicht noch auf 5 kg/qm drücken.

3) Sperrholzrümpfe sind in ihren Einzelheiten soweit normalisiert, als die Natur des Objektes es zuläßt.

4) Über die Herstellung von Motoreinbauten als geschlossenes Aggregat oder Block wurde eine gewisse Erfahrung gesammelt, aus der sich allgemeine Richtlinien ergeben.

5) Leichtmetallbau wurde in Angriff genommen. Ein Schwimmerpaar ist gelungen. Alle Sonderwerkzeugmaschinen dafür sind da.

6) Die Holzluftschrauben-Herstellung ist gut eingespielt.

Folgendes wird angestrebt:

1) Bau von Metallluftschrauben,

2) Herstellung von Stromliniendrähten,

3) Verwendung normal innengefederter Räder, die sich bei Flugzeugen gleicher Gewichtsklasse nur durch die Verwendung verschiedener Strebenanschlüsse unterscheiden,

4) Metallbau für große Flugzeuge. Die Herstellung des Rumpfes für das geplante Großflugzeug in Leichtmetall ist vorbereitet und wird durchgeführt.

Neben der Durchentwicklung der Einzelteile geht die Verbesserung des Gesamtentwurfes durch Verfeinerung der aerodynamischen Eigenschaften. Hierzu beginnen gut vorbereitete Flugversuche."

Soweit die Darstellung, die in eindrucksvoller Weise den Aufstieg des Unternehmens belegte, das drei Jahre zuvor in einem Schuppen in Milbertshofen begonnen und seine erste Maschine nächtlicherweile auf einem Pferdewagen durch München transportiert hatte.

Nun war der Udet-Flugzeugbau eine florierende Firma. Die Ausweitung der Produktion zwang zu einer Vergrößerung der Anlagen, und so wurde eine Halle gekauft, in der die Münchener Zooverwaltung einmal Raubtiere untergebracht hatte. Das Unternehmen unterhielt gute Kontakte zu den Fliegerschulen und hatte sich am Süddeutschen Aero Lloyd beteiligt, der seinerseits seine Verkehrsmaschinen vom Udet-Flugzeugbau herstellen lassen wollte.

Ein Ergebnis dieser Zusammenarbeit war der erste Kondor, den der Aero Lloyd bestellt hatte. Es war ein Hochdecker mit vier neunzylindrigen Siemens-Halske-Sh-12s-Motoren von je 100 PS, die Druckpropeller antrieben, die hinter den stromlinienförmig verkleideten Triebwerkszellen angebracht waren. Die beiden Piloten saßen nebeneinander im offenen Führersitz der Maschine, der man unschwer ansah, daß sie nicht nur als Verkehrsflugzeug eingesetzt werden konnte. Vor allem die seltsam geformte Rumpfnase ließ deutlich erkennen, daß sie einen Maschinengewehrschützen aufnehmen konnte. Tatsächlich hoffte der Udet-Flugzeugbau die Reichswehr dafür interessieren zu können, den Kondor als Bomber einzusetzen.

Der große Wurf des Jahres 1924 war aber die U 12, genannt Flamingo, der erste von Herrmann entworfene und vom Udet-Flugzeugbau gebaute Doppeldecker. Die verhältnismäßig bescheidenen Erfolge der Udet-Tiefdecker als Schulflugzeuge waren dem Umstand zugeschrieben worden, daß fast alle deutschen Fluglehrer ehemalige Kriegspiloten waren, die lieber in einem Doppeldecker flogen. Dieser Vorliebe wollte man nun um so eher Rechnung tragen, als am Beginn des Jahres 1924 in Deutschland insgesamt zehn neue Fliegerschulen der „Sportflug GmbH" entstanden waren. Offiziell dienten sie lediglich der Ausbildung von Zivilpiloten, aber viele ehemalige Kriegsflieger frischten dort ihre Kenntnisse auf, weshalb die Schulen auch vom Reichswehrministerium erhebliche Subventionen erhielten. Herrmann begann also im richtigen Augenblick mit der Arbeit am Flamingo, der das klassische deutsche Schulflugzeug der späten zwanziger und frühen dreißiger Jahre werden sollte.

Die gute Beschäftigungslage des Udet-Flugzeugbaus hatte auch ein erhebliches Einkommen für Udet zur Folge. Er konnte es brauchen, denn Gräfin Einsiedel war inzwischen samt Kindern und Kindermädchen in das Hotel „Vier Jahreszeiten" gezogen, in dem auch Udet immer noch wohnte. Ihre Rechnungen bezahlte er, und da sie beträchtlich waren, stand er trotz seines ebenso beträchtlichen Einkommens oft ohne Geld da, was er weiter nicht tragisch nahm und mit den Worten kommentierte: „Das soll uns den Blick nicht trüben ..."

Probleme gab es nun auch beruflicher Art. Ernst Udet, der Flieger, und Heinz Pohl, der Geschäftsmann, hatten verschiedene Ansichten über die weitere Entwicklung des Udet-Flugzeugbaus. Die Chancen viermotoriger Flugzeuge wie des Kondors beurteilte Udet skeptisch. Aber nicht nur die Flugzeuge, die ganze Firma schlechthin war ihm zu groß geworden; sie entsprach nicht mehr seinen Vorstellungen von persönlicher Initiative, Freiheit und Verantwortung. Auch Scheuermann hatte Auseinandersetzungen mit Pohl, und schließlich zogen er und Udet die Konsequenzen und beschlossen, aus dem Unternehmen auszuscheiden.

Udets alter Freund Angermund, genannt „der Dicke", war mit seiner Tätigkeit bei Junkers ebenfalls nicht mehr zufrieden. Also setzten sich die beiden zusammen und entwarfen einen Plan: Schauflüge, mit Udet als Flieger und Angermund als Organisator. Anfängliche Bedenken Angermunds zerstreute Udet mit dem Hinweis auf die großen Erfolge, die er 1919 bei den Schauflügen mit seinem Freund Greim in alten Weltkriegsmaschinen erzielt hatte. Er war überzeugt, daß sein Name und das, was er fliegerisch zu bieten hatte, abermals die Massen anlocken würde.

Es ist bezeichnend für Udet, daß er ohne zu zögern eine gesicherte unternehmerische Existenz aufgab, um wieder nichts als ein Flieger zu sein. Er verließ das Unternehmen, das seinen Namen trug, in dem Augenblick, in dem dort die Maschine entstand, die ihn in den nächsten Jahren durch ganz Deutschland zu großen Erfolgen und weltweiter Popularität tragen sollte: der Flamingo.

VIII

IM FLAMINGO ÜBER DEUTSCHLAND

Bereits im Jahre 1922 hatte die Reichswehr Verbindung mit der Roten Armee aufgenommen. Die Behinderungen durch die westlichen Alliierten zwangen die Heeresführung, alle Möglichkeiten einer geheimen Aufrüstung zu ergreifen. Auf der Suche nach solchen Möglichkeiten bot sich die Sowjetunion aus drei Gründen an: Sie hatte den Vertrag von Versailles nicht unterzeichnet und war daher an seine Bestimmungen nicht gebunden. Sie war ähnlich wie Deutschland ein Außenseiter der Völkerfamilie, der Anlehnung und Unterstützung brauchen konnte. Und schließlich lebte sie so wie das Deutsche Reich in erbitterter Feindschaft mit Polen, das zwischen den beiden Staaten lag.

Das waren die grundlegenden politischen Voraussetzungen für jene geheimen Gespräche und Abmachungen, die schließlich eine Zusammenarbeit in den Bereichen der Luft-, Panzer- und Gaskriegführung erbrachten. Die Vorteile waren wechselseitig: Die Reichswehr konnte unbehindert von alliierten Kontrollen in den Weiten Rußlands neue Geräte, Waffen und Taktiken erproben, und die Rote Armee konnte von den Weltkriegserfahrungen und dem hohen technischen Leistungsstand der Deutschen lernen.

Im Zuge dieser Zusammenarbeit war im Laufe des Jahres 1924 auf einem sowjetischen Flugstützpunkt in Lipezk, rund 400 km südöstlich von Moskau, eine geheime Fliegerschule der Reichswehr entstanden, die der fliegerischen Ausbildung im allgemeinen und der Jagdfliegerschulung im besonderen dienen sollte. Am Beginn des Jahres 1925 war es so weit, daß ein Leiter dieser Schule bestellt werden konnte. Es wäre naheliegend gewesen, diese Funktion dem erfolgreichsten überlebenden Jagdflieger des deutschen Heeres anzuvertrauen. Aber Udet hatte mit der Reichswehrführung kaum Kontakt und entsprach wohl auch nicht den Vorstellungen, die sie von einem Offizier und Kommandeur hatte. Ein Vagabund der Lüfte, der mit Schauflügen sein Geld verdient hatte, ein geschiedener Mann, der mit einer verheirateten Frau zusammen lebte, – das alles stempelte ihn zu einem Außenseiter, den das Offizierskorps schwerlich akzeptieren konnte. Schulkommandeur in Lipezk wurde Werner Junck, Jagdflieger des Weltkrieges, Sieger in fünf Luftkämpfen und nunmehr Fluglehrer bei der Luftreederei in Magdeburg.

Für Udet stand der Jahresbeginn 1925 dennoch im Zeichen einer bedeutenden Veränderung. Sein Ausscheiden aus dem Udet-Flugzeugbau erfolgte in aller Freundschaft. Friedlich und vernünftig wie Jahre zuvor die Trennung von Lo Zink, der Frau, die seinen Namen getragen hatte, erfolgte nunmehr auch die Trennung von der Firma, die seinen Namen trug. Für seinen Anteil an dem Unternehmen erhielt er 40.000 Rentenmark, die auf dem Wege über den Ankauf eines Flamingo zum Großteil wieder in die Firma zurückflossen. Der Name Udet-Flugzeugbau sollte bestehen bleiben, wofür Udet für jede erzeugte Maschine einen bestimmten Betrag erhielt. Schließlich sollte er weiterhin die Flugzeuge des Unternehmens, das nunmehr 60 Mitarbeiter zählte, einfliegen und vorführen.

Die erste dieser Vorführungen fand noch im Januar 1925 in Königsberg statt. Anlaß war die sogenannte Ostmesse, in deren Rahmen auch eine kleine Flugzeugschau veranstaltet wurde. Udet startete zu seiner Vorführung auf einer mit Kufen ausgerüsteten U 10 vom Königsberger Flugplatz, der eine mehr als ein Meter hohe Schneedecke aufwies.

Das erste fliegerische Großereignis des Jahres 1925 war der Zugspitzflug am 31. Januar und 1. Februar, den die „Arbeitsgemeinschaft zur Förderung von Flugsport und Flugtechnik" ausgeschrieben hatte. Am Samstag, dem 31. Januar, hatten die Teilnehmer in Schleißheim zu starten, Deutschlands höchsten Berg, die etwa hundert Kilometer südwestlich liegende Zugspitze, zu umrunden und anschließend auf der Rennbahn von Garmisch Partenkirchen zu landen. Der Sieger wurde nach einem Punktesystem ermittelt, bei dem die Nutzlast durch das Gewicht des verbrauchten Treibstoffes dividiert wurde. Der zweite Tag, Sonntag, der 1. Februar, war Kunstflugvorführungen in Garmisch Partenkirchen vorbehalten.

Das Wetter war bereits Tage vor dem Bewerb schlecht gewesen und hatte sich auch in den Morgenstunden des 31. Januar noch nicht gebessert. Dennoch erklärten alle dreizehn Teilnehmer einstimmig: „Wir fliegen!"

Es war ein Feld, das aus Trägern bekannter Namen und aus einem Sammelsurium von Flugzeugtypen bestand. Nicht weniger als fünf Teilnehmer flogen eine U 10: Richard Kern, Paul Bäumer, Paul Billik, Hochmut und Udet, dessen Maschine das Kennzeichen D-519 trug. Seine Begleiterin war Margot von Einsiedel, die in ihrem Leopardenmantel mit buntem Wollschal und Strickmütze eine in jeder Hinsicht auffallende Erscheinung war. Drei Dietrich-Gobiet DP II a wurden von Kurt Katzenstein, Theo Croneiss und Antonius Raab geflogen. Croneiss war ein Weltkriegsflieger, ehemaliger Führer einer Jagdstaffel in der Türkei, Sieger in fünf Luftkämpfen und früher Gefolgsmann Adolf Hitlers, der seine Laufbahn in der Luftfahrt als Aufsichtsratsvorsitzender der Messerschmitt-Werke beendete. Auch Raab war ein Kriegspilot, der nach 1918 in Breslau die erste zivile Fliegerschule eröffnet und Aufsehen erregt hatte, als er 1923 mit seiner Maschine in Berlin Unter den Linden und in London im Richmond Park gelandet war.

Die einzige LVG wurde von Hermann Fricke und die einzige Mark R III vom Piloten v. d. Marwitz geflogen. Die größte Maschine, eine Junkers F 13, flog Adolf Doldi und die kleinste Botsch. Es war eine Bahnbedarf E 1, mit einem britischen 14,5-PS-Blackburn Motorradmotor. Botsch hatte diese Maschine, die eher ein Motorsegler als ein Sportflugzeug war, selbst gebaut. Nicht viel größer war die M 17, ein Zweisitzer, den der junge Willi Messerschmitt konstruiert hatte und dessen Pilot Oberleutnant a. D. Seywald war.

Bunt wie das Teilnehmerfeld war auch der Ablauf der Konkurrenz. Zuerst wollte man direkt nach Garmisch Partenkirchen fliegen und die Umrundung der Zugspitze wegen des schlechten Wetters unterlassen. Dann klärte es aber auf, ein starker Wind vertrieb die Wolken, und Udet machte einen Erkundungsflug. Die Zuschauer, unter denen sich der bayerische Kriegsminister Gessler und der Reichswehrbefehlshaber in Bayern, General Kress von Kressenstein, befanden, sahen, wie seine Maschine von Turbulenzen, die der Föhn verursachte, hin- und hergeworfen wurde.

Trotzdem beschloß man, zu starten. Den Anfang machten drei Junkers F 13, die Passagiere und Kameramänner direkt nach Garmisch Partenkirchen brachten. Dann ging Botsch mit seinem kleinen Hochdecker auf die Reise, und die anderen Teilnehmer folgten in Abständen von einer Minute; zuletzt, außer Konkurrenz, eine weitere F 13 mit Passagieren. Messerschmitts M 17 wurde beim Start von einem Windstoß erfaßt und machte einen Kopfstand; für Oberleutnant Seywald war das Rennen zu Ende, bevor es begonnen hatte.

Die Flugstrecke führte über den Starnberger See, den Staffelsee, Oberammergau und den Eibsee bis zum 2968 m hoch gelegenen Zugspitzobservatorium, das umrundet werden mußte. Das nächste Opfer der stürmischen Winde wurde Theo Croneiss. Als er in etwa 2800 m Höhe ganz niedrig über dem Schneeferner Kopf flog, wurde sein Doppeldecker von einer Fallbö in den tiefen, weichen Schnee gedrückt. Die Maschine überschlug sich, aber Croneiss blieb unverletzt.

Die übrigen Teilnehmer landeten wohlbehalten in Garmisch-Partenkirchen, wo ihre Maschinen gewogen wurden. Udet war der schnellste Teilnehmer gewesen; um zehn Minuten schneller als die zweitbeste U 10, und abgesehen von Botsch hatte er auch den geringsten Benzinverbrauch gehabt: Nur 7,5 kg verglichen mit den 12, 14, 20 oder gar 23 kg der übrigen U 10. Diese Leistung hatte Udet erzielt, weil er als erfahrener und geschickter Flieger den starken Aufwind genutzt hatte. In dieser Hinsicht war ihm freilich Botsch in seinem kleinen Motorsegler überlegen gewesen. Botsch war ein erfahrener Segelflieger, der 1922 am Rhönwettbewerb teilgenommen und am 25. September 1923 in seiner „Consul" einen Weltrekord im Streckenflug aufgestellt hatte, als er mit Start auf der Wasserkuppe die Entfernung von 18,7 km zurückgelegt hatte.

Nun im Zugspitzflug hatte er den Motor abgestellt und sich vom Aufwind bis auf 3700 m Höhe tragen lassen. Auf diese Weise verbrauchte er nur 2,5 kg Treibstoff und landete auf dem ersten Platz; Udet wurde nur zweiter. Die Flugzeuge wurden in Armeezelten auf dem Rennplatz von Garmisch Partenkirchen untergebracht, und am Abend gab es ein großes Fest für die Teilnehmer. Die Kunstflugvorführungen am Sonntag mußten wegen einer neuerlichen Wetterverschlechterung abgesagt werden. Nur drei Segelflieger starteten zu den angekündigten Vorführungen vom Kochelberg: Wolf Hirth auf seinem Roten Teufel, Fuchs auf dem Alten Dessauer und Papenheimer, der Bruch machte, aber unverletzt blieb, auf Greif.

Insgesamt war der Zugspitzflug für den Udet-Flugzeugbau ein großer Erfolg gewesen. Die fünf U 10 hatten die Plätze zwei, vier, fünf, sechs und acht belegt und viel besser abgeschnitten als ihre unmittelbaren Konkurrenten, die Maschinen vom Typ Dietrich-Gobiet. Und schon näherte sich ein noch viel leistungsfähigeres Modell, der Flamingo, der Fertigstellung. Zuvor aber erprobte Udet im März und April 1925 die erste Leichtmetallkonstruktion des Unternehmens, ein Paar von Herrmann entworfene und von der Hamburgischen Schiffsbauversuchsanstalt getestete Schwimmer, mit denen die U 10 in ein Wasserflugzeug umgewandelt werden konnte. Die Erprobung fand auf dem Starnberger See statt, an dem sich gerade der deutsche Kronprinz aufhielt, der im November 1923 aus dem holländischen Exil zurückgekehrt war. Udet lud den Kronprinzen, der ein begeisterter Sportler war, zu einem Flug mit der U 10 ein, und das war der Beginn einer Freundschaft, die bis zu Udets Tod währte.

Während Ernst Udet am Starnberger See neue Freundschaften anknüpfte, saß Walter Angermund in München in den „Vier Jahreszeiten" und bereitete die Flugtage vor. Die erste Vorführung sollte am Ostermontag, dem 12. April, in Regensburg stattfinden. Alles war minuziös bis ins Detail vorbereitet, nur eines fehlte noch – die Maschine, die Udet fliegen sollte.

Endlich, am Dienstag, dem 7. April, fünf Tage vor dem ersten Flugtag, wurde der Flamingo aus der Montagehalle auf das Schleißheimer Flugfeld gebracht, noch ohne Bemalung und Kennzeichen. Udet kletterte mit seinem Heinecke-Fallschirm in den schlanken, stumpfnasigen Doppeldecker, startete den Siebenzylindermotor und ließ dessen 85 PS auf 1500 Touren laufen. Dann begann er zu rollen, und nach der unglaublich kurzen Strecke von 25 Metern hob das Flugzeug ab und stieg, als könne es gar nicht erwarten, erprobt zu werden, steil in die Höhe. Udet strahlte; er und der Flamingo – das war Liebe auf den ersten Blick. Er ließ die Maschine steigen, flog sie einige Zeit in Normallage und setzte dann zu einem Kunstflugprogramm an: Looping, Rolle, Kerze, Trudeln ... Die Maschine war hervorragend. Nur die Wirkung des Seitensteuers gehörte verbessert, aber das war eine Kleinigkeit, die Herrmann unschwer beheben konnte.

Als Udet landete, wurde er von allen Seiten beglückwünscht, aber noch war der Tag für ihn nicht zu Ende. Auf dem Flugplatz stand auch eine U 8, die vierte Maschine dieses Typs und die erste mit dem Handley-Page-Lachmann-Vorflügel. Auch diese U 8 b, wie sie genannt wurde, wartete auf den Erstflug. Udet setzte sich ans Steuer, und wieder verlief das Einfliegen ohne Zwischenfall. Nur das Landen mit der neuen Landehilfe bereitete einige Schwierigkeiten.

Das weitere Einfliegen des Flamingos, dessen Motor noch der Regulierung bedurfte, übernahm Kern. Udet verließ noch am Abend des gleichen Tages München. Sein Ziel, ein Hotel in Garmisch-Partenkirchen, hatte er weder der Gräfin Einsiedel noch Walter Angermund verraten. Mit Recht: Er wurde dort von einer Dame erwartet. Aber was ein flüchtiges amouröses Abenteuer hätte sein sollen, wurde zu einem Drama mit fast fatalem Ausgang. Die Dame war sehr eifersüchtig, und als sie in Udets Brieftasche ein anderes Damenbildnis entdeckte, rannte sie ihm so blitzschnell, daß jede Abwehrreaktion zu spät kam, eine Nagelfeile in die Brust, knapp unterhalb des Herzens. Udet preßte ein Taschentuch auf die Wunde und lief zum nächsten Arzt, wo er ohnmächtig zusammenbrach. Als er wieder zu sich kam, bat er jedes Aufsehen zu vermeiden und lehnte die Einweisung in ein Spital ab. Der Arzt verband die Wunde und verordnete Bettruhe. Udet begab sich in sein Hotel und ließ Angermund verständigen, daß er zwar derzeit in Garmisch-Partenkirchen unabkömmlich sei, aber rechtzeitig zum Flugtag in Regensburg sein werde. Der Arzt besuchte seinen Patienten regelmäßig im Hotel. Als er am Morgen des Ostermontag kam, erklärte er, daß die Wunde gut heile, Udet in wenigen Tagen zum ersten Male für einige Stunden das Bett verlassen dürfe und nach etwa zwei Wochen in der guten Luft von Garmisch-Partenkirchen endgültig geheilt sein werde.

Kaum hatte der Arzt den Raum verlassen, als Udet seine Sachen packte, die Hotelrechnung beglich, bei der Reception einen angemessenen Betrag für die ärztliche Betreuung deponierte und in seinem Wagen Garmisch-Partenkirchen in Richtung Schleißheim verließ. Dort stieg er in den wartenden Flamingo und flog nach Regensburg, wo er zwei Stunden vor dem Beginn des Flugtages eintraf; bleich, mit schmerzender Wunde, aber nach einem kräftigen Schluck Kognak aus der kleinen Silberflasche, die er stets bei sich trug, bereit, mit der Vorführung zu beginnen. Außer ihm waren Theo Croneiss und Kurt Katzenstein, beide als Sport- und Kunstflieger dem Publikum durchaus bekannt, am Start. Aber es war Udet, der die Veranstaltung dominierte und über den am nächsten Tag der „Regensburger Anzeiger“ schrieb:

„Ernst Udet fliegt! Diese drei Worte elektrisierten am Sonntag die ganze Stadt!

Menschen, die durch vier Jahre Krieg gegangen sind, die durch die Niederung des Zusammenbruchs und der Revolution wie im Traume geschritten, wurden durch den Namen des Einen gerufen, der ein Symbol des alten kämpfenden Deutschlands ist, der mehr als ein halbes Hundert mal im schrecklichsten aller Kämpfe glücklicher Sieger war.

Mensch und Maschine scheinen eins zu sein, ein einziges denkendes Geschöpf. Udet hat seine Maschine meisterhaft in der Hand. Eben noch schwebt er hoch oben in der Luft, da gleitet seine Maschine schon wieder fast am Rasen dahin, so tief ist er im Nu gegangen.

Udets Maschine hat nur einen Willen, den ihres Meisters, der losgelöst scheint von allen Gesetzen der Schwerkraft und wie sie die Physik sonst nennen mag."

Damit waren Akkorde der Begeisterung und der Bewunderung angeschlagen, die nun Udet von Stadt zu Stadt, von Land zu Land und von Flugtag zu Flugtag begleiten sollten. Wo er auch hinkam, die lokale Presse lobte ihn in höchsten Tönen.

Das „Augsburger Volksblatt" vom 20. April: „Udet ist unter den heutigen Fliegern der typische Vertreter des aus der alten Schule übernommenen Schneids, der akrobatischen Waghalsigkeit, aber auch, was nicht zu vergessen ist, des technischen Weiterschürfens; denn er fliegt und produziert sich nicht bloß, sondern er gibt sich auch in seinem Flugzeugwerk der erfinderischen Fortschrittsarbeit hin ...

Das Publikum ist ganz in seinem Bann, in dem es fast atemlos festgehalten wird, als Udet sein Können mit Loopings, Sturzflügen und Abtrudeln in der Vollendung zeigt. Das war Luftakrobatik, die nicht leicht von einem zweiten nachgemacht, geschweige denn erreicht werden kann."

Das „Würzburger Volksblatt" vom 11. Mai: „Udet ist Meister der Lüfte und fühlt sich dort so heimisch wie schließlich ein Motorradfahrer auf der Landstraße ... Wir freuen uns, daß die deutsche Technik rastlos vorwärts schreitet und daß wir solche Bahnbrecher wie Udet im Flugwesen haben. Die deutsche Luftfahrt ist geknebelt, tot kann sie nicht gemacht werden."

Das „Bamberger Tagblatt" vom 27. Juli: „Udet flog. Man sucht verzweifelt nach Superlativen, um nur einigermaßen das Erleben zu schildern, das Udet gestern nachmittag durch seine Flüge über der Breitenau einem bereitete, um nur einigermaßen die Leistungen würdigen zu können, die Udet vollbrachte. Aber es gibt keine Vergleichsmöglichkeiten und es gibt keinen Ausdruck als den einen einzigen: Udet flog."

Die „Ulmer Abendpost" vom 31. August: „In der Luftakrobatik gibt es heute nur einen Udet. Die Franzosen würden ihn vielleicht den ‚roten Teufel' nennen ... Lächelnd steigt Udet aus dem Apparat, während die Menge in tosenden Beifall ausbricht. Das Empfinden, hier einen Führer unseres Volkes vor sich zu haben, bricht sich hemmungslos Bahn."

Die Wiener „Neue Freie Presse" vom 5. September: „Ernst Udet, dessen junger Ruhm bereits um die ganze Welt ‚flog' ... Er scheint wirklich mit seiner Maschine zu einem Ganzen zu verwachsen. Und er bewegt sich in der Luft, als ob dies sein ureigenes, ursprüngliches Element wäre. Tosender Beifall ..."

Die Grazer „Tagespost" vom 26. Oktober: „Udet ist der fliegende Mensch, das Flugwunder."

Aber die Schauflüge brachten Udet nicht nur Ruhm, sondern auch viel Geld. Am Abend des 12. April, des ersten Flugtages in Regensburg, blieb Angermund bis weit nach Mitternacht auf dem Flugplatz zurück, um die Einnahmen zu zählen und die Helfer zu bezahlen. Als er schließlich in das Hotel kam, schleppte er einen Koffer mit Tausenden von Mark in Noten und Münzen mit sich.

Am nächsten Tag, Ostermontag, den 13. April, ging es nach Ingolstadt, wo Udet vor 25.000 Zuschauern flog und am Sonntag, dem 19. April, nach Augsburg, wo sich 20.000 Zuschauer eingefunden hatten. Am 3. Mai war er in Heilbronn, am 10. Mai in Würzburg und am 17. Mai in Frankfurt am Main zu den alljährlichen Fliegertagen.

Für den Schauflug in Würzburg hatte sich Udet einen Auftakt besonderer Art ausgedacht; der „Würzburger Generalanzeiger" berichtete darüber:

„Mit anerkennenswerter Pünktlichkeit stieg unter den Klängen der wacker konzertierenden Kapelle Neupert um 3 Uhr Ernst Udet, der kühne Luftheld, in seinem roten Sportflugzeug, einem zierlichen Doppeldecker, zum Begrüßungsflug auf, bei dem er, an farbigen Bändern befestigt, drei Schreiben herabflattern ließ ... Das erste, von der das Flugmeeting veranstaltenden ‚Arbeitsgemeinschaft zur Förderung von Flugsport und Flugtechnik in Unterfranken e. V.' an den Regierungspräsidenten Dr. v. Henle gerichtet, lautete:

‚Unserem hochverehrten Schirmherrn entbieten wir durch den Sieger der Lüfte Udet ehrerbietigsten Gruß. Mögen unsere Bemühungen zur fliegerischen Ertüchtigung der heranwachsenden Jugend in immer weiteren Kreisen Unterfrankens Verständnis und Unterstützung finden, eingedenk der uns gegebenen Leitworte:

Deutscher Flieger Siegespreis, Vaterlandes Hoffnungsreis.'

Das zweite, ebenfalls von der Arbeitsgemeinschaft, galt dem Stadtrat, z. H. des Oberbürgermeisters Dr. Löffler:

,Dem hochverehrten Stadtrat Würzburg übermittelt durch Meister Udet den Ausdruck aufrichtigster Dankbarkeit für die große, weitblickende Unterstützung der Würzburger Luftfahrtsbestrebungen und ehrerbietigsten Gruß.'

Der dritte Gruß, von Udet selbst der Arbeitsgemeinschaft (z. H. des Leiters derselben, Direktor Nopitsch) gewidmet, lautete:

,Allen Gewalten zum Trotz sich erhalten,
Ist höchstes Gebot für das deutsche Land,
Euch seh' ich im Fluge ein Bauwerk gestalten,
Dess Gedeih' ich weihe schönster Hoffnung grünes Band!'"

Bald waren die Schauflüge für Udet so sehr zur Routine geworden, daß er bei der Münchener Druckerei Josef Deschler Standard-Programme herstellen ließ, für die er Karikaturen gezeichnet hatte und die bei jedem Flugtag verwendet werden konnten.

Auf der Vorderseite prangten ein fliegender Adler und die Aufschrift „Udet Schauflüge", auf der Rückseite standen Hinweise: „Das Publikum wird freundlichst gebeten, das Fluggelände unbedingt frei zu halten und den Weisungen des Ordnungsdienstes Folge zu leisten. – Alle Flüge werden mit einem Udet-Schuldoppeldecker U 12 Flamingo mit 80 PS luftgekühltem Siemens-Sternmotor ausgeführt!"

Auf den beiden Innenseiten war die Programmfolge abgedruckt:

„1. Begrüßungsmarsch

2. Begrüßungsflug des Herrn Udet

3. Luftspiele mit Ballons (ges. gesch.)

a) Abschießen von Luftballons durch Propellertreffer

b) Abschneiden von Ballons aus einer Ballonkette mit Hilfe scharfer Messer an den Tragdeckenenden und Rammen des abgeschnittenen Ballons

c) Einfangen von Ballons in der Luft

4. Preis-Höhenschätzen

Das Publikum schätzt die Höhe des Flugzeuges im Augenblick des Abschusses einer Leuchtpatrone am Boden. Die geschätzte Höhe ist auf dem Abschnitt der Eintrittskarte derart zu vermerken, daß zwei um 50 m unterschiedliche Zahlen (z. B. 100–150 oder 750–800) eingetragen werden. An Hand eines Barogrammes wird die Höhe ermittelt. Die Preisträger werden aus den richtigen Schätzungen ausgelost.

5. Luftakrobatik – Steilkurven, Loopings, Rollings, Abtrudeln, Windschiefer Flug, Sturzflüge, Rückenflüge

6. Loopings um eine zwischen zwei Ballons waagrecht gespannte Wimpelschnur (ges. gesch.) – Segelflüge und Segelakrobatik mit stehendem Propeller und Ziellandung mit abgestelltem Motor

7. Lastenangeln aus der Luft

8. Schlußmarsch

Programm-Änderungen ausdrücklich vorbehalten."

Wenn die Schauflüge für Udet allmählich Routine wurden, dann war das neben seinem fliegerischen Können dem Organisationstalent Angermunds zu danken, der die Flugtage mit Präzision vorbereitete und abwickelte. Als Verwalter der Einnahmen hatte er vorgeschlagen, Udets Anteil auf ein Bankkonto zu überweisen, und die Antwort erhalten: „Ich habe lieber Bargeld. Aber gib es mir in Tausendmarkscheinen, da hält es länger." Das stimmte zwar nicht, denn Udet gab das Geld mit vollen Händen aus, doch er konnte es sich leisten. Obwohl auch Bäumer, Raab, Katzenstein und einige andere Piloten, meist in Dietrich-Gobiet-Maschinen, Schauflüge veranstalteten, lockte er bei weitem die größten Zuschauermengen an. Udet war zu einem Begriff, zu einem Synonym für höchstes fliegerisches Können geworden, er war ein Markenartikel, zu dessen Nutzung er mit Angermund die „Udet-Werbeflug G. m. b. H." gegründet hatte, die als Veranstalterin der Flugtage auftrat.

Die Routine der sonntäglichen Schauflüge wurde unterbrochen, als vom 31. Mai bis 9. Juni 1925 das größte flugsportliche Ereignis Deutschlands seit Kriegsende, der Deutsche Rundflug, stattfand.

Das Verlagshaus Ullstein hatte schon einmal, im Jahre 1911, einen mit 100.000 Mark dotierten „B. Z. Preis der Lüfte" ausgeschrieben. Der Deutsche Rundflug um diesen Preis war damals eine Antwort darauf gewesen, daß man deutsche Konstrukteure, Flugzeuge und Piloten von der Teilnahme an dem von Frankreich organisierten Europarundflug ausgeschlossen hatte, weil die Ressentiments im Gefolge des Krieges von 1870/71 noch immer nachwirkten. Dreizehn Jahre danach und nach einer neuerlichen deutsch-französischen Konfrontation im Weltkriege schrieb das Verlagshaus Ullstein abermals einen großen Luftfahrtpreis aus. Diesmal lag der Stiftung der Gedanke zugrunde, das Interesse der Bevölkerung für die Luftfahrt zu fördern und zu beweisen, daß die deutschen Konstrukteure und Piloten trotz alliierter Beschränkungen und Behinderungen einen hohen Leistungsstand aufzuweisen hatten.

Das Haus Ullstein hatte sich mit dem Anerbieten der Preisstiftung an den Deutschen Luftrat gewandt. Das war eine Institution, die im Frühsommer 1924 auf dem 18. Deutschen Luftfahrertag in Breslau, der im Anschluß an den Samland-Küstenflug stattgefunden hatte, geschaffen worden war. Der Luftrat, dem als Spitzenorganisation der deutschen Sportfliegerei Vertreter aller Fliegerklubs und namhafte Experten angehörten, nahm das Angebot an und reichte es an den Aero Club von Deutschland weiter, worauf die Beratungen über die Teilnahme- und Wettbewerbsbedingungen begannen. Ullstein hatte einen Preis in der Höhe von 110.000 Mark gestiftet, von verschiedenen anderen Seiten waren Beträge in der Höhe von 300.000 Mark gekommen, so daß schließlich folgende Preise vergeben werden konnten:

Der B.-Z.-Preis der Lüfte im Deutschen Rundflug 1925
Der Boelcke-Preis für starkmotorige Maschinen
Der Richthofen-Preis für Flugzeuge mit deutschem Triebwerk
Der Otto-Lilienthal-Preis für einen im Anschluß an den Deutschen Rundflug stattfindenden technischen Wettbewerb.

Einer der Organisatoren der Veranstaltung war Walter Kleffel, ein guter Freund Udets, der einige Jahre zuvor als Luftfahrtredakteur in den Ullstein-Konzern eingetreten war.

Der Rundflug sollte insgesamt zehn Tage dauern. Jeden zweiten Tag mußte ein Rundkurs von 1000 km geflogen werden, der jeweils in Berlin Tempelhof begann und endete. Die dazwischenliegenden Tage waren als Ruhetag bzw. als Aufholtag für Nachzügler, die den Rundkurs nicht am ersten Tag geschafft hatten, gedacht. Der Bewerb wurde in drei Klassen abgehalten:

Klasse A: Flugzeuge mit weniger als 40 PS Motorenstärke

Klasse B: Flugzeuge mit Motorenstärken zwischen 40 und 60 PS

Klasse C: Flugzeuge mit Motorenstärken zwischen 80 und 120 PS.

In der Klasse C wurde der Boelcke-Preis vergeben.

Die Flugzeuge aller drei Klassen flogen den gleichen Rundkurs, mußten jedoch, je nach Klasse, auf verschiedenen Flugplätzen zwischenlanden. Zahlreiche Städte boten ihre Flugplätze für diese Zwischenlandungen an, und manche unterstützten ihre Bewerbung durch die Aussetzung eigener Preise.

Sobald der Wettbewerb ausgeschrieben war, langten nicht weniger als 91 Anmeldungen ein. Als der Rundflug dann tatsächlich begann, waren allerdings nur 56 Maschinen am Start. Der Udet-Flugzeugbau nannte acht Flugzeuge: zwei U 7 mit Schulz und Czermak in Klasse A, zwei U 10 mit Billik und Kern und eine U 12 mit Lorinser in Klasse B sowie eine U 8 mit Polte und zwei U 12 mit Leutert und Udet in Klasse C. Bäumer meldete zwei Maschinen; eine davon, der Sausewind, war von den Brüdern Günter, die später bei Heinkel berühmte Konstrukteure wurden, eigens für den Rundflug konstruiert worden. Focke Wulf nannte fünf, Dietrich sieben, Albatros neun und Heinkel zehn Maschinen. Junkers meldete sechs Flugzeuge an, darunter die T 29, die ebenfalls eigens für den Bewerb entworfen worden war.

Die Liste der Teilnehmer las sich wie ein „Who is who“ der deutschen Fliegerei. Da waren zunächst die alten Adler: Winterstätter, der schon am Deutschen Rundflug 1911 teilgenommen hatte, Offermann, Ungewitter, Carganico, von Freyberg, von Thuna, Kern. Die Generation der jungen Sportflieger war u. a. durch Raab, Rienau, Rieseler, Deckert, Rohr und v. d. Marwitz vertreten. Es flogen erfahrene Verkehrspiloten wie Polte, Zimmermann und Dörr und bekannte Segelflieger wie Botsch, Hackmack, Martens, Fuchs, Schulz, Thomas und Stamer. Nicht zuletzt gingen die Kriegsflieger an den Start: von Bülow, Zander, Siebel, Student, Junck, Ritter, Lorenz, Krupp, von Koeppen und fünf Träger des Pour le mérite: Bäumer, Blume, Jacobs, Loerzer und Udet.

Die Diskrepanz zwischen 91 ursprünglichen Meldungen und 56 Startern hatte mehrere Ursachen: Flugzeuge waren nicht rechtzeitig fertiggestellt und Motoren nicht rechtzeitig geliefert worden; einige Maschinen machten beim Einfliegen Bruch, und einige Piloten vermochten das Geld für die Teilnahme an dem Bewerb nicht aufzubringen. Besonders tragisch war das Schicksal von Eugen Heck, dessen BAG-Eindecker auf der Anreise von Darmstadt zur Teilnahme am Rundflug Feuer fing. Heck konnte bei Jüterbog notlanden und wurde mit verbrannten Händen aus dem Flugzeug gezogen. Er überlebte zwar, konnte aber nie wieder fliegen.

Als der Deutsche Rundflug schließlich am Pfingstmontag, dem 31. Mai 1925, um 16 Uhr gestartet wurde, hatte sich fast eine halbe Million Menschen rund um das Tempelhofer Flugfeld eingefunden. Dieser Menge bot sich ein imponierender Anblick: Auf dem Platz standen die Maschinen der 56 Teilnehmer, die großen Verkehrsflugzeuge des Aero Lloyd und des Junkers Luftverkehr und viele Sportmaschinen mit Werbeaufschriften für Mauxion Schokolade, Trumpf und sogar eine Miederfirma.

Drei Kanonenschüsse gaben den Start frei. Als erster hob Nopitsch in einem Kolibri ab, gefolgt von den übrigen Maschinen der Klasse A, darunter der Kolibri mit Ferdinand Schulz am Steuer. Schulz, ein ostpreußischer Lehrer und ehemaliger Kriegsflieger, hatte am 11. Mai 1923 in seinem Besenstiel-Gleiter über den Sanddünen von Rossitten einen Segelflugweltrekord aufgestellt, als er 8 Stunden 42 Minuten in der Luft blieb. Im darauffolgenden Jahr hatte er seinen eigenen Rekord auf 14 Stunden 7 Minuten verbessert.

Es folgten die Maschinen der Klasse B, darunter eine U 10, Kennzeichen D-640, mit Billik, einem Piloten des Deutschen Aero Lloyd, und eine weitere U 10, D-660, geflogen von Hochmut.

Als letzte gingen die Maschinen der Klasse C an den Start; unter ihnen eine U 8, Kennzeichen D-670, geflogen von Polte, und zwei U 12, Flamingos: D-661 mit Richard Kern und D-681 mit Ernst Udet.

Umringt von Kameraleuten, schüttelte der deutsche Kronprinz seinem Freund die Hand, dann setzte sich Udet, der einen Tweedanzug trug, in die Maschine, startete und flog in einer scharfen Kurve, ohne auf Höhe zu gehen, nach Westen. „Sein Start war der tollste von allen", schrieb eine Zeitung am nächsten Tage.

Toll wie Udet begonnen hatte, ging es für alle Teilnehmer weiter. Hinter Berlin verschlechterte sich das Wetter drastisch. Ein Kolibri mußte bereits beim Bahnhof Großlichterfelde Süd notlanden, konnte von dort abermals starten, um bei einer neuerlichen Notlandung in Potsdam mit beschädigtem Fahrgestell liegenzubleiben. Eine Stahlwerk Mark mußte wegen Treibstoffmangels bei Bremen niedergehen, eine andere Maschine des gleichen Typs überschlug sich bei der Notlandung auf einer nassen Wiese, und Bäumer mußte mit seinem Sausewind wegen eines Bruches der Treibstoffleitung vorzeitig landen.

Udet erging es nicht besser. Er hatte kaum ein Zehntel des Rundkurses zurückgelegt, als sein Motor über Hüde bei Osnabrück aussetzte. Bei der Notlandung auf der Fladderwiese stellte sich die Maschine auf den Kopf, wobei der Motor schwer beschädigt wurde. Udet telephonierte nach Berlin um Ersatz, der am Morgen des nächsten Tages eintraf. Der neue Motor wurde rasch eingebaut, und Udet konnte am Nachzüglertag den Rundkurs, der über Münster, Kassel und Magdeburg führte, beenden. Er war noch im Rennen, aber jede Hoffnung auf den Sieg war eigentlich schon dahin. Den großen Erfolg für den Udet-Flugzeugbau hatte am ersten Tag Billik erzielt, der mit der U 10 in der Klasse B mit 9 Stunden 14 Minuten den 970 km langen Rundkurs als schnellster zurückgelegt hatte.

Am 2. Juni, dem zweiten Flugtag des Bewerbes, an dem strahlendes Wetter herrschte, waren nur mehr 43 Bewerber am Start. Diesmal führte der Kurs über Hannover, Paderborn, Darmstadt, Erfurt und Chemnitz nach Berlin. Zwischenlandungen waren in Frankfurt am Main, Weimar und Dresden vorgesehen. Wieder gab es Ausfälle, darunter Dr. Lachmann, den Konstrukteur des Vorflügels für die U 8 b, der am Rundflug in einer Dietrich DP VII a teilnahm. Er mußte bei Paderborn notlanden, wobei sich die Maschine überschlug. Aber weder Lachmann noch sein Passagier, Major Leonhardy, wurden verletzt.

Udet gelang es, den Rundkurs des zweiten Tages in einem Zuge zu vollenden, aber die Siege trugen andere davon. Schnellster in der Klasse C wurde Polte auf seiner U 8, und es hatte den Anschein, als würde der Rundflug in dieser Klasse zu einem Duell zwischen ihm und Kurt Ungewitter, einem ehemaligen Jagdflieger mit sechs Abschüssen, der einen Albatros Hochdecker L 69 mit dem Kennzeichen D-679 flog. Ungewitter hatte am ersten Tag Bestzeit erzielt.

Die eigentliche Sensation des Tages brachte aber Bruno Loerzer, der letzte Kommandeur des Jagdgeschwaders 3, der Schnellster in der Klasse A wurde. Er flog eine Daimler L 21, ein zweimotoriges Leichtflugzeug mit dem Kennzeichen D-623. Konstrukteur der Maschine, die zwei winzige luftgekühlte Daimlermotoren F 7 502 von je 19 PS hatte, war der junge Regierungsbaumeister Hans Klemm. Loerzer hatte für den 1130 km langen Rundkurs mit zwei vorgeschriebenen Zwischenlandungen 16 Stunden 26 Minuten gebraucht; als er in Berlin Tempelhof landete, war es bereits Nacht.

Am Morgen des 4. Juni, des dritten Tages des Rundfluges, standen nur mehr 37 Teilnehmer am Start. Ein weiterer startete im Laufe des Tages, zwei späte Nachzügler am darauffolgenden Tag. Udet kam bis zum ersten Kontrollpunkt Dessau, als der Motor des Flamingos auszusetzen begann. Er machte eine Notlandung in Halle, konnte aber wieder starten und flog über Erfurt bis zur vorgesehenen Zwischenlandung in Würzburg und dann weiter über Karlsruhe und Stuttgart bis Bamberg, wo er sich zur Übernachtung entschloß. Alle Teilnehmer waren den ganzen Tag über durch Nebel behindert gewesen. Viele konnten den Rundkurs nicht vor Einbruch der Dunkelheit beenden, nur vierzehn kehrten noch am gleichen Tag nach Berlin zurück.

Polte auf der U 8 war wieder der schnellste gewesen, sein Konkurrent Ungewitter hatte bei einer Notlandung in der Nähe von Kronach Verletzungen davongetragen und war aus dem Rennen.

Auch Paul Bäumer war mit dem Sausewind in Bamberg gelandet und hatte mit seinem Freund Udet das letzte verfügbare Doppelzimmer in einem Hotel belegt. Udet saß vor dem Schlafengehen in der Hotelhalle und zeichnete Karikaturen auf der Rückseite von Bierdeckeln, als die Tür aufging und Dietrich mit seinem Passagier, dem bekannten Weltkriegsschlachtflieger Hauptmann a. D. Zorer, eintrat. Die beiden Neuankömmlinge waren sehr enttäuscht, als sie erfuhren, daß kein Zimmer frei war, aber Udet erklärte ihnen: „Na, dann legen wir eben die Decken quer.“ So geschah es; Udet, Bäumer, Dietrich und Zorer schliefen zu viert im Doppelbett, und am Morgen des nächsten Tages starteten alle nach Berlin.

Am vorletzten Flugtag, Samstag, dem 6. Juni, waren 35 Teilnehmer am Start; vier weitere, die Berlin auch am Nachzüglertag nicht erreicht hatten, starteten von Flugplätzen des dritten Rundkurses. Diesmal führte die Strecke über Fürth, Augsburg, München, Hof und Leipzig nach Berlin zurück. Udet vollendete den Rundkurs, aber Nopitsch, der einen Kolibri flog, mußte am Nachmittag notlanden, beschädigte die Maschine schwer und trug eine Kopfverletzung davon.

Am Sonntag, dem 7. Juni, fand auf dem Tempelhofer Feld ein großes Schaufliegen statt. Es begann um 15 Uhr mit dem Aufstieg von sieben Freiballons zu einem Rennen, dessen Sieger jener Ballonführer wurde, der innerhalb drei Stunden die größte Entfernung zurücklegte. Den Höhepunkt der anschließenden Vorführungen bildeten die Kunstflüge Udets, der zum ersten Mal über der Reichshauptstadt sein Können zeigte.

Zum letzten Rundkurs starteten am 8. Juni 37 Teilnehmer. Diesmal führte die Strecke über Liegnitz, Breslau, Frankfurt an der Oder, Stettin und Stralsund nach Berlin. Udet durchflog sie in einem Tag, und damit war der Rundflug für ihn zu Ende. Er hatte viele alte Freunde wiedergesehen und einige neue, darunter den jungen Konstrukteur Hans Klemm, kennengelernt. Die Kunstflüge über dem Tempelhofer Feld waren für ihn ein großer Erfolg gewesen, aber bei der Preisverteilung des Rundfluges ging Udet völlig leer aus; er hatte zu viele Strafpunkte, um gewertet zu werden.

32 Maschinen hatten den Gesamtkurs von 5242 km zurückgelegt. Sieger der Klasse A wurde Loerzer in seiner von Klemm entworfenen Daimler-Maschine. Die beiden Kolibris waren ausgeschieden.

In der Klasse B erzielte der Udet-Flugzeugbau einen großen Erfolg. Der hölzerne Specht, den Hochmut als Talisman auf seiner Maschine montiert hatte, war tatsächlich ein Glücksbringer gewesen. Vor Bäumer auf Sausewind belegte Hochmut den ersten Platz.

Sieger der Klasse C, in der auch Udet geflogen war, wurde sein Bamberger Bettgenosse Dietrich auf einer Caspar CT 1, Kennzeichen D-662. Kern belegte mit seinem Flamingo den sechsten Platz. Willy Polte, der am 15. April den ersten Passagierflug München–Mailand mit einer Dornier Comet gemacht hatte, landete nur auf dem neunten Platz, obwohl er mit seiner U 8 die beste Gesamtflugzeit für die fünf Rundkurse aufzuweisen hatte.

Alle Maschinen, die beim Rundflug eine bestimmte Strecke zurückgelegt hatten, konnten vom 15. Juni bis 23. Juli am Otto-Lilienthal-Wettbewerb teilnehmen, der in Berlin Adlershof stattfand. Er bestand aus verschiedenen Prüfungen zur Bestimmung von Höchst- und Mindestgeschwindigkeit, größter Steiggeschwindigkeit, Maximalhöhe, kürzester Start- und Landestrecke, Treibstoffverbrauch und Nutzlast. Zwölf Flugzeuge nahmen daran teil, und der Udet-Flugzeugbau errang beachtliche Erfolge. Udet gewann mit dem Flamingo D-681 den ersten Preis in der Treibstoffverbrauchs- und Nutzlastprüfung, und Polte mit der D-670 wurde Sieger in der Geschwindigkeits- und Höhenprüfung.

In der Klasse B wurde Kern, der nun die U 10, D-640, flog, Sieger in den Mindestgeschwindigkeits- und Treibstoffverbrauchsprüfungen, und Hochmut, ebenfalls in einer U 10, D-660, belegte die ersten Plätze in den Prüfungen zur Ermittlung der kürzesten Landestrecke und der größten Nutzlast.

Alles in allem hatten die Piloten der Maschinen des Udet-Flugzeugbaus eine Reihe von Geldpreisen, Ehrenplaketten, silbernen

Medaillen, Pokalen und Kristallkaraffen eingeheimst, und die Firma beeilte sich in der Fachpresse zu inserieren: „Im Deutschen Rundflug 1925: Udet-Tiefdecker Sieger der Klasse B; Udet-Limousine beste Zeit aller Klassen; Udet-‚Flamingo' strafpunktfrei über die Gesamtstrecke."

Eine Erinnerung an den Deutschen Rundflug 1925, die viele Teilnehmer im buchstäblichen Sinne mit sich trugen, waren die Karikaturen, die Udet gezeichnet und freigebig verteilt hatte: Loerzer im Flugzeug mit Rollschuhen an den Füßen statt einem Fahrgestell, ein Teilnehmer der Klasse A, der sich über einen Fabrikschornstein hinwegquälte, und manches andere. Udet seinerseits hatte auf dem Rundflug viele Anekdoten gesammelt, darunter die Geschichte von dem Kellner, der einer zum Start rollenden Maschine nachgelaufen war und geschrien hatte: „Fliegen Sie gefälligst nicht davon. Ich kriege noch 50 Pfennige für den Kaffee!"

Ansonsten begannen nun wieder die Schauflüge: Am 19. Juli in Leipzig, gleich darauf in Naumburg, am 27. Juli in Bamberg und danach in Würzburg, wo die Vorführungen tragisch endeten. Nopitsch, der einen roten Kolibri flog, stürzte beim Versuch, einen Postsack vom Boden aus der Luft aufzuheben, tödlich ab.

Nach längerer Pause gab Udet am 3. September einen Flugtag in Bamberg und flog von dort nach Wien. Diesmal nicht wie vor sechs Jahren in einer umgebauten Kriegsmaschine mit unfreiwilliger Zwischenlandung in Blindenmarkt, sondern im Flamingo, D-733. Und statt einer Kommission von Kontrolloffizieren, die seine Maschine beschlagnahmte, erwartete ihn eine begeisterte Menge. Am Wochenende des 5. und 6. September flog er auf Einladung des Österreichischen Aero Clubs auf dem Wiener Flughafen Aspern vor mehr als 50.000 Zuschauern. Neben seinen Kunstflügen begeisterte die Wiener am meisten der Fallschirmspringer Duschner, der die Vorführungen Udets mit seiner Einlage bereicherte. Er sprang aus dem Flamingo ab und zündete sich, während er am Fallschirm zur Erde glitt, eine Zigarette an.

Das zweite bedeutende Flugsportereignis des Jahres 1925 nach dem Deutschen Rundflug war der Internationale Flugwettbewerb

München vom 12. bis 14. September aus Anlaß der Flugausstellung innerhalb der großen Verkehrsausstellung. Voran ging eine Tagung der Wissenschaftlichen Gesellschaft für Luftfahrt, auf der u. a. Hans Herrmann, Dr. Lachmann und Claudius Dornier Fachvorträge hielten.

Zum Flugwettbewerb waren 61 Piloten erschienen, darunter fast die gesamte Prominenz, die sich schon beim Deutschen Rundflug versammelt hatte. Der Udet-Flugzeugbau war u. a. mit einem neuen Werkspiloten vertreten: Alexander von Bismarck. Er war ein Großneffe des Eisernen Kanzlers, flog seit dem Jahre 1913, war im Kriege Einflieger bei Fokker und Halberstadt gewesen und hatte in den Nachkriegsjahren mit finanzieller Unterstützung seiner Mutter, einer gebürtigen Amerikanerin, in Schweden Schauflüge veranstaltet.

Insgesamt waren elf Maschinen des Udet-Flugzeugbaus am Start: eine U 6 mit Hochmut, zwei U 7 mit Dittmar und von Linden, eine U 8 mit Polte, drei U 10 mit Huber, Hochmut und Kern, eine U 10 mit von Bismarck, eine U 12 mit Udet und zwei U 12 mit den Doppelbesatzungen Hackmack und von l'Estocq sowie Seidemann und Müller.

Udet hoffte den Kunstflugbewerb zu gewinnen, dessen Preisrichter die drei Pour-le-mérite-Träger Bruno Loerzer, Robert Ritter von Greim und Karl Bolle, der letzte Führer der Jagdstaffel 2, waren. Aber die Enttäuschung war groß: Udet wurde nur dritter, die beiden ersten Plätze belegten Antonius Raab und Kurt Katzenstein, die Dietrich Gobiet DP IIa flogen, sehr wendige Maschinen, die ein wenig an die gefürchtete Fokker D VII erinnerten.

Am Wochenende nach der Münchener Veranstaltung fand der Sachsenrundflug statt, an dem sich folgende Maschinen des Udet-Flugzeugbaus beteiligten: Kern und von Linden mit je einer U 7, Polte mit einer U 8, Loerzer mit einer U 10 und Bismarck, Udet und ebenfalls Kern mit je einer U 12. Kern und von Bismarck gewannen je 1540 Mark an Preisgeldern, und Udet wurde in seiner Gruppe zweiter und gewann 5690 Mark.

Nach dem Sachsenrundflug begannen wieder die Flugtage: Chemnitz am 27. September, Böblingen und dann ging es noch einmal nach Österreich, wo Udet am 4. Oktober in der Tiroler Landeshauptstadt aus Anlaß der Innsbrucker Messe flog. Dort hatte Udet Pech: Er schloß das Programm mit mehreren Loopings in Bodennähe, doch als er zum sechsten Überschlag in ununterbrochener Reihenfolge ansetzte, wurde die Maschine von einer Fallbö aus wenigen Metern Höhe auf die Erde gedrückt. Der Flamingo überschlug sich, doch Udet kletterte mit aufgeschlagener Nase und Oberlippe aus der Maschine, besah sich den Schaden, eine abgebrochene Propellerspitze, eine eingedrückte Motorverkleidung, ein verbogenes Fahrgestell sowie eine beschädigte untere Tragfläche, und erklärte ungerührt: „Das kommt in den besten Familien vor."

Die Maschine wurde zur Reparatur nach München gebracht, und schon am Samstag, dem 24. Oktober, startete Udet in Begleitung von Bernhard Johnen, einem ehemaligen Kriegsflieger, der nun sein Mechaniker war, neuerlich nach Österreich. Diesmal war die steirische Landeshauptstadt Graz das Ziel. Es wurde ein schwieriger Flug bei Nebel, niedriger Wolkendecke und starkem Gegenwind. Bei Bad Reichenhall mußte Udet bereits wetterbedingt notlanden. Er startete wieder, flog in niedrigster Höhe weiter und wäre bei Aussee fast in eine Felswand gerast. Abermals entschloß er sich zur Notlandung auf einer Wiese, wobei sich die Maschine auf den Kopf stellte und der Propeller beschädigt wurde. Glücklicherweise führte Udet einen Ersatzpropeller mit, den er mit Johnen an Ort und Stelle montierte. Der Flug wurde dann entlang des Ennstales, über den Schoberpaß und dem Flußlauf der Mur folgend fortgesetzt, und um 14 Uhr landete Udet auf dem Grazer Flugplatz Thalerhof. Der Flugtag am Sonntag, veranstaltet vom Österreichischen Aero Club und vom Verein für Luftfahrt in der Steiermark und organisiert von der Fliegerschaft Wieland-Stauffen sowie der Akademischen Fliegergruppe Graz, brachte den üblichen Erfolg. Wie überall hatte Udet auch in Graz rasch neue Freunde gewonnen. Einer von ihnen, Dr. Herbert Wiesler, erinnerte sich nach Jahren an den Grazer Flugtag mit den Worten:

„Nie zuvor waren so viele Menschen auf dem Thalerhof gewesen. Udet hatte einen geradezu atemberaubenden Erfolg. Am Sonntag abend wurde ausgiebig gefeiert, und als wir ihn am Montag morgen abholten, hatte sich eine große Menschenmenge vor dem Hotel eingefunden. Udet erschien im gelben Pyjama am Fenster seines Zimmers im zweiten Stock, und als er die Leute sah, setzte er sich auf das Fensterbrett und begrüßte die Menge mit fröhlichem Wackeln seines Hintern. Die wenigen Stunden, die er in Graz verbrachte, waren voll Frohsinn. Sein Charme und sein Witz, seine Ausgelassenheit, die auf unerschütterlichem Selbstvertrauen beruhte, und vor allem seine tiefe Menschlichkeit blieben unvergeßlich. Ich bin Udet kurz vor Ausbruch des Zweiten Weltkrieges noch einmal im Reichsluftfahrtministerium begegnet. In diesem Haus, in dem es von Uniformen wimmelte, trug er als einziger Zivil und kam mir im blauen Anzug entgegen."

Am Montag, dem 9. November 1925, flog Udet mit Johnen noch einmal nach Süden, diesmal nach Rom, um wie im Vorjahr an der Coppa d'Italia teilzunehmen. Damals war er eine U 10 geflogen, diesmal war seine Maschine ein fabrikneuer Flamingo mit dem Kennzeichen D-563. Im Gepäck führte Udet sein jüngstes Hobby mit sich, eine singende Säge, auf der er neuerdings zu spielen pflegte. Wieder wurde es ein äußerst schwieriger Flug. Erste Zwischenlandung in Innsbruck, wo der Propeller, der Schwierigkeiten machte, gegen den mitgeführten Reservepropeller ausgetauscht wurde. Dann Versuch, den Brennerpaß zu überqueren. Umkehr nach Innsbruck wegen Schlechtwetters. Auch am Dienstag, dem 10. November, kein Flugwetter. Am Mittwoch, 11. November, endlich Start in Innsbruck. An diesem Tage hätte die Coppa eigentlich schon beginnen sollen, aber auch in Rom herrschte Schlechtwetter, und der Italienische Aero Club teilte auf telegraphische Anfrage mit, daß es genüge, wenn Udet bis zum 13. November eintreffe. Nach hundert Flugminuten in Regen und Schnee Landung in Verona. Neuerliche Enttäuschung: Das Zollbüro war bereits geschlossen. Weiterflug am Donnerstag, 12. November. In niedrigster Höhe bis Bologna, Zwischenlandung und Start zur Überquerung des Apennins. Rückkehr wegen Schlechtwetters. Als Udet am Freitag, dem 13. November, neuerlich den Versuch machte, Bologna zu verlassen, wollte ihn der Leiter des Flugplatzes mit Hinweis auf die Wetterlage zurückhalten. Udets Antwort: „Gestern habe ich es auf der Westroute über Pisa versucht, heute versuche ich es auf der Ostroute über Ancona." Daraufhin erhielt er Starterlaubnis, flog in niedriger Höhe bis Ancona, stieg dort auf 2500 m und flog über den Wolken nach dem Kompaß in Richtung Rom. Als er glaubte, sein Ziel erreicht zu haben, durchstieß er die Wolkendecke und landete wohlbehalten auf dem Flugplatz von Montecelio. Gratulationen zu dem abenteuerlichen Flug wies er mit den Worten zurück: „Das verdanke ich alles dem Siemens-Motor, der keine Sekunde ausgesetzt hat."

An der Coppa d'Italia nahmen zwölf Bewerber teil. Udet war der einzige Deutsche neben sechs Italienern, zwei Belgiern, zwei Tschechen und einem Franzosen. Der Flamingo war im Hauptrennen zwar das schnellste Flugzeug, doch auf Grund des Handikaps belegte Udet nur den fünften Platz.

Die italienische Reise, die so abenteuerlich begonnen hatte, endete fröhlich. Udet saß mit seinem Freund Walter Kleffel vom Ullstein-Haus und einigen italienischen Fliegern auf dem Flugplatz von Centocelio, vor sich ein Glas Wein, und unterhielt die Runde mit seinem neuesten Trick: Wie ein Fakir konnte er sich eine Nadel durch beide Lippen stecken. Plötzlich traute Udet seinen Augen nicht, als er seinen Flamingo mit dem Kennzeichen D-563 über dem Platz kreisen sah. Erst dachte alles an Diebstahl, doch dann fand der Flug eine harmlose Aufklärung: In Johnen, der seit Kriegsende keinen Steuerknüppel angerührt hatte, war unter dem Einfluß des italienischen Weines der alte Fliegergeist erwacht, und so hatte er einen Ausflug mit dem Flamingo unternommen.

Welches Ansehen Udet in internationalen Fliegerkreisen genoß, kann man dem Bericht entnehmen, den Walter Kleffel nach dem Bewerb in der Zeitschrift „Der Luftweg" veröffentlichte:

„Die Durchführung des Wettbewerbs litt erheblich unter dem schlechten Wetter und zog sich sehr in die Länge. Man konnte die Vorprüfungen nur als Nachprüfungen vornehmen, und zwar nach dem Dreiecksflug, der an einem Sonntage, an dem allein herrliches Wetter war, stattfand. Mit dieser Änderung der Bestimmungen erklärten sich alle Teilnehmer bereit, wie man sich auch vorher schon geeinigt hatte, Ernst Udet auf jeden Fall zum Wettbewerb zuzulassen, sollte er nicht rechtzeitig im Montecelio eingetroffen sein. Aber Udet kam nach einem phantastischen Fluge im Sturmwetter, bei dem er mit seinem Flamingo zum zweiten Male die Zentralalpen und zum ersten Male in einem Sportflugzeuge auch den Apennin überquert hatte, doch noch zur rechten Zeit an. Alle anwesenden Italiener und Ausländer waren über diesen großartigen Flug des Deutschen ehrlich begeistert, und die italienischen Fliegeroffiziere schlossen mit ihm neue Freundschaft oder erneuerten die alte aus dem Vorjahre. Auch unser Trio, das sich aus der Gräfin Einsiedel, Scheuermann und dem Schreiber dieser Zeilen zusammensetzte, durfte mit der Aufnahme von seiten des italienischen Aeroclubs und von seiten der italienischen Fliegeroffiziere zufrieden sein."

Überraschungen gab es auch auf dem Heimflug nach Deutschland. Wegen eines geringfügigen Defektes am Motor mußte Udet noch auf italienischem Boden notlanden. Was schlimmer war – er hatte kein Geld mehr. Also nahm er die singende Säge, ging in das nächste Albergo und erspielte sich ein Honorar, das den Rest des Heimfluges finanzierte.

Wenige Tage nach seiner Rückkehr trug Udet zum ersten Male nach langer Zeit wieder die alte Uniform. Der Leichnam Manfred von Richthofens, seines ersten Geschwaderkommandeurs, war vom Heldenfriedhof in Fricourt nach Deutschland überführt worden. Als die sterblichen Überreste des besten deutschen Jagdfliegers am 20. November auf dem Berliner Invalidenfriedhof beigesetzt wurden, war Udet einer der acht Pour-le-mérite-Träger, die den Sarg begleiteten.

Das Jahr 1925 neigte sich seinem Ende zu. Es war ein Jahr, das nicht nur das größte flugsportliche Ereignis der Nachkriegszeit, den Deutschen Rundflug, sondern auch wichtige, in ihrer Tragweite zunächst noch gar nicht zu erkennende Entscheidungen über die Zukunft der deutschen Luftfahrt gebracht hatte. Im Reichsverkehrsministerium hatte Ernst Brandenburg, der energische Leiter der Abteilung Luftverkehr, schwerkriegsbeschädigter Bombenflieger und

Träger des Pour le mérite, auf die Fusionierung der beiden großen noch vorhandenen Luftfahrtgesellschaften, des Deutschen Aero Lloyd und des Junkers Luftverkehr, gedrängt. Das Führungsgremium des künftigen Unternehmens, das praktisch eine Monopolstellung einnahm, stand bereits fest: Vom Aero Lloyd kamen Rittmeister a. D. Martin Wronsky und Otto Merkel und vom Junkers Luftverkehr der 33jährige Erhard Milch, der bald zur führenden Persönlichkeit des neuen Unternehmens, der Deutschen Lufthansa, die am 6. Januar 1926 formell gegründet wurde, aufstieg.

Eine andere bedeutende Tat Brandenburgs war die am 1. April 1925 erfolgte Gründung der Deutschen Verkehrsfliegerschule gewesen. Die DVS war zunächst in Berlin-Staaken beheimatet, eröffnete aber bald Zweigstellen in ganz Deutschland. Brandenburg war bei der Gründung von der Überlegung ausgegangen, daß die zahlreichen kleinen und kleinsten Fliegerschulen nicht mehr in der Lage waren, den ständig steigenden Bedarf des Luftverkehrs an Piloten zu decken. Die Zeit, in der eine genügende Anzahl ehemaliger Kriegsflieger zur Verfügung gestanden war, ging ihrem Ende zu; eine neue Generation von Fliegern mußte herangebildet werden. Vor allem aber war Brandenburg im Einvernehmen mit der Reichswehrführung der Ansicht, daß eine vom Staat gelenkte und geförderte Fliegerschule hervorragend geeignet war, Flugzeugführer für eine künftige Fliegertruppe auszubilden.

Was Brandenburg plante, war gut für den Udet-Flugzeugbau, der mit 180 Beschäftigten bereits die drittgrößte deutsche Flugzeugfirma war. Der U 11 Kondor, das erste viermotorige Verkehrsflugzeug des Unternehmens, war flugbereit, und der Flamingo erschien als Schulmaschine für die DVS geradezu prädestiniert. Und was gut für den Udet-Flugzeugbau war, war auch gut für Udet, der ja am Erlös jeder Maschine des Unternehmens beteiligt war. Allerdings war er auf diese Einkünfte nicht angewiesen. Allein als Flieger hatte er im Jahre 1925 rund 140.000 Mark verdient. Die 17 Flugtage hatten 80.000 Mark gebracht, die Preise bei den Wettbewerben 38.000 Mark und 21.000 Mark verschiedene Werbeflüge. Und alle diese Flüge hatten nicht nur Geld, sondern auch eine unermeßliche Popularität gebracht. Es gab niemanden in Deutschland, der Udet nicht kannte.

Als am Ende des Jahres 1925 die deutschen Versicherungsgesellschaften den Abschluß von Polizzen für Kunstflieger einstellen wollten und in der Öffentlichkeit Stimmen laut wurden, den Kunstflug wegen der damit verbundenen Gefahren überhaupt zu verbieten, forderte der Deutsche Luftrat die prominentesten Vertreter der deutschen Fliegerei zu einer Stellungnahme auf. Udet kam dieser Aufforderung mit der Abgabe einer Erklärung nach, die bewies, wie sehr das Fliegen für ihn eine Art von Weltanschauung war. Er, der sich für Politik nicht interessierte, fand auf einmal politische Ausdrücke, als es darum ging, seine Auffassungen von der Fliegerei zu definieren:

„Ich verkenne nicht, daß alle Assekurateure das Fliegen durch möglichst viele und umfangreiche Sicherheitsmaßnahmen geschützt wissen wollen, damit möglichst wenig Brüche entstehen und damit diese Versicherungsgeber – rein geschäftlich gesprochen – möglichst wenig Schäden finanziell abdecken müssen. Ich selber stehe auf dem Standpunkt, daß in dem Maße, wie der Pilot seine Maschine beherrscht, sein Interesse daran abnimmt, gegen Bruchschäden versichert zu sein, und sehe schon von jeher eine bessere Lösung der Versicherungsfrage in der sogenannten Selbstversicherung (d. h. Geldrücklage des Flugzeughalters nur für Bruchschäden). Ich vermag nicht einzusehen, warum die Ausübung des Kunstfluges so unendlich viel mehr eingeengt sein soll als die Ausübung eines anderen Sportes, z. B. Pferde- oder Motorrennsport. Das Wohl der deutschen Fliegerei hängt davon ab, inwieweit wir die große Masse in den Bann des Fliegens ziehen können, und wenn sich ein Kunstflug späterhin nur in ungeahnten Höhen abwickeln darf, dann wird der Kontakt mit der Masse verloren sein, weil zahme Starts und Landungen von Flugzeugen keinen einzigen Zuschauer auf unsere Flugplätze hinausziehen werden. Man könnte mir vielleicht vorwerfen, daß ich einer der wenigen sei, die auf die Anwesenheit eines großen Publikums Wert legen, und ein solcher Vorwurf würde mich nur ehren. Es hat doch bisher jede Flugveranstaltung Wert darauf gelegt, große Zuschauermengen aufzuweisen; diese Anteilnahme muß aber durch erstklassige fliegerische Leistungen belohnt werden.

Dem Vorschlag einer Versicherungsgesellschaft, die Mindesthöhe für Kunstflüge heraufzusetzen und den Begriff des Geschicklichkeitsfluges dem des Kunstfluges gleichzusetzen, kann ich nicht zustimmen, denn je mehr ver- oder geboten wird, desto mehr wird gefehlt, und ich wüßte keinen besseren Vorschlag, als gewisse erstklassige Piloten mit einem Freibrief für beliebiges Kunstfliegen über regulären Flugplätzen auszustatten. Andere Piloten, die auch dieser, sagen wir Gilde der Meister, angehören wollen, sollen in diese durch die Meister selbst hineingewählt werden, wenn letztere sich mit eigenen Augen überzeugen konnten, daß dem Anwärter höchstes fliegerisches Können zu eigen ist. Wir haben einen Klassen-Staat, ich glaube, wir müssen auch zu einer Klassen-Fliegerei kommen . . ."

IX

EIN REICHER MANN OHNE GELD

Für Udet begann das Jahr 1926 in seinen geliebten Bergen; diesmal in der Schweiz. Er hatte seinen Flamingo mit Schneekufen ausgerüstet und landete als erster Flieger auf dem neuen „Flugplatz" von St. Moritz, einem zugefrorenen See. Für den fashionablen Wintersportort war sein Flug von großer Bedeutung; zu den zahlreichen Annehmlichkeiten, die St. Moritz zu bieten hatte, gehörten nun auch Rundflüge und im weiteren Verlauf regelmäßige Flugverbindungen. Udet blieb zwar bei der ersten Landung in einer kleinen Schneewächte hängen, doch überschlug sich die Maschine glücklicherweise nicht. Bald führte er den Wintersportgästen Kunstflüge vor, wobei es ihm besonderen Spaß machte, so nahe an den großen Hotels vorbeizufliegen, daß die Zuschauer entsetzt von den Balkons flüchteten.

Nach dem unbeschwerten Auftakt in St. Moritz begann wieder die Routine der Schauflüge. Udet hatte endlich seinen eigenen Flamingo mit der Werknummer 269 und dem Kennzeichen D-822 bekommen. Der Rumpf war knallrot und die Tragflächen silberfarben gestrichen.

Die Saison begann für Udet zu Ostern; am Ostersonntag sollte er in Halle und am Ostermontag in Berlin starten. Der Auftakt stand aber unter keinem guten Stern. Auf dem Flugplatz von Halle rammte eine landende Maschine den Flamingo und beschädigte ihn schwer. Mit einer Ersatzmaschine flog Udet daraufhin mit seinem Mechaniker Richard Kern nach Leipzig, wo ein anderer Flamingo mit dem Kennzeichen D-829 stand, den der Zirkus Krone für Reklameflüge gekauft hatte. Aber auch diese Maschine war wegen eines Zylinderschadens nicht startbereit. Telephonisch wurde in Berlin ein Ersatzzylinder angefordert, der am Vormittag des Ostermontags mit einer Maschine der Deutschen Verkehrsfliegerschule in Leipzig eintraf und von Kern so schnell montiert wurde, daß Udet um 15.30 Uhr, gerade zu Beginn der Vorführungen, in Staaken landen konnte.

Auf Berlin folgte am Sonntag, dem 18. April, Jena, bald darauf München und am Himmelfahrtstag, dem 13. Mai, Holten, dessen Flugfeld Sterkrade neben Johannisthal bei Berlin, Hangelar bei Bonn und Burg bei Magdeburg zu den ältesten Flugplätzen Deutschlands gehörte. Der Erfolg war überall groß. Nach dem Flugtag in Jena schrieb ein Lokalblatt: „Wenn sonst das Sprichwort sagt: ‚Name ist Schall und Rauch‘, so war es bei dem gestern von dem Jenaer Verein für Luftfahrt veranstalteten Großflugtag gerade umgekehrt, denn in dem Namen Udet verkörperte sich der großartige Erfolg der Veranstaltung. Schon am Sonnabend war es eine müßige Frage an Bekannte: ‚Wohin geht ihr morgen?‘ Die Antwort lautete ohne Ausnahme: ‚Natürlich zum Fliegen.‘“

In München waren 30.000 zahlende und ungefähr 50.000 nichtzahlende Zuschauer gekommen. Nichts charakterisiert den Massenandrang zu diesem Flugtag in der bayrischen Hauptstadt besser als die Tatsache, daß den Veranstaltern das Bier ausging. Der Höhepunkt des Flugtages in Holten war ein „Luftkampf“ zwischen den Pour-le-mérite-Trägern Udet und Bäumer, die beide einen Flamingo flogen. Eine neue Attraktion der Veranstaltungen waren weibliche Fallschirmspringer: in München Nelly Tussmann, die drei Jahre später bei ihrem 71. Sprung bei Chur in der Schweiz tödlich verunglückte, und in Holten Thea Müller.

Bäumer hatte nach Holten seine ehemalige Schülerin Thea Rasche mitgenommen, die nun in einem Flamingo trainierte, um Deutschlands erste Kunstfliegerin zu werden. Beim abendlichen Bankett im Kaisersaal hatten die Organisatoren für jeden Teilnehmer eine Eßkarte vorgesehen, für die er ein Abendessen, eine Flasche Wein und Rauchwaren erhielt. Udet kam mit Thea Rasche in den Saal, sammelte sämtliche Eßkarten ein, drückte sie dem Oberkellner in die Hand und sagte: „Dafür bringen Sie uns zehn Flaschen Sekt." Worauf der Rest des Abends einigermaßen unorganisiert verlief.

Von Holten flog Udet über Krefeld nach Budapest. Die ungarische Regierung hatte am Beginn des Jahres 1926 zugleich mit fünf englischen Bristol 83 PTM auch fünf Flamingos bestellt. Die Maschinen waren für die ungarische Zentralfliegerschule bestimmt, in der Piloten für die staatliche Luftfahrtgesellschaft MALERT, aber auch für eine künftige ungarische Luftwaffe ausgebildet wurden. Da beim ungarischen Schulflugzeug Oravecz, das nach den gleichen Sicherheitsnormen gebaut worden war wie der Flamingo, Flügelbrüche vorgekommen waren, verlangte Karoly Vassel, Chef der Luftfahrtabteilung im ungarischen Handelsministerium, eine Verstärkung der Tragflächen der U 12. Udet widersetzte sich diesem Verlangen, und Ungarn bestellte später sieben und dann noch einmal zwölf weitere Flamingos.

Von Budapest flog Udet nach Wien, wo er am Sonntag, dem 23. August, über dem Flugfeld von Aspern vor 30.000 Zuschauern ein Kunstflugprogramm absolvierte. Er erhielt zwar die „Goldene Sportmedaille des Österreichischen Aeroclubs", aber die Wiener Behörden waren weniger freundlich zu ihm: Weil er trotz Warnung der Luftpolizei mit einem weiblichen Passagier an Bord einen Looping gedreht hatte, erhielt er Flugverbot über Wien.

Während seines Aufenthaltes in Österreich lernte er den Telfser Textilfabrikanten Franz Pischl kennen, der das Hotel Vent in der gleichnamigen Ortschaft, etwa 60 km südwestlich von Innsbruck, nahe der italienischen Grenze gekauft hatte. Die Straße zu dem in 1900 m Höhe gelegenen Hotel war so schmal und schlecht, daß sie für den Autoverkehr gesperrt und das Hotel nur nach einem Fußmarsch von zwei bis drei Stunden erreichbar war. Pischl hatte deshalb einen Flamingo gekauft, einen Piloten namens Haker angestellt und neben dem Hotel einen kleinen Start- und Landeplatz angelegt. Aber der Pilot wollte eine Landung auf einem so kleinen Platz inmitten der Berge nicht riskieren, und so erklärte sich Udet auf Verlangen Pischls bereit, den Beweis zu erbringen, daß Vent aus der Luft erreichbar sei. Bevor das Vorhaben jedoch verwirklicht werden konnte, erlitt Pischls Flamingo bei einer Notlandung einen Totalschaden.

Der Sommer des Jahres 1926 stand im Zeichen einiger Ereignisse von grundsätzlicher Bedeutung für die künftige Entwicklung der deutschen Luftfahrt. Am 16. Juni trat das am 22. Mai in Paris unterzeichnete Abkommen in Kraft, das die seinerzeitigen Begriffsbestimmungen aufhob. Damit unterlag der Flugzeugbau in Deutschland praktisch keinen Beschränkungen mehr.

Annähernd zur gleichen Zeit sahen sich das Reichsverkehrsministerium und das Reichswehrministerium gezwungen, ihre Subventionen an die Fliegerschulen der Sportflug GmbH. einzustellen, was die Liquidierung des Unternehmens bedeutete. Personal und Material wurden zum Teil von der Deutschen Verkehrsfliegerschule übernommen, zum Teil ging es an die Akademischen Fliegergemeinschaften und an das Nachfolgeunternehmen der Sportflug GmbH., die Luftfahrt GmbH., die am 1. April 1927 gegründet wurde.

Unter den Fluglehrern der Sportflug, die zur Deutschen Verkehrsfliegerschule gingen, war auch der spätere Kunstflugmeister Willi Stör. Er war 1916 Jagdflieger geworden und hatte drei Flugzeuge und zwei Fesselballons abgeschossen. Nach dem Kriege hatte er bei einem Freikorps im Baltikum gekämpft und war schließlich über die Reichswehr zur Sportfliegerei gekommen.

Die finanziell bedingte Einstellung der Subventionen bedeutete kein Nachlassen des Interesses für die Luftfahrt. Im Gegenteil: 72 Reichswehroffiziere konnten nun auf eigene Kosten Flugschüler werden, und überdies vereinbarte Oberstleutnant Wilberg vom Reichswehrministerium mit dem Reichsverkehrsministerium, daß in Zukunft Offiziersanwärter vor ihrer militärischen Ausbildung auf Staatskosten fliegen lernen konnten. Diese Anfänger wurden „Neumärker" genannt, im Gegensatz zu den „Altmärkern", den Offizieren, die bereits während des Krieges oder in der ersten Nachkriegszeit geflogen waren.

Auch die Kriegsmarine nahm Anteil an der Entwicklung der Luftfahrt. Für ihre Zwecke wurde bei List auf der Insel Sylt eine Außenstelle der Deutschen Verkehrsfliegerschule eröffnet. Nach dem Fallen der Begriffsbestimmungen war auch die Zeit für die Entwicklung eines modernen Seeflugzeuges gekommen. In diesem Sinne schrieb die Fliegergruppe in der Marineleitung einen Seeflugwettbewerb aus, der vom 11. bis 26. Juli 1926 bei Warnemünde stattfand. Offiziell galt die Ausschreibung einer Postmaschine, aber in Wirklichkeit ging es darum, das beste Seeaufklärungsflugzeug zu ermitteln. Es waren Preise in der Höhe von 360.000 Mark ausgesetzt, doch noch verlockender war die Aussicht auf einen Großauftrag der Marine. Dementsprechend wurden 17 Maschinen angemeldet, von denen freilich nur zehn tatsächlich am Start erschienen. Namhafte Firmen wie Dornier, Heinkel, Junkers, Rohrbach und der Udet-Flugzeugbau beteiligten sich; den Sieg trug schließlich eine Heinkel He 15a, Kennzeichen D-937, mit einem englischen Napier-Lion-Motor von 450 PS davon. Ihr Pilot war Oberleutnant zur See a. D. von Gronau, der in der Leitung der Deutschen Verkehrsfliegerschule die Marineagenden betreute.

Für den Udet-Flugzeugbau hatte Hans Herrmann den doppelsitzigen Doppeldecker U 13 entwickelt. Die mit einem BMW-VI-Motor von 600 PS ausgerüstete Maschine wurde nur in einem Exemplar gebaut. Es war, was damals noch niemand ahnen konnte, das letzte Flugzeug, das der Udet-Flugzeugbau entwickelte. Der Rumpf war aus Stahlrohr, die Tragflächen waren in Holzbauweise hergestellt und hatten Vorflügel. Das Flugzeug wurde „Bayern" genannt, erschien aber nicht am Start in Warnemünde, weil es Schwierigkeiten mit der Luftschraube gab. Das war ein schwerer Schlag für das Unternehmen, denn die Entwicklung der U 13 hatte viel Geld gekostet.

Auch das argentinische Abenteuer mußte nunmehr endgültig als ergebnislos betrachtet werden. Die Brüder Luro hatten ihre U 4 an Carlos Ardohain, einen ebenfalls wohlhabenden Sportflieger, verkauft, der mit der Maschine am 27. Februar 1926 tödlich abstürzte. Etwas besser war es um die U 8 bestellt, die von der Nordbayrischen Verkehrsflug GmbH. von Fürth aus für einen Kreispendelverkehr eingesetzt wurde. Zwei Maschinen, die dem Reichsverkehrsministerium gehörten und bei der Deutschen Verkehrsfliegerschule im Einsatz standen, waren vorgesehen. Die erste mit dem Kennzeichen D-670 wurde am 17. Juli, die zweite, Kennzeichen D-839, am 25. Juli von Staaken nach Fürth gebracht.

Als am 26. Juli der Kreispendelverkehr eröffnet werden sollte, starteten die beiden U 8 zusammen mit einer Messerschmitt M 18 nach Coburg. Die D-839 wurde aber bei der Landung schwer beschädigt und mußte abgeschrieben werden; ihr Triebwerk wurde als Ersatzmotor für die M 18 verwendet. Die andere U 8 blieb vom Flughafen Weimar aus im Einsatz.

Ein großer Nachteil für den Udet-Flugzeugbau war, daß es in der Nähe der Produktionsanlagen keinen Flugplatz gab; alle Erprobungen mußten am Oberwiesenfeld oder in Schleißheim durchgeführt werden. Man suchte daher die Fabrik in die Nähe eines Flugfeldes zu verlagern; in Frage kamen Augsburg, Köln, Leipzig und das Oberwiesenfeld. Da sich die Stadt München aber an einem Verbleib der Firma nicht besonders interessiert zeigte, wurde die Variante Oberwiesenfeld fallengelassen. Großes Interesse zeigte dagegen die Stadt Köln unter ihrem Oberbürgermeister Dr. Konrad Adenauer, die, wie die „Kölnische Volkszeitung“ vom 29. März 1926 meldete, dem Udet-Flugzeugbau als Übersiedlungshilfe einen Kredit mit niedrigem Zinsfuß offerierte.

Die Entscheidung fiel schließlich zugunsten von Augsburg. Die Stadt kaufte die Anlagen der ehemaligen Rumplerwerke samt Flugplatz vom nunmehrigen Besitzer, dem „Eisenwerk Gebrüder Frisch“. Die Werkstätten sollten an den Udet-Flugzeugbau weiterverkauft werden, während der Flugplatz im Besitz der Stadt blieb, aber für 99 Jahre an die Firma verpachtet wurde.

Bevor jedoch die Verträge unterzeichnet wurden, brach der Udet-Flugzeugbau zusammen. Die Entwicklung so spezialisierter Typen wie der U 11 und der U 13 hatte die finanziellen Möglichkeiten der Firma überschritten. Allein beim Bankhaus Merck, Finck & Co. bestand eine Schuld von 800.000 Mark, die nicht zurückgezahlt werden konnte. Die bayrische Regierung und das Reichsverkehrsministerium, die den Udet-Flugzeugbau subventioniert hatten, hielten daraufhin mit dem Bankhaus Beratungen ab, als deren Ergebnis der Udet-Flugzeugbau am 24. August 1926 liquidiert wurde. Bereits vorher, am 30. Juli, war stattdessen eine neue Firma, die Bayerischen Flugzeugwerke AG., BFW genannt, gegründet worden. Sie hatte nichts mit den alten Bayerischen Flugzeugwerken zu tun, die 1916 von den Albatros-Werken in München gegründet, bald darauf aber wieder liquidiert worden waren. Der Udet-Flugzeugbau brachte in das neue Unternehmen vor allem den Flamingo ein, der nun in Augsburg erzeugt wurde. Auch die Erprobung der U 13 ging weiter, bis die Maschine im Herbst 1926 bei einem Unfall zerstört wurde.

Für Udet bedeutete die Liquidierung des Unternehmens, das seinen Namen trug, daß er in Hinkunft keine Einkünfte aus den Erlösen der verkauften Maschinen erhielt. Er war nun einzig und allein auf das Fliegen angewiesen, und dementsprechend flog er nun auch mehr denn je. Am 20. Juni in Krefeld, am 29. Juni in Würzburg, am 3. Juli in Karlsruhe, am 1. August in Mannheim, am 8. August in Chemnitz, am 15. August in Villingen, am 29. August in Fürth, am 8. September in Berlin, am 9. September in Traunstein, am 20. September neuerlich in Karlsruhe, am 29. September in Stuttgart und am 10. Oktober in Hof.

Obwohl die Flugtage für Udet längst Routine waren, boten sie doch immer etwas Neues. In Krefeld war außer Udet auch der Pilot Untucht am Start, der später einer der bekanntesten Flugkapitäne der Lufthansa wurde. Ein Ehepaar führte Fallschirmabsprünge vor: Oberleutnant a. D. Triebner, der mit 223 Sprüngen als der Inhaber eines Weltrekordes galt und seine junge Frau, die bereits 25 mal gesprungen war. Noch eine Neuerung gab es, einen Stafettenbewerb, an dem je ein Flugzeug, ein Reiter, ein Radfahrer, ein Motorradfahrer und ein Läufer teilnahmen. Bester Flieger dieser „Gedenkstafette Werner Voss – Emil Schäfer“ zu Ehren zweier gefallener Jagdflieger und Träger des Pour le mérite war der spätere Kunstflugmeister und Flugzeugkonstrukteur Gerhard Fieseler. Er hatte im Kriege 19 Luftsiege erzielt und war dann in das Druckereigewerbe gegangen.

Nachdem er aber Udet und Bäumer bei Flugtagen gesehen hatte, wollte er wieder fliegen und wurde Teilhaber der Firma Raab-Katzenstein, mit deren Schwalbe er in Krefeld startete.

In Karlsruhe und in Mannheim wurde der traditionelle Fallschirmabsprung von einer Dame, und zwar von Lola Vorescu aus München, vorgeführt.

Die Korrespondenz, die Udet zur Vorbereitung des Schaufliegens in Villingen führte, ist erhalten geblieben; sie gewährt einen interessanten Einblick in die organisatorischen Details einer solchen Veranstaltung.

Am 20. Juli 1926 schrieb Udet nach Villingen:

„Mein sehr verehrter Herr Bürgermeister,

ich erlaube mir, den Empfang Ihres Briefes vom 16. 7. zu bestätigen, und stimme mit Ihren Bedingungen überein.

Den Beginn der Veranstaltung bitte ich nicht vor 3 Uhr 30 nachm. zu legen.

Leider ist es eine technische Unmöglichkeit für mich, erst am Sonntag nach Villingen zu fliegen, da ich von Chemnitz komme und ca. 450 km zurückzulegen habe. Außerdem benötige ich für die notwendigen Vorbereitungen mindestens einen Vormittag. (Füllen der Ballons, Fertigmachen des Flugzeugs etc.) Ich würde deswegen Samstag nachmittags landen und Sie höflichst um Unterbringungsmöglichkeit des Flugzeugs bitten. (Eventuell Zeltplane.) Des weiteren bin ich gerne bereit, am Montag vormittag für Ihre Schulkinder ein Sonderfliegen zu veranstalten, wie ich es schon öfters gemacht habe. Im Interesse der guten Sache geschieht dieses belehrende und erziehende Schaufliegen für die Jugend meinerseits ohne jegliche Kosten. Ich werde Ihnen umgehend von München 500 Plakate zugehen lassen. Für die Organisation, Absperrung, Kassenverteilung etc. stände Ihnen gegen Reisevergütung mein Herr Direktor Walter Angermund, der bei ungezählten Schaufliegen den kaufmännischen und organisatorischen Teil bearbeitete zur Verfügung.

Ich erwarte Ihre diesbezügliche Nachricht an mein Münchener Büro und begrüße Sie mit vorzüglichster Hochachtung als Ihr sehr ergebener Ernst Udet."

Am 5. August ging der nächste Brief nach Villingen:

„Sehr verehrter Herr Oberbürgermeister!

Im Besitze Ihres freundlichen Schreibens vom 3. 8. betreffend Schaufliegen in Villingen teile ich Ihnen höflichst mit, daß ich am Sonntag, 15. 8. vormittags über Villingen und verschiedenen von dort nicht zu weit entfernten Orten einen Propaganda-Rundflug durchzuführen bereit bin. Mit dem Abwurf von Flugzetteln möchte ich mich nicht befassen, weil ich eigene Papierflugzeuge zum Abwurf besitze und weil Abwurfzettel wegen des Abtreibens durch den Wind von keiner großen Wirkung sind. Vielleicht könnte man ein Flugzeug eigens für diesen Zweck hernehmen. Diesen nicht allzulange ausgedehnten Propagandaflug führe ich kostenlos aus.

Was den Fallschirmabsprung von Fräulein Vorescu anbetrifft, so habe ich von derselben soeben telegrafische Absage erhalten, weil sie bereits längst vor unseren Abmachungen anderweitige Verpflichtungen eingegangen war, die es ihr beim besten Willen unmöglich machen, nach Villingen zu kommen. Ich werde selbstverständlich einen anderen Fallschirmspringer verpflichten, und da eine Dame nicht mehr aufzutreiben ist, gedenke ich den ausgezeichneten Fallschirmspringer Herrn Boehlen aus Leipzig zu engagieren. Ich darf wohl annehmen, daß Ew. Hochwohlgeboren mir die Wahl überlassen.

Was den Inhalt Ihres Briefes vom 27. 7. anbetrifft, so möchte ich hierdurch mitteilen, daß ich in Chemnitz unter der Chemnitzer Flughafen-Gesellschaft erreichbar bin. Sollte sich bis zum 13. 8. meine Adresse ändern, so würde ich dieses noch telegraphisch mitteilen.

Mit dem festen Glauben an gutes Wetter und einen sehr erfolgreichen Verlauf des Flugtages grüße ich Ew. Hochwohlgeboren als Ihr sehr ergebener Ernst Udet."

Am 7. August ging dann die letzte Mitteilung nach Villingen:

„Sehr verehrter Herr Oberbürgermeister!

Ich besitze Ihr Schreiben vom 4. 8. und teile darauf höflichst mit, daß mein ganzes Ballongerät mit der Bahn von Chemnitz im Laufe der nächsten Woche in Villingen eintreffen wird. Zur Füllung der

Ballons benötige ich lediglich Wasserstoff und ich möchte höflichst bitten, von dortseits 12 Flaschen Wasserstoffgas (jede Flasche hat ca. 6 cbm) beschaffen zu wollen. Das Gas soll auf dem Flugplatz bereitliegen, damit die Füllung der Ballons am Sonntag 15. 8. vormittag vorgenommen werden kann. Weitere Utensilien benötige ich nicht. Mit vorzüglicher Hochachtung Ernst Udet."

Fast hätte schließlich der Flugtag in Villingen nicht stattfinden können, denn Udet war plötzlich erkrankt. Die Ärzte pumpten ihm den Magen aus, und im letzten Augenblick ging er an den Start. Auch eine Fallschirmspringerin war aufgetrieben worden; sie hieß Martha Dröbeljahr und produzierte sich sowohl in Villingen als auch bei dem Flugtag in Fürth. Dort fanden übrigens auch die Versuche statt, die Professor Hocke aus Wiesbaden mit einem Udet Kolibri unternahm. Hocke glaubte, ein Sicherheitssystem für schwierige Fluglagen dadurch gefunden zu haben, daß sich die Tragflächenenden parallel zum Rumpf hochklappen ließen. Versuche mit einem derart umgebauten Kolibri unternahm der Würzburger Pilot Huber.

Der Flugtag auf dem Tempelhofer Feld am 8. September war die größte derartige Veranstaltung, die Deutschland je gesehen hatte. Rund 200.000 Zuschauer hatten sich eingefunden. Reichspräsident Hindenburg war durch Krankheit verhindert, aber Udets alter Freund, der deutsche Kronprinz, war gekommen.

Am Beginn des Flugtages stiegen 3500 Brieftauben auf, gefolgt von den Freiballons „Zeppelin" und „Hentzen" und einer Staffel der Deutschen Verkehrsfliegerschule. Dann führte der englische Testpilot Frank T. Courtney den „Autogiro" des Spaniers Juan de la Cierva vor. Es folgten nicht weniger als sechs Kunstflieger: Udet, Bäumer, Posse, Weigel, von Hippel und Thea Rasche. Das Ehepaar Triebner sprang mit dem Fallschirm ab, und dann gab es eine Stafette: je vier Läufer, Reiter, Motorradfahrer und Piloten mit Flamingos. Ein Formationsflug von Lufthansa-Maschinen und ein Ballonrammen bildeten den Abschluß des Tages.

Udet wäre gerne mit dem Autogiro geflogen, doch Courtney zögerte, die Maschine einem anderen Piloten anzuvertrauen. Vor dem

Start mußten die Rotorblätter angeworfen werden, was auf recht primitive Weise geschah. An den vier Rotorblättern war je ein Knopf angebracht, und um diese vier Knöpfe wurde ein Tau geschlungen, an dem dann einige Männer zogen, um den Rotor in Gang zu setzen. Udet hielt diesen Vorgang in einer Karikatur fest.

Bei dem Flugtag in Traunstein, am 9. September flog auch Richard Kern, der die Zuseher damit begeisterte, daß er sich im Führersitz aufstellte und beide Arme waagrecht ausstreckte. Das war typisch für den fröhlichen Kern, den Flugkapitän Walter Bönig, der Udet und seinen Mechaniker bereits seit dem Flugtag von Halle im Jahre 1925 kannte, so beschrieben hat:

„Er war sozusagen das Double von Udet. Sie trugen beide meistens die gleichen Knickerbocker, die gleichen Lederjacken, hatten die gleichen rötlichen Haare und etwa die gleiche Statur. Man mußte sie schon genau kennen, um sie nicht zu verwechseln."

Der Flugtag von Karlsruhe am 20. September endete tragisch. Nach den üblichen Vorführungen startete Udet um 17.45 Uhr mit dem Fallschirmspringer Otto Fusshöler, einem zwanzigjährigen Studenten aus Landau in der Pfalz, der in Leipzig die Hochschule besuchte. In 380 m Höhe sprang Fusshöler ab, aber sein Fallschirm öffnete sich nicht, und der junge Mann blieb tot auf dem Platz liegen.

Das „Karlsruher Tagblatt" stellte zwar in seinem Bericht über den Unfall fest: „... der Fallschirmsprung bei Schauflügen hat mit Fliegerei nichts zu tun. Das soll die Erkenntnis des gestrigen Flugtages sein", aber beim nächsten Schaufliegen Udets in Stuttgart am 29. September gab es eine noch gewagtere Vorführung. Nach Fallschirmabsprüngen von Martha Dröbeljahr und Duschner vollführte Fritz Schindler Luftakrobatik an einem Trapez, das von einem Flugzeug herabhing. Vier Jahre später, am 18. September 1930, verunglückte Schindler in Stuttgart tödlich, als er versuchte, auf einer Strickleiter von einem Flugzeug in ein anderes zu klettern. Die Leiter verfing sich im Leitwerk der beiden Maschinen, beide Flugzeuge stürzten ab, insgesamt vier Personen wurden getötet.

Luftakrobaten wie Schindler gab es viele. So erhielt Udet Ende

1926 den Brief eines gewissen Oskar Dimpfel, der bisher bei Schützenfesten und in Zirkussen aufgetreten war. Seine Spezialität war eine „Todesfahrt“ auf einem dreihundert Meter langen Stahlseil, das von einem hohen Gebäude zur Erde gespannt war. Auf dem Seil lief eine kleine Rolle, an der ein Stück Leder hing, das Dimpfel zwischen den Zähnen hielt. Der Artist fragte, ob er sich auf ähnliche Weise von einem Flugzeug durch die Luft tragen lassen könne. Udet antwortete auf einer Postkarte mit einem Wort: „Unmöglich.“

Die Saison endete mit dem Flugtag am 10. Oktober in Hof. Es war die Heimatstadt des am 2. Mai 1918 gefallenen Leutnants Hans Weiss, Träger des Pour le mérite und Angehöriger des Richthofengeschwaders, dessen Vater, ein Bildhauer, noch in der Stadt lebte. Das Schaufliegen sollte im letzten Augenblick abgesagt werden, weil ein schweres Gewitter aufzog, aber Udet bestand darauf, zu starten. Dem Berichterstatter des „Hofer Anzeiger“ gelang eine sehr poetische Schilderung seiner Vorführung: „Vor einer schwarzen Wolkenwand, die siebenfarbig von einem Regenbogen gerändert war, hing das kleine rote Flugzeug. Ein Eindruck, den man nicht vergessen wird.“

Das finanzielle Ergebnis des Flugtages war dagegen ernüchternd. Das schlechte Wetter und die Ungewißheit, ob das Schaufliegen überhaupt stattfinden würde, hatte viele Menschen vertrieben, und um die Organisation des Flugtages war es auch nicht sehr gut bestellt gewesen. Zwar hatte man rund um den Flugplatz nicht weniger als sechzig Kassen errichtet, aber die Kassiere verfolgten die Flugvorführungen und ließen viele Besucher, ohne Eintrittsgeld zu verlangen, an sich vorüberziehen. Jedenfalls erklärte Udet nach dem Flugtag: „Ich bin noch nie in meinem Leben vor so wenig Menschen geflogen“. Und die Tatsache, daß die Einnahmen nur 1000 Mark betrugen, gab ihm recht. Den Abschluß des Tages bildete ein geselliges Beisammensein im Hotel Strauß, zu dem sich auch Ludwig Amschl, ein ehemaliger Jagdflieger, eingefunden hatte. Amschl hatte den Silberbecher mitgebracht, den er aus Anlaß seines fünften Luftsieges erhalten hatte und dieser Becher, gefüllt mit Bier, machte die Runde. Dr. Rammensee, der Vorsitzende des Fliegerklubs von Hof, stand dagegen vor der unangenehmen Aufgabe, Udet klarzumachen, daß er statt dem vereinbarten Honorar von 3000 Mark nur 1000 Mark bekommen würde. Das ging einfacher, als er befürchtet hatte. Udet nahm die 1000 Mark entgegen, gab die Hälfte seinem Freund und Mechaniker Kern, hob den silbernen Becher mit Bier und trank jedermann freundlich zu. Damit war die Angelegenheit für ihn erledigt.

Die Flugsaison 1926 war nun vorüber, aber nicht das Fliegen. Um Luftakrobatik zu betreiben, benötigte Udet keine Flugtage. Um des Spaßes willen flog er unter der Rheinbrücke bei Düsseldorf, unter den Isarbrücken und zwischen den Doppeltürmen der Ludwigskirche und der Frauenkirche in München durch.

Obwohl er im Fliegen höchste Befriedigung fand, beschäftigte sich Udet wieder mit industriellen Plänen. Die „Frankfurter Flugplatz-Gesellschaft" hatte ihm angeboten, auf ihrem Gelände eine Flugzeugfabrik zu eröffnen, und der „Schwäbische Merkur" berichtete bereits, daß Udet seine Heimatstadt München verlassen werde. Allzu ernst waren diese Pläne, aus denen nichts wurde, freilich von vornherein nicht, denn Udets Freund und Mechaniker Richard Kern erzählte zur gleichen Zeit in einem Zeitungsinterview, daß man in Düsseldorf eine Fabrik errichten und dort eine Maschine bauen werde, die noch besser sei als der Flamingo.

Noch mit einem anderen Projekt, das er schließlich nicht realisieren konnte, begann sich Udet auseinanderzusetzen. Der Hotelbesitzer und Philanthrop Raymond Orteig hatte einen Preis von 25.000 Dollar für einen Flug New York–Paris oder umgekehrt ausgesetzt. Igor Sikorsky hatte für einen solchen Rekordflug eine dreimotorige Maschine, die S 32, konstruiert. Am 23. August 1926 unternahm Sikorsky mit René Fonck, dem französischen As der Asse, einen Testflug, und nach einem Fehlstart am 15. September sollte die Maschine am 21. September von Paris nach New York starten. Aber das überladene Flugzeug hob nicht ab, zerschellte am Ende der Startbahn und ging in Flammen auf. Fonck und sein Copilot, Leutnant Lawrence Curtin von der amerikanischen Marine, konnten sich retten; der Funker Charles Clavier und der Mechaniker Jacob Islamoff von den Sikorsky-Werken kamen ums Leben.

In Deutschland beschäftigte sich vor allem Dr. Ing. Adolf Rohrbach mit dem Projekt einer Atlantiküberquerung. Rohrbach, ein ehemaliger Mitarbeiter der Zeppelinwerke, hatte im Jahre 1922 seine eigene Flugzeugfirma gegründet. Um den alliierten Beschränkungen zu entgehen, befanden sich die Konstruktionsbüros des Unternehmens zwar in Berlin, die Werkstätten aber in Kopenhagen. Rohrbach war überzeugt, daß ein Flugboot am besten für das Vorhaben geeignet sei. Der beste Pilot aber schien Ernst Udet zu sein, den das Projekt, als erster den Atlantik zu überqueren, sehr reizte.

Im übrigen aber schloß das Jahr 1926 für Udet mit einer ehrenden Einladung. Anfang Dezember begab er sich als Gast der „Union des Pilots Civils de France“ nach Paris, um einen Vortrag über die deutsche Zivilluftfahrt zu halten. Anlaß der Einladung war der „Salon International de l'Aéronautique“, die zehnte Veranstaltung dieser Art seit der Gründung im Jahre 1909.

Der Vortrag fand am 13. Dezember im Gebäude der Tageszeitung „Le Journal“ statt. Vorausgegangen waren ihm Drohungen, man werde gegen das öffentliche Auftreten eines „Boche“ in Paris demonstrieren. Der Präsident der U. P. C. F. Marcel Haegelen, Jagdflieger mit 23 Abschüssen und nunmehriger Chefpilot der Hanriot-Werke, machte aber unmißverständlich klar, daß er keine feindseligen Demonstrationen dulden werde. Am Tage des Vortrages war Haegelen erkrankt, so daß die Veranstaltung vom Vizepräsidenten der Pilotenvereinigung, Finat, eröffnet wurde, der erklärte, er hoffe, daß die französischen Piloten viel zu intelligent seien, um gegen jemanden zu demonstrieren, der sie über die Entwicklung der deutschen Luftfahrt informiere, über die man in französischen Fachkreisen viel zu wenig wisse. Außerdem sei ja bekannt, daß sich Udet stets als ein sehr ehrenhafter Gegner erwiesen habe.

Die Ermahnungen waren entweder von vornherein überflüssig gewesen oder hatten zumindest ihre Wirkung getan; jedenfalls folgten die Zuhörer Udets Ausführungen mit größter Aufmerksamkeit. Er berichtete über den mühsamen Wiederaufstieg der Luftfahrt nach dem Kriege, über Segelflug und Motorsegler, den Deutschen Rundflug, die Auswirkungen der alliierten Beschränkungen, den Seefliegerwettbewerb in Warnemünde und viele andere Aspekte der deutschen Fliegerei. Freundlicher Beifall dankte ihm, der sich zur Begeisterung steigerte, als Udet anschließend zwei Filme vorführte: seine Kunstflüge mit dem Flamingo und einen Udet Kondor, wie die U 12 nun genannt wurde, im Flug über den Alpen.

Nach Vortrag und Film gab es ein geselliges Beisammensein, bei dem Udet sich auch mit einem Mitarbeiter der französischen Fachzeitschrift „Les Ailes" unterhielt. Er schilderte seine Eindrücke vom Luftfahrtsalon und kam dann auf die Zukunft zu sprechen: Man werde noch etwa drei bis vier Kondor bauen und Junkers entwickle eine Verkehrsmaschine mit einer Spannweite von nicht weniger als sechzig Metern. Mit Monsieur Finat habe er sich über ein Luftrennen unterhalten, das nächstes Jahr in Frankreich stattfinden sollte. Da Deutschland nunmehr Mitglied der F. A. I., der internationalen Flugsportvereinigung, sei, hoffe er, an diesem Bewerb teilnehmen zu können.

Udet konnte damals nicht ahnen, daß kurz zuvor ein Ereignis stattgefunden hatte, das seine eigene Zukunft entscheidend beeinflussen sollte. Am 22. Oktober 1926 war die amerikanische Pazifikflotte aus San Pedro zu Manövern ausgelaufen. Man hatte den Kommandanten der Schlachtschiffe angekündigt, daß sie zu einem bestimmten Zeitpunkt mit einem Luftangriff zu rechnen hätten. Dementsprechend waren alle Ausguckposten besetzt, aber keine Maschine war zu sehen. Da, pünktlich zur angegebenen Zeit, stieß die Marinejagdstaffel 2 unter Führung von Kapitänleutnant Frank D. Wagner aus den Wolken. Die buntbemalten Maschinen vom Typ Curtiss F 6 C-2 stürzten sich im Steilflug auf die Schlachtschiffe, zogen hoch und waren verschwunden, ehe ein Schuß aus den Abwehrwaffen gefallen war. So neuartig war diese Angriffsmethode, daß nicht einmal Kapitänleutnant Wagner von ähnlichen Versuchen wußte, die zur gleichen Zeit die Jagdstaffel 5 an der amerikanischen Ostküste unternahm.

Die Idee des Sturzangriffes auf kleine, bewegliche Ziele war geboren; eine Idee, der Udet einige Jahre später begegnen sollte, die er sich zu eigen machte, in Theorie und Praxis erprobte und gegen alle

Widerstände hartnäckig und buchstäblich unter Einsatz seines Lebens durchsetzte, bis schließlich eine gefürchtete Waffe entstanden war: der Stuka.

Noch war es freilich nicht so weit, noch war Udet nichts anderes als ein erfolgreicher Kunstflieger. Ein sehr erfolgreicher sogar. Im Jahre 1926 hatte er fast eine Viertelmillion Mark eingenommen. Allein 170.000 Mark hatte er mit seinen Schauflügen verdient, mehrere tausend Mark mit Werbeflügen, und der Rest waren seine Anteile an den Verkaufserlösen des Udet-Flugzeugbaus bis zur Liquidation des Unternehmens.

Aber je mehr er verdiente, desto weniger besaß er; Udet war ein reicher Mann ohne Geld. Seine Freunde formulierten das so: „Wenn er 3000 Mark verdient, gibt er 4000 aus." Beispiele dafür gab es viele. Die Spielzeugfirma Pause hatte mit Udet einen Vertrag abgeschlossen, wonach eines ihrer Flugzeugmodelle seinen Namen tragen sollte. Er wurde dafür am Verkaufserlös beteiligt und erhielt 500 Mark Vorschuß. Udet feierte den Vertragsabschluß mit Freunden, und als die 500 Mark verzecht waren, ging er zu Pause und erbat sich weitere 500 Mark. Als der Morgen graute, war auch diese Summe dahin.

Kostspielig war auch die Gräfin Einsiedel, für die Udet hohe Beträge aufwendete. Sie gab ihm dafür „Schuldscheine", Zettelchen, die Summe, Datum und ihren Namen trugen und keinerlei Wert hatten.

So mußte sich Udet, als er von Paris zurückgekehrt war, wo er ehemalige Gegner getroffen hatte und als angesehener Flieger gebührend gefeiert worden war, hinsetzen und am 21. Dezember 1926 neuerlich nach Villingen, wo er am 15. August geflogen war, schreiben:

„Sehr geehrter Herr Oberbürgermeister!

Ich bitte zu entschuldigen, daß ich mich noch nicht zu der Begleichung des von Rheinfelden gelieferten Wasserstoffes anläßlich des dortigen Flugtages geäußert habe.

Durch meine Neugründung in Frankfurt bin ich finanziell so stark in Anspruch genommen, daß es mir jetzt schwerfällt, den Betrag von M 75.30 zu regulieren. Wenn es schon nicht möglich ist, diese Begleichung von dortseits vorzunehmen, so darf ich um etwas Geduld bitten.

Mit der Hoffnung, nicht vergeblich um Ihr gütiges Entgegenkommen ersucht zu haben, bin ich Ihr sehr ergebener Ernst Udet."

X

KUNST- UND PRIVATFLIEGER IN BERLIN

Udet hatte einen neuen Flugplatz für die traditionellen Ausflüge gefunden, die ihn zu Jahresbeginn in die Alpen führten. Es war der 1,8 Quadratkilometer große Eibsee, neun Kilometer von Garmisch Partenkirchen entfernt, mit der Zugspitze im Hintergrund. Der von Tannen umstandene See gehörte samt dem einzigen Hotel an seinen Ufern der Familie Terne.

Im Winter war er stets zugefroren und bildete einen idealen Landeplatz. Der Flamingo blieb auf der Eisdecke stehen, während Udet, die Gräfin Einsiedel, Walter Angermund und viele Freunde im „Alpenhof" in Garmisch wohnten. Im Februar 1927 feierten sie dort ein lautes Männerfest. Anlaß: Die Gräfin hatte Udet verlassen; ohne ein Wort der Erklärung war sie mit ihrem neuen Verehrer, einem Autorennfahrer, abgereist.

Zwei Monate danach verließ ihn auch Walter Angermund, der nach Berlin ging, um in die Presseabteilung der Lufthansa einzutreten. Sie schieden in aller Freundschaft voneinander, aber Udet mußte nun ohne seine Hilfe die Flugtage und ein großes Vorhaben vorbereiten, das unmittelbar bevorstand.

Seit Anfang März arbeitete in den ehemaligen Werkstätten des Udet-Flugzeugbaus in Ramersdorf ein kleines Team unter der Leitung von Richard Kern an einem Segelflugzeug. Entworfen hatte es P. Zarbl, die Berechnungen stammten von Fritz Wertenson. Am 7. April war die Maschine fertiggestellt und wurde auf einen Lastwagen des Verlagshauses Knorr & Hirth nach Ehrwald, einem kleinen Ort am Fuße der Zugspitze, des höchsten deutschen Berges, gefahren. Das Flugzeug war eigens für Flüge in den Alpen, wo die Turbulenz besondere Anforderungen an die Maschine stellte, entworfen worden. Der „Alpensegler“ hatte eine verhältnismäßig geringe Spannweite und war statt mit dem üblichen sechsfachen mit einem zwölffachen Sicherheitsfaktor konstruiert worden. Der Preis für diese Sicherheit war eine verhältnismäßig große Sinkgeschwindigkeit.

Alpenflüge mit Seglern waren an und für sich nichts Neues. Drei Jahre zuvor war Arthur Martens, der am 18. August 1922 als erster Mensch mit einem Segelflugzeug länger als eine Stunde in der Luft geblieben war, in Italien vom Monte Mazza, 1200 Meter über der Ebene von Vicenza, gestartet.

Die Herausgeber der „Münchner Illustrierten“ wollten aber eine besondere Sensation bieten: Deutschlands berühmtester Pilot, dessen Rückenflüge im Flamingo mit abgestelltem Motor überall die Massen begeisterten, sollte von Deutschlands höchstem Berg starten. Der Segler war eigens für diesen Flug gebaut worden. Er trug an den Rumpfseiten in großen Buchstaben den Namen des Sponsors und auf der Rumpfnase das Firmenzeichen des früheren Udet-Flugzeugbau, ein U mit Schwingen. Udet selbst stellte den „Alpensegler“ in einem Artikel in der „Münchner Illustrierten Presse“ vom 13. April 1927 der Öffentlichkeit vor.

Er wollte vom Zugspitzplatt, das von 2700 m schräg auf etwa 2000 m Höhe abfällt, mit Hilfe eines Gummiseils starten. Ideale Voraussetzung war Ostwind, dessen Auftrieb die Maschine vom Hang und den ihn umgebenden Felsen abheben würde. Sobald er Höhe gewonnen hatte, wollte Udet mit Hilfe des Hangwindes nach Norden fliegen und schließlich im Voralpengebiet landen.

Ein Jahr zuvor, am 12. August 1926, hatte Max Kegel als erster in einem Segelflugzeug die 50-km-Marke überflogen, als er die 55 km lange Strecke von der Wasserkuppe nach Gombartshausen zurücklegte. Bisher waren mit wenigen Ausnahmen alle längeren Streckenflüge von den Bergen in der Rhön ausgegangen. Udet hoffte mit dem Start von Deutschlands höchstem Berg Kegels Rekord verbessern zu können. München war nur 80 km entfernt, und dort zu landen wäre eine besondere Sensation gewesen. Längst vergessen war, daß er noch vor fünf Jahren erklärt hatte, Segelfliegen sei eigentlich ein Quatsch.

Die Neue Kinematographische Gesellschaft m. b. H. in München mit August Tauscheck als Produktionschef und Karl Dittmann als Kameramann sollte das Vorhaben filmen.

In Ehrwald wurde der „Alpensegler" zur Talstation der Seilbahn gebracht, die auf die Zugspitze führt, und dort demontiert. Unter der Aufsicht von Richard Kern wurden der Rumpf und je eine Tragfläche jeweils an die Seitenwand einer Kabine geschnallt und so zur Bergstation transportiert.

Udets Mannschaft, die sich im Berghotel auf der Zugspitze einquartiert hatte, umfaßte die beiden jungen Konstrukteure des Alpenseglers, Zarbl und Wertenson, den Meteorologen Lipp, den Mechaniker Josef Mangold, den bewährten Richard Kern und dazu noch Udets Hund Bulli.

Am 14. April wurde der Rumpf des Flugzeuges von der Bergstation zum etwa 300 m tiefer gelegenen Zugspitzplatt gebracht. Es war eine harte Arbeit, bei der die Männer fast einen Meter tief im Schnee einsanken. Nachdem der Rumpf festgezurrt worden war, trugen Udet, Kern und der Bergführer Sonnweber die linke Tragfläche abwärts. Inzwischen war ein starker südwestlicher Wind aufgekommen, der etwa 60 m von der Bergstation entfernt die drei Männer erfaßte und sie ungefähr 30 m mit sich schleifte, ehe sie die Tragfläche losließen. Zwei Kameramänner wurden durch den Windstoß ebenfalls niedergeworfen; die Tragfläche aber wirbelte etwa hundert Meter hoch, schlug gegen Felsen und fiel schließlich in der Nähe der Knorrhütte zu Boden, wo sie mit gebrochenen Flügelrippen aufgefunden wurde. Noch schlimmer war, daß es die Wetterverschlechterung unmöglich machte, sie zu bergen. Das Schlechtwetter hielt fünf Tage an, dann erst konnten der Rücktransport und die Reparatur in der Bergstation erfolgen. Der Mechaniker Mangold bewerkstelligte sie in zwei Tagen. Aber das Wetter blieb so schlecht, daß an Fliegen nicht zu denken war. Dennoch wurde der Alpensegler in einem tiefen Graben, den man in den Schnee des

Zugspitzplatts geschaufelt hatte, montiert. Am 26. April feierte Udet im Berghotel seinen 31. Geburtstag. Obwohl die Stimmung in den letzten Tagen den Wetterverhältnissen entsprechend gewesen war, wurde es ein unbeschwerter Abend. Der Koch des Berghotels hatte eine Torte gebacken, die ein Alpensegler aus Buttercreme schmückte, Udet zeichnete Karikaturen, spielte mit einem selbstgemachten Papierflugzeug, das nach zwei Loopings in seiner Hand landete, und erklärte dazu: „Ich habe ja immer gesagt, daß Fliegen nicht schwer ist." Der Abend schloß mit seinem Fakirtrick: Er steckte sich seine goldene Krawattennadel durch die Lippen.

Am nächsten Tag erlaubte eine Wetterbesserung Probeflüge. Der Alpensegler wurde aus seinem Graben geschaufelt, und mit Skiern trampelte man eine kurze Startbahn in den Schnee. Dann griffen einige Männer nach dem Gummiseil. Udet machte zwei Starts, landete aber jedesmal kurz danach wieder auf dem Zugspitzplatt, denn der Ostwind, der ihm Auftrieb verschafft hätte, blieb aus. Bald darauf setzte neuerlich Schlechtwetter ein, das Flugzeug wurde wieder in seinen Schneegraben gebettet, und Udet ging Ski fahren.

Dabei passierte das nächste Unglück. Beim Sprung über einen Felsen stürzte Udet und verrenkte sich ein Knie. Der Bergführer Fritz Sonnwender kam ihm zu Hilfe, schnallte seinen Rucksack ab und machte sich halb im Scherz, halb im Ernst erbötig, ihn zum Berghotel zu tragen. Udet zog es aber vor, zurückzuhumpeln. Das Schlechtwetter erlaubte ihm zwei Ruhetage, bis endlich am 29. April strahlender Sonnenschein, freilich auch völlige Windstille, herrschte.

Bereits in den frühen Morgenstunden waren Udet und seine Mannschaft auf dem Zugspitzplatt. Der Alpensegler war unter einer dicken Schneedecke begraben und mußte erst freigeschaufelt werden. Udet besprach sich mit dem Meteorologen Lipp. Von Ostwind war keine Spur, lediglich aus westlicher Richtung wehte eine leichte Brise. Theoretisch war es möglich, daß auch der Westwind den nötigen Auftrieb verschaffte, aber er erschwerte den Start, verursachte vermutlich Turbulenzen und brachte die Gefahr mit sich, daß der Alpensegler gegen einen Felsen geschleudert werden würde. Udet und Kern erkundeten den Plateaurand zwischen Schneefernerkopf und Zugspitzeck, und dann wurde der Start in westlicher Richtung beschlossen. Angesichts des Ausbleibens des Ostwindes würde es allerdings nur zu einem Gleitflug ins Tal statt zu einem längeren Segelflug reichen, aber Udet war des Wartens müde. Er blickte zu den Krähen auf, die ansonsten im Segelflug den Berg umkreisten, und meinte: „Selbst die müssen heute mit den Flügeln schlagen.“ Um 11 Uhr 30 stieg er in die Maschine und zündete sich eine Zigarette an. Die Filmkameras liefen bereits, als Kern noch einmal fragte: „Erni, willst du nicht lieber warten, bis der Wind auffrischt?“ Aber Udet kommandierte bereits: „Seil ausziehen . . .!“

Die vier Männer am V-förmig ausgestreckten Gummiseil begannen zu laufen, drei stämmige Bergführer hielten den Schwanz der Maschine fest. Dann rief Udet: „Los!“ Die Maschine hob ab, schoß in einer scharfen Linkskurve über den Rand des Plateaus hinweg und hing 1500 m über dem Erdboden in der Luft. Udet flog die Linkskurve aus und befand sich wieder über dem Plateau, aber er hatte inzwischen einige Meter Höhe gewonnen. Er machte dann einige nicht ungefährliche S-Kurven entlang der Plateaukante, um den bescheidenen Aufwind zu nützen, während ihm seine Mannschaft und einige Gäste des Berghotels zuwinkten.

Schließlich trat er den Gleitflug ins Tal an. Er flog um die Zugspitznase, über die Wiener Neustädter Hütte und erreichte die Nordseite der Zugspitze, von wo er sich in Richtung Eibsee bewegte, der vor wenigen Monaten als Flugfeld für den Flamingo gedient hatte. Dann wendete er nach Süden, umkreiste die Talstation in Ehrwald und landete nach einem Flug von 32 Minuten auf einer Wiese hinter dem Hotel „Drei Mohren“ zwischen Lermoos und Ehrwald in Tirol, 1700 m unterhalb seines Startplatzes. Seine Mannschaft war inzwischen mit der Seilbahn zur Talstation abgefahren, die mit österreichischen, deutschen, Tiroler und bayerischen Fahnen und einem Spruchband „Hoch Udet“ geschmückt war und wo sie ein Fahrzeug der „Münchner Neuesten Nachrichten“ erwartete, das sie zu Udet brachte.

Am Landeplatz begannen Tauscheck und Dittmann ihre Kameras

laufen zu lassen, und 60 Flugtechniker aus Deutschland und Österreich, die eigens nach Ehrwald gekommen waren, um Udets Zugspitzflug zu verfolgen, waren die ersten Gratulanten. Direktor Weid von der „Münchner Illustrierten“ strahlte; er hatte die Werbung, die er sich gewünscht hatte. Udet aber beschloß, sobald wie möglich wieder auf die Zugspitze zu kommen, um statt des kurzen Gleitfluges ins Tal einen langen Streckenflug zu unternehmen.

Zunächst aber trat ein anderes bedeutsames Ereignis in seinem Leben ein: Er übersiedelte von München nach Berlin. Die Reichshauptstadt war in den späten zwanziger Jahren eine Metropole im besten Sinne des Wortes, ein Zentrum der Brillanz und Eleganz, in dessen liberalem Klima Künste und Wissenschaften gediehen und Experimente und Extravaganzen an der Tagesordnung waren. Es war übrigens auch die Stadt, in der Udets sieben Jahre alter unehelicher Sohn lebte.

Der Ankömmling aus München zog in eine möblierte Zweizimmerwohnung in die Bendlerstraße 6. Am Haustor hatte er ein Schild angebracht: „Ernst Udet, Kunst- und Privatflieger.“

Alte Freunde hatten ihn erwartet: Walter Angermund, der in der Presseabteilung der Lufthansa tätig war, und Walter Kleffel, der Luftfahrtexperte des Ullstein-Konzerns. Kleffel, ein guter Freund C. G. Greys von der englischen Fachzeitschrift „The Aeroplane“ und vieler anderer bekannter Luftfahrtpublizisten, war nicht nur in Fliegerkreisen zu Hause, sondern in jeder Hinsicht ein Mann von Welt, der z. B. vor dem Kriege in Begleitung des bayerischen Königs auf Rennplätzen erschienen war. Mit Kleffels Hilfe lernte Udet bald alles, was in Berlin zählte, kennen: das Restaurant Horcher, das russische Etablissement „Medwjed“ – der „Eisbär“, die Weinhandlung Julian Ewest an der Ecke Behrendstraße und Friedrichstraße und dergleichen mehr. Bald kannte man in der Berliner Gesellschaft Udets Repertoire an Unterhaltungskünsten, darunter seinen Fakirtrick mit der Krawattennadel und seine Karikaturen. Als Zeichner hatte er sich etwas Neues einfallen lassen: Er hielt einen Teller so lange an eine Kerze, bis er geschwärzt war, und zeichnete dann mit dem Finger oder einer Nadel in den Ruß die Karikaturen.

Aus der Bendlerstraße zog Udet auf den Fehrbelliner Platz und von dort in die Pommersche Straße Nr. 4, wo er dann jahrelang wohnte. Aber er fuhr häufig nach München, um seine Mutter und alte Freunde zu sehen, darunter Robert von Greim, der 1924 als Fluglehrer nach China gegangen, nun aber zurückgekehrt und ebenfalls als Fluglehrer bei der Sportflug GmbH. in Würzburg tätig war.

Seinen roten Flamingo D-822 hatte Udet im Flughafen Tempelhof eingestellt, dessen Erweiterungsbauten, darunter fünf neue Hangars, eben fertiggestellt worden waren. Das Tempelhofer Feld war in Hinkunft der Stützpunkt, von dem aus er zu den diversen Flugvorführungen zog, die nach wie vor seine Hauptbeschäftigung bildeten und aus denen er einen Großteil seiner Einkünfte bezog.

Die Saison begann für ihn am Sonntag, dem 15. Mai, in Düsseldorf. Am Vortag veranstaltete der Aero Club Düsseldorf im Ibach-Saal ein Fliegertreffen, bei dem zunächst ein Vertreter der Lufthansa über Luftverkehrsfragen sprach. Dann wurde der Film „Meister Udet demonstriert Flüge" gezeigt, und anschließend führte Udet, der einige einleitende Worte gesprochen hatte, den Film über seinen Zugspitzflug vor.

Der darauffolgende Flugtag am Düsseldorfer Flugplatz Lohausen stand im Zeichen der ständigen Bemühungen, die Routine der Vorführungen durch Neuerungen zu beleben. Nach Udets obligatem Kunstflug und einem „Luftkampf" zwischen ihm und seinem Freund Paul Bäumer folgten zwei derartige Neuheiten: Antonius Raab und Kurt Katzenstein führten einen der ersten Schleppflüge vor, und ein englischer Pilot in einem ehemaligen Jagdflugzeug vom Typ SE 5a betätigte sich als Himmelsschreiber und ließ über dem Flugplatz in weißer Rauchschrift das Wort „Persil" erscheinen.

Von Düsseldorf ging es nach Holten, wo Udet am Himmelfahrtstag, dem 26. Mai, flog, von dort nach Münster, wo er als Draufgabe in einem Segelflugzeug flog, das die Piloten des dortigen „Ringes der deutschen Flieger" gebaut hatten, dann weiter nach München und schließlich über die Grenze nach Österreich, wo er in Graz an einem Flugtag teilnahm und der Versuchung nicht widerstehen konnte, unter einer der Murbrücken durchzufliegen. Bei der

Rückkehr nach Deutschland sah er zufällig eine Gebirgsartillerieabteilung des österreichischen Bundesheeres in der Nähe von Innsbruck bei einer Schießübung. Sofort setzte er zum Sturz an und bereicherte die Übung um die Einlage eines Tieffliegerangriffes.

Udets Freude am Fliegen kam immer wieder in derartigen Improvisationen zum Ausdruck. Sah er ein Auto mit Panne am Straßenrand stehen, konnte es vorkommen, daß er im Tiefflug niederging, um für die Insassen eine Kognakflasche abzuwerfen. Er schreckte Bauern auf, die hinter dem Pflug gingen, jagte Hasen über die Felder, maß sich mit Raubvögeln im Kurvenkampf, und auf einem Flug von München nach Leipzig flog er einmal einen Scheinangriff gegen einen tschechoslowakischen Flugschüler, der sich über die Grenze verirrt hatte. Über Häuser von Freunden brauste er im Tiefflug hinweg, und fand sich eine nahe gelegene Wiese, landete er, um ihnen einen Blitzbesuch abzustatten.

Manchmal schlug er über die Stränge. Als er einmal bei einem Abendessen neben Kleffels Mutter saß, sagte er, kräftig dem Wein zusprechend und unbekümmert darauflosplaudernd: „Gnädige Frau, wenn die Thea Rasche sich mit ihrem dicken Hintern in das Flugzeug zwängt . . .“ Ein eiskalter Blick belehrte ihn, daß die alte Dame eine derartige Sprache nicht gewöhnt war. Udets Freundschaft mit Kleffel wurde durch diese Episode nicht getrübt. Im Gegenteil: Der bekannte Journalist erwähnte ihn regelmäßig in seinen abendlichen Sportsendungen im Sender Berlin, und wenn Udet bei Flugtagen mitwirkte, war Kleffel meist der Ansager am Lautsprecher. Vor allem aber half er ihm durch seine Verbindung zum mächtigen Ullstein-Haus. Als der Konzern wieder einmal einen Berliner Flugtag vorfinanzieren sollte, ließ sich Udet bei Kleffels Chef, Direktor Richard Müller, melden. Aber Müller wollte als Vorschuß nur eine sehr geringe Summe zahlen, worauf ihm Udet temperamentvoll vorhielt: „Immerhin heiße ich ja nicht Müller oder Schulze, sondern Ernst Udet . . .“ Worauf Müller, ein Mann von Humor, in schallendes Gelächter ausbrach.

Da Udet mehr denn je auf Einkünfte aus dem Fliegen angewiesen war, suchte er nach Möglichkeiten sie zu erhöhen. Sein neuestes

Projekt war die Udet-Schleppschrift. Hans Herrmann hatte sie entworfen: Unterhalb des Rumpfes zwischen dem Fahrgestell wurde eine lange Röhre montiert, in der ein Stoffband an einem Stahlkabel verstaut war. Das Kabel führte zu einem großen Handrad, das an der Rumpfseite in der Höhe des Vordersitzes montiert war. Setzte man das Rad in Bewegung, wurde das Kabel samt dem bleibeschwerten Stoffband ausgefahren. Udet hatte ursprünglich geglaubt, er werde das System der Reichswehr für ihre geheime Pilotenausbildung anbieten können. In diesem Falle wäre auf das Stoffband die Silhouette eines Flugzeuges aufgemalt worden, und es hätte bei Schießübungen in der Luft verwendet werden können.

Eine andere Möglichkeit, die Udet nun forcierte, war der Einsatz für Werbezwecke. In diesem Falle hingen am Ende des Kabels statt einem langen Stoffband mehrere kurze Bänder, von denen jedes einen Buchstaben trug. Udet stellte diese neue Werbemöglichkeit der Öffentlichkeit vor, indem er auf vier Bändern seinen Namen durch die Luft schleppte: UDET. Außerdem gründete er eine eigene Firma, die „Udet-Schleppschrift G.m.b.H.", mit der Adresse An der Schleuse 13 in Berlin, der Telegrammadresse „Udetflug" und einem Konto beim Bankhaus C. N. Engelhardt.

Große Einzahlungen auf dieses Konto erfolgten vorläufig nicht. Im Gegenteil: Udet mußte bei Ernst Hoffmann in Lausanne einen Kredit aufnehmen, doch wurde diese Schuld bald darauf von Thea Rasche übernommen. Die lebenslustige Fliegerin hatte kurz zuvor ihrem Bräutigam eine halbe Stunde vor der Hochzeit den Laufpaß gegeben, was ihren Vater nicht gehindert hatte, ihr 50.000 Mark zu schenken. Sie hatte sich dafür einen knallroten Flamingo, Kennzeichen D-1120, gekauft, in dem sie nun gemeinsam mit Udet, mit dem sie sich sehr angefreundet hatte, auf Flugtagen auftrat.

Die Schuld, die sie übernahm, betrug 13.000 Mark und war innerhalb eines Jahres an sie zu begleichen. Als Sicherstellung gab Udet seinen Flamingo, D-822, behielt aber gleichzeitig das volle Verfügungsrecht über ihn. Traten Udet und Thea Rasche gemeinsam bei einem Flugtag auf, teilten sie die Einnahmen. Außerdem erhielt sie 15 Prozent der Einnahmen der Udet-Schleppschrift G.m.b.H. Ein

Vertrag, der alle diese Fragen regelte, wurde am 23. Juni 1927 von den beiden im Hotel Adlon in Berlin unterzeichnet.

Mit Recht äußerte sich Udet voll Lobes über seine großzügige Kollegin, die er die „rasche Thea" nannte: „Sie ist eine Frau, die wirklich fliegen kann. Ich selbst habe schon einige Französinnen und Amerikanerinnen fliegen gesehen, aber es kann wirklich keine an Thea heran. Überhaupt ist sie ein Kavalier von einer Frau. Von Herzen gern bin ich eine Arbeitsgemeinschaft mit ihr eingegangen."

Statt an Flugtagen teilzunehmen, hielt sich Udet im Sommer des Jahres 1927 wiederholt in Kopenhagen auf, wo er mit seinem Freund Paul Bäumer die Rohrbach IX „Rofix", ein Jagdflugzeug, einflog, das Adolf Rohrbach in seiner dänischen Firma entwickelt hatte. Es war ein Ganzmetallflugzeug mit einem BMW-VI-U-Motor, das noch eingehender Erprobung bedurfte, bevor es Joachim von Köppen, dem Leiter der Flugabteilung der Deutschen Versuchsanstalt für Luftfahrt, übergeben werden konnte.

Bäumer war für derartige Erprobungen hervorragend geeignet. Mit seiner eigenen Konstruktion, dem Sausewind, der einen 65-PS-Wrigth-L 4-Motor und das Kennzeichen D-1158 hatte, waren ihm eben zwei Rekorde in seiner Klasse geglückt: 6782 m Höhe und eine Geschwindigkeit von 191 km/h auf der 100-km-Strecke.

Beide Rekorde wurden in Kopenhagen gebührend gefeiert und zwar in jener überschäumenden Art, für die sowohl Udet als auch Bäumer bekannt waren. Am 15. Juli kam dann ein tragisches Ende. Nach einer durchzechten Nacht startete Bäumer um 8 Uhr früh und wollte mit dem Rofix aus 1000 m Höhe abtrudeln. Er vermochte die Maschine aber nicht wieder in Normalfluglage zu bringen und stürzte ins Meer. Als das Flugzeug später aus dem Wasser geborgen wurde, vermochte man keinen mechanischen Schaden an ihm zu entdecken. Im Führersitz saß noch angeschnallt Bäumer. Rohrbach hatte große Hoffnungen in den Jäger gesetzt. Es hieß, daß die Türkei bereit sei, 50 Maschinen zu bestellen, und auch Spanien zeigte sich interessiert. Aber das Ende Bäumers bedeutete auch das Ende des Rofix; am Tage des Absturzes verbrannte Rohrbach alle Konstruktionspläne.

Udet nahm bald darauf am Großflugtag in Berlin Tempelhof teil, zog aber seine Anmeldung für das internationale Flugmeeting in Dübendorf bei Zürich vom 12. bis 21. August, das der Franzose Fronval vor Gerhard Fieseler gewann, zurück. Der Grund: Er war nun mehr denn je in Kopenhagen festgehalten, wo sich Großes vorbereitete.

Am 21. Mai war Charles Lindbergh von New York nach Paris geflogen, hatte damit als erster den Atlantik von West nach Ost überquert und damit eine Leistung vollbracht, die in der ganzen Welt Bewunderung und Begeisterung auslöste. Aber noch war der Atlantik nicht von Ost nach West überquert worden. Diese Tat wollte Udet vollbringen, und Rohrbach hatte das Flugzeug dafür gebaut: die Robbe II, eine Weiterentwicklung der Robbe I. Dipl.-Ing. Kurt Tank, der seit 1924 bei Rohrbach arbeitete und nun ein guter Freund Udets geworden war, hatte das Flugboot mit zwei BMW-VI-Motoren von je 700 PS entworfen. Es hatte spitze Tragflächen und eine für damalige Begriffe sehr hohe Flächenbelastung und dementsprechend spezifische Flugeigenschaften.

Udet flog die Maschine erstmals Anfang September mit Richard Kern als Kopiloten. Als die beiden in 50 m Höhe über dem Meer dahinglitten, verlor die Robbe II immer mehr an Geschwindigkeit, bis sie schließlich wie ein Stein auf das Wasser aufschlug. Das überaus robuste Flugboot wurde dabei kaum beschädigt, aber als sich die Wasserfontäne des Aufschlages gelegt hatte, konnte man Udet und Kern auf der Tragfläche sitzen sehen und hören, wie einer den anderen beschuldigte, zu langsam geflogen zu sein. Tank quittierte das Ergebnis dieses Testfluges mit einem einzigen vernichtenden Wort: „Anfänger!“

Die Robbe II war bald repariert, und Anfang Oktober sollte der Transatlantikflug stattfinden. Udet wollte mit Kern von Kopenhagen nach Cuxhaven und dann über Portugal, die Azoren und Bermuda nach New York fliegen. „Wir werden zeigen, daß eine Ozeanüberquerung nichts Romantisches, sondern etwas Selbstverständliches ist“, kündigte er an.

Zuvor wollte Rohrbach mit der Robbe II einen Nutzlastrekord

über die Strecke von 2000 km aufstellen. Dieser Rekordversuch wurde am 29. September mit drei Mann Besatzung unternommen: Udet, Kurt Tank als Kopiloten und dem Mechaniker Schnell. Im Vorjahr hatte Rohrbachs Testpilot Werner Landmann mit der Robbe I einschlägige Rekorde über 100, 300 und 1000 km aufgestellt. Nun startete die Robbe II mit 1000 kg Nutzlast über die Strecke von 2000 km.

Das schwer beladene Flugboot brauchte eine sehr lange Startstrecke, hob sich aber schließlich störungsfrei vom Wasser ab. Sobald es Höhe gewonnen hatte, wollte Tank, seinen Berechnungen entsprechend, die Motoren mit 1540 Umdrehungen laufen lassen; Udet war dagegen rein instinktiv für eine geringere Umdrehungszahl. Die diesbezüglichen Auseinandersetzungen zwischen Pilot und Kopilot wurden durch höhere Gewalt beendet. Ein Blatt einer der beiden vierflügeligen Luftschrauben hatte sich gelockert, riß ab, und die Trümmer beschädigten ein weiteres Blatt. Die Maschine mußte notlanden, und Rekordversuch und Atlantiküberquerung wurden verschoben.

Die Fachzeitschrift „Der Luftweg" schrieb über den Zwischenfall: „Ende September startete das neue Flugboot ‚Rohrbach Robbe II' in Kopenhagen zu einem Probeflug unter Führung Udets. Nach etwa zwölf Stunden trat in etwa 300 m Höhe bei einer Kurve eine Beschädigung des linken Propellers ein, so daß der Backbordmotor stillgelegt werden mußte. Bei der darauffolgenden Notlandung setzte Udet, der zum erstenmal ein Flugboot selbständig führte, die Maschine aus etwa 10–15 m Höhe glatt auf. Bei dieser über alle Erwartungen hinausgehenden Beanspruchung sind sowohl Besatzung als auch das Flugboot ohne jeden Schaden davongekommen. Die in der Kopenhagener Abendpresse verbreiteten gegenteiligen Nachrichten entbehren – wie die Firma Rohrbach uns mitteilt – jeglicher Grundlage."

Seltsamer Zufall: Am 30. September, einen Tag nachdem die Robbe II notlanden mußte, scheiterte noch ein anderer Pilot, der sich ebenfalls auf einen Amerikaflug vorbereitete. Otto Könnecke, Träger des Pour le mérite, ehemaliger Angehöriger der Jagdstaffeln 5 und 25, Sieger in 33 Luftkämpfen, hatte zusammen mit seinem Freund Fritz Rumey, der ebenfalls den Pour le mérite trug und bei der Jagdstaffel 5 45 Luftsiege errungen hatte, im letzten Kriegsjahr 1918 den abenteuerlichen Plan gefaßt, New York aus der Luft anzugreifen. Aus dem Vorhaben, das nicht einmal der Luftwaffe im Zweiten Weltkrieg gelang, wurde freilich nichts. Nach dem Kriege betätigte sich Könnecke als Verkehrsflieger und plante nun neuerlich, diesmal in friedlicher Absicht, nach Amerika zu fliegen. Sein Flugzeug: eine Caspar C 32, genannt „Germania", die Langstrekkenversion einer Maschine, die ursprünglich für die Schädlingsbekämpfung in der Landwirtschaft entwickelt worden war.

Zur Erprobung flog Könnecke mit der Germania nach Bagdad, mußte aber wegen Motorschadens bei Mouslimie, nördlich von Aleppo, notlanden. Die Reparatur nahm einige Zeit in Anspruch, und so traf die Maschine erst am 27. September in Bagdad ein. Als die Germania am 30. September, einen Tag nach der Notlandung der Robbe II vor Kopenhagen, von Bagdad starten wollte, stürzte sie ab und wurde schwer beschädigt. Könnecke, sein Kopilot Graf Solms und Hans Herrmann, Udets früherer Konstrukteur, der nun bei den Casparwerken in Travemünde arbeitete, blieben unverletzt.

Udet selbst war aus Kopenhagen nach Berlin zurückgekehrt, wo er sich nun, da das Projekt der Atlantiküberquerung zurückgestellt war, einige Zeit aufhielt. Viele Stunden verbrachte er in der Kellerstube des Flughafenrestaurants Tempelhof, dem sogenannten Heldenkeller, dessen Wände er mit Karikaturen aus dem Fliegerleben geschmückt hatte. Eines der Ereignisse, die sein Zeichenstift festgehalten hatte, war der Versuch der hübschen 23jährigen amerikanischen Pilotin Ruth Elder aus Alabama, zusammen mit Georg Haldeman, einem erfahrenen Schauflieger aus Florida, von New York nach Paris zu fliegen; die beiden hatten aber am 11. Oktober 360 Meilen nördlich der Azoren auf dem Atlantik niedergehen müssen.

Udet trat im Herbst 1927 aber in einen noch viel unmittelbareren Kontakt mit der amerikanischen Fliegerei. „Deutscher Pilot korrespondiert mit Bürger von Akron – Früherer Angehöriger des Richthofengeschwaders ist froh, daß er seinen Gegner nicht erlegte." Das waren die Schlagzeilen eines Artikels, den der amerikanische Journalist Clyde Schetter über den Briefwechsel zwischen Udet und Walter Wanamaker, einem Staatsanwalt in Akron, Ohio, veröffentlichte. Wie war es zu dieser Korrespondenz gekommen? Der Londoner Journalist Milton Bronner hatte in der Tageszeitung „Akron Times" eine Artikelserie über prominente deutsche Kriegsteilnehmer veröffentlicht. Als Walter Wanamaker den Artikel las, der Ernst Udet gewidmet war, traute er seinen Augen nicht. In diesem Beitrag wurde ein Luftkampf zwischen ihm und Udet geschildert. Wanamaker nahm Kontakt mit Bronner auf, der seinerseits ein Schreiben des Amerikaners an seinen einstigen Gegner weiterleitete. Udet sandte darauf Wanamaker folgende Antwort:

„Selten hat mich ein Brief so gefreut wie der Ihre, der mir bewies, welch gutem Mann ich am 2. Juli 1918 gegenübergestanden bin. Ich bedaure sehr, daß ich Ihnen damals eine Verletzung zugefügt habe." Udet versprach sodann, Wanamaker das Kennzeichen seines Flugzeuges zu schicken, das er als Trophäe behalten hatte, und fuhr fort: „Da Sie mich damals nicht bemerkt hatten, konnte ich sehr nahe an Sie herankommen, doch als ich zu schießen begann, hatte mein linkes Maschinengewehr, das Brandmunition verschoß, Ladehemmung. Damals habe ich mich darüber sehr geärgert, aber heute bin ich froh, daß mich diese Ladehemmung wahrscheinlich daran gehindert hat, Sie zu töten. Soweit ich mich erinnere, habe ich Ihren Benzintank getroffen. Zunächst versuchten Sie über die Front zu entkommen. In diesem Augenblick habe ich wieder zu schießen begonnen, und Sie haben sich zweifellos gesagt: ‚Er verfolgt mich bis zuletzt, so daß ich landen muß, selbst wenn es auf seiner Seite ist.' In Ihrer letzten Kurve sind Sie dann auf dem Boden aufgeschlagen und etwa 40 oder 50 Meter dahingeglitten. Ich landete in einem nahe gelegenen Feld und war sehr erstaunt, daß Sie Amerikaner waren, da Sie eine französische Maschine flogen." Udet erwähnte sodann, daß er an diesem Morgen unter seiner Fliegerkombination lediglich seinen Pyjama getragen habe, und meinte: „Hätten Sie mich damals abgeschossen, hätten Sie etwas zu lachen gehabt." Weiters berichtete er in dem Schreiben von dem Vorhaben, den Atlantik zu überqueren, doch sei es bisher nicht gelungen, einen Propeller zu finden, der stark genug sei, die nötige Motorenleistung auszuhalten. Der Brief schloß mit den Worten: „Es würde mich sehr freuen, sollte mein Vorhaben, nach den USA zu fliegen, Erfolg haben und besondere Freude würde es mir bereiten, Sie unter friedlichen Bedingungen und ohne Maschinengewehre zu treffen. Sie müssen mir allerdings versprechen, daß Sie nicht böse sind und mich nicht zum Kampf herausfordern, obwohl Sie einigen Grund dafür hätten."

Auf den Briefwechsel mit Wanamaker folgte für Udet eine noch viel persönlichere Begegnung mit einem Flieger aus einem ehemaligen Feindesland. Am 9. Oktober veranstaltete die Badisch-Pfälzische Lufthansa und die Frankfurter Rundflug GmbH. auf dem Neuostheim-Flugplatz bei Mannheim einen Flugtag. Star der Veranstaltung war neben Udet ein Gast aus Frankreich, Michel Détroyat, den seine Landsleute den „Roi de l'acrobatic" nannten. Im übrigen bewies der Flugtag wieder einmal, daß die Veranstalter unermüdlich waren, wenn es darum ging, durch immer neue Einfälle das Publikum anzulocken.

Die erste Überraschung bot Leutnant a. D. Julius Buckler, Träger des Pour le mérite, ehemaliger Angehöriger der Jagdstaffel 17, Sieger in 35 Luftkämpfen und einer der sechs Träger der höchsten deutschen Tapferkeitsauszeichnung, die aus dem Mannschaftsstand hervorgegangen waren. Mit ihm hatte Udet am 18. Oktober 1917 in Wingene gefrühstückt. Buckler hatte bereits vor dem Kriege dem jungen Anthony Fokker in dessen Goedecke-Werken geholfen; nun betätigte er sich als Schauflieger. Er startete in einer Dietrich, stellte am Ende seines Kunstflugprogrammes den Motor ab, griff nach einer Trompete, die er im Führersitz verstaut hatte, und blies, während die Maschine langsam zur Erde glitt: „Was kommt dort von der Höh ...?"

Nach Buckler startete Détroyat in einer Morane-Saulnier 30, einem Eindecker mit einem Salmson-Motor von 230 PS, und sobald er gelandet war, stieg Udet mit seinem Flamingo auf, mit dem er es inzwischen auf mehr als 600 Flugstunden gebracht hatte. Die „Neue

Mannheimer Zeitung" meinte am nächsten Tag, Détroyats Figuren seien „kurz und scharf" gewesen, was möglicherweise auf den starken Motor zurückzuführen sei, während Udets Vorführung ruhiger und ausgeglichener gewirkt habe. Das Blatt schloß seinen Vergleich mit den Worten: „Hier flogen zwei Meister, die im friedlichen Wettbewerb miteinander zu sehen, ein sportlicher Genuß war."

Es ging dann noch sehr bunt weiter: Friedrich Jährling flog mit einer L. V. G. über das Feld, während unter seiner Maschine ein Musiker aus Darmstadt namens Röhring an einer Strickleiter hing und dem Publikum zuwinkte. Es war übrigens das gleiche Flugzeug, das Oskar Dimpfel bei einem Flugtag im Juni benutzt hatte, um erstmals seinen Trapezakt, den Udet als „unmöglich" abgelehnt hatte, vorzuführen.

Udet blieb mit Détroyat bis zum Ausbruch des Zweiten Weltkrieges in Verbindung. Als man den französischen Flieger einige Zeit nach dem Flugtag in Mannheim fragte, ob er ein Freund seines deutschen Kollegen sei, äußerte er sich noch zurückhaltend: „Ich würde nicht sagen Freund. Kunstflieger verbindet immer eine Art von Freimaurerei, aber von dort bis zur Freundschaft ist doch ein Schritt ... Ich glaube, daß wir einander schätzen." Im Jahre 1938 äußerte er sich dann rückschauend weit weniger reserviert: „Die Flugtage in Mannheim und Frankfurt haben eine große Bedeutung für mich gehabt. Nicht nur weil sie im Lande ehemaliger Gegner stattfanden, sondern weil ich, der ich damals eigentlich noch ein Anfänger war, zwei so anerkannten ‚Assen' wie Udet und Fieseler gegenüberstand. Ich lernte beide kennen, vor allem General Udet, dessen Freundschaft mir viel bedeutet."

Als das Jahr 1927 seinem Ende entgegenging, befand sich Ernst Udet wieder einmal in einer ihm vertrauten Situation. Der Vater Thea Rasches hatte bei ihm die Schuld von 13.000 Mark eingemahnt, und so wie Udet am Ende des Vorjahres den Oberbürgermeister von Villingen wegen der Summe von 75,30 Mark hatte vertrösten müssen, sah er sich nun gezwungen, mit Datum vom 15. November 1927 einen ähnlichen erklärenden und entschuldigenden Brief zu schreiben:

„Mein sehr verehrter Herr Direktor Rasche,
auf Umwegen über München, Berlin und Copenhagen erhielt ich Ihren Brief.

Wie Ihnen vielleicht bekannt sein dürfte, bereite ich mich seit geraumer Zeit für meinen Ozeanflug vor. Fortgesetzte Umänderungen am Flugzeug nahmen so viel Zeit, daß nun der Start erst März nächsten Jahres stattfinden kann. Infolge dieser Vorbereitungen und Versuche konnte ich seit Juli so gut wie gar keine Schauflüge ausüben, hatte also abgesehen von der Entschädigung der Rohrbach-Werke keine weiteren Einnahmen bis zum Start im September. Die Entschädigung für die Vorbereitungszeit steht natürlich in keinem Verhältnis zu meinen sonstigen Einnahmen. Wohl aber ist ein sehr gutes Honorar für die Ausführung des Fluges vorgesehen, welches in drei Raten zu entrichten ist. Da die Verschiebung der Ausführung des Unternehmens nun auf nächstes Frühjahr feststeht, habe ich mich an Thea gewandt und versuche eine Combination, den Flug gemeinsam mit ihr auszuführen, möglich zu machen. Theas Fehler in Amerika bestand meines Erachtens darin, daß sie sich nicht einen gerissenen amerikanischen Geschäftsmann, wie etwa Tex Ricard, zum Manager genommen hat. Dieser hätte sicher eine Umgehungsbrücke zu dem Gesetz über professionelles Fliegen von Ausländern gefunden. Trotz allem hat Thea mit diesem Bombennamen heute sehr viel in der Hand und kann viel erreichen, wenn sie es richtig anfängt.

Ich werde mich in diesen Tagen mit Rohrbach in Verbindung setzen, ob ich nicht eine Vorschußleistung auf meinen Flug hin bekommen kann. Dann hoffe ich Ihnen eine größere Summe zurückerstatten zu können. Mit Thea schloß ich seinerzeit in Berlin einen Vertrag, wonach ich ihr gegen Verpfändung meiner Acrobatikmaschine den Betrag von M 13.000 schuldete, rückzahlbar bis spätestens 1. Juni nächsten Jahres. Ich wollte Ihnen eine Copie dieses Vertrages nach Essen schicken, mußte aber leider feststellen, daß sich das Original in München befindet, von wo ich es mir jetzt kommen lassen werde. Ich werde Ihnen in den nächsten Tagen von dem Ergebnis meiner Bemühungen Mitteilung machen und bedauere gleichzeitig außerordentlich, daß es mir heute unter der Ungunst der geschilderten Dinge nicht möglich ist, Ihrem Wunsche nachzukommen.

Mit dem Ausdruck meiner vorzüglichen Hochachtung verbleibe ich Ihr sehr ergebener Ernst Udet."

XI

DIE WEISSE HÖLLE VOM PIZ PALÜ

Allmählich wurde es für Udet zur Tradition, den Beginn eines neuen Jahres in den Bergen zu verbringen. So landete er im Januar 1928 auf der Zugspitze. Im Vorjahr war er der erste gewesen, der von diesem höchsten Berg Deutschlands mit dem Segelflugzeug gestartet war.

Ein Motorflieger hatte die Zugspitze schon viel früher erschlossen. Franz Hailer war am 19. März 1922 mit einer Rumpler, die einen 160-PS-Motor hatte, auf dem Zugspitzplatt Landung und Start geglückt. Nun, am Beginn des Jahres 1928, kam Udet aber mit einer viel kleineren und leichteren Maschine. Es war eine Daimler L 20 Bl mit einem Daimler-Benz-Motor F 7 502 von 20 PS, mit der er zweimal vom zugefrorenen Eibsee auf die Zugspitze flog, landete und wieder startete. Konstruiert hatte dieses Flugzeug Hans Klemm, die Leichtflugzeubau Hans Klemm GmbH. baute sie, und mehr als 25 Maschinen dieses Typs waren bereits zugelassen. Eine von ihnen gehörte Fritz Siebel, einem ehemaligen Kriegsflieger, der später selbst ein erfolgreicher Flugzeughersteller wurde.

Tatsächlich waren die Tiefdecker Klemms viel erfolgreicher als die vergleichbaren Maschinen des Udet-Flugzeugbaus. Im Jahre 1928 schienen im Luftfahrtregister zehn Flamingos auf, die noch das Unternehmen in Ramersdorf gebaut hatte, und weitere 34 Flamingos, die bereits die Bayerischen Flugzeugwerke in Augsburg erzeugt hatten. Bei einem Gesamtstand von 450 zugelassenen Flugzeugen in Deutschland war dies eine beachtliche Zahl. Von den

Tiefdeckern, die der Udet-Flugzeugbau hergestellt hatte, fand sich dagegen kein einziger auf den Zulassungslisten.

Auch Richard Kern, Udets Freund, Fluggefährte und Mechaniker, hatte einen eigenen Flamingo, Werknummer 358, Kennzeichen D-1206, erworben und wollte nun selbst Schauflüge veranstalten. Also stand Udet ohne Mechaniker da, denn auch Johnen, der diese Stelle früher eingenommen hatte, wollte als verheirateter Mann nicht länger von Flugplatz zu Flugplatz ziehen, sondern lieber ein ruhigeres Leben führen. Udet wandte sich deshalb an die Direktion der Firma Siemens Halske mit dem Ersuchen, ihm für die Flugsaison 1928 einen Mechaniker zu leihen. Zwei Männer wurden ihm genannt, einer davon war Erich Baier, ein strebsamer junger Mann, der seit viereinhalb Jahren in der Versuchswerkstätte für luftgekühlte Motoren arbeitete und seit dreieinhalb Jahren einen Abendkurs für Maschinenbau besuchte. Ein halbes Jahr des Kurses, der täglich vier Stunden dauerte, lag noch vor ihm. Obwohl Baier nie geflogen war, machte er auf Udet einen sehr guten Eindruck. Baier seinerseits war von dem Gedanken, an der Seite Udets von Flugtag zu Flugtag reisen zu dürfen, begeistert. Schließlich dauerte die Flugsaison nur ein halbes Jahr; so lange konnte er seinen Kurs unterbrechen, um ihn nachher wieder aufzunehmen. Also wurde Erich Baier Ernst Udets Mechaniker, ohne zu ahnen, daß aus den sechs Monaten, die er bei ihm bleiben wollte, schließlich sechs Jahre werden sollten.

Die Flugsaison begann für Udet am Ostersonntag, dem 8. April, mit einem Volksflugtag in Berlin Staaken, und von da an war er fast an jedem Wochenende in einer anderen Stadt Deutschlands. Zwei Wochen danach in Sagan, am 6. Mai in Dortmund bei einem Flugtag, der hochtrabend als „Deutscher Kunstflugwettbewerb 1928" angekündigt wurde, aber nur ein Vergleichsfliegen zwischen Udet und Fieseler war, anschließend in Bonn Hangelar, im Juni in Mannheim, Leipzig und Kassel, am 2. September in Berlin Tempelhof und anschließend in Dortmund und Stuttgart.

Zu dem ersten Volksflugtag in Berlin Staaken, den die Fliegerschule Bornemann organisiert hatte und der bald Tradition wurde, hatten sich mehr als 100.000 Zuseher eingefunden. Außer Udet startete auch Thea Rasche, nunmehr allgemein die rasche Thea genannt. Man sah die beiden auch außerhalb des Flugplatzes oft beisammen. Einen der Abende vor dem Flugtag hatten sie mit Freunden im Café Schilling auf dem Kurfürstendamm verbracht, wo Udet Gäste und Kellner damit verblüffte, daß er mit den am Buffet aufgestapelten Tellern zu jonglieren begann. Das häufige Beisammensein der beiden war verständlich; Thea Rasche und Ernst Udet planten nunmehr gemeinsam die Überquerung des Atlantiks von Ost nach West in Rohrbachs Robbe II. Aber andere kamen ihnen zuvor: Am Nachmittag des Freitags, des 13. April 1928 machte eine Junkers W 33 L, Kennzeichen D-1167, eine Notlandung auf dem schnee- und eisbedeckten Greenly Island an der Küste von Labrador. Ihr Pilot war Hermann Köhl, ehemaliger Kommandeur des Bombengeschwaders 4, Träger des Pour le mérite und nunmehriger Leiter der Nachtflugabteilung der Lufthansa. Seine Begleiter waren Ehrenfried Freiherr von Hünefeld, Pressechef des Norddeutschen Lloyd, und Commandant James C. Fitzmaurice vom irischen Army Air Corps. Die drei waren 36 1/2 Stunden zuvor vom Flugplatz Baldonell in Irland gestartet. Damit war die erste Ost-West-Überquerung des Atlantiks geglückt; Thea Rasche und Ernst Udet gaben daraufhin ihr eigenes Projekt auf.

Für Erich Baier, den neuen Mechaniker, stellte der Flugtag im niederschlesischen Sagan eine besondere Freude dar, denn das war seine Geburtsstadt. Der junge Mann hatte sich rasch in seine neue Aufgabe eingelebt. Udet nahm ihn zu den Flugtagen in seinem Flamingo mit, und Baier betrachtete es als ein gutes Omen, daß der erste Flug in seine Heimatstadt führte. Die Verständigung unterwegs erfolgte durch einen kräftigen Tritt gegen Baiers Sitz und anschließende Zeichensprache. Auf dem Flug nach Sagan, der im turbulenten Aprilwetter stürmisch verlief, hatte Udet den Finger in den Mund gesteckt und auf diese Weise gefragt, ob Baier luftkrank sei. Die Antwort war ein verneinendes Kopfschütteln gewesen. Der Nichtflieger Baier fand großes Vergnügen an den Flugreisen, hatte unbegrenztes Vertrauen in das fliegerische Können seines Chefs und pflegte nach stürmischen Flügen und gefährlichen Situationen zu sagen: „Wenn mir das mit irgendeinem anderen Piloten passiert wäre, würde ich nie wieder in ein Flugzeug steigen."

Bald hatte Baier nicht nur die Betreuung des Flugzeuges, sondern auch einen Großteil der Vorbereitung der Flugtage übernommen. Er besorgte die erforderlichen Flug- und Wetterkarten von der Lufthansa, bezahlte die Rechnungen und trug alle Ausgaben in ein Notizbuch ein. Hatten sie eine bestimmte Höhe erreicht, verrechnete er mit Udet, der sich mit gewohnter Großzügigkeit um Details nicht kümmerte.

Udets Flamingo hatte einen Spezialmotor, so daß ständig ein Reservezylinder und ein Reservekolben mitgeführt wurden, um im Falle eines Gebrechens an Ort und Stelle reparieren zu können. Bevor die jeweiligen Kunstflugvorführungen begannen, wechselte Baier den Normalvergaser gegen Spezialvergaser für Rückenflug aus. Außerdem wurde am Vordersitz ein Treibstofftank mit 20 Litern Fassungsvermögen montiert, in den Udet im Rückenflug mit Hilfe einer Handpumpe Luft pumpte, wodurch der Treibstoff in die zwei Spezialvergaser gedrückt wurde. Nach den Vorführungen wurde der Tank abmontiert und im Gepäckfach des Flamingos verstaut.

Vor Werbeflügen montierte Baier das Gerät für die „Udet-Schleppschrift". Ihre Entwicklung lag Udet besonders am Herzen; er hoffte nach wie vor, das Reichswehrministerium dafür interessieren zu können, dieses Gerät für das Schleppen von Luftsäcken bei Schießübungen zu übernehmen. Nicht zuletzt war es Baiers Aufgabe, dafür zu sorgen, daß Udets Talisman an Bord war: eine kleine Erdkugel, umklammert von einer Fledermaus, ein Geschenk, das ihm Lo gemacht hatte, als sie während des Krieges Krankenschwester in München gewesen war. Udet trug den Talisman entweder in der Tasche oder bewahrte ihn im Handschuhfach des Flamingos auf; war er verschwunden, war der Teufel los.

Baier war nicht nur auf den Flugplätzen daheim. Hatte er seine Aufgaben als Mechaniker erfüllt, arbeitete er in Udets Wohnung als dessen Sekretär und schlug sich mit dem unvermeidlichen Papierkram herum.

Aus dem Sekretär wurde schließlich ein Vertrauter, der Udet, wo es gewünscht oder notwendig war, unverblümt seine Meinung sagte; im Gegensatz zu vielen anderen Leuten, die dem prominenten Flieger kritik- und widerspruchslose Bewunderung entgegenbrachten. Das wachsende Vertrauen zwischen den beiden Männern fand seinen Niederschlag in der Anrede, die sich vom formellen Herr Baier über das formlose Baier zum familiären Baierlein wandelte, und bereits am 29. August 1928 widmete Udet seinem Mechaniker ein Porträt mit den Worten: „Meinem lieben Baier in guter Freundschaft".

Der junge Mechaniker durfte an einem faszinierenden und abwechslungsreichen Leben teilnehmen. Beim Flugtag in Mannheim traf er mit dem Artisten Oskar Dimpfel zusammen, der nun doch seinen Luftakt vorführte, allerdings nicht an Udets, sondern an Richard Kerns Flamingo hängend. Als man Udet fragte, ob das große Aufsehen um Dimpfel gerechtfertigt sei, antwortete er: „An dem verdienen wir alle. Was der macht, ist neu. Unsere Fliegerei kennt man längst."

Beim Flugtag in Kassel zeigte sich Udet in Gesellschaft der Schauspielerin Antonie Strassmann, die eine der ersten weiblichen Piloten Deutschlands gewesen war. Sie war seine neueste Flamme, doch der kostbare Schmuck, den sie trug, war ein Beweis dafür, daß sie sich auch der Freundschaft des deutschen Kronprinzen erfreute.

Auch zwischen den Flugtagen war Udet stets von alten Freunden, neuen Eroberungen und prominenten Persönlichkeiten umgeben. Er verkehrte viel mit Schriftstellern und Schauspielern, seine Berliner Wohnung mit dem Scheibenschießstand war ein Treffpunkt der eleganten Gesellschaft, und fast jeder seiner Freunde ist einmal mit ihm in seinem Dodge nach Tempelhof gefahren, um anschließend im berühmten roten Flamingo einen Rundflug über Berlin zu machen.

Noch nach Jahrzehnten gab es viele Menschen, die erklärten: „Ich war einer von Udets besten Freunden." Tatsächlich war seine menschliche Wärme so groß und spontan, daß man sich leicht als sein bester Freund fühlen konnte, auch wenn man ihm nur für eine Stunde oder gar für wenige Minuten begegnet war.

Was aber die Prominenten betrifft, die Udets Umgang suchten, hat Baier ebenfalls Jahre später eine bezeichnende Episode erzählt:

„Einmal erschien Udet mit seinem Dodge in Staaken, gefolgt von einer Kolonne chromglänzender Wagen. Ihnen entstiegen Damen in bunten Saris und gutgekleidete Herren: ein indischer Maharadscha mit seinem Gefolge. Der Gast hatte offensichtlich mit Udet einen Flug vereinbart, aber als er die Fliegerkappe aufsetzen und den Fallschirmgurt anlegen wollte, protestierten seine Frauen energisch und hielten ihn zurück. Schließlich stimmten sie zu, daß wenigstens der Bruder des Maharadschas, der ebenfalls gekommen war, mitfliegen durfte.

Alle schauten interessiert zu, wie er sich im vorderen Sitz niederließ. Da damals in Staaken kein Flugverkehr herrschte, konnte Udet mit dem Flamingo nach einem eleganten Kavalierstart ein kleines Kunstflugprogramm absolvieren. Die fremdländischen Zuschauer waren begeistert, ich aber fürchtete, daß im Rumpfinneren Nebenauswirkungen dieses Fluges zu finden sein würden. Als der Flamingo schließlich mit stehendem Propeller wieder vor uns stand, war der Fluggast zwar etwas benommen, aber munter genug, um die dargebotenen Hände der bewundernden Zuschauer zu schütteln. Und siehe da – sein Sitzplatz war sauber wie beim Einsteigen!"

Im allgemeinen war Udet ein guter Menschenkenner, dessen Wesen aus einer eigenartigen Mischung von Mißtrauen und fast grenzenloser Hilfsbereitschaft bestand. Als sein Freund Waldhausen, der in Marburg an der Lahn studierte, einen Flugtag zugunsten des dortigen Segelfliegerklubs veranstalten wollte, stellte Udet seinen einzigen freien Sonntag zur Verfügung und erklärte sich bereit, für die Hälfte des üblichen Honorars zu fliegen. Weil alle Hotels überfüllt waren, wurde Udet in Marburg in der Wohnung des Studenten Viktor Plangemann untergebracht, dessen sehnlichster Wunsch es war, einmal mit seinem berühmten Gast fliegen zu dürfen. Dieser Wunsch stieß zunächst auf Ablehnung, weil Udet mit Recht fürchtete, noch viele andere Leute mitfliegen lassen zu müssen. Schließlich fand er einen Ausweg. Er sagte Plangemann, er möge sich in einiger Entfernung vom Flugplatz bereithalten. Dann fingierte Udet eine Notlandung, Plangemann schlüpfte unbemerkt in die Maschine, und so ging sein Wunsch doch noch in Erfüllung.

Baier war immer wieder von neuem von der Magie beeindruckt, die der Name Udet ausstrahlte. Kamen sie auf ihren Reisen von Flugtag zu Flugtag in ein Hotel, so genügte es den Namen zu nennen, und es gab auf einmal keine Probleme mehr: Jeder Wunsch wurde erfüllt, jede Schwierigkeit aus der Welt geschafft. Die ungeheure Popularität, die Udet genoß, erhöhte sich noch, als im Jahre 1928 ein Buch aus seiner Feder, und zwar seiner Zeichenfeder, erschien. „Hals- und Beinbruch" hieß die Sammlung von Karikaturen, die der Traditionsverlag Kolk & Co in Berlin herausgebracht hatte. Fast alle berühmten Namen der Fliegerei aller Zeiten schienen in dem Buch, das mehr als 70 Karikaturen umfaßte, auf: Ikarus, der Schneider von Ulm, Santos Dumont, Graf Zeppelin, Thea Rasche, Heinkel, Rohrbach, Lindbergh, Chamberlin, Junkers, von Hünefeld, Könnecke, Fieseler, Doret ... C. R. Roellinghoff hatte zu jeder Zeichnung ein lustiges Verslein verfaßt. Udet selbst schien in dem Buch am Steuer seines Flamingos und mit dem Reim auf: „Wer fliegt da so früh mit dem Morgenwind? Das ist der Udet, das fröhliche Kind."

Der Verlag pries das Buch in den deutschen Luftfahrtzeitschriften mit folgendem Inserat an:

„Kennen Sie den Menschen und Satiriker Udet? Nein! Sie kennen nur den Flieger. Greifen Sie zu dem Buch, in dem er in meisterhaften selbstgezeichneten Karikaturen seine lustigen Loopings schlägt und die, vereint mit den Versen Roellinghoffs, unser Zwerchfell erschüttern."

Die Routine der Flugtage wurde im Sommer 1928 durch ein fliegerisches Großereignis unterbrochen. Am 30. Juni und 1. Juli fand in Düsseldorf im Rahmen des Rheinischen Flugturniers die Deutsche Kunstflugmeisterschaft statt. 33 Bewerber waren gemeldet, 25 erschienen am Start, und vier qualifizierten sich für das Finale am Sonntag, dem 1. Juli: Gerhard Fieseler, Mitbesitzer der Raab-Katzenstein-Flugzeugwerke, der Leiter der Fliegerschule Raab-Katzenstein in Düsseldorf, Peschke, Willy Stör, Kunstfluglehrer der Deutschen Verkehrsfliegerschule, und Udet.

Fieseler und Peschke flogen eine Raab-Katzenstein-Schwalbe

Im Flamingo.

Wer fliegt da so früh mit dem Morgenwind?
Das ist der Udet, das fröhliche Kind —
Ein Lächeln verschönt ihn, frisch singt er im Zug —
Und 's ist (frei nach Uhland) „Des Sängers Flug!"

Kl lc mit Spezialvergaser für Rückenflug, Udet und Stör Flamingos, Udet mit Rückenflugvergaser und Stör mit Normalvergaser. Unter den 20.000 Zusehern, die sich am Sonntag am Flugplatz Lohausen eingefunden hatten, waren auch Reichsverkehrsminister Koch und Erhard Milch von der Lufthansa.

Das Finale stand im Zeichen fliegerischer Leistungen individueller Prägung. Stör flog verspielt und elegant, man nannte ihn den „Mozart der Lüfte". Udet zeigte das gewagteste und aufsehenerregendste Programm, aber Fieseler war der präziseste von allen und trug nicht zuletzt dank seiner exakten Außenloopings den Sieg davon. Er erhielt den Ehrenpreis des Deutschen Luftfahrtverbandes und die Summe von 4000 Mark. Udet landete auf dem zweiten Platz und mußte sich mit 2000 Mark begnügen; Stör wurde dritter.

Für Udet war der Tag eine Enttäuschung gewesen; zum zweiten Male war er bei einer deutschen Kunstflugmeisterschaft geschlagen worden.

Aber er nahm es gelassen hin und übte keine Kritik an der Entscheidung. Im Gegenteil: Er wußte nicht nur, sondern sagte auch, daß er nicht so präzis flog wie Fieseler. Er legte, seiner Mentalität entsprechend, mehr Wert auf Bodenakrobatik, die das breite Publikum begeisterte. Walther Kleffel, der ihn gut kannte, schrieb dazu in der Zeitschrift „Der Luftweg": „Einzigartig sind Udets Kunstflüge mit stehender Schraube, nur übernimmt er sich zumeist in der Einteilung seines Programmes, und dann fehlt ihm die Zeit zum Schluß. So auch in Düsseldorf, wo die letzten drei Figuren ihm nicht mehr angerechnet werden konnten."

Wenige Tage später war sein Name wieder einmal in aller Munde. „Udet eilt zu Hilfe", lauteten die Schlagzeilen der deutschen Zeitungen. Was war geschehen?

Umberto Nobile hatte mit seinem Luftschiff „Italia" den Nordpol überflogen. Auf dem Rückweg nach Spitzbergen geriet er in eine Schlechtwetterfront, heftige Gegenwinde verzögerten den Flug, und dicker Eisbelag machte das Luftschiff so schwer, daß es immer tiefer sank und am 25. Mai gegen eine Eisbarriere prallte. Dabei wurde die Kabine abgerissen und der Tragkörper samt sechs Besatzungsmitgliedern, von denen nie wieder eine Spur gefunden wurde, davongetrieben.

Mit der Kabine waren zehn Mann im Eis gestrandet. Einer war beim Aufprall getötet worden, zwei andere, darunter Nobile, waren schwer verletzt. Erst nach Tagen fing man die Funksignale der Überlebenden auf, und erst am 20. Juni gelang es Major Maddalena mit einem Flugboot vom Typ Savoia Marchetti S 55 an der Unfallstelle Lebensmittel, Ausrüstung und Medikamente abzuwerfen. Vier Tage später vermochte der schwedische Pilot Leutnant Lundborg den schwerverletzten Nobile auszufliegen, doch bei einem neuerlichen Rettungsversuch überschlug sich seine Maschine, und nun war auch er gestrandet. In dieser Situation bot Udet der italienischen Regierung seine Hilfe an, und das Angebot wurde dankend akzeptiert. Er wollte mit einem Flamingo, ausgerüstet mit Schneekufen, an der Unfallstelle landen und einen Überlebenden nach dem anderen herausfliegen. Die deutsche Reichsregierung erklärte sich bereit, das Vorhaben zu finanzieren: Udet und ein weiterer Pilot, zwei Flamingos und eine Hilfsmannschaft unter Führung des Polarforschers Kapitän Nitscher sollten an Bord eines Dampfers der Hamburg Amerika Linie nach Spitzbergen abgehen. Aber am Tage vor der Abreise des Hapag-Schiffes wurde das Unternehmen abgeblasen, weil sich der sowjetische Eisbrecher „Krassin" inzwischen der Unfallstelle so sehr genähert hatte, daß die Rettung unmittelbar bevorstand. Tatsächlich gelang es der „Krassin" bald darauf, die Überlebenden, die 19 Tage ausgeharrt hatten, zu bergen.

So traten an die Stelle der Expedition ins ewige Eis wieder die Flugtage: Chemnitz, Würzburg, Dortmund, Stuttgart und zwischendurch als Höhepunkt am 2. September 1928 Berlin Tempelhof mit fast 200.000 Zusehern. Thea Rasche und Ernst Udet waren die einzigen Kunstflieger dieses Flugtages. Der Rest der Vorführungen bestand aus Stafetten- und Formationsflügen, wobei die Lufthansa ihre „Riesenflugzeuge", die dreimotorigen Ganzmetall-Junkers G 24, zeigte.

Bald darauf, vom 7. bis 28. Oktober, fand in Berlin die Internationale Luftfahrtausstellung, I. L. A., statt, an der sich 23 Nationen beteiligten. Interessante Maschinen waren zu sehen: der Wright Flyer, der Dornier Superwal und der Autogiro Ciervas. Diesmal hatte Udet Glück: Am 9. Oktober durfte er diesen Vorläufer des Hubschraubers fliegen, und am nächsten Tag berichteten die Zeitungen: „Udet hat gewindmühlt." Cierva, sein Testpilot A. H. Rawson und Udet feierten das Ereignis in der Bar des Hotels Adlon.

Die französische Armée de l'Air war auf der I. L. A. mit einem eigenen Pavillon vertreten, und nach einigem Zögern hatte sich René Fonck, das französische As der Asse, der die Abschußliste der überlebenden Jagdflieger auf alliierter Seite anführte, bereit erklärt, nach Berlin zu kommen. Er benützte dazu eine Maschine der Lufthansa, und auf der Strecke Brüssel–Köln hatte man ihn eingeladen, die Junkers G 24 selbst zu steuern. Udet suchte den Gast aus Frankreich in seinem Hotel auf.

René Fonck hat geschildert, wie es zu dieser Begegnung kam: „Am Abend meiner Ankunft in Berlin, ruhte ich mich im Hotel aus, als das Telephon läutete: ‚Kann ich Capitain Fonck sprechen?' – ‚Wer ist es?' fragte ich. Schüchtern, als ob sie sich entschuldigen wolle, antwortete die Stimme: ‚Udet . . .'"

Noch am gleichen Abend trafen die beiden Flieger im Hotel zusammen, und es entspann sich ein denkwürdiger Dialog:

„Wir haben Sie sehr gefürchtet, Herr Udet!" – „Ja, aber der beste von uns war Richthofen." – „Er war ein zäher und fairer Gegner." – „Haben Sie ihn gesehen, als er tot war?" – „Ja, ich habe ihn gesehen . . ."

Die beiden besten überlebenden Jagdflieger der Welt, die zehn Jahre zuvor noch Gegner gewesen waren, wurden rasch gute Freunde. Gemeinsam bummelten sie durch Berlin und Udet zeigte Fonck hoch über der Stadt das neueste Detail des Flamingos: eine an der rechten Tragflächenstrebe befestigte Kamera samt Fernauslöser, mit der Pilot und Passagier während des Fluges photographiert werden konnten.

Nach dem letzten Flugtag der Saison fragte Baier, ob er nun zu den Siemens-Halske-Werken zurückkehren solle. „Nein", antwortete Udet. „Ich habe mit Ihren Chefs gesprochen, Sie können bleiben. Sehen Sie zu, daß der Flamingo für das Rennen am Eibsee im nächsten Januar in Ordnung ist.“

Die letzten Tage des Jahres verbrachte Udet in Paris bei seinen einstigen Gegnern, die nun seine Freunde waren. René Fonck widmete ihm am 28. Dezember sein Bild mit der Inschrift: „Für Ernst Udet. Je mehr man gegeneinander gekämpft hat, desto mehr vermag man die wahre Kameradschaft der Luft zu verstehen. Freundschaftlich und herzlich René Fonck.“ Gemeinsam besuchten sie die „Vieilles Tiges“, die im Jahre 1920 gegründete Gemeinschaft der „Stammväter“ der französischen Luftfahrt, wo sie von Léon Bathiat und Clifford Harmon empfangen wurden. Viele Essen wurden für Udet gegeben und viele Reden zu seinen Ehren gehalten. In der Bibliothek des französischen Aeroklubs zeigte ihm René Fonck das Buch „Sous les cocardes“ mit den Zeichnungen, die Marcel Jeanjean während des Krieges gemacht hatte. In einfachen, fast kindhaften Strichen, die ein wenig an Udets eigene frühe Zeichenversuche erinnerten, schilderten sie das Leben einer französischen Jagdstaffel an der Front. Udet war beim Anblick der Bilder, die das Erinnern an sein eigenes Kriegserleben wachriefen, tief bewegt. „Wunderbar“, war das einzige, was er zu sagen vermochte, „wirklich wunderbar ...“

Im Januar 1929 war in Berlin so viel Schnee gefallen, daß eine Maschine wie der Flamingo vom Tempelhofer Flugfeld nicht starten konnte. Das hinderte Udet aber nicht daran, rechtzeitig am Eibsee zu sein, auf dem der Bayrische Aeroclub ein „Wettrennen“ zwischen Flugzeug und Auto veranstaltete. Er ließ sich aus München die Schneekufen des Flamingos schicken, Baier montierte sie anstelle der Räder und dann stand dem Abflug nichts mehr im Wege.

Auf dem ebenfalls tief verschneiten Eibsee war eine ovale Rennbahn von etwa 1500 m Länge freigeschaufelt worden. Udet hatte fünfzehnmal entlang dieses Kurses zu fliegen, die Rennfahrer, darunter Rudolf Carracciola und Hans Stuck, mußten ihn nur zwölfmal durchmessen. Die 6000 Zuschauer erlebten ein spannendes Rennen. Udet flog in den Geraden ganz knapp über den Autos und zog in den Kurven jeweils hoch. Sieger wurde Hans Stuck auf einem Austro Daimler.

Nach dem Rennen führte Fritz von Opel auf dem Eibsee seinen Schlitten mit Raketenantrieb vor, und Udet brillierte mit einem besonders gewagten Kunststück: An einem Balkon des Hotels Eibsee wurde eine waagrecht wegstehende Stange von etwa vier Meter Länge befestigt, an deren Ende ein Taschentuch befestigt war. Udet flog vorbei und gabelte es mit einem Stahlsporn auf, der an der Vorderkante der Tragfläche befestigt war. Das abendliche Fest endete auf der Kegelbahn des Hotels, auf der man die Kegel durch Sektflaschen ersetzt hatte ...

Nach einem kurzen Zwischenaufenthalt in München flog Udet in die Schweiz, wo ihn eine neue Aufgabe erwartete: der Film. Der bekannte Bergfilmspezialist Dr. Arnold Fanck drehte mit Leni Riefenstahl und Gustav Diessl in den Hauptrollen: „Die weiße Hölle vom Piz Palü." Die Handlung des Filmes war einfach und spannend: Zwei Menschen – Riefenstahl und Diessl – werden in den Bergen vom Schneesturm überrascht und drohen zu erfrieren. Nachdem sich der Sturm gelegt hat, werden sie von einem Flieger – Udet – entdeckt und gerettet.

Die Filmmannschaft hatte ihr Hauptquartier in der Diavolezza-Hütte beim Morteratschgletscher in etwa 2900 m Höhe zu Füßen des 3889 m hohen Piz Palü aufgeschlagen. Der Berg lag etwa 15 km von St. Moritz entfernt, wo Udet am 25. Februar auf dem zugefrorenen See landete. Auf der Eisdecke wurde ein Hangar für den Flamingo errichtet, und dann begannen die Filmaufnahmen. Udet flog entweder allein oder mit dem Kameramann Hanns Schneeberger, der ein Bergspezialist war; er stammte aus Innsbruck und hatte sich im Ersten Weltkrieg als „Held der Tofana" ausgezeichnet. Die Flüge führten bis in 3300 m Höhe, wobei die Filmleute manchmal am Piz Languard mit großen schwarzen Kreuzen die Punkte markierten, die im Sinne des Drehbuches anzufliegen waren. Dabei gelangen Szenen, die so atemberaubend waren, daß bei der Premiere des Filmes selbst Fachleute glaubten, es handle sich um Trickaufnahmen. In Sion in der Schweiz sah den Film auch ein fünfzehnjähriger Au-

1 *Ernst Udet, genannt Erni*

2 *Der „Aeroclub 1909" als Zaungast bei den Ottowerken*

3 *Als Mittelschüler in Verdun vor einem französischen Militärluftschiff*

5 *Als junger Jagdflieger. Ein Bild, das später „La Guerre Aérienne“ brachte*

6 *Rechts Kampfeinsitzerkommando Habsheim: Vor einem Fokker-Eindecker mit seinem Kameraden Weingärtner*

4 *Der freiwillige Motorradfahrer 1914, zu Beginn des Weltkriegs*

7/8 Bei der Jagdstaffel 37. Oben mit den Monteuren Behrend und Gunkelmann. Unten mit Staffelführer Lt. Grashoff

9 *Sommer 1918: Nach der Verleihung des Pour le mérite*

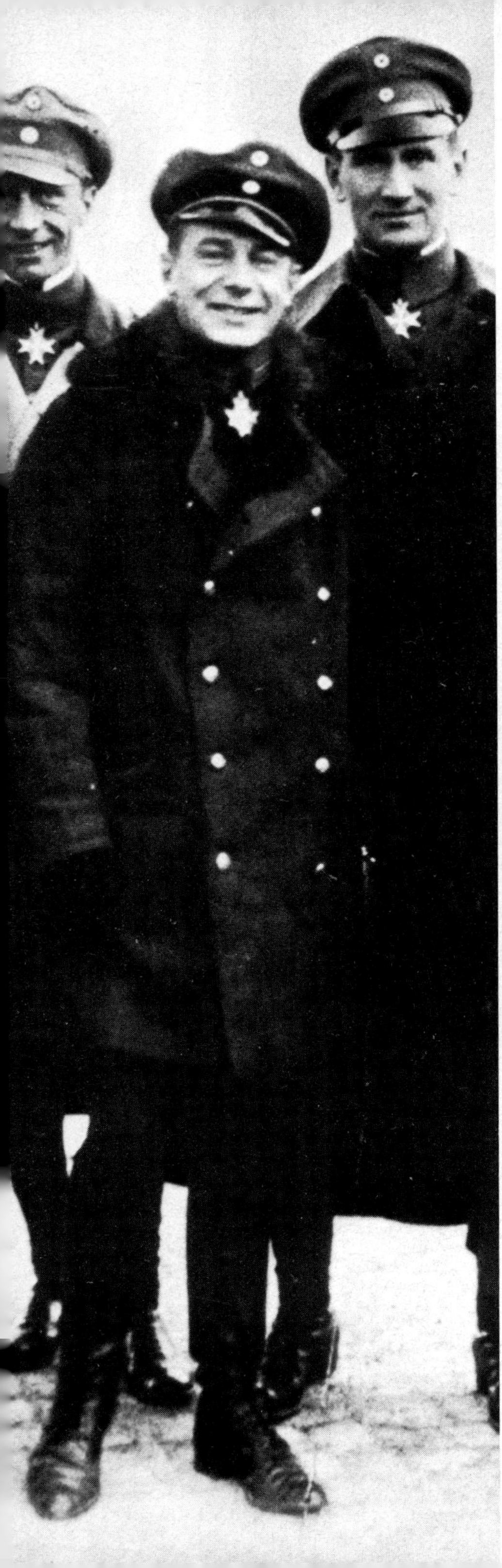

10/11 Jagdflugzeug-Vergleichsfliegen 1918: Links mit Schleich und Loerzer. Oben im Hotel Adlon: vorne Göring, Loerzer, von Boenigk; hintere Reihe Klein, Veltjens, Dir. Eversbusch, Udet, Jacobs

12 Udets letzter Kommandeur Göring mit dem Geschwaderstock Richthofens

Fok.D VII F 5125/18

13 Der rote Fokker mit dem Namen Lo

14 Am Steuer des Geschwaderwagens; links außen Löwenhardt, rechts außen Bodenschatz

15/16 Nach dem Krieg. Oben mit Lo als Beifahrerin und unten vor dem Start zum Passagierflug München–Wien

17–19 Die erfolgreichsten Asse der Alliierten widmeten Udet, dem erfolgreichsten überlebenden deutschen Jagdflieger, ihre Bilder. Oben links der Engländer W. V. Bishop, rechts oben der Amerikaner Eddie Rickenbacker, links unten der Franzose René Fonck. Das Bild rechts unten zeigt Fonck in Udets Flamingo über Berlin

To my dear friend
"Major Ernst Udet"
I am glad we are both
here to talk about the old days.
Eddie Rickenbacker 1931

20/21 Fliegergedenktage 1921. Oben: Udet links außen mit dem bayerischen Ministerpräsidenten Kahr und dem Münchener Polizeipräsidenten Pöhner (beide mit Fliegerhaube). Unten: Links von Udet Lothar von Richthofen

22 Der „Teniente aviador aleman Ernesto Udet“ auf einem argentinischen Flugplatz im Jahre 1923

23/24 Mit Walter Angermund, dem Organisator der Flugtage, und mit Gräfin Einsiedel beim Zugspitzflug 1925

25/26 Zweimal auf der Zugspitze: 1927 mit dem Alpensegler und 1928 mit der Klemm, D-1122

Münchner

27 Die erste Begegnung mit Elly Beinhorn beim Flugtag in Königsberg im Herbst 1929

28 Das Handrad am Flamingo, mit dem die Udet-Schleppschrift betätigt wurde

29–32 Die afrikanische Safari 1930/31: Giraffen fliehen vor dem Flugzeug der weißen Jäger; das Feigenbaumhotel; die zerstörte Motte; ein schlankgewordener Udet wird bei der Heimkehr in München mit einen Lorbeer- und einem Weißwurstkranz empfangen

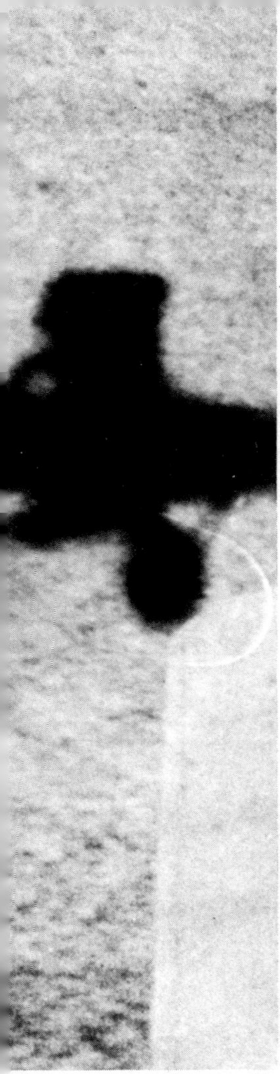

Kieler Neueste Nachrichten. Sonntag, den 2. Juni 1929.

Das ist das größte Ereignis des Jahres!

Udet, der Weltberühmte,

kommt zum Groß-Flugtag, Kiel am 9. Juni 1929

Vorverkauf zu ermäßigten Preisen in den durch besonderen Aushang kenntlich gemachten Geschäften.

33/34 *Der „Weltberühmte" mit Thea Rasche und Gerhard Fieseler*

35/36 Grönland 1932: Eisberge und die Klemm 25, auf deren Tragfläche man in Ruhe lesen kann

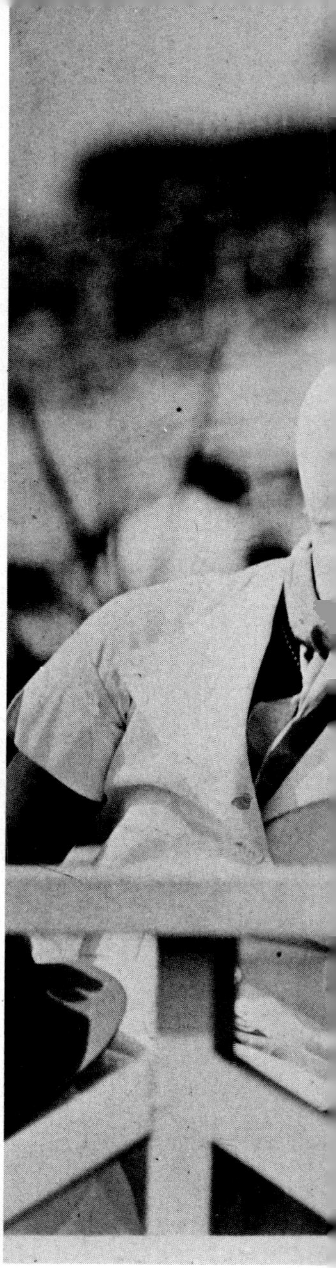

Lt. Udet
39. Abschuss
N
6347

37–39 Begegnung mit alten und neuen Freunden in Amerika: Eddie Rikkenbacker (links oben), Walter Wanamaker (links unten), die amerikanische Fliegerin Ruth Elder und die deutsche Schauspielerin Lil Dagover (rechts)

40/41 Besuch in Hollywood: oben mit Lilian Harvey; unten mit dem langjährigen Mechaniker Erich Baier auf dem Flugplatz von Los Angeles

tomechanikerlehrling namens Hermann Geiger, der eines Tages der berühmteste Bergrettungsflieger der Welt wurde, ehe er einem tragischen Flugunfall zum Opfer fiel.

Am 3. März gab Udet auf Einladung der Kurverwaltung von St. Moritz ein Schaufliegen, es folgten die üblichen Feste mit prominenten Wintersportgästen wie Anthony Fokker, Fritz von Opel und Oskar Henschel, und Ende des Monats verließ Udet die Schweiz und brachte den Flamingo zur Generalüberholung in Willi Messerschmitts Bayerischen Flugzeugwerken nach Augsburg.

Seit längerer Zeit trug er sich allerdings mit dem Gedanken, die Maschine, die allmählich in ganz Deutschland bekannt war, durch ein neues Flugzeug zu ersetzen. Er hatte bereits schriftlich bei Messerschmitt angefragt, ob er ihm einen neuen Doppeldecker bauen wolle, Baier hatte nach seinen Angaben einige Berechnungen angestellt, und die Bayerischen Flugzeugwerke hatten dem Projekt die Werksnummer M 25 gegeben. Nun, während des Aufenthaltes in Augsburg, fanden in einem Extrazimmer des Hotels „Drei Mohren“ eingehende Besprechungen über die geplante Maschine statt.

Zur gleichen Zeit wurde der Flamingo generalüberholt. Er erhielt einen neuen Anstrich und kleine Klappen oberhalb der Verwindungen, so wie sie die von Dipl.-Ing. Karl Theiss aus dem Flamingo entwickelte BFW 3 hatte. Theiss hatte während des Krieges als Konstrukteur bei den Halberstädter Flugzeugwerken begonnen und war dann über die Caspar-Werke und die Luftfahrzeug-Gesellschaft in Stralsund als Nachfolger von Hans Herrmann zu den Bayerischen Flugzeugwerken gekommen. Die BFW 3, die er entwickelt hatte, vermochte allerdings ebenso wenig die Nachfolge des Flamingos anzutreten wie ihre Vorläuferin, die BFW 1.

Am 2. Mai konnte Udet den generalüberholten Flamingo abholen, wobei er die Gelegenheit benützte, in Augsburg an einem Flugtag teilzunehmen. Statt dem Namen Udet trug die Maschine nun in großen Lettern die Aufschrift Scintilla, eine gute Werbung für die Schweizer Scintilla A. G. in Solothurn, die Magnet- und Zündsysteme herstellte und deren deutscher Generalvertreter Paul Schenk in Berlin war. Am Rumpfende trug der Flamingo das Firmenzeichen von Mobiloil, auf dem Seitensteuer den stilisierten Adler der Bayerischen Flugzeugwerke und auf der Motorhaube den Namen der Firma Siemens Halske samt dem Kürzel SH.

Auf den Flugtag in Augsburg folgten Schauflüge in Frankfurt, Hamburg, München, Landshut, abermals Frankfurt, Leipzig und Kiel. Es gab die üblichen Zwischenfälle: Bereits auf dem Weg von Augsburg nach Frankfurt geriet der Flamingo in so dichten Nebel, daß Baier nachher erzählte: „Ich hatte zwar ein spaßiges Gefühl, aber einen grenzenlosen Glauben an Udet und war überzeugt, daß er uns sicher herunterbringen würde." Als der Treibstoffvorrat schon fast erschöpft war, stiegen plötzlich grüne Leuchtkugeln hoch. Sie kamen vom Frankfurter Flughafen, wo man die Maschine zwar nicht gesehen, aber gehört hatte. Auf dem Flug von seinem Standquartier Berlin zum Flugtag in München setzte der Motor wegen einer gebrochenen Ventilfeder aus. Aber Udet war ein ausgezeichneter Pilot, dem es gelang, auf einer Wiese mit kniehohem Gras zu landen, und Baier war ein ausgezeichneter Mechaniker, der stets die notwendigen Ersatzteile bei sich hatte. Der Schaden wurde an Ort und Stelle repariert, der Flamingo mit Hilfe von Bauern aus der Wiese herausgeschoben, und dann wurde der Flug fortgesetzt.

Auf Kiel, wo sich 15.000 zahlende und mindestens ebenso viele nichtzahlende Gäste eingefunden hatten und wo auch der bekannte Pour-le-mérite-Flieger Theo Osterkamp, der an der Seeflugstation Holtenau tätig war, an den Start ging, hätte ein Flugtag in Freiburg folgen sollen. Er scheiterte daran, daß sich die Stadt nicht in der Lage sah, dem Breisgau-Verein für Luftfahrt die erforderliche Ausfallhaftung in der Höhe von 3000 Mark zu garantieren.

Udet hatte die Hoffnung, daß die Bayerischen Flugzeugwerke einen geeigneten Ersatz für den Flamingo bauen würden, aufgegeben, wollte aber nun eine zweite Maschine kaufen, die das breite Publikum noch nicht kannte. Seine Wahl fiel auf eine de Havilland D. H. 60 Moth, die er durch Vermittlung des Berliner Vertreters der Firma, Friedrich, erhielt. Die Maschine, die einen 75-PS-Armstrong-Genet-I-Sternmotor hatte, war eine Spezialversion der „Motte", die eigens für den vom britischen Luftfahrtministerium 1926 in Lympne veranstalteten Leichtflugzeugwettbewerb entwickelt worden war. Ihr Pilot Captain H. S. Board war zwar bei dem Bewerb disqualifiziert worden, aber später wurde sie von bekannten Fliegern wie d'Arcy Greig und Semphill bei Rennen verwendet. Zuletzt hatte sie Flying Officer Soden als Kunstflugmaschine benützt, bevor sie von den de Havilland Werken überholt wurde. Udet flog die rotgestrichene Maschine mit silberfarbenen Flügeln von England nach Berlin, wo sie das Kennzeichen D-1651 erhielt. Es gab bereits einige Flugzeuge dieses Typs in Deutschland; eines davon mit dem Kennzeichen D-1612 gehörte dem Automobilindustriellen Fritz von Opel, der die Maschine im Mai 1932 an den Filmschauspieler Heinz Rühmann verkaufte.

Ein großer Vorzug der Motte war, daß sie zurückklappbare Tragflächen hatte und daher wenig Raum im Hangar einnahm. Da Udet beide Maschinen bei Flugtagen einsetzen wollte, stellte er den jungen Piloten von Suchocky an, der die Motte von Flugplatz zu Flugplatz brachte.

Im Frühsommer 1929 wurde Udet im Tempelhofer Heldenkeller vom Werbechef der Rasierklingenfirma Rotbart angesprochen, der ihm sagte: „Mein Chef, Herr Roth, hat gesehen, daß die Schokoladefirma Trumpf eine eigene Fokkerstaffel für Werbung einsetzt. Vor einigen Tagen hat sie bei einem Fußballspiel in Lichterfelde Schokolade abgeworfen. Würden Sie ..." Udet schnitt seinem Gesprächspartner das Wort ab: „Kommt nicht in Frage."

Sein Gesprächspartner war aber hartnäckig und unterbreitete ihm einige Tage später einen konkreten Vorschlag: „Wir wären bereit, den Namen Udet groß auf die obere Tragfläche einer Ihrer beiden Maschinen malen zu lassen. Auf der unteren Tragfläche sollte ‚Rotbart' und ‚Mond Extra' stehen; das sind unsere beiden Rasierklingen. Außerdem würden wir große blau-rote Wasserbälle kaufen, die jetzt so beliebt sind. Auf eine Seite der Bälle würden wir drukken: ‚Gruß von Udet', auf die andere Seite: ‚Gut rasiert – gut gelaunt, Rotbart und Mond Extra'. Und dann würden wir Sie bitten, einmal im Juli und einmal im August entlang der Küste von Borkum bis Kolberg zu fliegen und die Bälle abzuwerfen. Zwei Flüge hier in

Berlin über dem Wannsee und dem Müggelsee wären uns auch recht."

Udet war neugierig geworden und fragte: „Wieviel würden Sie dafür bezahlen?" Die Antwort: „Ich könnte mir vorstellen, daß Herr Generaldirektor Roth dafür 200.000 bis 300.000 Mark auslegen würde." Worauf Udet nur sagen konnte: „Wann kann ich den Herrn Generaldirektor sprechen?" Mit ihm wurde er rasch einig, anschließend fuhr er zum Kaufhaus des Westens und kaufte einige Gummibälle, die noch am gleichen Tage über Tempelhof aus dem Flugzeug zur Erde schwebten. Das Training für den „Bäderflug 1929" hatte begonnen.

Als Udet am 24. Juli von Berlin in Begleitung des Werbeleiters der Firma Rotbart startete, hatte sich Generaldirektor Roth zur Verabschiedung eingefunden. Der Flamingo flog zunächst nach Warnemünde, Baier folgte auf dem Landweg mit Udets Auto. Dann folgten drei unbeschwerte Wochen, in denen Udet von Kolberg im äußersten Osten bis Borkum nahe der holländischen Grenze flog. Baier warf die Gummibälle ab, und Udet gab hin und wieder eine kleine Kunstflugvorführung als Draufgabe. Für die Firma Rotbart machte sich dieser Bäderflug bezahlt, denn überall strömten die Menschen zusammen, wenn Udets Maschine erschien und die Bälle inmitten der Badegäste niedergingen.

In Warnemünde war Udet Gast Ernst Heinkels. Thea Rasche, die einen ähnlichen Werbeflug für die Seifenfirma Sunlight durchführte, war ebenfalls eingeladen. Sie warf aus ihrer Maschine kleine Seifenstücke ab, und da einige von ihnen ins Wasser gefallen waren, wies Udet sie zurecht: „Thea, du versaust die ganze Ostsee." Im Gegensatz zu Udet war Thea Rasche über diesen Sommerflug ohnehin nicht sehr glücklich, weil sie ständig von einem Beauftragten der Firma begleitet wurde, der anordnete, wann, wo und wie sie zu fliegen hatte.

Nach dem Bäderflug 1929 begannen wieder die Schauflüge: am 19. August Wilhelmshaven, am 25. August Kaiserslautern, dann Chemnitz, Dresden, Breslau, Gleiwitz, Danzig und Königsberg. In Wilhelmshaven fiel gleich nach dem Start der Motor der Motte aus.

Udet mußte notlanden und stieg auf den Flamingo um. Als die Luftpolizei anordnete, er dürfe bei seinem Kunstflug eine Mindesthöhe von 200 m nicht unterschreiten, antwortete er unwirsch: „Ich fliege überall in Deutschland, wie ich will, daher auch in Wilhelmshaven." Im Rahmen des Flugtages wurden der Schulgleiter Zögling und zwei Nachwuchsflieger dem Publikum vorgestellt: Luise Hoffmann und Gerd Achgelis. Fräulein Luise Hoffmann war erst 19 Jahre alt, führte aber auf einer Raab-Katzenstein Kl 1 Schwalbe, die sie Spatz nannte, bereits ein perfektes Kunstflugprogramm vor. Später wurde sie Deutschlands erster weiblicher Testpilot beim Bücker Flugzeugbau, ehe sie tödlich abstürzte. Gerd Achgelis flog eine Focke Wulf S 24b Kiebitz mit dem Kennzeichen D-1610. Wenige Tage später, am 4. September stellte er mit dieser Maschine mit einer Dauer von 34 Minuten einen neuen deutschen Rekord im Rückenflug auf. Nachwuchspiloten wie Luise Hoffmann und Gerd Achgelis bewiesen weithin sichtbar, welch großes Interesse der Luftfahrt in Deutschland entgegengebracht wurde. Der Deutsche Luftsportverband zählte bereits 50.000 Mitglieder und im Jahre 1928 hatten die Deutschen Flugverkehrsgesellschaften rund 100.000 Passagiere befördert, verglichen mit 60.000 Fluggästen in den USA und 25.000 in Großbritannien.

Dieser Breitenwirkung entsprachen aber auch Spitzenleistungen. Von den 82 internationalen Rekorden, die bei der FAI, der Fédération Aéronautique Internationale, registriert waren, wurden 2 von Ungarn, je 3 von der Tschechoslowakei und der Schweiz, 4 von Italien, 7 von Großbritannien, 13 von Frankreich und 33, das waren 40 Prozent, von Deutschland gehalten. Eine beachtliche Leistung für ein Land, dem zehn Jahre zuvor das Fliegen verboten worden war.

Beim Flugtag in Königsberg traf Udet zum erstenmal mit Elly Beinhorn zusammen, die in ihrer aus zweiter Hand gekauften, weiß-blau gestrichenen M 23 b mit dem Kennzeichen D-1674 gekommen war. Nachdem sie in Würzburg bei Robert Ritter von Greim in der Deutschen Verkehrsfliegerschule auf einem Flamingo Kunstflug geübt hatte, sollte sie nun ihre erste öffentliche Vorführung geben. Elly Beinhorn hat in dem Buch „... so waren diese

Flieger" ihr erstes Zusammentreffen mit Udet, dem „Star aller Flugtage", wie sie ihn nannte, sehr anschaulich geschildert. Zunächst ermahnte er sie väterlich: „Paß auf, daß du nicht auf den Pinsel fällst ... Das haben die Zuschauer zwar am liebsten – doch für einen selbst ist das eine recht unerfreuliche Angelegenheit. Ich hab so was schon mitgemacht, aber du Greenhorn noch nicht."

Als die junge Fliegerin dann nach ihrer ersten Vorführung gelandet war, erteilte ihr Udet wieder Ratschläge: „Nun hör mal zu, Kind. Wenn du den Leuten hier für ihr Geld etwas zeigen willst, dann darfst du nicht halb nach Warschau fliegen, auch wenn du auf dem Rücken liegst. Such dir ein paar typische Punkte in der Landschaft, ehe du zur ersten Figur ansetzt. Die gibt es überall. Ein großer Schornstein, ein kleiner See oder eine Flußbiegung oder auch ein helles Feld. Und daran hältst du dich. Nach einer Weile bekommst du ganz von selbst die Kontrolle ... Für den Anfang machst du deine Sache gar nicht schlecht."

Und obwohl Elly Beinhorn ihr Programm zwischen 200 und 400 m Höhe abgewickelt hatte, so niedrig wie nie zuvor während ihrer Ausbildung, fügte er hinzu: „Wenn du erst einmal mehr kannst – dann herunter und direkt über die Köpfe der Zuschauer. Die wollen doch dein dummes Gesicht sehen, wenn du im Rückenflug über sie dahinbraust."

Die junge Fliegerin nahm ihrem berühmten Kollegen diese Ratschläge nicht übel. Im Gegenteil: Sie war stolz, daß sie das Fest, das die Königsberger Flieger am Abend gaben, mit Udet als Tänzer eröffnen durfte und glücklich, daß er auf ihre Bitte eine Ansichtskarte an ihre Eltern unterschrieb. „Diese Karte", erinnert sich Elly Beinhorn, „hat meine Eltern und Udet überlebt."

XII

DIE AFRIKANISCHE SAFARI

In dem bewegten Leben Udets gab es einige Fixpunkte: der Neujahrsbeginn in den Bergen, die Teilnahme am Eibseerennen, die Routine der Flugtage und nun auch in zunehmendem Maße die Filmarbeit.

Als er bei seinem Freund Walter Kleffel am 7. Januar 1930 einen feuchtfröhlichen Abend feierte, entstand eine bezeichnende Karikatur: Udet im Flamingo über den Bergen, mit leicht geröteter Nase, eine Flasche in der linken Hand haltend, während drei geflügelte Flaschen dem Flugzeug folgten.

Am 5. Februar war er dann mit der Motte von Berlin über Leipzig und Nürnberg zum Eibsee unterwegs, dessen Eisdecke 30 cm dick war. 200 Autos nahmen an der Wettfahrt vom See nach Garmisch Partenkirchen teil; anschließend fand das eigentliche Eibseerennen zwischen Udet im Flugzeug und einigen Rennwagen statt. Die Klappflügel der Motte erwiesen sich als sehr praktisch; die Maschine konnte in einer Garage des Eibseehotels abgestellt werden.

Bald darauf flog er mit der Motte von Berlin nach St. Moritz. Er hat diesen Flug zusammen mit einer kurzen Erinnerung an die Filmarbeit zur „Weißen Hölle von Piz Palü“ in einem Artikel geschildert:

„Fliegen wird zur Leidenschaft. Wer es beherrscht, wird nie wieder davon lassen. Unbeschreiblich ist das Gefühl des Losgelöstseins vom Alltag der Erde, vom Schwergewicht. Jeder Start bringt neues Erleben, neue Eindrücke, und wer selbst fliegt, hat ein unwillkürliches Bedauern für alle, die keine Gelegenheit haben, diese schönste aller Sportarten auszuüben. Kann man sich etwas Herrlicheres denken als etwa einen Winterflug, der einen in wenigen Stunden in die kristallklare Reinheit der Hochalpen führt? Kein Gedränge am Bahnhof, keine unangenehmen Mitreisenden, keine Grenzschwierigkeiten stören das Vorvergnügen der Reise.

Um 8 Uhr morgens noch lugt meine ‚Motte' mit beigeklappten Flügeln bescheiden aus dem Hintergrund der riesigen Hallen des Flughafens Tempelhof. Gegen 9 Uhr steigt mir schon der braune Dunst von Bitterfeld entgegen. Leipzig wird überflogen, und mit gutem Winde nähert sich mein Vogel dem Fichtelgebirge, von welchem nur der Fichtelberg und der Ochsenkopf aus den Nebelschwaden emportauchen. Bei Bayreuth klart das Wetter auf, und als die Donau überflogen wird, lacht die Sonne bei strahlendem Himmel. Kurz nach 12 Uhr taucht die mir so vertraute und lieb gewordene Silhouette Münchens auf. Dem alten Peter und den Frauentürmen wird eine Ehrenrunde zugedacht. Weiter geht der Flug am Starnberger See entlang, und während ich mit meinen Gedanken noch bei den schönen, dort verbrachten Tagen meines Kriegsurlaubs bin, liegt bereits Murnau unter mir. Auf der Straße nach Garmisch rast in unerhörtem Tempo ein Sportwagen dahin, und erst als ich ihn nach kurzer Verfolgung in geringster Höhe überspringe, ist mein Ehrgeiz befriedigt. Je mehr ich mich den Bergen nähere, um so besser wird die Laune. Bei Garmisch drossele ich den Motor, und im Gleitflug geht es auf den Eibsee zu, dessen gefrorene Fläche den idealsten Gebirgslandeplatz bietet. Um halb zwei Uhr Lunch bei Vater Terne: Eibseeforellen, seine berühmte Spezialität.

Um 3 Uhr wieder sitze ich am Knüppel, und wenige Sekunden später heben sich die inzwischen mit den Rädern ausgewechselten Skier vom Eise ab.

Mein Lieblingsberg, die Zugspitze, scheint meinen roten Vogel wiederzuerkennen, den sie schon so viele Male gesehen hat. Ich erinnere mich an meinen Start im Segelflugzeug vom Schneeferner Kopf und an meine mehrmaligen Landungen und Starts mit einem Motorflugzeug auf dem Zugspitzplatt. Jetzt kommt der schönste Teil des Fluges: Eibsee – St. Moritz. Unter mir liegt verträumt der

Fernpaß mit dem Blindsee, und in glitzernder Pracht locken die Viertausender der Schweiz. Bei Imst stoße ich ans Oberinntal, dem ich nun in geringer Höhe folge. Bei Landeck geht es links scharf um die Ecke. Pfunds wird 3 1/2 Uhr passiert, Schul – Terrasp 3 3/4 Uhr, Zuoz 4 Uhr. Einige Minuten später winke ich bereits Freunden auf der Terrasse des Palace-Hotels in St. Moritz den ersten Gruß zu.

Kaffee in Berlin, Forellen am Eibsee, Cocktail in St. Moritz, das sind Freuden, die auch den snobistischsten Flugzeugbesitzer jedesmal aufs neue glücklich machen.

Unvergleichlich aber sind die Eindrücke meiner Flüge in die Bergwelt des Oberengadins. Ich meine damit nicht das zahme Überfliegen der Bergriesen, sondern das vogelgleiche Hinuntertauchen in enge Täler und Schluchten, das Überspringen von scharfen Graten und Abstürzen, um dann wieder im Aufwind steiler Wände liftartig nach oben getragen zu werden. Gletscher mit ihren tiefen Spalten werden aus nächster Nähe bewundert, der Schatten meiner Maschine springt und tanzt nur wenige Meter unter mir über den Bruch. Bald wird das Flugzeug in Sonne gebadet, bald durchfliegt es Stellen tiefblauer eisiger Luft, die nur selten ein Sonnenstrahl erwärmt.

Die unnahbare Majestät des Piz Palü wird durch Motorenlärm gestört, und es mutet mich fast frivol an, wie ich auf wenige Meter am Gipfel vorbeijage, mühe- und gefahrlos von meinem braven Vogel hinaufgetragen. Ein Sprung über den Grat – und ein heftiger Abwind nimmt mich nach Italien mit. Es kostet Mühe und Kraft, aus seiner Zone herauszukommen; in einer Linkskurve geht es über die Diavolezzahütte auf den Morteratschgletscher herunter. Bei der Bovalhütte weiß ich Freunde, die sich sicher sehr gefreut haben über die Mohrenköpfe vom Hanselmann in St. Moritz, die ich ihnen an einem kleinen Fallschirm hinunterwarf.

Volle vier Wochen hatte ich von St. Moritz aus täglich für den Film ‚Die weiße Hölle vom Piz Palü‘ zu fliegen, und jeder Tag brachte mir neue Erfahrungen und bereicherte meine Erinnerungen. An fünfzehn aktive Fliegerjahre in Krieg und Frieden zurückdenkend, kann sich nichts mit diesen Eindrücken messen, und es kam mir wieder deutlich zum Bewußtsein: ‚Fliegen ist und bleibt der einzig richtige Beruf für dich!‘“

Udet war ein Lebenskünstler, der zu genießen, aber auch ein Kavalier, der zu schweigen verstand. Unerwähnt in dem Artikel blieb, daß ihn in St. Moritz Frau Felsing, die geschiedene Frau eines Berliner Juweliers, erwartete. Seinem Freund und Mechaniker Baier aber vertraute er einmal an: „Baierlein, ich lauf den Frauen nicht nach. Aber was soll ich machen, sie laufen mir ja nach . . ."

St. Moritz war nur ein kurzes Zwischenspiel, bevor die Arbeiten für den neuesten Bergfilm Dr. Fancks begannen: „Stürme über dem Montblanc." Die weibliche Hauptrolle spielte wieder Leni Riefenstahl, ihr Partner war diesmal Sepp Rist, und Udet verkörperte den Piloten Thoreau, der Lebensmittel und Material über dem Montblanc-Observatorium abwarf und seinen Freund vor dem Bergtod errettete. Für die Flugaufnahmen war eine Klemm L 25 mit Salmsonmotor und dem Kennzeichen D-1450 gechartert worden. Udet holte sie mit Baier am 19. März von den Klemmwerken ab und flog mit ihr Mitte April nach Innsbruck, wo die Maschine im Flug über den Wolken gefilmt werden sollte. Während die eigentlichen Filmarbeiten am Montblanc selbst erfolgten, hatte man für diese Flugszenen aus verschiedenen Gründen das 2334 m hohe Hafelekar gewählt: Der Flughafen von Innsbruck lag ganz in der Nähe, das Kamerateam konnte mit der Seilbahn auf das Hafelekar gebracht werden und stand dort in telephonischer Verbindung mit Udet, der startbereit auf dem Flugplatz wartete.

Die Aufnahmen in Innsbruck waren Ende April beendet. Udet, der im Hotel Tirol gewohnt hatte, und das Filmteam reisten in die Schweiz weiter, aber kaum hatten sie Innsbruck verlassen, als sich in den Tiroler Zeitungen ein Sturm der Entrüstung darüber erhob, daß man gewagt hatte, das Hafelekar für den Montblanc auszugeben. Fanck veröffentlichte eine beschwichtigende Erklärung: Die Aufnahmen seien so gemacht worden, daß keine Einzelheiten der Landschaft zu erkennen seien, er selbst liebe Tirol und seine Berge, und im übrigen habe er durch seine Filmarbeiten immerhin 45 Männern in Innsbruck Beschäftigung geboten.

In der Schweiz schlugen Udet und Suchocky, der ebenfalls eine Klemm flog, ihr Standquartier in Lausanne auf. An der Klemm wurden Schneekufen angebracht, wobei aber die Räder belassen wurden und etwa 5 cm unterhalb der Kufen hervorragten. Auf diese Weise war es möglich, sowohl auf der Grasnarbe des Flugplatzes von Lausanne als auch auf den Schneefeldern des Montblanc zu landen und zu starten. Kameramann war wieder Hans Schneeberger, der in Suchockys Maschine mitflog, um Udet in seiner Klemm zu filmen. Die Schauspieler und das übrige Filmteam hielten sich in der Dupuis-Hütte auf dem Montblanc auf.

Einer der Höhepunkte des Films sollte eine Gletscherlandung Udets sein. Vier Tage lang verhinderte dichter Nebel den Start, aber am 26. Mai konnte Udet seine Maschine auf einem Gletscher des Montblanc niedersetzen. Es war eine fliegerische Leistung, die in allen Zeitungen gewürdigt wurde. Am 26. Juni waren die Flugaufnahmen beendet und Udet kehrte nach Berlin zurück.

Die Zeit vor und während der Filmarbeiten hatte er zur Erledigung vielfältiger Angelegenheiten benützt. So setzte er die Korrespondenz mit Wanamaker fort. Der amerikanische Staatsanwalt hatte ihm bereits am 21. Juli 1929 neuerlich geschrieben und ihn um eine Bestätigung seiner Verwundung gebeten, die er zur Erlangung einer Pension als Kriegsinvalider benötigte. Udet hatte das Schreiben zunächst verlegt, und so erhielt Wanamaker erst am 20. Januar 1930 folgende Antwort:

„Wie ich sehe, scheint es in den USA genauso zu sein wie in anderen Ländern, die Krieg geführt haben. Sie erinnern sich nicht sehr gerne an verwundete Soldaten, wenn sie nicht mehr gebraucht werden.

Ich werde zum amerikanischen Luftfahrtattaché in Deutschland, Mr. Reinburg, gehen und ihm den Originalbericht des Abschusses Ihres Flugzeuges, N 6347, zeigen, aus dem eindeutig hervorgeht

1. daß Sie zur Landung gezwungen wurden,
2. daß Sie meines Wissens schwer verwundet wurden,
3. daß Ihr Flugzeug vom Typ Nieuport war.

Ich werde Major Reinburg ersuchen, daß er die Vorlage des Abschußberichtes durch mich bestätigt, und ich glaube, das sollte genügen, damit Sie weitere Schritte unternehmen können.

In meinen Kriegserinnerungen habe ich ein Blatt gefunden, das sich mit Ihrem Abschuß beschäftigt. Es ist von besonderer Bedeutung für Sie, weil ein Zeitungsartikel beigelegt ist, aus dem klar hervorgeht, daß Sie verwundet wurden. Es fällt mir schwer, mich von diesem Blatt zu trennen, aber es ist nur natürlich, daß ich Ihnen dieses Stück Kriegsgeschichte gerne zur Verfügung stelle.

Es ist möglich, mein lieber Wanamaker, daß ich heuer in die USA komme. Es würde mich freuen, Sie zu sehen und Ihre Hand zu schütteln. Ich danke Ihnen für Ihr Bild, das Sie mir gegeben haben. Erlauben Sie, daß ich Ihnen eines von mir schicke.

Ihr aufrichtig ergebener Ernst Udet."

Die Verbindung mit Reinburg aufzunehmen, war nicht schwer. Der amerikanische Luftfahrtattaché hatte seine Maschine, einen Heinkel-HD-22-Doppeldecker, in Tempelhof im gleichen Hangar abgestellt wie Udet seinen Flamingo.

Ebenfalls zu Jahresbeginn 1930 ließ Udet in den Flamingo einen neuen Siemens-Halske-Motor SH 14 einbauen und erwarb ein drittes Flugzeug: eines der frühesten Exemplare der Klemm L 25, der ersten von Hans Klemm entworfenen Maschine, nachdem er die Firma Daimler verlassen und ein eigenes Unternehmen in Böblingen gegründet hatte, von wo Udet und Baier das Flugzeug abholten. Es war eine leicht verbesserte Weiterentwicklung der L 20 mit normalem Querruder anstelle der verstellbaren Tragflächenenden des alten Modells. Die D-1450, die Udet übernahm, war bereits im Juli 1928, damals noch mit einem Daimler-F 7502-Motor von 20 PS, zugelassen worden; nun erhielt sie ein französisches Salmson-AD 9-Triebwerk von 40 PS.

Die Pausen zwischen den Filmarbeiten wurden ferner benützt, um Werbung für die Schleppschrift zu betreiben. Am 4. März führte Udet sie in Dübendorf bei Zürich, wo drei Jahre zuvor der Franzose Fronval Gerhard Fieseler im Kunstflug geschlagen hatte, Vertretern der Schweizer Luftwaffe vor. Er startete im Flamingo, und Baier rollte das Kabel aus, an dessen Ende das Band mit einer aufgemalten Flugzeugsilhouette hing. Noch während des Fluges wurde dann das Kabel von Baier mit einer Stahlzange gekappt. Die Schweizer Luftwaffe übernahm die Schleppschrift zur Weiterentwicklung und setzte sie später hinter ihren Maschinen vom Typ Häfeli DA-5 (MVA) zur Jagdfliegerschulung ein. Viele andere Luftwaffen wendeten das System ebenfalls an.

Natürlich wollte Udet aber auch die Reichswehr für die Schleppschrift interessieren. Ihr geheimer Aufrüstungsplan sah für die Jahre 1931 und 1932 die Aufstellung von 22 Staffeln vor. Als erste Etappe waren drei Staffeln vorgesehen, die mit Maschinen vom Typ Arado S C I ausgerüstet waren und bei Manövern eingesetzt wurden. Offiziell hießen sie „Reklamestaffeln“ und gehörten der Luftfahrt GmbH.

Heer und Marine mußten aber auch Flakartilleristen ausbilden, und so demonstrierte Udet am 6. März in Wilhelmshaven die Verwendungsmöglichkeit seiner Schleppschrift als Luftziel. Vor dem Start besprach er mit den Offizieren den genauen Verlauf des Übungsschießens. Aus Sicherheitsgründen wurde eine Flughöhe von 2500 m eingehalten, und das Kabel war viel länger als bei Reklameflügen. Nach etwa einstündigem Flug wurde es dann gekappt.

Schließlich benützte er die Pausen zwischen den Filmaufnahmen auch, um in der Schweiz zwei Kunstflugvorführungen mit dem Flamingo zu geben. Am 15. Juni startete er am Flugplatz Cointrin bei Genf; Star des Flugtages war außer ihm der Franzose Marcel Doret. Er flog eine rot-weiß gestreifte Dewoitine D 27 mit einem Hispano-Suiza-Motor von 500 PS. Es war eine bemerkenswerte Maschine, die Doret 28 Jahre später noch immer zu Kunstflügen verwendete. Gleich Udet pflegte der französische Flieger vor den Flugtagen Werbung durch Kunstflüge über der Stadt zu betreiben. In Genf flog Doret über dem See, immer näher an die berühmte Fontäne, das Wahrzeichen der Stadt, heran, bis er mit der Tragfläche den Wasserstrahl an der Spitze schnitt.

Am darauffolgenden Sonntag flog Udet am Flugplatz La Blécherette bei Lausanne; diesmal zusammen mit dem Schweizer Piloten Glardon auf einer Raab-Katzenstein und Suchocky, der die Klemm D-1450 flog, an der außer den Rädern noch die Schneekufen montiert waren. 20.000 Zuschauer hatten sich eingefunden; eine Einlage von unfreiwilliger Komik war, als einem Zuschauer über den Lautsprecher mitgeteilt wurde, daß seine verlorene Schwiegermutter gefunden worden sei.

Nach Berlin zurückgekehrt, begannen wieder die Schauflüge. Im Juli Düsseldorf, Hannover und Dortmund, am 9. und 10. August Volksflugtag in Tempelhof und am 31. August Lachen-Speyerdorf zusammen mit Stör und Fieseler. Zwischendurch, Mitte August, der Bäderflug 1930, bei dem Udet und Baier über Westerland mit 40 ausgeworfenen Bällen einen neuen „Rekord“ aufstellten.

Beim Volksflugtag in Tempelhof hatte es in dem Bestreben, stets neue Attraktionen zu bieten, einen dramatischen Zwischenfall gegeben. Liesel Bach hatte im Mai in Bonn die erste deutsche Kunstflugmeisterschaft für Frauen gewonnen. Beim Berliner Flugtag startete sie auf einer Klemm L 26, Kennzeichen D-1916, mit der Fallschirmspringerin Luzie Byczkowski an Bord. Über dem Flugplatz legte sie die Maschine auf den Rücken, und aus dieser Position erfolgte der Fallschirmabsprung. Aber die Reißleine riß, bevor sich der Fallschirm geöffnet hatte, und erst knapp über dem Boden konnte ihn Luzie Byczkowski mit dem Handgriff öffnen. Als die Fallschirmspringerin bleich, aber unversehrt gelandet war, stand Udet bereit, um sie mit Kognak zu laben.

Die Attraktion, die er beim Berliner Volksflugtag erstmals bot und die bald weltberühmt wurde, ging dagegen ohne Zwischenfall vonstatten: Mit einem Haken an der Spitze eines Bambusstabes von etwa zwei Meter Länge, der an der Vorderkante der unteren Tragfläche des Flamingos befestigt war, gabelte er ein Tuch vom Boden auf.

Das wichtigste Ereignis des Sommers 1930, das Udets weiteres Leben nachhaltig beeinflussen sollte, war die sechsmonatige Reise seines Freundes Walter Kleffel in die Vereinigten Staaten. Kleffel war ein Neffe von Generalleutnant Heye, der 1926 als Nachfolger Seeckts Chef der Heeresleitung geworden war, und besaß gute Beziehungen zum Reichswehrministerium. Das ging so weit, daß sein Eintritt in das Haus Ullstein nicht zuletzt auf das Betreiben des Ministeriums zurückzuführen war, das sich von dem ausgezeichneten

Luftfahrtexperten im Einvernehmen mit seinen Dienstgebern Informationen über die fliegerische Entwicklung in der Welt erhoffte.

Was Kleffel während seines Aufenthaltes in Amerika am meisten beeindruckte, war eine revolutionäre neue Waffe: der Sturzbomber. Er lernte ihn gleich mehrfach kennen. An den National Air Races des Jahres 1930 nahm Major Alford „Al" Williams, ein Reserveoffizier des United States Marine Corps, in seiner Curtiss Hawk 1 A, NR-982V teil. Es war die Exportversion des F 6 C Jagdflugzeuges der amerikanischen Marine und zwar jene Maschine, die der bekannte amerikanische Flieger Jimmy Doolittle im Jahre 1928 bei einer Notlandung schwer beschädigt hatte und die dann in den Curtiss-Werken für Williams wieder instandgesetzt worden war. Als Williams später, im Jahre 1933, in die Firma Gulf Oil eintrat, taufte er sie in Gulfhawk I um.

Das Flugzeug hatte Spezialausrüstung für Rückenflug, und Williams flog es bei den National Air Races, die auf dem Curtiss-Reynolds-Flugplatz etwa 30 km außerhalb Chikagos stattfanden, so brillant, daß er einen Pokal gewann. Besonders beeindruckend war, wenn er im fast senkrechten Sturzflug herabstieß und einen Mehlsack auf einen vorgezeichneten Punkt unmittelbar vor der Zuschauertribüne abwarf. Kleffel war begeistert und dachte: „Das wäre eine Maschine für Udet."

Das Flugzeug, das Williams flog, war letztlich nur eine verbesserte Version jener Jäger vom Typ F C 6, mit denen vier Jahre zuvor, bei den Flottenmanövern von San Pedro die Möglichkeit von Sturzangriffen auf kleine bewegliche Ziele so eindrucksvoll demonstriert worden war.

Die Curtiss-Werke hatten inzwischen bereits einen eigenen Sturzbomber entwickelt: die F 8 C, genannt Helldiver. Mit diesen Höllentauchern veranstaltete das Marine Corps Sturzflugvorführungen, und wiederum war Kleffel tief beeindruckt und beschloß, nicht nur Udet davon zu erzählen, sondern auch dem Reichswehrministerium einen Bericht über diese Maschine und ihre Einsatzmöglichkeiten vorzulegen.

Tatsächlich erzählte er Udet nach seiner Rückkehr von dem

Helldivers: „700 PS! Welch ein Unterschied zum Flamingo, zur Motte und zur Klemm!“ Aber als Kleffel auch über die Sturzkampftaktik zu erzählen begann, winkte Udet ab; militärische Fragen interessierten ihn nicht. Was er brauchte, war eine neue attraktive Maschine, um die Menschen, die nicht mehr so zahlreich kamen wie früher, wieder zu den Flugtagen zu locken. Das Nachlassen des Interesses war weniger darauf zurückzuführen, daß die Kunstflüge den Reiz der Neuheit verloren hatten. Es gab Ursachen, die viel schwerer wogen: Die Depression im Gefolge des New Yorker Börsenkraches vom Jahre 1929 hatte inzwischen Deutschland voll und ganz getroffen. Es gab drei Millionen Arbeitslose, und die Leute hatten anderes zu tun, als sich an Flugtagen zu erfreuen.

Udet selbst tat alles, was er konnte, um neue Attraktionen zu bieten. So führte er einige Male nächtliche Kunstflüge bei Scheinwerferlicht aus. Obwohl er eine Brille mit Spezialgläsern trug, um die Blendung zu vermindern, war er aber nach jedem dieser Flüge sehr abgespannt.

Mit seinem Freund Hans Stuck und mit dem Artisten Hundertmark unternahm er ein gewagtes Experiment. Udet flog in der Klemm über Stucks Austro Daimler, dann wurde eine Strickleiter heruntergelassen, und Hundertmark sollte aus dem Flugzeug in das Auto klettern. Das war aber ebenso schwierig wie gefährlich: Da der Fahrtwind die Leiter schräg legte, mußte Udet ein wenig vor Stucks Wagen fliegen. Sobald Hundertmark dann die Leiter betrat, straffte sie sich, und das Ende schleifte auf der Erde dahin – unmittelbar vor dem dahinrasenden Auto. Udet und Stuck gelangten schließlich zu der Erkenntnis, daß es besser sei, die Versuche aufzugeben. Wie recht sie hatten, bewies die tragische Tatsache, daß Hundertmark später, als er das Experiment wiederholen wollte, tödlich verunglückte.

Udet war nicht auf das Schaufliegen allein angewiesen. Er erhielt immer wieder interessante Angebote aller Art. Eines kam von einer englischen Firma: Nachdem er mit einem Segelflugzeug von der Zugspitze, Deutschlands höchstem Berg, gestartet war und mit einer Klemm auf einem Gletscher des Montblanc, Europas höchstem

Berg, gelandet war, sollte er am Mount Everest, dem höchsten Berg der Welt, fliegen. Die Idee stammte von einem nepalesischen Prinzen, und da für den Flug eine britische Maschine vorgesehen war, sollte Baier nach England fliegen, um sich mit ihrer Wartung vertraut zu machen. Ein Telegramm aus Nepal machte das Projekt zunichte: „Keine Flugerlaubnis."

Aber schon tauchte ein neues Vorhaben auf. Udet und seine Freunde Edy von Gontard und Willy Zietz von der Zigarettenfirma Reemtsma beschlossen eine Expedition, um einen Film zu drehen: „Fremde Vögel über Afrika." Die fremden Vögel waren die drei Flugzeuge Udets: die Motte, Kennzeichen D-1651, eine Klemm L 26 IIa mit einem 80-PS-Siemens-Motor, Kennzeichen D-1773, und eine BFW M 23 bI mit einem Argus-A S 8-Motor, Kennzeichen D-1970. Gontard und Zietz organisierten die Expedition, Udet war für das Fliegen und Filmen verantwortlich. Suchocky war der zweite Pilot; Schneeberger nahm einen zweiten Kameramann namens Bohn mit. Es gab ferner den Aufnahmeleiter Junghans, und Baier kümmerte sich um die drei Flugzeuge. Auch Damen kamen mit: Frau von Gontard, die Schauspielerin Yvette Rodin und Frau Felsing.

Die Expedition sollte im Oktober starten, doch vorher waren noch viele Vorbereitungen zu treffen. Die Maschinen wurden silberfarben gestrichen, um die Sonne besser zu reflektieren, und erhielten größere Räder sowie zusätzliche Ölkühler.

Udet nahm noch an je einem Flugtag in Stuttgart und in La Chaux-de-Fonds in der Schweiz teil, und am 18. Oktober gingen die drei Flugzeuge per Schiff von Hamburg ab. Die Expeditionsteilnehmer reisten am 2. November mit dem Zug von Berlin nach Genua, wo sie an Bord der „Adolf Woermann" gingen. Als das Schiff in Mombasa, der Hafenstadt der damaligen britischen Kolonie Kenia, ankam, warteten dort bereits die drei Flugzeuge. Das Expeditionsgepäck, darunter zwei Debris-Filmkameras mit Stativ, vier Handkameras und 40.000 Meter Rohfilm, wurde auf sieben Lastwagen verladen. Udet, der ein begeisteter Photograph war, hatte vier Leica-Kameras mitgenommen.

Junghans, der Aufnahmeleiter des Filmteams, fuhr voraus. Die übrigen Expeditionsteilnehmer, zu denen sich einige weiße Jäger unter der Führung des erfahrenen Siedentopf gesellt hatten, zogen nach Arusha im Gebiet von Tanganyika, dem heutigen Tansania, das bis zum ersten Weltkrieg Deutsch-Ostafrika gewesen war. Arusha war als zentrale Basis für das Unternehmen gut geeignet, denn es lag nur hundert Kilometer von dem Lager entfernt, das am Nordufer des Manyara-Sees vorbereitet worden war. Udet brannte darauf zu fliegen. Die Motte, die vorläufig für die Filmaufnahmen nicht gebraucht wurde, stellte er in Arusha bei dem Schweizer Automobilhändler Fritschi ein; sie wurde bald darauf nachgebracht. Baier montierte die beiden anderen Maschinen, und dann flogen Udet und Suchocky zum Lager am Manyara-See. Dort wurde durch das Niederbrennen von Gras, Gestrüpp und Disteln eine brauchbare Start- und Landestrecke geschaffen und ein Windsack aufgestellt. Dreißig Eingeborene errichteten in fünftägiger Arbeit aus Stämmen und Ästen einen Behelfshangar mit Blechdach. Aus Arusha brachte ein Lastwagen der Firma Shell 3000 Liter Treibstoff, und auch die Motte wurde jetzt nachgeflogen. Bald wurde das Lager Udet Camp getauft, ein Name, den die Eingeborenen noch Jahre danach verwendeten.

Täglich wurde nun geflogen; Suchocky und Schneeberger in der Klemm und Udet als eine Art von fliegender Regisseur in der Motte. Zunächst hielten sie sich in der Nähe des Lagers, später aber unternahmen sie weite Flüge und errichteten einige Behelfslager. Als sie über der Serengeti-Steppe flogen, waren sie vom Reichtum der Tierwelt so überwältigt, daß sie beschlossen zu landen. Sie trafen einige freundliche Massai und beschlossen, ein neues Lager zu errichten. Die beiden Flugzeuge mußten sechsmal hin- und herfliegen, um alles, was benötigt wurde, zu transportieren, und dann blieben sie zehn Tage lang in dem neuen Lager auf 1800 m Höhe.

Udet ließ sich an die linke Strebe und an die Schwanzflosse der Motte je eine Leica montieren, damit er mit Hilfe eines Fernauslösers die Tiere photographieren konnte, wenn sie gegen die niedrig fliegende Maschine anstürmten oder ihr nachjagten. Aber auch wenn er nicht flog, photographierte er ununterbrochen: anmutige Giraffen, Löwen, die auf den Bäumen schliefen, einen Adler, der sich in der Verspannung der Motte verfangen hatte, Massais, die das Flugzeug anstarrten, eingeborene Mädchen beim Tanz, Frau Felsing unter der Dusche ...

Im übrigen sandte er regelmäßig Berichte an Kleffel für die Blätter des Hauses Ullstein. Für Baier gab es viel Arbeit: Eines Tages, nachdem die Klemm gelandet war, ließ sich, offensichtlich angelockt von dem warmen Öl, ein Bienenschwarm auf dem Sternmotor nieder. Udet startete sofort, vertrieb ihn, aber kaum war er gelandet, waren die Bienen schon wieder da. Schließlich mußte Baier ein wenig Benzin auf die Erde schütten, es wurde angezündet, die Bienen verließen die Motorhaube, doch statt wegzufliegen, zogen sie sich in den Rumpf zurück. Erst am nächsten Tag waren sie verschwunden. Viel Arbeit machte Baier auch das Flicken der Räder, die immer wieder von Disteln zerstochen wurden, und mühsam war in den Behelfslagern in der Serengeti-Steppe und bei Balati das Betanken der Flugzeuge aus den kleinen Benzinkanistern.

Das Weihnachtsfest 1930 wurde im Hauptlager gefeiert. Anstatt eines Tannenbaumes gab es einen Mistelzweig, der mit Silberpapier aus Zigarettenschachteln geschmückt war. Bald darauf zog das Filmteam in die Serengeti-Steppe, um Löwen aufzunehmen.

Udet hatte die Motte so getrimmt, daß er sie einige Augenblicke lang freihändig fliegen und mit der Handkamera photographieren konnte. Als er einmal nur wenige Meter über der Erde dahinglitt, sprang eine Löwin die Maschine an und verfehlte die untere Tragfläche nur knapp. Bevor Udet durch ein Handzeichen Suchocky und Schneeberger in der nachfolgenden Klemm, die ganz langsam gegen den Wind flog, warnen konnte, sprang das Tier die Maschine an und riß ein tiefes Loch in die Vorderkante des Flügels. Die Klemm berührte mit der Tragfläche den Boden, aber Suchocky gelang es, sie aufzurichten und im Lager zu landen.

Trotz dieses Zwischenfalles ging Udet bald darauf einen Schritt weiter: Er wollte, während Schneeberger aus der Klemm filmte, mit der Motte neben einer Löwenherde landen. Das gelang auch, aber kaum hatten die Räder der Maschine den Boden berührt, als die etwa 30 Meter entfernte Herde auf die Maschine zustürmte. Udet startete durch und entkam, bevor es der Motte erging wie der Klemm.

Nilpferde, die nach den Löwen aufgenommen wurden, wollten die Flugzeuge zwar auch verjagen, konnten aber glücklicherweise nicht springen. Trotzdem waren sie gefährlich. Als Suchocky, der Siedentopf bei sich in der Klemm hatte, eines Tages in der Nähe eines großen Steines landen wollte, erhob sich der Stein und entpuppte sich als Nilpferd. Suchocky startete durch, stieß aber mit dem Fahrgestell gegen einen Termitenhügel und überschlug sich. Udet, der die beiden in der Motte begleitet hatte, landete, doch bevor er Hilfe leisten konnte, mußte er erst das Nilpferd mit einigen Schüssen aus seinem Gewehr verjagen. Suchocky und Siedentopf waren unter der umgestürzten Klemm begraben, aber nicht ernstlich verletzt. Udet hackte mit seinem Buschmesser ein Loch in den Rumpf der Maschine, um zunächst Suchocky zu befreien. Von Siedentopf ragte nur eine Hand unter dem Wrack hervor, aber er rief mit kräftiger Stimme: „Hier stinkt es wie die Pest!"

Nachdem auch er befreit worden war, flog Udet mit Suchocky in der Motte zum Lager, und dann flog Baier zur Unfallstelle, um Siedentopf zu holen, der frisch genug war, um noch am gleichen Tag am gemeinsamen Abendessen teilzunehmen, während Suchocky einige Tage im Bett blieb. Aber beide Männer waren vom Tode gezeichnet. Sie verloren in den nächsten Monaten ständig an Gewicht, ihre Haut schrumpfte, und schließlich starben sie, ohne daß ihnen die Ärzte zu helfen vermocht hatten. Ihr Tod war rätselhaft; möglicherweise war die Stelle, an der sie aufgeschlagen waren, durch Aas verseucht gewesen.

Die Klemm war nicht mehr zu reparieren. Baier baute wenigstens den Motor aus, der auf einem Lastwagen in das Hauptlager gebracht und von dort nach Deutschland zu Siemens geschickt wurde.

Die Hauptlast des Filmens lag nun auf Udet und Schneeberger. Sie verließen das Lager am Manyara-See und zogen in südliche Richtung nach Babati, wo in 1500 Meter Höhe die Ufiumes lebten.

Das Standquartier des Filmteams war nun das von Lord Lovelace erbaute Feigenbaumhotel. Neben einem kleinen Flugfeld standen vier runde Hütten mit spitzem Dach, die je zwei Betten enthielten. Dann gab es noch den riesigen Feigenbaum, dem das Hotel seinen Namen verdankte, und das Haupthaus mit Restaurant und Bar. Als Barhocker dienten zwar alte Kisten, aber der Getränkevorrat ließ keinen Wunsch offen.

Als Udet eines Abends mit Schneeberger in der Bar saß, kam ein schweres Gewitter auf. Die beiden eilten hinaus, um die Motte unter einer Zeltplane zu sichern, aber es war schon zu spät. Der Sturm riß sie samt der Maschine 30 Meter weit mit sich; Tragflächen und Höhensteuer der Motte wurden beschädigt. Nachdem das Gewitter abgezogen war, fuhren Udet und Schneeberger im Auto zum Lager beim Manyara-See, wo sich Baier aufhielt. Aus Arusha wurden zwei deutsche Tischlermeister namens Glaser und Bleich zu Hilfe geholt. Die beiden hatten zwar noch nie ein Flugzeug aus der Nähe gesehen, geschweige denn repariert, aber zusammen mit Baier setzten sie die Maschine in elf Tagen wieder instand. Nur silberne Farbe gab es keine, um die reparierten Stellen zu streichen.

Mit der wiederhergestellten Motte und der M 23 wurden die Filmaufnahmen fortgesetzt. Vom Feigenbaumhotel ging es jetzt nach Old Doenjo Lengai, einer vulkanischen Gegend, wo eindrucksvolle Aufnahmen von Kranichen und Störchen gelangen.

Anfang März 1931 waren die Filmaufnahmen beendet, die Regenzeit rückte näher und die Heimreise wurde angetreten. Udet und Schneeberger beschlossen, mit der M 23 nach Kairo zu fliegen und unterwegs zu filmen. Der Rest der Expedition fuhr von Arusha nach Mombasa und bestieg dort das Schiff, auf das auch die Motte verladen wurde.

Nach einer großen Abschiedsfeier brachen Udet und Schneeberger auf. Am Ende der Steppe hatten sie die 3000 m hohe Mau-Kante zu überfliegen, dann folgte eine Strecke von etwa 70 km Dschungel, bis der Kavindoro-Golf am Victoriasee auftauchte. Sie landeten in Kisumu und flogen nach Jinja weiter. Unterwegs, als sie sich über sumpfigem Dschungelgebiet befanden, begann die Maschine heftig zu rütteln: Die Haltebänder des Reservetanks waren gerissen. Geistesgegenwärtig beugte sich Schneeberger aus seinem Sitz nach vorne und hielt den Tank mit beiden Armen fest. Als sie schließlich in Jinja landeten, war er von der Anstrengung so erschöpft, daß ihm Udet aus der Maschine helfen mußte. Sie nahmen im Ibis-Hotel nahe dem Victoriasee Quartier, und der örtliche Ford-Vertreter half, die gerissenen Haltebänder zu reparieren. Am Abend wurde Schneeberger von starkem Fieber befallen, doch sie konnten nicht in Jinja bleiben. Am nächsten Tag machten sie sich auf den Weg nach Malakai mit einer Zwischenlandung zum Auftanken in Duba im Sudan, wo die Hitze fast unerträglich war. Vom modernen Rasthaus der Sudan Railway and Steamship Company sandte Udet ein Telegramm an Kleffel nach Berlin, das seine Heimkehr ankündigte.

Vor dem Start gab ihnen der Shell-Repräsentant in Duba den Rat, sich auf dem Flug nach Malakai immer entlang der Autostraße zu halten, denn im Falle einer Notlandung sei dies ihre einzige Chance, gefunden zu werden. Außerdem kümmerten sich zum ersten Male auf ihrem Flug die Zollbehörden um sie und verlangten die Erlegung einer Kaution für die Kamera und die Filme.

Der Flug verlief zunächst ohne Zwischenfall. Sie sahen riesige Elefantenherden, überquerten den Nil bei Bor und kamen dank starkem Rückenwind schnell voran. Als sie nur mehr 200 km bis Malakai zurückzulegen hatten, fiel plötzlich die Nadel des Brennstoffanzeigers. Die Benzinleitung war gebrochen und eine sofortige Notlandung unvermeidlich. Glücklicherweise fand Udet inmitten von Büschen und Sumpf eine kleine freie Stelle, auf der er die M 23 niedersetzte. Sie waren noch etwa 180 km südlich von Malakai in der Nähe der kleinen Militärstation Duk Fadiat. Aber da Udet dem Rat des Shell-Vertreters gefolgt war und sich in der Nähe der Autostraße gehalten hatte, durften sie hoffen, aufgefunden zu werden.

Was Udet Sorge bereitete, war der Gesundheitszustand Schneebergers. Er hatte hohes Fieber und lag apathisch unter der Tragfläche, um wenigstens einigermaßen vor der glühenden Hitze geschützt zu sein. Vor dem Start in Arusha hatten sie ihr Gepäck in zwei Rucksäcken verstaut, um im Falle einer Notlandung der Hilfe entgegenmarschieren zu können. Davon konnte nun keine Rede sein.

Udet ging zunächst daran, Trinkwasser für Schneeberger zu beschaffen. Er errichtete eine kleine Feuerstelle, holte Wasser aus dem nahe gelegenen Sumpf, filterte es durch seinen Pyjama und kochte es ab. Es sah noch immer nicht sehr appetitlich aus, war aber trinkbar. Dann stellte er das kleine Zelt auf, das sie bei sich hatten, und richtete sich auf ein langes Warten ein, denn manchmal vergingen ein bis zwei Wochen, ehe ein Fahrzeug die Autostraße passierte.

Am Abend des ersten Tages näherten sich Lau-Neger dem Notlandeplatz. Sie erwiesen sich als wenig hilfsbereit. Für einen Becher Milch verlangten sie 5 Shilling; Glasperlen und ein Zigarettenetui aus Messing nahmen sie nicht an. Als nach einer schlecht verbrachten Nacht der nächste Tag anbrach, war Udet ernstlich besorgt. Die Eingeborenen drängten sich um das Zelt, und Udet befürchtete, daß sie die Maschine beschädigen oder wertvolle Teile stehlen würden. Schneebergers Zustand verschlechterte sich, und auch Udet litt unter der Hitze, dem Mangel an Nahrung und dem unzulänglichen Trinkwasser. Vor allem aber: Die Regenzeit nahte, und nach ihrem Einsetzen würde der Verkehr auf der Autostraße aufhören und damit auch die Chance, gefunden zu werden.

Udet konnte nicht wissen, daß man inzwischen von Malakai, wo man vergeblich auf sein Eintreffen gewartet hatte, in Duba angefragt hatte, ob er dort gestartet sei. Als aus der bejahenden Antwort hervorging, daß die Maschine unterwegs verlorengegangen war, wandten sich die Leute von Shell an die Behörden in Karthoum. Wing Commander Sholto Douglas, der Befehlshaber der RAF in Karthoum, schickte daraufhin drei Fairey III F der 47. Squadron auf die Suche nach dem vermißten Flugzeug. Außerdem sprach Douglas mit seinem Freund Campbell Black, dem Direktor der Wilson Air Lines in Nairobi, der eben, mit einer de Havilland Puss aus England kommend, auf dem Weg nach Nairobi in Karthoum zwischengelandet war, und bat ihn, auf dem Weiterflug nach Kenia nach der vermißten Maschine Ausschau zu halten. Zur gleichen Zeit brachten die Zeitungen in Deutschland bereits die Meldung: „Udet in Afrika vermißt."

Dabei war er nicht der einzige deutsche Flieger, der in diesen Tagen mit einer M 23 in Afrika notgelandet war. Elly Beinhorn hielt sich mit dem bekannten Ethnologen Dr. Hugo Bernatzik in Portugiesisch Guinea auf. Am 19. März startete sie von Dammaho nach Timbuktu, mußte aber 50 km vor dem Ziel wegen Ölrohrbruchs landen. Unter Zurücklassung von Flugzeug und Gepäck erreichte sie nach viertägigem Fußmarsch Timbuktu.

Udet und Schneeberger aber saßen am 18. März schon den dritten Tag im Schatten ihrer M 23. Der Versuch, irgendein Wild zu schießen, um etwas zu essen zu bekommen, war gescheitert, denn kein Tier hatte sich gezeigt. Aber dann ertönte plötzlich Motorengeräusch, ein Doppeldecker erschien, kam näher, kreiste über der M 23 und landete. Es war Campbell Black mit seiner Puss, und er hatte Wasser, Nahrung und Zigaretten bei sich.

Noch am gleichen Nachmittag landete eine Fairey III F mit Flying Officer Johns. Er brachte Treibstoff, Werkzeug zur Reparatur der gebrochenen Benzinleitung und eine Einladung von Sholto Douglas, ihn in Karthoum zu besuchen.

Die Reparatur nahm nicht lange Zeit in Anspruch, und nach einem Flug von neunzig Minuten landeten Udet und Schneeberger in Malakai, wo sie von den Offizieren der dortigen RAF-Station mit eisgekühltem bayrischen Bier empfangen wurden. Am nächsten Tag ging die Reise nach Karthoum weiter, wo Udet nach seiner Ankunft mit Walter Kleffel in Berlin telephonierte, um ihm die Einzelheiten seiner Rettung mitzuteilen. Am Abend war er Gast von Sholto Douglas und dessen Frau. Es stellte sich heraus, daß er und Douglas 1917 und 1918 einander als Flieger in gleichen Frontabschnitten gegenübergestanden waren. An seinen Dank für die Rettung fügte Udet die Worte: „Ich hätte nie gedacht, daß ich den Tag erleben werde, an dem ich mich freue, über mir die Kokarden der RAF zu sehen."

Auf dem Flug nach Abbana am folgenden Tag lief der Argus-Motor unruhig, und eine Überprüfung nach der Landung ergab, daß eine Ventilfeder gebrochen war. Aber wieder war Hilfe rasch zur Hand. Die Werkstätten der Sudan Railways stellten innerhalb kurzer Zeit einige Ersatzfedern her.

Die nächste Etappe des Heimfluges führte über 600 Kilometer Wüste nach Wadi Halfa. Udet hatte vorsichtshalber einen Reservetank mitgenommen, was sich als sehr nützlich erwies, denn sie hatten nicht nur starken Gegenwind, sondern mußten auch einen Sandsturm überfliegen, der bis in eine Höhe von 1200 Metern reichte.

In Wadi Halfa, einer kleinen Stadt am Nil, wurden sie im Bootshaus der Sudan Steamship Company untergebracht. Aber bevor Udet zu Bett ging, ließ er die M 23 auftanken und den Motor überprüfen, der, wenn er langsam lief, klopfte. Zwei Mechaniker der Imperial Airways stellten fest, daß ein Lager ausgelaufen war. Eine Nachschau im Argus-Handbuch ergab, daß der Motor insgesamt sechsfach gelagert war. Udet beschloß ein Risiko einzugehen und flog am nächsten Tag, dem 31. März, mit fünf Lagern über Assuan, Luxor und Assiut nach Kairo.

Dort kamen sie zu dem Schluß, daß Schneeberger die Fortsetzung des Fluges bis Deutschland nicht zugemutet werden konnte. Sie starteten daher nach Aboukir in der Nähe von Alexandrien, wo Udet die M 23 auf einem Flugplatz der RAF demontierte. Dann wurde die Maschine mit Lastwagen nach Alexandrien gebracht und auf ein Schiff verladen, mit dem auch Udet und Schneeberger die Weiterreise nach Venedig antraten. Die M 23, die für eine Generalüberholung fällig war, hatte die 4700 km lange Strecke von Arusha zum Mittelmeer in 35 Flugstunden zurückgelegt, und Udet, dessen Tropenkleider vollkommen verdreckt und zerrissen waren, hatte sich in Aboukir bei den Offizieren der RAF neu eingekleidet.

Auf dem Schiff wurde Schneeberger zwar ausgezeichnet betreut, aber als sie in Venedig ankamen, war er noch so schwach, daß er mit der Eisenbahn nach München weiterfuhr. Udet dagegen ließ die M 23 fertigmachen und flog mit ihr über Triest nach München, wo er am 9. April landete, am gleichen Tag, an dem die übrigen Expeditionsteilnehmer mit der „Usaramo“ in Hamburg ankamen.

Als er – schlanker denn je – auf dem Oberwiesenfeld seine Maschine ausrollen ließ, wurde er von Ministerialdirektor Brandenburg vom Reichsverkehrsministerium, der gerade mit einer Rohrbach Roland der Lufthansa aus Rom gekommen war, und vielen Freunden begrüßt. Die Pressephotographen und die Wochenschauen waren erschienen, und er mußte sich vor der M 23 aufnehmen lassen, deren Motorhaube zwei Kränze schmückten, einer aus Lorbeerblättern und einer aus Weißwürsten. Die Heimat hatte ihn wieder.

XIII

BEI DEN HELLDIVERS IN AMERIKA

Es war ein düsteres Deutschland, in das Udet im April 1931 zurückkehrte. Die Wirtschaftskrise hatte sich verschärft, immer neue Fabriken schlossen ihre Tore, die Arbeitslosenzahlen stiegen. Eines der Opfer der Krise waren Willy Messerschmitts Bayerische Flugzeugwerke, die am 1. Juni den Konkurs anmelden mußten.

Trotz der Verschlechterung der wirtschaftlichen Lage und der Verschärfung des politischen Kampfes in ihrem Gefolge hatten sich am 3. Mai 100.000 Menschen zur Eröffnung des neuen Münchner Flughafens am Oberwiesenfeld eingefunden. Der Ausbau hatte bereits im Jahre 1927 begonnen und war nun so weit gediehen, daß große Verkehrsmaschinen, die bisher in Schleißheim gelandet waren, den Flugplatz benutzen konnten. Entstanden war u. a. ein riesiger Hangar, dessen Tor 60 Meter breit und 10 Meter hoch war.

Außer Udet in seinem Flamingo starteten zur Eröffnung des neuen Flughafens Willi Stör in einer M 23, Captain Rawson in seinem Autogiro, je eine Formation von Albatrossen der Deutschen Verkehrsfliegerschule in Schleißheim und von Rohrbach Rolands der Lufthansa und Peter Riedel, der mit einem Flamingo der Rhön-Rossitten-Gesellschaft Günter Groenhoff in seinem „Fafnir" schleppte.

Udet, der bereits zu Pfingsten bei einem Flugtag in Hamburg gestartet war, nahm am 19. Mai in Kiel an einer Tagung der Wissenschaftlichen Gesellschaft für Luftfahrt teil und gab anschließend Kunstflugvorführungen in Kassel. Zwischendurch richtete er die vier Zimmer seiner Wohnung in der Pommerschen Straße Nr. 4 ein.

Zu den vielen Kriegserinnerungen und den Modellen der Flugzeuge, die er geflogen war, kamen nun die Souvenirs aus Afrika: Speere, Schilde, Messer, Trommeln, Masken und ausgestopfte Tiere.

Angesichts des nachlassenden Interesses an Flugtagen im Gefolge der wirtschaftlichen Depression zog es Udet ins Ausland: Vom 27. bis 29. Juni fand am Mailänder Flugplatz Taliedo ein Flugtag statt. Auf dem Flug von München nach Mailand herrschte so starker Gegenwind, daß die Autos auf den Straßen schneller vorankamen als der Flamingo. Als der Treibstoffvorrat vorzeitig zur Neige ging, sah sich Udet zur Landung auf einem kleinen Flugplatz bei Meran gezwungen, wo der Flamingo, kaum daß er ausgerollt hatte, von Soldaten umstellt wurde. Udet war auf einem Militärflugplatz gelandet, dessen Kommandant mit einem Stab nachmessen ließ, ob der Tank tatsächlich leer sei. Dann erst stellte er Treibstoff zur Verfügung, und der Flug konnte fortgesetzt werden.

In Mailand startete auch Liesel Bach, der Kölner Fluglehrer Jakob Moeltgen und Graf zur Schaumburg-Lippe, doch Udet hatte mit seinen „arabeschi nel cielo" im „apparecchio flammingo" bei Presse und Publikum den größten Erfolg.

Dann ging es in die Schweiz, wo er am 6. und 7. Juli in Basel startete. Man hatte ihn als „König der Akrobatik" angekündigt, und wenn auch Fieseler der offizielle deutsche Meister war, so galt doch Udet in den Augen des Publikums als König des Kunstfluges. Außer ihm starteten in Basel Günter Groenhoff und Captain Frank Hawk. Groenhoff hatte am Tag nach der Eröffnung des neuen Münchener Flughafens mit einer Strecke von 272 km einen neuen Weltrekord im Segelflug aufgestellt. Er war im Flugzeugschlepp vom Oberwiesenfeld gestartet und bis Kaaden in der Tschechoslowakei geflogen.

Captain Hawk, genannt der „Blitzflieger" und bei der Texas Oil Company tätig, startete in Basel auf seiner „Travel Air Mystery Ship" NR 1313, die er „Texaco 13" nannte. Er hatte mit diesem rotweiß gestrichenen Einsitzer bereits mehrere Geschwindigkeitsrekorde zwischen einzelnen Städten in Amerika erflogen; nun war er nach Europa gekommen, um von Stadt zu Stadt zu fliegen, wobei er 30 weitere derartige Rekorde aufstellte.

Von Basel flog Udet nach Grenchen, wo er eine Vorführung für die dortige Fliegerjugend gab, und noch am gleichen Tag nach Berlin, wo er mit Al Williams zusammentraf. Williams, dessen Kunst- und Sturzflüge in Chikago Walter Kleffel so begeistert hatten, war damit beauftragt, Flieger für die National Air Races 1931 zu verpflichten. Bereits im Vorjahr hatte er Kleffel gebeten, ihm einen deutschen Kunstflieger zu nennen. Kleffel hatte Udet vorgeschlagen, der aber wegen des Bäderflugs nicht nach Amerika kommen konnte. Statt ihm war Fritz Lohse gefahren, der in Chikago auf Marcel Doret aus Frankreich, Pietro Colombo aus Italien und zwei englische Piloten traf: Flight Lieutenant Richard „Batchy“ Atcherley und Preston von den Goldstream Guards.

Williams, von Kleffel verständigt, daß Udet 1931 zur Verfügung stehen würde, war nach Berlin gekommen, um im amerikanischen Generalkonsulat den Vertrag zu unterzeichnen. Danach stellte er sich mit Udet den Pressephotographen, und der Berliner Korrespondent der „New York Times“ meldete seinem Blatt: „Ernst Udet, der bekannte deutsche Kunstflieger, als Jagdflieger-As einer der wenigen überlebenden Angehörigen des Richthofen-Geschwaders, hat heute eine Einladung von Leutnant Alford Williams angenommen, am Cleveland Air Meeting im September teilzunehmen.“

Zuvor sollte Udet aber erstmals in England fliegen: Der Royal Aero Club of Britain hatte ihn eingeladen, während der Pausen des „King's Cup Air Race“, das am 25. Juli abgehalten wurde, Kunstflugvorführungen zu geben. Doch am 14. Juli war in Deutschland die Danat-Bank zusammengebrochen, und der Schock darüber hatte zu einem derartigen Run auf die Geldinstitute geführt, daß die Banken geschlossen wurden. Reisedevisen waren schwer zu erhalten, und Udet stand nur ein sehr geringer Betrag zur Verfügung, als er mit Baier im Flamingo nach England startete. Das erste Rennen um den Cup, den König Georg V. dem Royal Aero Club zur Förderung des Flugsports gestiftet hatte, war am 8. September 1922 in Hendon ausgetragen worden. Der Bewerb des Jahres 1931 fand auf dem vom Regen aufgeweichten Flugplatz von Heston in der Nähe von London statt. 40 Teilnehmer waren am Start, doch bedingt durch das schlechte Wetter beendeten nur 21 Maschinen den in sechs Einzelrennen geteilten Gesamtkurs von 982 Meilen.

Über Udets Vorführungen schrieb die Fachzeitschrift „Flight“ in ihrer Ausgabe vom 31. Juli:

„Zu Beginn eine Kunstflugvorführung von Herrn Udet, der durch seine Flüge für deutsche Filme, insbesonders in ‚Die weiße Hölle vom Piz Palü‘ berühmt geworden ist. Seine Vorführung, die er mit seiner eigenen Maschine, genannt Flamingo, darbot, war von bewundernswerter Schönheit, und alle Figuren zeigten eine Reinheit und Exaktheit, wie wir sie selten gesehen haben. Nach der zweiten Runde des Rennens startete Herr Udet neuerlich, und nach längerem Rückenflug drosselte er den Motor und vollführte, bevor er landete, zwei Loopings mit stehendem Propeller. Dieses außergewöhnliche Manöver trug ihm großen Beifall ein.“ – „Flight“ brachte auch ein Bild mit der Unterschrift: „Herr Udet, wie er mit seinem Flamingo seitlich über das Flugfeld gleitet.“

Es gab auch noch andere Vorführungen: Lowe Wylde kam aus Hanworth in einem Segelflugzeug im Schlepp, und der Pilot Staniland führte eine der Fairey Fireflies vor, die für die belgische Aéronautique Militaire bestimmt waren.

Vor dem Rückflug nach Deutschland mußte Baier noch eine gebrochene Benzinleitung provisorisch reparieren. Da Udet auf keinen Fall eine Wasserlandung im Kanal riskieren wollte, stieg er an der englischen Küste auf 3.000 m Höhe.

In Deutschland nahm er noch an je einem Flugtag in Würzburg und Königsberg teil, und dann begannen die Vorbereitungen für die Reise nach Amerika. Udet wollte den Aufenthalt in den Vereinigten Staaten benützen, um allenfalls eine neue Maschine zu kaufen. Kleffel zeigte ihm eine Kopie des Berichtes, den er über die Helldivers und ihre Einsatzmöglichkeiten verfaßt hatte und der nun irgendwo im Reichswehrministerium unbeachtet in einem Aktenschrank lag. Auch Udet interessierte sich kaum für ihn. Es gab Maschinen, die billiger und für den Kunstflug besser geeignet waren als die Helldivers, die Curtiss baute. In Springfield betrieben die Brüder Granville eine Fabrik, Walter Beech hatte das „Mystery Ship“ Frank Hawks gebaut, das Udet in Basel gesehen hatte, und dann gab es noch Matthew Laird, Lockheed und einige andere Firmen, die Flugzeuge bauten, die in Frage kamen.

Ein Problem würde die Finanzierung sein. Udet verfügte nicht über größere Summen, obwohl er viele Gelegenheiten hatte, Geld zu verdienen. Als am 11. August der Deutschlandflug gestartet wurde, enthielt das offizielle Programm folgende Anzeige: „Udet schreibt: Auch ich fliege Shell, den Betriebsstoff der Welt.“ Solche Werbeeinnahmen reichten freilich nicht aus, um den Ankauf einer neuen Maschine zu finanzieren. Aber vielleicht gelang es ihm, seinen wohlhabenden Freund Willy Zietz für das Vorhaben zu interessieren.

Nach vielen Abschiedsfeiern flog Udet mit Baier Mitte August nach Hamburg und von dort nach Bremerhaven, wo der Flamingo demontiert, auf einen Lastwagen verladen und bei strömendem Regen zum Anlegeplatz der „Europa“ gebracht wurde. Auf dem Schiff wurde der Rumpf auf dem Deck 2. Klasse verstaut, während die Tragflächen in dem riesigen begehbaren Safe im Schiffsinneren untergebracht wurden. Die „Europa“, die am 19. August in See stach, hatte ein Postflugzeug an Bord: die D-2244, eine einmotorige Ju 46 mit Schwimmern, die von einem Katapult gestartet wurde. Unter den Passagieren war auch Flight Lieutenant Richard Atcherley, genannt „Batchy“, der bereits bei den National Air Races des Vorjahres in Chikago gestartet war. Udet war ihm im März auf dem Rückflug von Arusha in Kairo begegnet. Nun war Batchy unterwegs nach Cleveland, wo er auf einer Blackburn Lincock I, Kennzeichen G-EBVO, starten wollte, die er um einen Nominalbetrag von 10 Shilling von Robert Blackburn gekauft hatte.

Die „Europa“ kam am 25. August in New York an, worauf der Flamingo zum Floyd-Bennet-Flugfeld gebracht und dort montiert wurde. Am nächsten Tag brachte eine Maschine des Handelsministeriums die ausländischen Teilnehmer an den National Air Races vom Flugplatz Newark in New Jersey zur Marineflugstation Anacosta, wo sie um 11 Uhr ankamen und nach Washington weiterfuhren. Ihr Ziel war das Weiße Haus, wo sie von Oberst Clarence M.

42/43 Das Jahr 1933: Erste Landung auf der Diavolezza am 28. März; Kranzniederlegung am Grabe Richthofens am 21. April

44–46 Der Kunst- und Privatflieger in voller Aktion: Als Professor Canaros mit Bart, Schirm und Zylinder
Auf dem Flugplatz Tempelhof: Udet verläßt seine Curtiss Hawk und begibt sich zu seinem Horch Kabriolett
Der Trick der Tricks: Die Tragfläche schleift über die Grasnarbe des Flugfeldes

47 *Flieger unter sich: Ernst Udet und Heinz Rühmann*

48 Der Kronprinz, der Flieger-Vizekommodore und das Osterei. Volksflugtag Berlin 1934

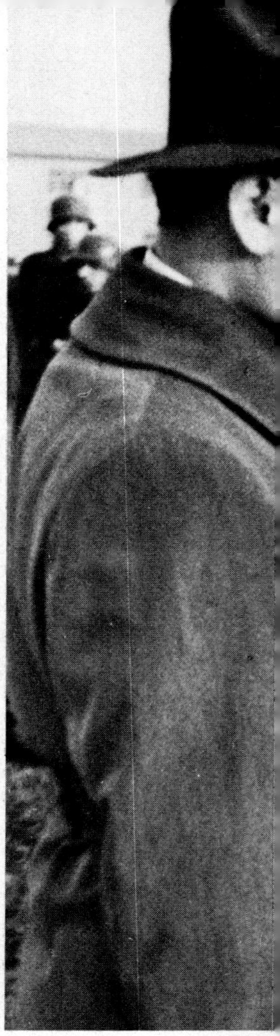

49–51 Wunder des Fliegens: links oben die Curtiss Hawk im Flug über Berlin. Rechts oben Flugtag in Staaken: Göring gratuliert Udet, der nach einer Kunstflugvorführung im Segelflugzeug eben gelandet ist. Unten: der Flug durch den Hangar, eine Szene aus dem Film „Wunder des Fliegens“.

52 Vor dem Mikrophon. Ansprache im Deutschlandsender zur Veranstaltung „Funk, Volk, Luftfahrt" im Oktober 1935

53 *Der Chef des Technischen Amtes am Steuer seines Dienstwagens*

54 Mit Inge Bleyle beim Berliner Polizeisportfest 1935. Rechts Milch und der Berliner Polizeipräsident Graf Helldorf

55/56 Winter-Olympiade 1936, Standquartier Eibsee. Links im Sturzflug zur Landung, rechts im Gespräch mit dem deutschen Kronprinzen

57/58 Erfolgreiche Frauen aus der Welt des Films und der Fliegerei: Oben mit Leni Riefenstahl, unten mit Hanna Reitsch bei den Olympischen Spielen 1936

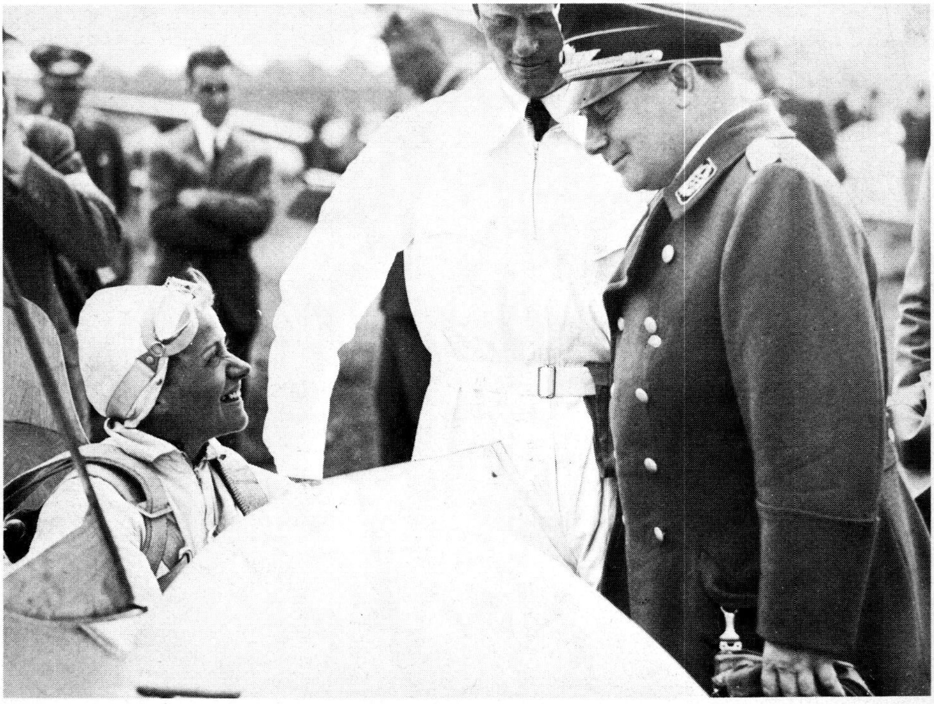

59/60 Hanna Reitsch als Testpilot im Hubschrauber FW 61, für dessen Entwicklung Udet sich einsetzte. Neben ihm Roluf Lucht. Unten: Hanna Reitsch „akrobatelt“ über Staaken, Udet und Christiansen (links außen) schauen zu

61–64 Dübendorf 1938. Links: „Entschuldigen Sie, ist hier Zürich?" Udet im Borsalino Franckes. Rechts: in der Bf 109, die bald darauf bei einer Notlandung zu Bruch ging

6
SLU

65/66 Halb Testpilot, halb General: oben im Stieglitz beim Einhaken im Zeppelin, unten mit Milch beim offiziellen Besuch in Paris 1937

67/68 Macht und Glanz des Dritten Reiches: bei der großen Luftwaffenschau an der vorpommerschen Küste. Unten Empfang für den Chef der belgischen Luftwaffe, General Duvivier, der das Ärmelband des Jagdsgeschwaders Richthofen trägt

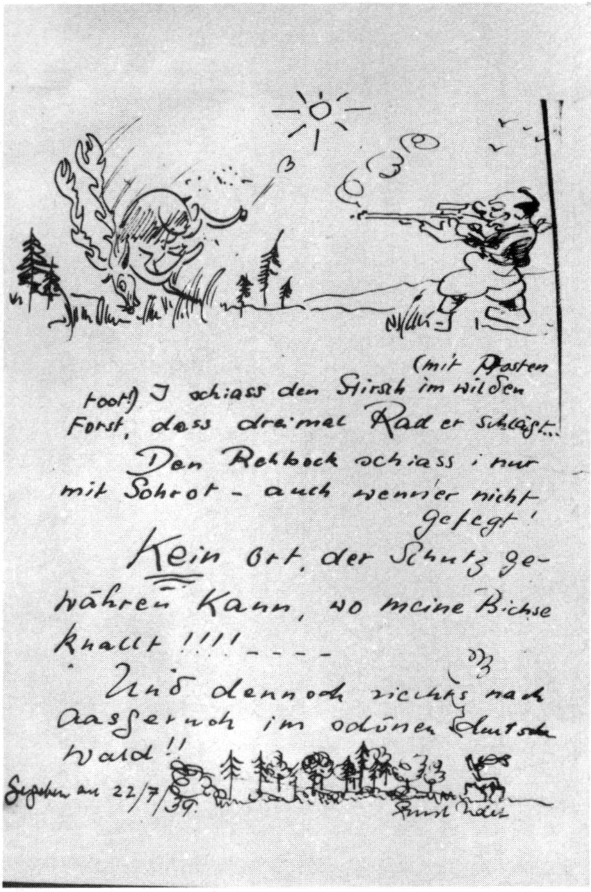

69–71 Jagdgesellschaften. Rechts oben: Milch, Udet und „Pilli" Körner in Görings Reichsjägerhof. Links oben die Eintragung in Heinkels Gästebuch, die mit den Worten endet: „Und dennoch riecht's nach Aasgeruch im schönen deutschen Wald!!" Unten im Führergefolge bei der Besichtigung der Werksanlagen Willy Messerschmitts, dessen erbitterter Konkurrenzkampf mit Ernst Heinkel um das schnellste Jagdflugzeug eines der großen Probleme Udets war.

72 Der Generalluftzeugmeister am Steuer seiner Siebel F H 4

73 21. Juli 1940 in Karinhall: Zwei Tage nach der Beförderung begrüßt der Reichsmarschall den Generaloberst bei einem Empfang für den italienischen Außenminister Graf Ciano

74/75 Adlertag und Barbarossa: mit Galland und Mölders an der Kanalküste. Unten bei der Befehlsausgabe für den Einsatz

76–78 *Links: Udet bei einem seiner letzten Flüge an die Front. Rechts: im Gefolge seines Gegenspielers Erhard Milch bei einer Besichtigung der Dornier-Werke drei Monate vor seinem Tod. Unten rechts: im Gespräch mit Jeschonnek, der zwei Jahre später gleich ihm in den Freitod ging*

79 *Das Ende: Staatsbegräbnis am 21. November 1941*

Young und Leutnant Alford Williams Präsident Hoover vorgestellt wurden. An den Empfang, der eine Viertelstunde dauerte, schloß sich ein vom Aero Club Washington gegebenes Mittagessen. Neben Udet und Atcherley sowie L. W. Greve, dem Präsidenten der National Air Races, nahmen an dem Essen Mario de Bernardi und Aldo Giraldi aus Italien, Major Alois Kubita aus der Tschechoslowakei sowie Oberstleutnant Czeslaw Filipowics und Hauptmann Boleslaw Orlinski aus Polen teil.

Die National Air Races, die sich zu einer der bedeutendsten Flugveranstaltungen der Vereinigten Staaten entwickelt hatten, begannen am 28. August, dauerten bis 7. September und sahen nicht weniger als 29 Wettflüge über Rundkurse, darunter einen für Militärflugzeuge, vor. Eine Neuerung war der transkontinentale Wettflug um die Vincent-Bendix-Trophäe für Flugzeuge aller Klassen mit einer Zwischenlandung in Cleveland.

Als Udet ankam, war das Training bereits im vollen Gange. Dabei hatte „Batchy" Atcherley Pech. Ein Mechaniker hatte vergessen, einen Bolzen am Fahrgestell seiner Maschine zu befestigen. Während des Fluges löste sich ein Rad, das Flugzeug wurde bei der Landung zerstört, und Atcherley kam mit vierzehn Nähten im Gesicht ins Spital. Auch am ersten Tag der National Air Races gab es einen Unfall. Zwei Jagdflugzeuge des U. S. Marine Corps stießen in der Luft zusammen; die Piloten Sanders und Brice konnten sich mit dem Fallschirm retten.

Das Eröffnungsprogramm war reichhaltig. Nachdem Al Williams an der Spitze des Teams der ausländischen Piloten an der Zuschauertribüne vorbeigeflogen war, führten die Gäste – Udet kam als erster an die Reihe – ihre Kunstflüge vor. Es folgten ein Sturzangriff von zwölf Boeing-Jagdflugzeugen der amerikanischen Marine, Vorführungen von Staffeln des U. S. Marine Corps und weitere Sturzflugdemonstrationen von Jägern der Armeeflugwaffe.

Udet war mit schweren Bedenken an den Start gegangen. Angesichts der modernen Ganzmetallmaschinen mit ihren starken Triebwerken schien sein sechs Jahre alter schwachmotoriger Flamingo in Holzbauweise hoffnungslos unterlegen zu sein. Aber was den Ausschlag gab, war sein fliegerisches Können, über das der „Cleveland Plain Dealer“ am Tag nach der Eröffnung schrieb:

„Mit der beeindruckendsten Demonstration von Tollkühnheit, die je in dieser Stadt geboten wurde, lieferte Ernst Udet gestern den Höhepunkt eines Nachmittages voll fliegerischer Glanzleistungen. Sein Können widerlegt alle Gesetze der Schwerkraft, und er flog mit seinem Flamingo Figuren, die weder die Brüder Wright noch die vielen Zuschauer je für möglich gehalten hätten. Wie ein Gummiball hüpfte die Maschine umher, einmal mit einem Rad, dann mit einer Tragfläche den Boden berührend oder über eine Reihe abgestellter Flugzeuge hinweghüpfend.“

Nicht nur die lokale Presse war begeistert. Die „Washington Post“ schrieb: „Udet stahl die Show“, und die „New York Times“ kommentierte: „Der Deutsche zeigte, was er kann.“

Vor allem aber hatte Udet mit seiner Vorführung die etwa 80.000 Zuschauer im Sturm erobert, so daß der „Cleveland Plain Dealer“ schrieb: „Die anderen Angehörigen des internationalen Teams sind ebenso gute Piloten und ihr Programm ist so schwierig wie seines, aber die Zuschauer haben ihn besonders ins Herz geschlossen.“ Das Blatt machte ihm dann das Kompliment eines Vergleiches mit dem Nationalhelden Lindbergh, indem es schrieb: „Udet ist der ‚Lindy‘ des Air-Race-Publikums.“

Nach seiner Vorführung wurde Udet auf dem Flugplatz von Edward „Eddie“ Rickenbacker, dem erfolgreichsten amerikanischen Jagdflieger begrüßt und beglückwünscht. Rickenbacker, Sieger in 26 Luftkämpfen, Autorennfahrer und nunmehr Vizepräsident und Verkaufsdirektor der „General Aviation Manufacturing Corporation“, ließ keine Feierlichkeit aufkommen. Während die Musik spielte, die Zuschauer klatschten und die Kameras der Wochenschauen surrten, klopfte er auf seine Gesäßtasche und raunte Udet ins Ohr: „Nachher trinken wir einen.“ Das war ein Angebot, das angesichts der offiziell noch immer geltenden Prohibition nicht zu verachten war.

Der Aufenthalt in Cleveland bot Udet ausreichend Gelegenheit, die modernsten amerikanischen Maschinen kennenzulernen. Am

1. August flog Lowell Bayles mit der Gee Bee Modell Z „City of Springfield“ 286 Meilen in der Stunde, das war die höchste Geschwindigkeit, die bisher bei den National Air Races erreicht worden war, und am darauffolgenden Tag gewann Bayles das Rennen um die Goodyear-Trophäe mit einer Durchschnittsgeschwindigkeit von 206 Meilen.

Am 4. September, um 5 Uhr 35 früh, wurde in Burbank, Kalifornien, das Rennen um die Bendix-Trophäe gestartet. Jimmy Doolittle in einem Laird-Super-Solution-Doppeldecker traf als erster in Cleveland ein, gefolgt von Harold S. Johnson, der für seine Loopings mit einer dreimotorigen Ford-Maschine berühmt war, und Beeler Bevins, beide in sechssitzigen Lockheed-Verkehrsmaschinen, und Ira Eaker in einer Lockheed Altair.

Doolittle, der die bisherige Strecke mit einer Durchschnittsgeschwindigkeit von 223 Meilen in der Stunde zurückgelegt hatte, traf nach einem kurzen Tankaufenthalt in Cleveland auch als erster in Newark, New Jersey, ein und unterbot den bisherigen Transkontinentalrekord von Frank Hawk um mehr als eine Stunde.

Der 2. September war der große Tag für „Batchy“ Atcherley gewesen, der aus dem Spital entlassen worden war und sich anstelle seiner zerstörten Lincock eine Curtiss Fledling geborgt hatte, die mit einer Sirene ausgerüstet war. Atcherley erschien auf dem Flugplatz im Cut mit Zylinder, Schirm, Monokel und aufgeklebtem Schnurrbart und stellte sich den Zuschauern als Professor Charles Beresford-Smith von der Universität Oxford vor, der eine neue Theorie des Fliegens entwickelt hatte. Er bat dann den bekannten amerikanischen Piloten Casey-Jones, der in der Curtiss Fledling Platz genommen hatte, ihm die Maschine zur Demonstration seiner Theorie zu leihen, worauf Casey-Jones vorgab, in Ohnmacht zu fallen. Ungerührt hängte Atcherley seinen Schirm an eine Strebe der Tragfläche und startete zum verrücktesten Kunstflugprogramm, das man je bei den National Air Races gesehen hatte. Mit heulender Sirene hüpfte er über den Boden dahin, wackelte mit den Flächen, schmierte seitlich ab, flog Steilkurven und Rollen und legte eine Vorführung hin, die ihn als wahren Clown der Lüfte erwies. Die

Zuschauer waren begeistert, und in Udet wurde der Wunsch wach, einmal ein ähnliches Programm zu bieten.

Der Höhepunkt des Tages war für ihn aber das Zusammentreffen mit seinem einstigen Gegner Walter Wanamaker, der mit einer dreimotorigen Ford der Firestone Tire and Rubber Company, Kennzeichen NC-9614, aus Akron kommend auf dem Flugplatz von Cleveland eintraf. Wanamaker, groß, schlank und schwarzhaarig, im weißen Anzug, hatte sich auf seinen Auftritt vorbereitet. Als die beiden vor dem Mikrophon standen, sagte er zur Begrüßung: „Ernst, Sie sind dick geworden", und hielt dann eine kleine Rede, in der er an ihre Begegnung an der Front erinnerte. Udet antwortete in deutscher Sprache: „Ich freue mich, meinen alten Gegner zu treffen. Aber er ist nicht mehr mein Gegner, sondern mein Freund. Was war, soll vergessen sein, und als Beweis dafür gebe ich ihm jetzt zurück, was ich ihm einmal genommen habe." Mit diesen Worten zog Udet das eingerahmte Kennzeichen von Wanamakers Nieuport, „N 6347", hervor, das die Inschrift trug: „Lt. Udet, 39. Abschuß, 2. VIII. 18." Sichtlich bewegt sagte Wanamaker: „Behalten Sie es Ernst, es gehört Ihnen", doch Udet beharrte: „Nein, ich gebe es Ihnen, weil Sie mein Freund sind."

Als die National Air Races am 7. September zu Ende gegangen waren, erklärte Al Williams: „Wir haben uns alle sehr gefreut, daß Udet seinem Ruf gerecht geworden ist. Er ist einer der feinsten Menschen, denen ich je begegnet bin, ein guter Sportsmann, ein brillanter Flieger und ein wirklicher Mann. Deutschland kann stolz sein, einen so außerordentlichen Vertreter nach Amerika entsandt zu haben. Die National Air Races wird man sich in Zukunft ohne ihn gar nicht vorstellen können. Noch einige Botschafter des Goodwill wie Udet, und die Verständigung zwischen unseren Völkern wäre für immer gesichert."

Ein Augenzeuge des großen Erfolges, den Udet errungen hatte, war Wolfgang von Gronau, der mit seinem Flugboot Dornier Wal auf einem aufsehenerregenden Flug in Cleveland eine Zwischenlandung gemacht hatte. Gronau war von der Seefliegerstation in List gestartet und dann über Island und Grönland nach Kanada und von dort nach Chikago geflogen. Auf dem Wege nach New York hatte er in Cleveland Station gemacht. Er war nicht der einzige prominente Zuseher bei den National Air Races gewesen. Auch die deutsche Filmschauspielerin Lil Dagover und die amerikanische Fliegerin Ruth Elder waren anwesend und sahen sich mit Udet einige Rennen an.

Nun, da der Bewerb vorüber war, fand Udet Zeit, die zahlreichen Maschinen, die auf dem Flugfeld versammelt waren, eingehender zu betrachten. Sein erster Blick galt den Curtiss F 8 C Helldivers, die der amerikanischen Öffentlichkeit bereits ein Begriff waren. „Helldivers“ war der Titel eines eben abgedrehten Filmes mit Clark Gable und Wallace Beery, für den Commander Frank W. Wead, ein ehemaliger Marinepilot, das Drehbuch geschrieben hatte. Die Außenaufnahmen waren teils auf dem Flugzeugträger „Saratoga“, teils auf dem Marinefliegerstützpunkt North Island bei San Diego in Kalifornien gedreht worden. Mitgewirkt hatte eine Jagdstaffel der amerikanischen Marine mit Maschinen vom Typ F 8 C-4, der Jägerversion des Helldivers.

Eine andere faszinierende Maschine in Cleveland war die Curtiss F 6 C Hawk aus der berühmten Reihe der Jäger vom Typ Hawk, die mit der P-1 begonnen hatte.

Besonders begeisterte Udet die schwarz-gelb gestrichene Gee Bee Modell Z „City of Springfield“ mit ihrem Pratt & Whitney-Wasp-Jr.-Triebwerk von 535 PS. Ihr Führersitz lag so weit hinten in dem gedrungenen Rumpf, daß man sie mit Recht als einen „fliegenden Motor“ bezeichnen konnte. Die Maschine hatte erst am 22. August, eine Woche vor dem Beginn der National Air Races, die Werkstätte der Brüder Granville verlassen und war mit einem Schlage berühmt geworden.

Der Präsident der Skyways Incorporated, Warrick, Vertreter der Firma Curtiss in Cleveland, lud Udet zu einem Flug in einer Curtiss-Wright Junior ein, und Lloyd Child, Testpilot bei Curtiss, teilte ihm mit, daß die Firma bereit sei, eine Hawk für 16.000 Dollar zu verkaufen.

Matty Laird wiederum wollte seine Super Solution für 15.000 Dollar hergeben; weitere 6.250 Dollar würde allerdings der Motor kosten. Gleichzeitig bot Laird Udet an, seine Vertretung in Deutschland zu übernehmen und ihm in diesem Fall einen Preisnachlaß von 20 Prozent für die Maschine zu gewähren.

Schließlich waren auch die Brüder Granville bereit, die „City of Springfield" für 18.500 Dollar zu verkaufen. Sollte es Udet gelingen, die Firma Pratt & Whitney zu einem Nachlaß beim Motor zu gewinnen, würde sich der Preis entsprechend vermindern. Sie waren auch damit einverstanden, den Treibstofftank, der 103 Gallonen faßte, um 25 Gallonen Fassungsraum zu erweitern, wodurch sich die Reichweite auf 1250 Meilen erhöht hätte. Ebenso akzeptierten sie eine Abänderung der Radverkleidung, die Udet vorgeschlagen hatte, weil sie nach seiner Meinung zu nahe an die Erde heranreichte. Im übrigen waren die Brüder Granville der Ansicht, daß die Maschine alle von Frank Hawk in Europa aufgestellten Rekorde um mindestens 25 Prozent verbessern werde.

Udet mußte sich allerdings darauf beschränken, alle Unterlagen an Willy Zietz schicken zu lassen, doch angesichts der exorbitanten Preise war er nicht sehr optimistisch, daß der Ankauf klappen würde. Am 6. September hatte er noch Walter Kleffel telegraphiert, er hoffe, aus Amerika eine Maschine mitbringen zu können. Nun aber schrieb er seinem Freund Walter Angermund, daß er zwar „wunderbare Flugzeuge" gesehen habe, versah die Postkarte aber mit einer Karikatur, die ihn mit umgestülpten Hosentaschen und der Aufschrift „Do-laar" und „Do-laar" zeigte.

Bevor er die Heimreise antrat, leistete er einer zweifachen Einladung Folge. Commander Rosendahl zeigte ihm die neue Luftschiffhalle der amerikanischen Marine in Akron, und am 13. September war er Gast zum Abendessen im Hause seines Freundes Wanamaker, Akron, 880 North Portage Path.

Auf dem Rückflug von Akron nach New York sah Baier am Boden seines Sitzes eine Ölpfütze. Notlandung, Reparatur der gebrochenen Ölleitung und Weiterflug nach New York, wo Udet vom 16. bis 26. September im Ritz-Carlton-Hotel auf der Madison Avenue wohnte, ehe er mit Baier und dem Flamingo die Heimreise auf der „Bremen" antrat.

Am 2. Oktober kamen sie in Bremerhaven an. Bald darauf, am 4. November, veranstaltete die Lufthansa einen Filmabend im „Atrium“ in Berlin, an dem Udet teilnahm, weil Ausschnitte aus seinem Afrikafilm gezeigt wurden. Einer der Ehrengäste war Hermann Göring, sein letzter Kommandeur, nunmehr Reichstagsabgeordneter der NSDAP und zweifellos für den Fall einer Machtergreifung der Nationalsozialisten für große Aufgaben ausersehen. Die beiden hatten einander seit dem Kriege kaum gesehen, und Udet hatte wiederholt recht deutlich zu erkennen gegeben, daß er von Göring wenig hielt. Aber Paul Körner, genannt „Pilly“, ein Gefolgsmann Görings und ein Freund Udets, war bemüht, die beiden Männer zusammenzubringen. Die Filmvorführung bot eine zwanglose Gelegenheit dazu. Udet erzählte von seinem Aufenthalt in Amerika, und Göring lud ihn zu einem Besuch ein, um ein längeres Gespräch mit ihm zu führen.

Udet sagte zu, obwohl ihm Politik nach wie vor gleichgültig war. Seine Interessen lagen auf anderen Gebieten. Er wollte ein neues Flugzeug kaufen, eine neue Frau war in sein Leben getreten, ein dunkelhaariges temperamentvolles Wesen namens Elloys Illing, von ihm „Laus“ genannt, und ein neues Abenteuer wartete auf ihn: Grönland.

XIV

ÜBER DEN GLETSCHERN VON GRÖNLAND

1932, ein traditioneller Jahresbeginn: Mit seinem Freund, Hotelier Terne, startete Udet in der Klemm vom Eibsee, um auf die Zugspitze zu fliegen. Seine Fracht: ein paar Forellen, einige Flaschen Alkohol und ein Spirituskocher für seine Freunde auf der Bergstation.

Ende Februar war er wieder in Berlin, wo ihn Dr. Fanck mit der Frage erwartete, ob er bereit sei, für seinen nächsten Film zu fliegen, der in Grönland unter dem Titel „SOS Eisberg" gedreht werden sollte. „Nehmen Sie drei Flugzeuge mit", sagte Fanck, „und Laus auch."

Die Expedition nach Grönland sollte erst Ende Mai aufbrechen; Udet verblieben somit zwei Monate für Schauflüge. Zu Ostern startete er in Staaken und am 15. Mai in Tempelhof. In Cleveland hatte er so viel Parterreakrobatik gesehen, daß er niedriger denn je fliegen wollte. Er ließ sich von Baier an der linken unteren Tragfläche einen kurzen elastischen Stock mit einem Haken montieren. Wenn er in Schräglage ganz dicht über dem Erdboden flog, wirbelte er eine Staubwolke auf. Besorgnisse der Freunde wies er mit den Worten zurück: „Ich weiß genau, was ich tue, aber wenn das Publikum die Staubwolke sieht, soll es ruhig glauben: ‚Jetzt hat es ihn erwischt . . .'"

Tatsächlich wurde jetzt bei Flugtagen mehr denn je riskiert. So offerierte Oskar Dimpfel seinen Luftakrobatikakt in einem Rundschreiben mit folgenden Worten: „Je mehr sich die wirtschaftliche Situation verschlechtert und je größer der Geldmangel wird, desto mehr müssen die Veranstalter trachten, etwas Neues und Attraktives zu bieten, das den finanziellen Erfolg des Flugtages garantiert." Die Geschäftsstelle des Bayerischen Städtebundes sah sich ihrerseits veranlaßt, die Stadtverwaltungen am 20. Mai 1932 mit folgendem Rundschreiben zu warnen: „Es tauchen da und dort Sportflieger auf, um Flugtage zu veranstalten. Unerfreulicherweise sind nicht alle vertrauenswürdig. Es ist vorgekommen, daß solche Unternehmer Schulden in einer ganzen Reihe von bayerischen Städten und Märkten hinterlassen haben."

Udets Probleme mit den Behörden waren anderer Art. Bei einem Flugtag in Halle hatte er einen Zusammenstoß mit einem Luftpolizisten, der ihm verbieten wollte, im Flamingo, der auf dem Rollfeld auf den Start wartete, zu rauchen. „Das ist mein Flugzeug", belehrte ihn Udet, „und darin kann ich machen, was ich will. Ich gefährde ja niemanden." Sprach's und startete so, daß der Propellerwind dem Luftpolizisten die Mütze vom Kopf riß. Dafür erhielt er eine Geldstrafe, die er gelassen bezahlte.

Zwischen den Flugtagen fand er Zeit für einen Freundesdienst: Hans Stuck schloß am Standesamt des Charlottenburger Rathauses mit Paula von Reznicek den Bund fürs Leben; der deutsche Kronprinz und Udet waren die Trauzeugen. Zusammen mit anderen Gästen hatte er sich vor der Zeremonie ausgiebig mit Kognak gestärkt, was nicht ohne Folgen blieb. Während der ebenso langen wie langweiligen Rede des Standesbeamten schlief er ein. Offensichtlich träumte er von einer Kartenpartie, denn als man ihn weckte, damit er die Unterschrift als Trauzeuge leiste, rief er: „Wer gibt . . .?"

Freundschaft schloß Udet in diesen Tagen auch mit Heinz Rühmann, der bei Eduard von Schleich, einem Träger des Pour le mérite, am Oberwiesenfeld fliegen gelernt und seine Maschine in Tempelhof im Hangar neben dem Flamingo abgestellt hatte.

Nach Grönland nahm Udet drei Flugzeuge mit, von denen zwei bereits in Afrika dabeigewesen waren: die Motte, D-1651, und die BFW M 23b, die generalüberholt und auf Schwimmern montiert worden war, aber keine Kennzeichen trug. Die dritte Maschine war eine Klemm L 26 mit Argus-As-8-Motor, die Udet soeben gekauft hatte und die ebenfalls mit Schwimmern ausgerüstet war.

Zurück in Berlin blieben der Flamingo und Hannibal, ein Falke, den ihm Freunde geschenkt hatten, weil er stets klagte, daß er sich den „Hawk“, den „Falken“ von Curtiss, nicht leisten könne. Am 25. Mai versammelte sich die Mehrzahl der Expeditionsteilnehmer bei strömendem Regen auf dem Lehrter Bahnhof in Berlin, um mit einem Sonderwagen, der an den um 9 Uhr 27 abgehenden Schnellzug angehängt wurde, nach Hamburg zu reisen. Ein kleines Vorauskommando war bereits früher abgefahren.

In Hamburg traf sich alles im Hotel Atlantik, wo die Expedition vom Vertreter der Universal Pictures Corporation in Deutschland, Kohner, verabschiedet und ein Telegramm des Chefs der Universal in Amerika, Carl Laemmle, verlesen wurde. Für zwei Filme sollten die Außenaufnahmen in Grönland gedreht werden: Für „SOS Eisberg“ und für ein Lustspiel. Kohner ermahnte noch alle, Erlebnisberichte zu verfassen und viel zu photographieren, denn die Universal würde Artikel und Bilder in der Presse unterbringen.

38 Männer und Frauen zwölf verschiedener Nationalitäten gingen schließlich an Bord der 2.500 Tonnen großen „Borodino“. Es war eine in jeder Hinsicht bunt gemischte Gesellschaft. Das fliegerische Element war durch Udet und Baier sowie einen zweiten Piloten, Franz Schriek, einen Fluglehrer der Deutschen Verkehrsfliegerschule, vertreten. Dr. Ernst Sorge und Dr. Löwe betreuten wissenschaftliche Agenden, und Hanns Schneeberger war wie immer der Kameramann. Ferner gab es drei Bergführer und einen Tierwärter, denn die Expedition verwirklichte eine Variante des alten Sprichwortes von den Eulen, die nach Athen getragen werden: Sie nahm nach Grönland drei Eisbären und zwei Seehunde des Zirkus Hagenbeck mit, die für die Filmaufnahmen gebraucht wurden. Schließlich traten fünf Frauen die Reise nach Grönland an: Leni Riefenstahl, Frau Dr. Sorge, Frau Dr. Löwe, Fräulein Lindeck und Elloys Illing.

Am 25. Mai gegen 9 Uhr verließ das Schiff den Hamburger Hafen. Die Bergführer waren auf die Mastspitzen geklettert und ließen von dort ihre Halstücher flattern. Der Speiseraum des Schiffes war so klein, daß in zwei Schichten gegessen werden mußte, aber das Deck groß genug, um Udet Schießübungen zu erlauben. Am

26. Mai wurde in Bergen das dorthin vorausgeschickte Gepäck aufgenommen, und am Nachmittag des gleichen Tages kam ein Sturm auf; der erste, der seekrank wurde, war der italienische Expeditionskoch. Am nächsten Tag hatte sich die See beruhigt, und die Fahrt wurde bei schönem Wetter fortgesetzt. Die drei Eisbären fühlten sich in ihren Käfigen sichtlich wohl, aber einer der Seehunde starb am 28. Mai, und der andere machte einen mitgenommenen Eindruck.

Als sich das Schiff der Eiszone näherte, kam dichter Nebel auf, die Sirene ertönte in Abständen von fünf Minuten, am Bug hielt ein Matrose Ausguck, und gegen 21 Uhr ertönten zwei Sirenenstöße: Die „Borodino" hielt an. Aus dem Echo der Sirenensignale konnte geschlossen werden, daß sie sich in der Nähe von Eisbergen befand.

Am nächsten Tag kamen tatsächlich bei strahlendem Wetter die ersten Eisberge in Sicht. Die „Borodino" befand sich jetzt ungefähr hundert Kilometer von Kap Farewell, der Südspitze Grönlands, entfernt, doch dank der ausgezeichneten Sichtverhältnisse konnte man die Konturen der Küste bereits erkennen. Bald setzte aber Wetterverschlechterung ein, und im Nebel geriet das Schiff etwa 60 km zu weit nach Norden. Die „Borodino" fuhr deshalb langsam die von Fjorden durchschnittene Steilküste der Disko-Insel entlang nach Godhavn, dem Sitz der Verwaltung für Nordgrönland. Der dänische Landvogt, wie der Verwaltungschef genannt wurde, kam an Bord und sicherte in einer kleinen Ansprache der Expedition seine volle Unterstützung zu. Dann wurde die Reise nach Umanak, dem eigentlichen Ziel der Expedition, fortgesetzt, wo die „Borodino" am Sonntag, dem 5. Juni, in den Vormittagsstunden ankam.

Mit seinen 250 Einwohnern, teils Dänen, teils Grönländern bzw. Eskimos, war Umanak eine der größten Siedlungen Grönlands. Die Dänen wohnten in Holzhäusern, die gelb oder rot gestrichen waren, die Grönländer jenseits einer kleinen Bucht in Hütten aus unbehauenen Steinen und Torfstücken. Außerdem gab es eine Kirche, eine Schule, ein Säuglingsheim, hoch oben auf dem Felsen ein Krankenhaus sowie ein paar Packhäuser und eine Trankocherei. Auf einem freien Platz in der Mitte wehte an einem Mast die dänische Flagge, der Danebrog. Hinter der Ansiedlung erhob sich der 1400 m hohe

Berg Umanak, den Dr. Sorge bei der letzten Expedition Professor Wegeners erstiegen hatte. Ringsum aber trieben im Wasser majestätische Eisberge, von denen sich bisweilen riesige Stücke lösten und krachend ins Wasser fielen.

Beeindruckt waren die Teilnehmer der Expedition auch von den jungen Grönländerinnen, die aussahen wie 12- bis 13jährige Mädchen und deren Festtagskleidung überaus farbenfroh war: rote Stiefel aus Seehundsleder, Hosen aus Seehundsfell und bunte Oberkleider. „So was Frisches", war Udets Kommentar.

Bereits am 6. Juni ging er mit Baier und Schriek an die Arbeit. Im Laderaum der „Borodino" wurden die Schwimmer der Klemm montiert, der Rumpf mit einem Kran auf das Wasser gelassen und zu einer flachen Uferstelle geschleppt, wo die Tragflächen montiert wurden. Am 7. Juni machte Udet bei einer Temperatur von +12 Grad den ersten Flug und kam begeistert zurück: Die Sicht von oben war überwältigend.

Am 10. Juni war auch die BFW M 23 montiert und an Land abgestellt. Am Nachmittag des gleichen Tages kam Sturm auf, der Eisberge in die kleine Bucht von Umanak trieb. Es bestand die Gefahr der Beschädigung der auf dem Wasser vor Anker liegenden Klemm, weshalb sie gegen 22 Uhr 30 an Land gezogen wurde. Die Arbeit zu so später Stunde stellte kein Problem dar, denn die Sonne ging niemals unter.

Inzwischen war auch das umfangreiche Expeditionsgepäck an Land gebracht und etwa 20 Minuten von Umanak entfernt ein Zeltlager errichtet worden. Ursprünglich sollten dort auch die Flugzeuge abgestellt werden, doch mußte dieses Vorhaben aufgegeben werden, weil der flache Strand bei Flut etwa einen Meter unter Wasser stand. Die Maschinen wurden deshalb mitten im Ort Umanak neben einer Transportkiste abgestellt, in der Baier und Schriek hausten, um ständig in der Nähe der Flugzeuge zu sein. Udet wohnte beim Kolonieverwalter Nielsen. Angesichts der jähen Wetterumschwünge mußte jede Minute genützt werden, wobei sich die Grönländer, die rasch und gerne zugriffen, als sehr wertvolle Helfer erwiesen.

Im eigentlichen Lager gab es Zelte für je zwei Personen sowie zwei große runde Eßzelte für je 25 Menschen. Karl Buchholz, der Aufnahmeleiter, hatte außerdem ein eigenes Schreib- und Lesezelt mit Tischen und Bücherregalen aus Kistenholz eingerichtet. Ein kleiner Holzbau beherbergte die Küche, die vom italienischen Expeditionskoch Giuseppe Marinucci und einem englischen Koch, den man der „Borodino" abgeworben hatte, betreut wurde.

Das Schiff trat am Sonntag, dem 12. Juni, die Heimfahrt an, und damit war die Zeit für die Filmaufnahmen angebrochen. Udets erste Aufgabe war es, auf die Suche nach Eisschollen zu gehen, die für einige Szenen gebraucht wurden. Am 15. Juni fand er 150 km nördlich von Umanak am Rande der Wintereisdecke ein großes Feld.

Daraufhin brachen 16 Mann unter der Führung von Dr. Fanck in einem Motorschiff nach Norden auf. Am ersten Tag kamen sie bis Igdlorsuit auf der Insel Ubekendt, wo sie von dem dort hausenden Schriftsteller und Zeichner Rockwell Kent aus New York, der gerade seinen 50. Geburtstag feierte, begrüßt wurden. Igdlorsuit hatte zwar keinen Hafen, aber einen flachen Sandstrand, weshalb Dr. Fanck beschloß, dort ein Fliegerlager zu errichten. Dann zog das Aufnahmeteam mit dem Motorschiff 50 km weiter nach Nuliarsik am Rink-Fjord, wo es drei Wochen blieb und eine Filmszene drehte: Die Teilnehmer einer wissenschaftlichen Expedition, die als verschollen gilt, versuchen auf der Suche nach einer menschlichen Siedlung den Fjord zu überqueren. Gleichzeitig ist ein Flugzeug unterwegs, um die Verschollenen zu suchen.

Udet flog nun täglich mit der M 23 von Igdlorsuit nach Nuliarsik; Schriek in der Klemm begleitete ihn mit dem Kameramann Schneeberger. Die Flüge für die Filmaufnahmen waren sehr gefährlich. Sie führten nahe an die Eisberge heran, und im Falle eines Versagens des Motors hätte es kaum eine Landemöglichkeit gegeben. Außerdem mußte Baier ständig die Holzschwimmer reparieren, die beim Wassern vom Blaueis, das sich dicht unter der Oberfläche befand, aufgerissen wurden.

Zu Udets Aufgaben gehörte auch das Abwerfen von Proviant und Post für die Gruppe in Nuliarsik. Spannend verlief jedesmal das Abholen der Post von dort. Zwei Männer hielten zwischen je zwei aneinandergebundenen Skistöcken eine etwa fünf Meter lange Schnur gespannt, an der ein Postbeutel mit einer großen Seilschlaufe hing. Udet hatte an seiner Maschine einen kleinen Anker, mit dessen Hilfe er im Tiefflug den Beutel an seiner Seilschlaufe aufgabelte. Einmal verfing sich die Schnur im Leitwerk, Udet konnte das Höhensteuer kaum mehr bewegen und mußte sofort landen. Er fand eine schmale Schneise zwischen den Eiswänden, setzte die Maschine auf, stellte das Triebwerk ab und begann die Schnur abzuschneiden, als er bemerkte, daß die Eiswände von beiden Seiten auf ihn zutrieben und drohten, die Maschine zu erdrücken. Er warf rasch den Propeller an und entkam im letzten Augenblick zwischen den etwa 70 m hohen Eiswänden.

Mußte er nicht fliegen, erlernte er das Kajakfahren und war sehr beeindruckt, als man ihm erzählte, daß jeder achte Eskimo in einem dieser schmalen Boote starb. Die Abende in Igdlorsuit verbrachte er bei Rockwell Kent, mit dem er sich angefreundet hatte. Er zeichnete auf die abgehende Post „Briefmarken", die eine Taube zeigten, die mit einem Brief im Schnabel über Meer und Eisberge flog. Eines Abends kamen die beiden auf die Idee, „richtige" Briefmarken im Linolschnittverfahren herzustellen. Der Erlös wurde für ein Gemeinschaftshaus verwendet, das Rockwell Kent für die Bewohner von Igdlorsuit baute. Am 10. Juli wurde das Zeltlager nach Nugaitsiak verlegt. Jetzt waren die Aufnahmen mit den Eisbären an der Reihe. Sie fanden in der Nähe von großen Eisbergen statt, die sich als äußerst gefährlich erwiesen; man wußte nie, in welcher Richtung sie sich bewegten.

Wesentlicher Bestandteil des Filmes war auch die Szene mit den vielen Kajaks, die dank der Hilfe von Knud Rasmussen zustande kam. Rasmussen war das Kind eines Dänen und einer Grönländerin und galt als einer der besten Kenner der Eskimos, deren Lebensgewohnheiten er bis hinauf zur Bering-Straße studiert hatte. Die Eskimos liebten ihn, und es war eine große Hilfe, daß er sich bereit erklärt hatte, das Protektorat über die Expedition zu übernehmen. Nun stand er mit einem Sprachrohr auf einem Felsen, dirigierte die

Kajakflotte, die sich in der Bucht drängte, während Udet über sie hinwegflog und schließlich mitten unter den Booten auf dem Wasser niederging.

Am 14. Juli unternahmen Udet und Rasmussen einen ausgedehnten Flug, der von Nugaitsiak nach Osten bis zum Inlandeis, dann nach Norden und wieder zurück führte. Er galt der Suche nach verlassenen Siedlungen und Rentieren, denn eine alte Eskimosage berichtete von Menschen, die im Inland auf eisfreien Flächen lebten. Die beiden fanden aber keinerlei Spuren.

Am 25. Juli erhielt Udet einen Funkspruch, der ihm über Godthaab zugeschickt wurde: „Herzliche Grüße vom Nebel über der Davisstraße." Er kam von Wolfgang von Gronau, der wieder einmal in seinem Flugboot, das er inzwischen „Grönland-Wal" genannt hatte, unterwegs war. Der Flug galt so wie im Vorjahr der Erkundung von Landemöglichkeiten für die Lufthansa. Gronau war am 22. Juli in List gestartet, um über Grönland, Kanada, die Aleuten, Japan und Indonesien wieder nach Deutschland zu fliegen. Zwischen Ivigtut, 1.300 km südlich von Igdlorsuit, und Cartwright in Neufundland hatte er den Funkspruch abgeschickt; ein anderer war an General Balbo in Erinnerung an das Ozeanfliegertreffen im Mai des Vorjahres gegangen.

Die Expedition filmte nicht nur, sondern erfüllte auch wissenschaftliche Aufgaben. So hatte Dr. Sorge bereits dreimal vergeblich versucht, den etwa 50 km entfernten Rink-Gletscher am gleichnamigen Fjord zu erreichen, um dort Messungen vorzunehmen. Am 14. Juli, an dem Tag, an dem Udet mit Rasmussen unterwegs war, flog er mit Schriek zum Fjord, um ihn aus der Luft genau zu studieren. Am 22. Juli brach er mit seinem Klepperboot auf und sagte zum Abschied zu seiner Frau: „Bin ich nach sechs oder sieben Tagen nicht zurück, so brauchst du dich nicht zu beunruhigen. Sollte ich aber nach acht Tagen noch nicht da sein, muß man damit rechnen, daß mir etwas zugestoßen ist."

Tatsächlich war er nach acht Tagen nicht zurück, dafür brachte ein Grönländer die Nachricht, daß er die zerbrochene Bordleiste eines Klepperbootes aufgefischt habe. Nun startete Udet mit

Schneeberger, um den Verschollenen zu suchen, und auch das Motorschiff wurde ausgeschickt. Der erste Flug brachte kein Ergebnis; als der Brennstoff zu Ende ging, kehrten sie nach Igdlorsuit zurück. Während des zweiten Fluges sahen sie etwa zweieinhalb Kilometer vor dem Gletscher eine Rauchsäule aufsteigen. Sorge hatte einen großen Haufen von Heidekraut, Flechten und Moos entzündet. Udet ging mit der Maschine so tief herab, daß Sorge hörte, wie er und Schneeberger Hurra schrieen. Dann warfen sie in einer Metallhülse eine Nachricht ab: „Lieber, guter Sorge, ich sende Schiff, Sie abzuholen! Proviant kommt durch mich in zirka zwei Stunden. Udet, Schneeberger." Anschließend flog Udet zu dem Motorschiff und warf wiederum eine Nachricht ab: „Hurra! Sorge gesund und munter rechts am Gletscherrand, zirka 150 m hoch. Landen nicht möglich mit Flugzeug – holt ihn mit Schiff ab. Udet, Schneeberger. Beiliegend Karte."

Zwei Stunden später kreiste die Maschine neuerlich über Sorge. Proviant und ein Mantel wurden abgeworfen, Schneeberger hatte auch sein Taschenmesser dazugelegt. Auf dem Rückflug warf Udet für das Motorschiff noch eine Seekarte ab, auf der Sorges Position mit einem roten Kreuz eingezeichnet war.

Nachdem er geborgen worden war, erzählte Sorge, daß sein Boot am 23. Juli durch die Wellen, die eine Gletscherkalbung verursacht hatte, hinweggespült worden sei. Mindestens 500 Millionen Kubikmeter Eis seien dabei in den Fjord gestürzt. Er habe daraufhin sofort begonnen, „Fliegeralarm" zu üben, um beim Auftauchen eines Flugzeuges in kürzester Zeit ein Signalfeuer entfachen zu können.

Am 13. August wurde die Motte, die bisher nicht eingesetzt worden war, in Nugaitsiak an Land gebracht. Sie hatte keine Schwimmer, konnte daher zwar starten, aber nicht landen und sollte für eine dramatische Szene geopfert werden. Als „Flieger Petersen", so hieß Udet im Film, setzte er die D-1651 mitten in ein Kalbeisfeld. Das Triebwerk zog den Vorderteil der Maschine unter Wasser, Udet kletterte auf den Schwanz und wurde von einem Motorboot geborgen. Die treue Motte versank, während die Kameras surrten, ins

Meer, und Udet, der beim Umsteigen in das Boot ein eisiges Bad genommen hatte, holte sich eine schwere Erkältung.

Die beiden noch verbliebenen Maschinen waren schon schwer angeschlagen und mußten ständig repariert werden. Als Schriek am 25. August mit Schneeberger flog, der Udets Flüge über die Eisberge filmte, brach das Benzinrohr seiner Klemm. Er landete die Maschine bei schwerer Dünung, Udet setzte seine M 23 neben ihm auf und schleppte die Klemm mit Hilfe einer Stahltrosse nach Hause. Es dauerte vier Stunden, bis sie in Igdlorsuit ankamen.

Fröhlicher ging es zu, als versucht wurde, einen Eisbären einzufangen, der während einer Filmaufnahme entsprungen war. Voraus schwamm der Eisbär, es folgten zwei Motorboote, dann zwei Ruderboote, dahinter etwa zehn Kajaks, und darüber kreiste Udet. Nichts vermochte das Tier von seinem Kurs abzubringen. Udet flog so niedrig, daß er fast das Fell des Eisbären streifte, und als auch das nichts nützte, setzte er die Maschine auf das Wasser auf und legte sich quer vor das Tier, erntete aber nur einen verächtlichen Blick. 24 Stunden vergingen, ehe man den Flüchtling, der sich schließlich auf einem kleinen Eisberg niederließ, eingefangen hatte.

Bald darauf mußte Udet abermals zu einem Suchflug starten. Am 23. August war Dr. Sorge neuerlich, diesmal mit drei Begleitern und sechs Zentnern Filmgerät, zum Rink-Gletscher aufgebrochen, um Aufnahmen von den Gletscherkalbungen zu machen. Am 5. September wurde ein Motorboot ausgeschickt, um dieses Filmteam zurückzuholen. Es vermochte aber das acht Kilometer lange Kalbeisfeld vor dem Fjord nicht zu durchstoßen, und als am 6. September noch keine Nachricht von dem Boot vorlag, wurde Udet auf die Suche geschickt. Bereits am Vormittag überflog er das Filmteam, aber als er bis zum Abend das Boot nicht gefunden hatte, warf er folgende Nachricht für Sorge ab: „Mein Lieber! Wir vermissen das Euch seit vorgestern früh um vier Uhr geschickte Motorboot. Ich konnte es nicht ausfindig machen und habe ernsthafte Befürchtungen. Vorläufig mache ich den Versuch, Euch etwas Proviant abzuwerfen. In einigen Stunden komme ich wieder. Wenn Ihr Motorboot gesehen habt, gebt durch gekreuzte Armbewegung mir Bescheid. Habt Ihr einen Unfall des Bootes gesehen, so legt eine 3 aus. Immer Euer Ernst Udet."

Nach der Rückkehr ins Hauptlager Nugaitsiak berichtete Udet, daß sich am Rink-Gletscher offensichtlich eine Kalbung von den Ausmaßen einer Naturkatastrophe ereignet habe. Der Fjord sei auf zehn Kilometer Länge zur Gänze mit Eis bedeckt, und er fürchte, daß das Boot unter den Eismassen begraben sei.

Ein großes Problem war, daß es kaum mehr Treibstoff für eine Fortsetzung der Suche gab. Mühsam kratzte Udet die letzten Vorräte zusammen. Sie reichten für einen Flug von 1 Stunde 40 Minuten Dauer. Das genügte: Diesmal fand Udet das Boot, das freilich unmöglich die dicke Eisschicht bis zum Filmteam überwinden konnte. Aber Sorge und seinen drei Begleitern gelang es, sich mit dem gesamten Material bis zu dem Motorboot durchzuschlagen, und am 18. September trafen alle wohlbehalten in Nugaitsiak ein. Gerade zur rechten Zeit, denn eben war eine Sendung von bayrischem Bier, die Udet in Deutschland bestellt hatte, eingetroffen, und so gab es ein großes Fest. Leni Riefenstahl konnte nicht mitfeiern. Sie war, schwer erkrankt, mit dem Dampfer „Disko" nach Kopenhagen in Spitalspflege gebracht worden.

Udet war dagegen unverwüstlich. Seit der Ankunft in Grönland hatte er mehr als vierhundert Starts und Landungen absolviert und Fanck schrieb später über ihn: „Alles Unmögliche leisteten stets Udet und Schneeberger, wenn sie – nein, der Ausdruck ‚besoffen' ist hier wirklich zu hart – also sagen wir anschaulich präzise, wenn sie die Kognakflasche mit sich führten."

Während man in Nugaitsiak die Rückkehr Sorges und seines Teams feierte, ging eine Falschmeldung um die Welt: „Udet im Eismeer vermißt."

Wie war sie zustande gekommen? Major G. R. Hutchinson, seine Frau, seine beiden Töchter und eine Besatzung von vier Mann waren am 23. August mit dem Sikorsky-Amphibienflugzeug „City of Richmond" in New York gestartet, um über die Anticosti-Insel im St.-Lawrence-Golf, Labrador und Grönland nach London zu fliegen. Etwa 40 km von Angmagssalik, an der Ostküste von Grönland, mußten sie eine Notwasserung vornehmen, wurden aber nach zwei Tagen vom Trawler „Lord Talbot" geborgen. Unerklärlich war nur, warum die Zeitungen gemeldet hatten, Udet habe sich auf die Suche nach den Vermißten begeben, und noch unerklärlicher, warum sie behaupteten, er sei seit dieser Suche selbst vermißt.

In Wirklichkeit war die Expedition mit den abschließenden Filmaufnahmen beschäftigt. Die M 23 lag, umgeben von zwei Motorbooten und etwa dreißig Kajaks auf dem Wasser vor Anker, als am 8. Oktober die letzte Szene gedreht wurde: Abstieg von einem Eisberg. Als die Aufnahme bereits beendet war, rief der Hilfskameramann Luggi Föger: „Er kommt! Er kommt!", und die Eskimos schrien: „Ejorpok! Ejorpok!" – „Gefahr! Gefahr!"

Tatsächlich begann der Eisberg zu wanken und drohte Udets Maschine unter sich zu begraben. Kaltblütig machte er noch einige Aufnahmen mit der Kamera, dann warf er den Motor an. Rings um den in Bewegung geratenen Eisberg war breiiges Eis entstanden, das beim Starten unweigerlich die Schwimmer aufgeschnitten hätte. Udet blieb nichts anderes übrig, als direkt in Richtung auf den Berg zu starten, weil dort noch ein Streifen eisfreien Wassers war. Aber als er mit Vollgas auf die riesige Wand zuraste, wurde die Maschine durch einen aus dem Wasser aufsteigenden Fuß des Eisberges emporgehoben. Udets Ende schien gekommen zu sein, doch die Maschine rutschte von dem harten Eis ab, kam frei, und aus einer Kurve heraus gelang Udet der Start. Sein letzter Flug in Grönland war auch sein gefährlichster gewesen.

Am 10. Oktober lief der norwegische Dampfer „Tordenskjöld" in die Bucht ein, am Abend gab es einen Abschiedstanz im Packhaus, und dann wurde die Heimreise angetreten: Godhav, Kap Farewell, Island, wo ein Orkan herrschte, Helgoland, Deutschland.

Selten hatte ein Film vor seiner Premiere so viel Publicity gehabt wie „SOS Eisberg". Die deutschen Zeitungen hatten immer wieder über die Expedition berichtet, und die „Berliner Illustrierte" hatte die Bilder Udets von dem schwankenden Eisberg, der ihn fast unter sich begraben hätte, veröffentlicht. Im November fand im „Kaufhaus des Westens", in der Tauentzienstraße, als Werbung für den

Film eine Grönlandausstellung statt, bei der die M 23 und viele Photos und Souvenirs gezeigt wurden. Leni Riefenstahl und Ernst Udet nahmen an der Eröffnung teil.

In einer Ecke seiner Wohnung in der Pommerschen Straße, die bereits mit Kriegs-, Flieger- und Afrikaandenken vollgeräumt war, richtete er nun eine mit Souvenirs garnierte Grönlandbar ein, die mit einer großen Party eröffnet wurde. Bald darauf mußte er sich mit einer Lungenentzündung ins Bett legen, und seine Mutter kam eigens aus München, um ihn zu bewegen, ärztliche Behandlung in Anspruch zu nehmen. Die alte Dame hing nun mehr denn je an ihm, nachdem am 19. April 1931 Udets Vater gestorben war.

An Hans Klemm schrieb er einen Brief voll des Lobes über die Klemm L 26 in Grönland: „Die Maschine stand vier Monate lang ungeschützt im Freien. Das Wetter hat die Flugfähigkeit in keiner Weise beeinträchtigt. Trotz der Belastung durch die schweren Filmkameras blieben die Start- und Landeeigenschaften und das Steigvermögen zufriedenstellend. Die Klemm als Schwimmerflugzeug ist wahrscheinlich sogar für wenig erfahrene Piloten bei schwerem Seegang geeignet."

Bei Willy Messerschmitt erkundigte er sich telephonisch nach dem Preis einer M 23b mit einem Sh-13a- oder einem Argus-As-8-Motor. Messerschmitt teilte am 23. Dezember schriftlich mit, daß eine M 23b für 7700 RM zu haben sei, wozu 4800 RM für den Siemens-Motor und 5900 RM für das Argus-Triebwerk kämen, und fügte hinzu: „Mein Konkursverwalter, der über eine M 23b mit Sh 13a verfügt, wird wahrscheinlich Anfang Januar nach Berlin kommen, so daß dann weitere Gespräche möglich sind."

Nachdem im Vorjahr Udets Buch „Stürme über dem Montblanc" erschienen war, hatte er im Jahre 1932 den Band „Fremde Vögel über Afrika" veröffentlicht, der seine Berichte und Photos von der afrikanischen Safari enthielt.

Als sich aber nunmehr das Jahr zu Ende neigte, hatte er für seine Freunde ein kleines Buchpräsent besonderer Art bereit. Es war ein in Leder gebundener Taschenkalender für das Jahr 1933. Auf der Innenseite schmückte ihn eine Karikatur, die Udet von sich gezeichnet hatte und die ihn lächelnd zeigte. Im Inneren fanden sich weitere neun Karikaturen, die Begebenheiten auf der afrikanischen Safari und der Expedition nach Grönland darstellten.

Von nun an erhielten seine Freunde jährlich einen Kalender mit Karikaturen. Am Beginn des Jahres 1933 hielten sie den ersten von insgesamt neun Kalendern in der Hand, die er verschenkte.

Neun Kalender, neun Jahre. So lange hatte er noch zu leben.

DRITTER TEIL

Ein alter Wolf
1933–1941

„Und wenn ein alter Wolf mal wieder Blut geleckt hat, dann rennt er mit'm Rudel auf Deubel komm raus – ob einem nun die Betriebsleitung paßt oder nicht.“
Carl Zuckmayer, „Des Teufels General“, Erster Akt

XV

NOCH EINMAL IN AMERIKA

Die letzten Tage der Weimarer Republik waren angebrochen. Am 22. Januar 1933 versammelte sich die Prominenz der Fliegerei im Berliner Gloria-Palast, wo Walter Angermund einen Filmabend für die Lufthansa organisiert hatte. Udet war anwesend und sprach über seine Filmarbeit in Grönland.

Sechs Tage darauf, am 28. Januar, besuchte er eines der bedeutendsten gesellschaftlichen Ereignisse der Reichshauptstadt, den Presseball. Carl Zuckmayer hat die makabre Atmosphäre dieser Nacht in seinen Memoiren „Als wär's ein Stück von mir" eindringlich geschildert. Die Regierungsloge war leer. Reichskanzler Schleicher war am Morgen des 28. Januar zurückgetreten, die Betrauung Adolf Hitlers mit der Kanzlerschaft war in greifbare Nähe gerückt. In der Loge des Ullstein-Verlages animierte Direktor Emil Herz seine Gäste: „Trinken Sie, trinken Sie nur – wer weiß, wann Sie wieder in einer Ullstein-Loge Champagner trinken werden!" Udet betrachtete belustigt die vielen Herren, die ihre Kriegsdekorationen trugen, und meinte: „Schau dir die Armleuchter an, jetzt haben sie alle schon ihre Klempnerläden aus der Mottenkiste geholt. Vor einem Jahr war das noch nicht à la mode." Er steckte seinen Pour le mérite, den er zum Frack trug, in die Hosentasche und sagte zu Zuckmayer: „Weißt du, was, jetzt lassen wir beide die Hosen runter und hängen unsere nackten Hintern über die Logenbrüstung."

Zum Scherz ließen sie die Hosenträger herunter, obwohl ihnen, wie Zuckmayer schreibt, in Wahrheit keineswegs humoristisch zumute war. Es wurde eine lange Nacht, die in Udets Wohnung endete. Zuckmayer und seine Frau hatten sich geweigert, mit Udet zu fahren, aber Zuckmayers Mutter, die ihre erste Berliner Ballnacht erlebte, war in seinen Sportwagen gestiegen und schwärmte nachher, daß er nicht gefahren, sondern geflogen sei. In der Propellerbar, in der Pommerschen Straße, saßen sie dann bis in die Morgenstunden des 29. Januar beisammen. Udet erzählte Anekdoten, Zuckmayer sang, die Politik war für einige Stunden noch einmal vergessen und verdrängt.

Am nächsten Tag wurde Adolf Hitler zum Reichskanzler ernannt, und am Abend dieses 30. Januar 1933 feierten 25.000 SA-Männer den Sieg der Bewegung mit einem Fackelzug. Udet stand an einem Fenster des Hotel Adlon und betrachtete diesen „Strom von Feuer", wie der französische Botschafter André Francois-Poncet das nächtliche Ereignis genannt hat.

Einen Tag später versammelten sich zwölf Herren in Zivil, den kleinen blauen Ordensstern des Pour le mérite im Knopfloch, auf dem Flughafen Tempelhof. Hermann Göring hatte eine kurze Dienstreise unternommen; nun wollten ihn die Kameraden, die seine Ernennung zum Luftfahrtminister erwarteten, begrüßen. Als die Maschine ausrollte, trat Udet vor, um Göring die Hand zu reichen. Aber der „Eiserne" ging an der kleinen Gruppe von Zivilisten vorbei auf die angetretene Ehrenformation der SA zu und schritt sie ab. Den alten Fliegern war die neue Ordnung drastisch vor Augen geführt worden.

Tags darauf sah die Welt bereits wieder anders aus. Der Deutsche Aero Club feierte am Abend des 1. Februar sein 25jähriges Bestehen mit einem Bankett und anschließendem Tanzfest in der Krolloper. Was Rang und Namen in der deutschen Fliegerei hatte, war erschienen. Allen voran Hermann Göring. Er war noch nicht Luftfahrtminister, sondern zunächst nur Reichskommissar für die Luftfahrt geworden. Die Ernennung war noch nicht offiziell verlautbart worden, aber jeder wußte bereits davon. In Görings Gefolge befanden sich der ehemalige Adjutant des Jagdgeschwaders Richthofen, Karl Bodenschatz, der nun als Oberst bei der Reichswehr diente, und Erhard Milch, der Chef der Lufthansa.

Die Pour-le-mérite-Flieger waren fast vollzählig versammelt. Einige aus ihren Reihen waren bereits Gefolgsleute der Bewegung, die übrigen versuchte Göring nun zu gewinnen. So nahm er auch Udet beiseite, der sich aber reserviert verhielt und darauf verwies, daß er zwar gerne bereit sei, der deutschen Luftfahrt zu dienen, aber von Politik nichts verstehe, an das Uniformtragen nicht mehr gewöhnt sei und fliegen wolle, wann, wo und wie es ihm beliebe. Göring gab sich verständnisvoll, lenkte das Gespräch auf ihre Begegnung im Dezember des Vorjahres im Atrium und gab zu verstehen, daß er den Ankauf von Maschinen in Amerika finanzieren könne. Nach dem Gespräch sagte Udet zu seinen Freunden Angermund und Kleffel, mit denen er an einem Tisch saß: „Er wirbt Leute an. Mir hat er das Geld für zwei Curtiss Hawk versprochen."

Es war eine ereignisreiche Zeit, in der vieles geschah, was kurz zuvor noch undenkbar gewesen wäre. So lud Göring den Traditionsverein des Jagdgeschwaders Richthofen zu Gast. Vergessen und vergeben war, daß ihn der Verein einst verstoßen hatte. Görings privates und politisches Verhalten war dafür maßgebend gewesen. Weder seine Ehe mit der schwedischen Baronin Karin Fock, die seinetwegen ihren Mann verlassen hatte, noch seine Tätigkeit in der NSDAP, die bis auf das Jahr 1922 zurückging, hatte seinen ehemaligen Kameraden behagt, und Wolfram von Richthofen, der Vetter des Rittmeisters und Vorsitzende des Traditionsvereines, hatte auf dem Ausschluß bestanden. Nun aber waren sie alle im Palais des Reichskommissars für Luftfahrt zu Gast; an ihrer Spitze Richthofen, der jetzt als Hauptmann im Generalstab diente.

Die Neuordnung und Gleichschaltung, die nun allenthalben erfolgte, machte auch vor der Fliegerei nicht halt. Am 25. März 1933 wurde der Deutsche Luftsportverband mit 16 Landesgruppen ins Leben gerufen. Als alleinige Dachorganisation trat er an die Stelle des bisherigen Deutschen Luftfahrtverbandes, der rund 1000 lokale Fliegerklubs mit etwa 60.000 Mitgliedern umfaßt hatte. Auch die Segelfliegervereine der Rhön-Rossittengesellschaft gingen in dem neuen Verband auf, desgleichen das am 1. Januar 1932 gegründete Nationalsozialistische Flieger-Korps, NSFK genannt, das allerdings im Jahre 1937 wiedererstand. Im Laufe des Jahres 1933 wurden dann auch die Fliegerstürme der SA und der SS in den Deutschen Luftsportverband übergeführt.

Zum Vorsitzenden des neuen Dachverbandes ernannte Göring Bruno Loerzer, und Vizepräsident wurde Oberleutnant a. D. Gerd von Hoeppner. Sichtbaren Ausdruck fand die Neuerung darin, daß die Mitglieder des Deutschen Luftsport-Verbandes eine graublaue Uniform bekamen, die bis auf einige Details der Uniform der künftigen Luftwaffe entsprach.

Eine der ersten Aufgaben Loerzers war es, gemeinsam mit dem Präsidenten des Deutschen Aero Clubs, von Kehler, an die F.A.I., die Fédération Aéronautique Internationale in Paris, einen Brief zu schreiben, in dem er im Namen aller deutschen Sportflieger gegen Presseberichte über angebliche Mißhandlungen politischer Häftlinge in Deutschland protestierte. Diese Greuelberichte, hieß es in dem Schreiben, seien Verleumdungen, denn in Deutschland herrsche Ruhe und Ordnung und niemand werde zu Unrecht verfolgt.

Udet hatte mit alldem nichts zu tun. Er war am 12. März in die Schweiz geflogen, um in St. Moritz Filmaufnahmen zu machen, die für den Film „SOS Eisberg" benötigt wurden. Er stieg im Palace Hotel ab, verbrachte seine freie Zeit in mondäner Gesellschaft im Café Hanselmann und landete am 28. März mit seiner Klemm in 2977 m Höhe auf einem kleinen Gletscher in der Nähe der Diavolezza. Am nächsten Tag kehrte er mit Baier als Passagier dorthin zurück. Die Presse berichtete über diese Flüge ausführlich, denn so hoch hatte sich im Bereich des Piz Palü noch kein Flieger hinaufgewagt.

Er unterspielte aber seine eigene Leistung und entwickelte im Café Hanselmann eine unbeschwerte Theorie der Gletscherlandung: „Man muß bergauf landen. Zurückrutschen kann man nicht, weil die Kufen im Schnee einsinken. Zum Start dreht man die Maschine um und läßt sie bis zur Gletscherkante gleiten. Dann fliegt sie – so oder so . . ."

Am 2. April waren die Filmaufnahmen beendet, und über Innsbruck und München kehrte er nach Berlin zurück, wo ihn eine Uniform erwartete: Der Deutsche Luftsportverband, dessen Pressereferent inzwischen sein alter Freund Walter Angermund geworden war, hatte ihn zum Fliegervizekommodore ernannt. Mehr als für die neue Uniform interessierte sich Udet für seine neue Maschine: eine Klemm L 25 c XII, Kennzeichen D-2997, Werksnummer 416, mit einem luftgekühlten englischen Siebenzylinder-Pobjoy-P-Motor.

Er flog sie zum ersten Male beim Berliner Osterflugtag am 16. und 17. April 1933. Auch an den Flugtagen war die neue Zeit nicht spurlos vorübergegangen. Die Vorführungen am Ostermontag begannen mit einem pseudomilitärischen Spektakel. Eine Tankattrappe fuhr über das Tempelhofer Flugfeld, während Richard Kern, Udets einstiger Mechaniker, in seinem Flamingo, D-1206, darüber hinwegbrauste und sein Beobachter aus dem vorderen Sitz Mehlsäkke auf das Vehikel warf, die beim Aufprall riesige Wolken erzeugten und den Eindruck eines Bombenangriffes vermitteln sollten.

Dann aber wurde es zivilistischer denn je. Seit Udet zwei Jahre zuvor in Cleveland „Batchy" Atcherley als Professor Charles Beresford Smythe gesehen hatte, war er von dem Wunsche beseelt gewesen, sich auch einmal als Luftclown zu präsentieren. Nun war es soweit. Über die Lautsprecher des Tempelhofer Flugfeldes und im Rundfunk erklang eine Ankündigung:

„Achtung, Achtung! Meine Damen und Herren, hier ist der Sender Berlin auf der Welle 822! Wir übertragen vom Berliner Flughafen Tempelhofer Feld den Empfang und die Flugvorführungen des weltbekannten Theoretikers der Fliegerei, Professor Canaros aus Vaduzien. Am Mikrophon Ernst Udet, Deutschlands beliebtester Flieger. Dürfte ich bitten, Herr Udet!"

Es war aber nicht Ernst Udet, der vor dem Mikrophon stand, sondern sein Freund Walter Kleffel. Der Text der Schilderung, die er gab, ist erhalten geblieben. Er lautete:

„Professor Canaros, der heute nach Berlin gekommen ist, um uns in der Praxis die Richtigkeit seiner Theorie des Fliegens zu beweisen, ist nicht nur ein alter und guter Freund von mir, sondern er gilt auch mit Recht als einer der klügsten und erfahrensten Wissenschaftler der hohen Kunst des Fliegens.

Professor Canaros ist der Verfasser des weltberühmten Buches ‚Lerne Fliegen in zwei Stunden!', und ich hoffe, Sie alle werden jetzt gleich unserem berühmten Gast den freundlichen Empfang schenken, der ihm als einem so berühmten Mann zukommt. Professor Canaros ist eben mit seinem Kraftwagen vorgefahren und kommt jetzt über das Flugfeld in Begleitung des Direktors der Berliner

Flughäfen, Major a. D. Böttger, auf das große Verwaltungsgebäude zu. Die Menge jubelt und winkt ihm zu, und Professor Canaros dankt sichtlich bewegt. Er schwenkt seinen Zylinderhut etwas vorsintflutlichen Formats, winkt mit dem Regenschirm seinerseits zu dem Publikum herüber, gestikuliert heftig mit den Händen, hat ein großes Buch in der Hand, wahrscheinlich sein berühmtes Werk! Eine merkwürdige Erscheinung! Ein kleiner, untersetzter Mann, im langen schwarzen Gehrock, mit weißem, tief herabwallendem Haar und einem martialischen Bart!

Der Herr Professor unterhält sich aufgeregt mit Herrn Böttger, jetzt kommt auch der Luftpolizei-Offizier auf die Gruppe zu, Herr Canaros blättert in seinem Buche, holt ein kleines Flugzeugmodell hervor und läßt es auf dem Erdboden rollen und einige Sprünge ausführen.

Wie mir soeben mitgeteilt wird, will Herr Canaros sofort fliegen. Er verhandelt in diesem Moment mit der Polizei und der Flughafenleitung wegen Überlassung einer Maschine.

Die Sache hat nur einen kleinen Haken. Niemand will ihm eine Maschine zur Verfügung stellen. Denn Professor Canaros ist nämlich noch nie in seinem Leben geflogen.

Die kleine Differenz ist schnell behoben. Herr Canaros, ein sehr wohlhabender Mann, hat schnell entschlossen einen Scheck über eine bedeutende Summe hinterlegt, und wie soeben bekanntgegeben wird, hat ihm die Direktion ein Klemm-Sportflugzeug überlassen. Der Herr Professor hat bereits Platz genommen, seinen Regenschirm hat er allerdings an der rechten Tragfläche, vergeßlich wie Professoren immer sind, hängengelassen.

Bewegter Abschied von seinem Assistenten. Das Flieger-Lehrbuch ist wohlverstaut im Pilotensitz. Der Motor wird angeworfen, der Propeller ein-, zweimal gedreht – ein lauter Knall – Fehlzündung – Canaros fährt aus seinem Sitz hoch – ist einen Moment fassungslos, hat aber schnell sein Buch zur Hand und blättert aufgeregt darin herum. Er hat den Fehler auch gefunden: Fehlzündung! Er scheint allerdings auf eine falsche Seite gekommen zu sein; denn nur zögernd entschließt er sich zu einem zweiten Versuch. Der Motor springt an, schon dreht sich die Maschine wie wild im Kreise herum. Alles flüchtet. Noch immer rast der Apparat auf dem Boden steuerlos herum. Gott sei Dank, zwei mutige Monteure sind an den Tragflächen und stellen die Maschine in die richtige Startrichtung.

Es kann sich nur noch um Augenblicke handeln, da der große Moment herangekommen ist, daß Professor Canaros zu seinem ersten Alleinflug startet. Sein Regenschirm hängt noch immer an der Fläche seiner Klemm! Jetzt hebt sich das Flugzeug, startet. Ein Anblick zum Erbarmen, ein höchst gefährliches Wagnis! Die linke Fläche schleift auf dem Erdboden, die Maschine wird wieder herumgeworfen, macht einen Sprung in die Luft, haut auf den Boden auf. Wieder steigt der Apparat, fällt herunter, sackt durch, die linke Fläche wieder auf dem Erdboden! Sanitäter erscheinen, ein Rettungsauto fährt vor! Professor Canaros winkt aus dem Flugzeuge, stolz über seinen mutigen Start, verliert seine Röllchen, der Zylinderhut fliegt weg, sein Lehrbuch ist ein Spielball der Winde geworden! Was soll nun werden? Noch immer tanzt das schnittige Sportflugzeug wie toll herum, steigt ein wenig, fällt wieder herunter, schleift erneut am Boden, wieder ein Knall, noch einer, die ganze Maschine muß zerbersten, wenn das so weitergeht!

Landungsversuch. Vergeblich! Professor Canaros sucht verzweifelt nach seinem Lehrbuch, das längst irgendwo auf dem weiten Flughafen liegt. Die Luftpolizei schießt ein Leuchtsignal ab, ein Zeichen für alle in der Luft befindlichen Flugzeuge, sich vom Platze fernzuhalten.

Worte fehlen mir, Ihnen die Vorgänge zu schildern, die sich hier gerade abspielen. Canaros setzt zur Landung an, die Maschine hängt vollkommen auf einer Seite, die Flügelspitze schleift wieder auf der Betonfläche. Rauch steigt auf, zieht sich als lange Fahne hinter dem Flugzeug her. Die Flügelspitze muß vollkommen demoliert sein. Ein lauter Knall! Die kleine Klemm hat mit einem heftigen Aufprall auf dem Erdboden aufgesetzt, steht, alles läuft zu dem Flieger hinüber. Canaros springt heraus, läuft fort, so schnell ihn seine kurzen Beine nur tragen können. Er ergreift die Flucht, Sanitätsauto, Polizeiauto in sausender Fahrt hinter ihm her."

Udet hatte als Professor Canaros mit seiner Klemm, in die er Knallkörper und Rauchpatronen eingebaut hatte, bei Presse und Publikum einen ungeheuren Erfolg. Nicht von ungefähr hatte ihm der berühmte Clown Grock einmal gesagt: „Wenn Sie nicht Flieger geworden wären, wären Sie das geworden, was ich bin."

Vier Tage später trug er abermals Gehrock und Zylinder. Am 21. April 1933 jährte sich zum fünfundzwanzigsten Male der Todestag Manfred von Richthofens. Aus diesem Anlaß legten an seinem Grabe auf dem Invalidenfriedhof an der Spitze einer Delegation des Deutschen Luftsportverbandes drei Pour-le-mérite-Flieger einen Kranz nieder: Udet, Loerzer und Laumann. Seine beiden Kameraden waren in Uniform mit allen Orden erschienen, der Fliegervizekommodore Udet dagegen in Zivil. Nach der Zeremonie bat ihn Loerzer: „Udlinger, ich bitte dich, trage in Zukunft Uniform."

Diesen Wunsch erfüllte er ihm zwar nicht, aber wenn an ihn der Ruf erging, zu fliegen, war er zur Stelle. Am 29. April taufte Hermann Göring im Beisein des Reichspräsidenten eine Junkers G 38 der Lufthansa mit dem Kennzeichen D-2500 auf den Namen „Generalfeldmarschall von Hindenburg". Reichswehrminister v. Blomberg und Reichsaußenminister v. Neurath waren unter den Ehrengästen. Udet und Achgelis führten Kunstflüge vor und wurden dem Reichspräsidenten Hindenburg vorgestellt.

Am 1. Mai flog Udet schon wieder, diesmal vor 1,5 Millionen Zuschauern. Das Dritte Reich feierte zum ersten Male den „Feiertag der nationalen Arbeit" mit einer Großkundgebung im Berliner Tiergarten. Adolf Hitler sprach; am Himmel zeigten sich das Luftschiff Graf Zeppelin und die G 38, die zwei Tage zuvor getauft worden war. Udet, Stör und Achgelis führten Kunstflüge vor.

Für Göring war es ein besonderer Freudentag; er war soeben zum Reichsluftfahrtminister ernannt worden. Er war aber nicht nur Mitglied der Reichsregierung, sondern auch preußischer Innenminister und Chef der Gestapo, er wurde Reichsjägermeister und Beauftragter für den Vierjahresplan, kurz, er sammelte Ämter, wie er Orden und Kunstwerke sammelte, und das alles ließ ihm kaum Zeit, sich um den Aufbau der künftigen Luftwaffe zu kümmern. Deshalb berief er als Staatssekretär Erhard Milch an seine Seite, einen Mann, dessen außergewöhnliche Härte sein Freund Pilli Körner einmal mit den Worten charakterisierte: „Der Milch, der pißt Eis."

Zwei Tage nach dem 1. Mai war Udet bei seinem Freund Kleffel zu Gast. Auch Dipl.-Ing. Professor Gottfried Feder, einer der Mitbegründer der NSDAP und nunmehriger Vorsitzender des Wirtschaftsrates der Partei, war anwesend. Nachdem sich Udet Feders Ausführungen über die Ziele der Bewegung angehört hatte, sagte er zu Frau Kleffel: „Wir bleiben, was wir sind: Schwarz-weiß-rot, nicht wahr, gnädige Frau?" Und als ihn Feder fragte, ob er sein fliegerisches Können nicht in den Dienst der Partei stellen wolle, antwortete er: „Das hängt davon ab, was Sie bezahlen."

Tatsächlich flog er nach wie vor gegen Bezahlung und nahm am 7. Mai mit dem Flamingo an einem Flugtag in Magdeburg teil. Neu war, daß er auf dem Flugplatz von uniformierten Vertretern des Deutschen Luftsportverbandes empfangen wurde. Den Flug nach Magdeburg hatte er in Begleitung von Erich Baier durchgeführt, der eben seinen Flugschein erlangt hatte und nun mit Udets Klemm seinen ersten Überlandflug absolvierte.

Von Magdeburg flogen sie am nächsten Tag, dem 8. Mai, bei strömendem Regen nach Kassel. Die Wolken hingen so tief, daß sie im Harz auf einer Wiese landen und Wetterbesserung abwarten mußten. Sie kamen erst in den Abendstunden in Kassel an, wo der Flamingo in den Fieseler-Werken generalüberholt werden sollte. Die Bayerischen Flugzeugwerke waren noch immer insolvent, und so vertraute Udet die Maschine der Werkstatt seines Kunstflugkonkurrenten an. Sie erhielt bei dieser Gelegenheit einen neuen Siemens-Halske-Sh-14-A-Motor, von dem er sich so viel versprach, daß er ihm sogar eine Karikatur gewidmet hatte: „Der Lichtblick 1933."

Nach Berlin zurückgekehrt, trat Udet, der sich für Politik nie interessiert und noch vor wenigen Tagen beteuert hatte, er bleibe, was er war, der NSDAP bei und erhielt mit Wirkung vom 1. Mai 1933 die Mitgliedsnummer 2,010.976. Was hatte ihn zu diesem Schritt bewogen? Bloßer Opportunismus war es wohl nicht. Die Mitgliedschaft bei der NSDAP brachte ihm keine direkten oder indirekten Vorteile materieller Art; er blieb auch als Parteigenosse zunächst das, was er gewesen war, nämlich ein Kunst- und Privatflieger, der sich sein Geld selbst, und das sogar reichlich, verdiente. Als er zwei Jahre später seine private Existenz aufgab und als Offizier der Luftwaffe in den Dienst des Dritten Reiches trat, bedeutete dies für ihn sogar eine erhebliche finanzielle Einbuße, vom Verlust der Freiheit und Ungebundenheit ganz zu schweigen. Aber er war eben mit Haut und Haar, mit Leib und Seele Flieger und als solcher an der Seite jener zu finden, die das Fliegen förderten und für seine Leidenschaft Verständnis hatten. Auch seine, durch Vermittlung Walter Kleffels zustande gekommenen Beziehungen zum mächtigen Zeitungskonzern der Brüder Ullstein, die Juden waren, hatten darauf beruht: Dort hatte man Interesse an der Fliegerei gehabt, hatte den großen Deutschen Rundflug des Jahres 1925 initiiert und überdies stets einen Platz in einer der vielen Zeitungen des Verlagshauses gefunden, um Udets fliegerische Vorhaben werbend zu unterstützen. Nun hatte die Fliegerei viel mächtigere Freunde und Förderer gefunden. Der Staat selbst, dessen alleiniger politischer Repräsentant die Nationalsozialistische Partei war, bekannte sich voll und ganz zur Luftfahrt und eröffnete ihr nie zuvor erahnte Chancen. Das gab für Udet den Ausschlag.

In den Frühlingstagen des Jahres 1933 wollten aber viele Menschen der NSDAP beitreten, und deshalb brauchte man, um aufgenommen zu werden, eine Empfehlung. Udet hätte sich an Göring wenden können, aber er zog es vor, mit einem alten Freund zu sprechen. Am Tempelhofer Flugplatz hatte er Franz Dahlmann kennengelernt, der damals Offizier der Luftpolizei war und nun als Abteilungsleiter im Reichsluftfahrtministerium saß. Gemeinsam mit Parteigenossen Dahlmann begab er sich in das NSDAP-Lokal am Kurfürstendamm, wo ihm der tief beeindruckte Ortsgruppenleiter sein eigenes Parteiabzeichen überreichte und das neue Mitglied pflichtgemäß fragte, ob er beim Verteilen von Flugblättern mithelfen werde. Die Antwort soll gelautet haben: „Ich fürchte, das wird nicht gehen, denn beim Stiegensteigen werde ich schrecklich schwindlig."

Anschließend begab sich Udet ins „Café Künstlereck", wo er in einem Hinterzimmer mehrere Kognaks einnahm und dabei fleißig den Deutschen Gruß übte. Er war nun Parteigenosse, aber an seinem Leben änderte das, wie erwähnt, nichts; er akrobatelte weiter bei Flugtagen. Geändert hatte sich allerdings die Berichterstattung über derartige fliegerische Veranstaltungen. Mit seinem im letzten Augenblick von der Generalüberholung gekommenen Flamingo nahm er am 4. und 5. Juni mit Liesel Bach, Willi Stör und Gerd Achgelis an der Nationalen Pfingst-Flugschau am Hamburger Flugplatz Fuhlsbüttel teil. Die „Hamburger Nachrichten“ schrieben am 6. Juni darüber: „Die Luftfahrtbewegung in Hamburg krankte bisher daran, daß es nicht gelungen war, ihre Grundideen in das Volk zu tragen; die Luftfahrt kann nur zu einem erfolgreichen Aufstieg gebracht werden, wenn sie nicht als Privileg besonders Bevorzugter angesehen wird. Weiteste Kreise und alle Schichten der Hamburger Bevölkerung zu erfassen war der Sinn des Pfingstflugtages. Die Absicht ist glänzend geglückt. Was da hinausströmte nach Fuhlsbüttel, das war sich alles eins in dem Gedanken: Luftfahrt ist not!

Gegen andere Tage bot der Flugplatz ein völlig neues Bild. Die braune SA-Tracht, die sich nicht immer besonderer Beliebtheit bei den früheren Machthabern erfreute, gab dem Bild sein deutliches Gepräge.“

Ein Reporter des „Hamburger Fremdenblattes“ stellte Udet die Frage: „Glauben Sie, daß unsere heutigen deutschen Flugzeugtypen, unter den Bestimmungen des Versailler Vertrages gebaut, im Ernstfall irgendeinen militärischen Wert hätten?“ Udets Antwort lautete: „Ich würde mich verpflichten, auch heute noch mit einem alten Kampfeinsitzer von 1918 moderne Feindflugzeuge abzuschießen – aber nur für ganz kurze Zeit. Man kann mit überlegener Flug- und Angriffstechnik technische Mängel weitgehend ausgleichen – aber nur so lange, bis der Feind diese Technik kennengelernt hat und ihr zu begegnen weiß. Praktisch also höchstens einige Wochen lang.“

Die Kritik, die im Ausland am neuen Regime geübt wurde, bedeutete nicht, daß Deutschland und seine Flieger nun isoliert waren. Udet begab sich vom Hamburger Flugtag nach Berlin, wo er an einem Bankett teilnahm, das der Deutsche Aero Club für 25 Mitglieder des englischen Ober- und Unterhauses gab, die sich auf einer Flugreise durch Deutschland befanden. Auch Göring war anwesend, und Udet saß gegenüber Lord Willoughby de Broke, einem der zehn Gäste, die diese Reise am Steuer des eigenen Flugzeuges absolvierten, und zeichnete ihm eine Karikatur in das Notizbuch. Als man rühmte, wie mutig er bei seinen gefährlichen Filmflügen sei, antwortete er in seiner unbekümmerten Art, die britisches Understatement noch übertraf: „Was heißt mutig? Ich setze mich in die Maschine, mache beide Augen fest zu, und dann rühre ich mit dem Knüppel herum. Irgendwie, so oder so, klappt es dann . . ."

Während er noch mit den Besuchern aus Großbritannien beschäftigt war, bereitete Baier bereits den Besuch in den Vereinigten Staaten vor. Udet sollte wieder an den National Air Races teilnehmen, die in Los Angeles stattfanden, und anschließend bei der Weltausstellung in Chicago fliegen. Er nahm zwei Maschinen mit: den Flamingo und eine Klemm Kl 32, D-3210, die seit August des Vorjahres dem Deutschen Aero Club gehörte. Die Maschine war ein Dreisitzer mit Siemens-Halske-Sh-14-A-Motor und hatte mit dem Piloten Cuno am Deutschlandflug 1932 teilgenommen. Udet drehte am 6. und 7. Juni mit Fanck in Tempelhof noch einige Aufnahmen für „SOS Eisberg", am 8. Juni trafen die beiden Flugzeuge in Bremerhaven ein, und am 9. Juni stach die „Europa" in See.

Vor der Abreise erklärte Udet vor Reportern: „Die Klemm ist meine Reisemaschine. Ich bin mit ihr hierhergeflogen. Berlin–Bremerhaven, eine Stunde zwanzig Minuten. Drüben möchte ich mit ihr von New York nach Los Angeles fliegen. Das sind, glaube ich, 5000 km. Außerdem will ich zwischen den zwei Flugtagen einige Freunde besuchen, darunter Carl Laemmle, den Produzenten des Filmes ‚SOS Eisberg'. Schließlich werde ich der Premiere des Filmes in New York beiwohnen."

Verschwiegen hatte er den Reportern, daß er bei der Curtiss Wright Corporation in Buffalo zwei Curtiss Hawk bestellt hatte. Vorangegangen waren zahlreiche Besprechungen mit Ministerialdirigent Fritz Müller vom Reichsluftfahrtministerium. Die beiden Hawks wurden in Udets Namen bestellt, aber die Kaufsumme sollte vom Reichsluftfahrtministerium über das deutsche Konsulat in New York überwiesen werden. Seine Besuche im Ministerium, das vorläufig im Gebäude der ehemaligen DANAT-Bank untergebracht war, hatten jedesmal Aufsehen erregt. Er pflegte unter Vorantritt seines Hundes Bulli zu erscheinen, der meist eine alte Pfeife im Maul trug.

Als die „Europa" noch 650 Meilen von New York entfernt war, startete ihr Katapultflugzeug, eine Ju 46, D-2244, und flog mit der Post voraus. Das Schiff kam am 15. Juni an, und Udet stieg mit Baier im Hotel St. Moritz ab. Der Flamingo reiste per Bahn nach Los Angeles; in der Klemm wurde anstelle des dritten Sitzes ein Zusatztank montiert. Gleich nach der Ankunft telephonierte Udet mit der New Yorker Niederlassung der Firma Curtiss am Rockefeller Plaza und erhielt die Auskunft: „Die deutsche Botschaft hat uns bereits mitgeteilt, daß das Geld für Ihre beiden Hawks überwiesen ist. Sie können die Maschinen jederzeit in Buffalo abholen." Göring hatte Wort gehalten. Die Kaufsumme war beträchtlich. Eine Hawk kostete 11.500 Dollar.

Vor dem Abflug nach Los Angeles besuchte Udet seinen Freund Raven v. Barnekow, der den Krieg als Führer der Jagdstaffel 20 mit 11 Luftsiegen beendet hatte und nun für General Motors in New York tätig war.

Am 21. Juni startete er mit Baier zum Transkontinentalflug. Es war heiß, aber die Klemm hatte im Gegensatz zum Flamingo und zur Motte eine verglaste Kabine, und so flogen sie in Hemdärmeln. Sponsor des Fluges war die Firma Shell, die den Treibstoff beistellte, wofür Udet der Firma einen Bericht über die Einrichtungen aller angeflogenen Plätze lieferte. Sie folgten der Blinkfeuer-Route, die in regelmäßigen Abständen Signalbefeuerung und Notlandeplätze aufwies. Erster Aufenthalt sollte in Pittsburg, Pennsylvania, sein, aber eineinhalb Stunden nach dem Start begann der Motor unruhig zu laufen, und Udet beschloß, auf dem Armeeflugplatz von Middletown bei Harrisburg in Pennsylvania zu landen.

Ein Ventil war gebrochen, und während es Baier mit Hilfe der Armeemechaniker reparierte, machte Udet auf Einladung von Cammy

Vinet, dem Vertreter der Harrisburg Autogiro Sales Company, einen Rundflug in einem Autogiro. Nach der Landung sagte er: „Das ist die ideale Maschine für Filmaufnahmen. Ich möchte gerne eine mitnehmen, wenn ich heuer im Winter wieder nach Afrika gehe, um wilde Tiere zu filmen.“ Das war einer seiner Wünsche, die nicht in Erfüllung gingen.

Die Nacht verbrachte er mit Baier als Gast der Armee in den Unterkünften des Flugplatzes, und am nächsten Tag führte sie der Flug über Pittsburg, Columbus, Ohio und Indianapolis nach St. Louis, Missouri, wo sie im Hause von Udets Halbbruder, Adolph H. Vogel, abstiegen.

Die amerikanische Presse berichtete seit Hitlers Machtübernahme fast täglich über drakonische Maßnahmen und Übergriffe des neuen Regimes. In den wenigen Tagen seit seiner Ankunft hatten Udet bereits einige Freunde deswegen angesprochen und ihr Mißfallen geäußert. Nun nahm Udet die Gelegenheit wahr, um in einem Interview mit dem „St. Louis Daily Globe Democrat“ seine Meinung darzulegen. Umgang mit Journalisten war er gewohnt, aber bisher hatte er sich stets zu Fragen der Fliegerei geäußert, in der er sich voll und ganz zu Hause fühlte. Nun wagte er sich zum ersten Male in die Bereiche der Politik und erklärte: „Hitlers Stellung in Deutschland wird in anderen Ländern nicht verstanden oder falsch bewertet. Hitler tut nicht, was er will, sondern was die vierzig Millionen Deutschen wollen, die hinter ihm stehen. Die Berichte über die Vorgänge in Deutschland sind Übertreibungen. Eines steht fest: Der Kaiser wird nicht auf den Thron zurückkehren, diese Zeit ist vorbei. Es hat einige Fälle gegeben, in denen Juden schlecht behandelt wurden, aber das wird über Gebühr bewertet. Der deutsche Jude, der sich um seine eigenen Angelegenheiten kümmert und ein guter Staatsbürger ist, wird nicht belästigt. Und alle übrigen, die nicht in der Kommunistischen Partei waren, leben auch wie üblich und haben ihre Ruhe. Die Entwicklung hatte eben einen Punkt erreicht, wo etwas gegen das Anwachsen und die Ausbreitung des Kommunismus getan werden mußte.“

Dann wandte er sich den Chancen eines transatlantischen Flugverkehrs zu und erwies sich dabei in seinem ureigensten Metier, der Fliegerei, als ein schlechter Prophet. Er meinte: „Das Risiko ist zu groß. Wenn ein Ozeandampfer die Reise in vier Tagen machen kann und man in New York ausgeruht ankommen kann, um seinen Geschäften nachzugehen, ist es zu riskant, die Reise mit dem Flugzeug in 24 Stunden zu unternehmen. Abgesehen von den Gefahren, mit denen gerechnet werden muß, ist man nach einem solchen Flug physisch so erschöpft, daß er meiner Meinung nach keinen Sinn hat.“

Ebenso skeptisch äußerte er sich über den Nahverkehr: „Die Städte in Europa liegen für eine breite Entwicklung des Flugverkehrs viel zu nahe beisammen. Man kann zwischen ihnen mit dem Auto oder der Eisenbahn fast so schnell reisen wie mit dem Flugzeug. Hier in Amerika sind die Entfernungen zwischen den großen Städten für einen rentablen Flugverkehr groß genug. Es gibt überall Notlandeplätze, und für die amerikanischen Flieger muß es wunderbar sein, blitzschnell über den Kontinent zu fliegen. Was die Geschwindigkeit betrifft, hat Amerika Deutschland überholt.“

Nach diesem Interview flogen sie am 24. Juni über Kansas City nach Wichita, wo sie vom ersten amerikanischen Gesandten in Finnland, Charles L. Kagey, empfangen wurden, der bei seinen Aufenthalten in Berlin Udet kennengelernt hatte. Wieder wurden sie von Reportern aufgesucht, und wieder gab Udet eine politische Erklärung ab: „Hitler wird Deutschland nicht in den Krieg führen. Er ist bemüht, sich einiger unerwünschter Elemente in der Bevölkerung zu entledigen und das Land von revolutionären Ideen zu reinigen, aber dazu hat jede Nation das Recht.“

Am 25. Juni flogen sie über Amarillo, Texas und Albuquerque, New Mexico, nach Winslow in Arizona. Dort waren sie Gast von Wayne Schaaf, der für die Zivilluftfahrtbehörde der amerikanischen Regierung Flugplätze baute und selbst zwei Flugzeuge besaß. Udet machte mit Schaaf und dessen sechsjährigem Sohn, der im Schoß seines Vaters saß, einen Rundflug in der Klemm und schenkte ihm nachher sein Verwundetenabzeichen aus dem Kriege.

Während er so von Stadt zu Stadt quer durch den amerikanischen

Kontinent flog und gelegentlich gegenüber Reportern politische Erklärungen abgab, wurde daheim in Deutschland Luftfahrtpolitik gemacht. Am 24. Juni erschien der „Völkische Beobachter" mit der Schlagzeile: „Rote Pest über Berlin – Fremde Flugzeuge unbekannten Typs konnten unerkannt entkommen." Göring erklärte dazu vor Journalisten: „Der Zwischenfall zeigt, wie wehrlos Deutschland ist. Ich habe kein einziges Flugzeug, das ich zur Verteidigung einsetzen könnte, aber ich werde mein Äußerstes tun, um wenigstens einige Polizeiflugzeuge zu haben. Sie sind eine absolute Notwendigkeit."

Vermutlich war der angebliche Zwischenfall nur arrangiert worden, um ein Alibi für den Fall der Aufdeckung der Verhandlungen zu haben, die mit den Fiat-Werken in Turin geführt wurden. Milch wollte einige Fiat-C-30-Jagdflugzeuge kaufen, aber das Vorhaben zerschlug sich, weil Mussolini, der Schwierigkeiten mit dem Völkerbund befürchtete, die Ausfuhr verbot.

Udets Transkontinentalflug ging inzwischen seinem Ende zu. Kingman in Arizona war die letzte Station vor Los Angeles, wo er von Vertretern der Behörden und einer Delegation der deutschen Kolonie in Braunhemden empfangen wurde. Die Veranstalter hatten sie im Hotel Biltmore untergebracht und ihnen Autos zur Verfügung gestellt. Udet fuhr einen Dodge, Baier einen Ford. Am 27. Juni waren sie Ehrengäste bei einem Deutschen Abend, und am 28. traf per Bahn der Flamingo ein. Baier montierte ihn; die Stoffbespannung der Tragflächen war auf der langen Reise so schlaff geworden, daß sie frisch lackiert werden mußte.

Die National Air Races begannen am 1. Juli vor 100.000 Zuschauern. Udets Vorführung endete in 300 m Höhe mit drei Loopings bei abgestelltem Motor. Er erhielt den lautesten Applaus und auch die besten Kritiken in den Zeitungen. Am 3. Juli erreichte Colonel Roscoe Turner in den Shell Speed Dashes mit seinem Wedell-Williams-Rennflugzeug eine Durchschnittsgeschwindigkeit von 475 km/h. Nach dem Bewerb überreichte er Udet einen jener Flugzettel, die der kanadische Student abgeworfen hatte, der im Jahre 1918 als Udets Gegner abgeschossen worden war.

Auf ausdrücklichen Wunsch von Göring und Loerzer hatte er seine Uniform des Deutschen Luftsportverbandes mitgenommen und ließ sich für die Presse als Fliegervizekommodore vor dem Flamingo photographieren. Sobald die Air Races vorüber waren, wurde er mit Einladungen überschüttet: Bei einem Essen, das amerikanische Piloten zu seinen Ehren in der Biltmore Bowl gaben, saß er neben LeRoy Prinz, den er am 21. August 1918 bei Hébuterne abgeschossen hatte, und erklärte: „LeRoy und ich sind uns einig, daß er mein 57. Gegner war. Aber eigentlich hätte ich den Abschuß gar nicht anmelden dürfen. So wie er geflogen ist, wäre er auch ohne mich heruntergefallen."

Einige Tage verbrachte er in Hollywood bei Lilian Harvey, Mary Pickford und Harold Lloyd, dessen Swimming-pool so tief war, daß man darin im Taucherhelm spazieren konnte. In den Studios der Universal-Filmgesellschaft zeigte man ihm Trickszenen, darunter einen simulierten Flugzeugabsturz, worauf er meinte: „Da hätte ich meine gute alte Motte in Grönland ja nicht zertrümmern müssen."

Man machte ihm auch das Angebot, an einem Film über Manfred von Richthofen mitzuwirken, doch er lehnte kategorisch ab: Für Hollywood war ihm der Rittmeister zu schade.

Am 24. Juli besuchte er die Lockheed Aircraft Corporation in Burbank und flog von dort zur Douglas Aircraft Company in Santa Monica. Am 1. Juli, dem Eröffnungstag der National Air Races, hatte unbemerkt von der Öffentlichkeit die erste DC 1, Vorläuferin des berühmten Verkehrsflugzeuges DC 3, ihren Erstflug unternommen. Udet landete mit dem Flamingo so nahe bei der Maschine, die bereits von den Trans World Airlines bestellt worden war, daß die Douglas-Leute entsetzt riefen: „Wenn Sie uns die DC 1 kaputtmachen, können wir zusperren." Er war von der Maschine so begeistert, daß er erklärte: „Sie schlägt alles, was Junkers und Dornier bisher gebaut haben. Ich werde der Lufthansa empfehlen, dieses Flugzeug auf ihren Linien einzusetzen."

Udet blieb sechs Wochen in Kalifornien. Es waren unbeschwerte Tage, ausgefüllt mit Besuchen bei alten und neuen Freunden, einem

Ausflug nach Mexico, einem kurzen Vorbesuch in Chicago mit Teilnahme am Deutschen Tag der Weltausstellung und Kreuzfahrten an der Pazifikküste. Bei einer der zahlreichen Parties sagte er in vorgerückter Stunde zu Clifford Henderson, dem Direktor der National Air Races: „Glauben Sie, daß ich hier einen interessanten Job finden könnte? Und vielleicht ein amerikanisches Mädchen, das ich heirate? Die verdammten Nazis. Wenn ich zu Hause bin, werde ich ja auch ein braver Nazi sein, aber ..."

Die schönen Tage in Kalifornien gingen vorüber, und am 25. August flog er mit Baier in der Klemm nach Chicago. Der Flamingo war mit der Bahn vorausgeschickt worden, und vom 1. bis 4. September flog er täglich vor den Besuchern der Weltausstellung. Dann folgten die wichtigsten Tage seines Amerikaaufenthaltes, der Besuch bei den Curtiss-Werken.

Baier flog in der Klemm voraus, Udet folgte im Flamingo. Am 29. September stand er vor den beiden silbergrauen Hawks. Sie trugen die Werksnummern 80 und 81 und boten mit ihren riesigen Wright Cyclone R 1820 F 3 Sternmotoren von 710 PS, dem verkleideten Fahrgestell, dem kantigen Leitwerk und den wohlproportionierten Tragflächen einen imponierenden Anblick. In der Typenbeschreibung dieses Doppeldeckers hieß es: „Hochleistungsjagdflugzeuge, die den Himmel für Aufklärungs-, Schlacht- und Bombenflugzeuge freikämpfen können und als Höhenjäger und Sturzkampfflugzeug geeignet sind. Sie sind das Ergebnis jahrelanger Forschungs- und Entwicklungsarbeit, und da sie so gebaut sind, daß sie extreme Sturzbelastungen auszuhalten vermögen, können sie auch in Fluglagen gebracht werden, in denen viele andere Jagdflugzeuge abmontieren würden."

Es handelte sich um die Hawk II, die Exportausführung der F 11 C, die bei der amerikanischen Marine in Verwendung stand und mit Schwimmern auch als Wasserflugzeug eingesetzt werden konnte. Maschinen dieses Typs waren bereits von den Luftstreitkräften in Bolivien, Chile, China, Kolumbien, Kuba, Siam und der Türkei bestellt worden. Bedenken, sie nach Deutschland zu liefern, bestanden nicht. Im Gegenteil: Wie man hörte, wollte man dort aufrüsten, und Curtiss war bereit, die Flugzeuge dafür zu liefern. Und von Udet wußte man, daß er das Vertrauen Görings genoß.

Die beiden Maschinen wurden von Lloyd Child, dem Testpiloten der Curtiss-Werke, vorgeführt. Dann wollte Udet sie selbst fliegen, aber die Firmenleitung bestand darauf, daß er zuerst bezahle. Er war umgekehrter Ansicht: Erst wollte er sie erproben, dann wollte er bezahlen. Nach langem Hin und Her wurde eine Art von Kompromiß erzielt. Jimmy Doolittle flog sie noch einmal vor, dann bezahlte Udet und durfte in eine der Maschinen steigen. Es erging ihm mit der Hawk so wie seinerzeit mit dem Flamingo: Es war Liebe auf den ersten Blick. Die Fachleute der Firma Curtiss aber staunten, daß er gleich auf seinem ersten Flug mit der neuen Maschine die kühnsten Kunstflugfiguren flog.

Am Tag nach dem Besuch bei den Curtiss-Werken führte Udet mit dem Flamingo in Buffalo Kunstflüge vor, und dann ging es zurück nach New York, wo er am 7. und 8. Oktober auf dem Roosevelt-Flugplatz für wohltätige Zwecke akrobatelte. Baier flog inzwischen mit der Klemm nach Buffalo zu Curtiss und nach Paterson, New Jersey, zu Wright, um sich mit der neuen Maschine und ihrem Triebwerk vertraut zu machen. Udet blieb in New York und nahm an der Premiere von „SOS Eisberg" teil.

Am 11. Oktober um Mitternacht traten sie mit der „Europa" die Heimreise an. Als sie auf hoher See waren, sagte Udet zu Baier: „Göring hat mich aufgefordert, im Reichsluftfahrtministerium für ihn zu arbeiten. Er baut eine Luftwaffe auf. Wahrscheinlich werde ich beitreten." Daraufhin vertraute Baier seinerseits Udet an: „Ich möchte heiraten und mich irgendwo niederlassen. Das heißt, daß ich Sie nicht mehr zu den Flugtagen begleiten kann." Udet nahm es gefaßt zur Kenntnis: „Ich weiß, Baier. Sie wollten ja nur sechs Monate bleiben, und jetzt sind sechs Jahre daraus geworden. Was wollen Sie machen? Vielleicht kann ich Ihnen helfen, einen Posten zu finden." Am 19. Oktober kamen sie in Bremerhaven an. Udet flog mit dem Flamingo nach Berlin, wo ihn am Flughafen bereits Ministerialdirigent Müller mit der Nachricht erwartete: „Die Kisten mit den Hawks sind per Schiff schon angekommen."

Bereits am 25. Oktober hatte Baier die erste Maschine montiert, und an einem bitterkalten Wintertag führte Udet sie in Rechlin Vertretern des Luftfahrtministeriums vor. Auf diesem mecklenburgischen Flugplatz in der Nähe des Großen Müritzsees waren bereits während des Weltkrieges Maschinen erprobt worden. Seit 1925 war er eine Versuchsstelle für die geheime Fliegertruppe der Reichswehr. Offiziell hatte die Erprobungsstelle Rechlin noch immer zivilen Charakter, aber sie stand bereits ganz im Dienste der künftigen Luftwaffe.

Das Sturzkampfkonzept war für das Luftfahrtministerium nicht neu. Bereits 1930 hatte Ernst Heinkel mit der He 50 ein Sturzkampfflugzeug für die japanische Kriegsmarine geschaffen. In Lipezk, der russischen Fliegerzentrale der Reichswehr, hatte man ebenfalls die Taktik des Sturzangriffes studiert und zu diesem Zweck drei He 50 angekauft.

Das Reichsluftfahrtministerium wollte seine Sturzkampfverbände in zwei Phasen aufbauen. Die erste Etappe, das sogenannte Sofortprogramm, sah einen einsitzigen Doppeldecker vor, der schnell entwickelt und gebaut werden konnte. In der zweiten Etappe sollte dann eine leistungsfähigere Maschine hergestellt werden. Für das Sofortprogramm hatten zwei Firmen Prototypen entwickelt: Fieseler die Fi 98 und die im März 1933 vom Henschel-Konzern ins Leben gerufenen Henschel-Flugzeugwerke die Hs 123. Am 12. Oktober hatte Göring bereits den Befehl zur Aufstellung der ersten Sturzkampffliegereinheit in Schwerin gegeben.

Udet stieg mit der Hawk viermal auf 4000 m Höhe und ließ sie jeweils bis knapp über den Boden stürzen. Die Vertreter des Reichsluftfahrtministeriums, darunter Wolfram von Richthofen, der Technik studiert hatte, Dr.-Ing. und Offizier der Reichswehr war und die Entwicklungsabteilung des Technischen Amtes des Ministeriums leitete, waren nicht sehr beeindruckt. Sie zweifelten nicht am Sturzkampfflugzeug an sich, waren aber der Ansicht, daß die verfügbaren Maschinen, die Hawk nicht ausgenommen, zu langsam seien. Ihre Abneigung galt allerdings nicht nur der Maschine, sondern in einem gewissen Maße auch dem Piloten, der sie vorführte. Dieser Showman, der als Clown bei Flugtagen und als Schauspieler in Filmen auftrat, war in ihren Augen ein Außenseiter.

Am 16. Dezember führte Udet die Hawk neuerlich vor; diesmal vor Milch und einigen seiner Mitarbeiter. Nachher nahm ihn der Staatssekretär beiseite und bat ihn, künftig an allen Besprechungen über Sturzkampffragen im Ministerium teilzunehmen. Das war naheliegend, denn Udet war einer der wenigen Piloten in Deutschland, die den Sturzflug mit einer leistungsfähigen Maschine wiederholt erprobt hatten. Für Udet kam diese Einladung einem weiteren Schritt zur Aufgabe seines bisherigen Lebens und seiner selbständigen Existenz gleich. Als er seinerzeit das erstemal mit der Hawk bekanntgemacht worden war, hatte er in ihr lediglich die ideale Maschine für seine Kunstflugvorführungen gesehen. Nun führte sie ihn langsam in den Aufbau der künftigen Luftwaffe hinein.

Vorläufig führte er freilich noch sein gewohntes Leben. Am 8. Oktober, während er noch in Amerika war, hatte wieder einmal einer seiner Filme Premiere gehabt. Im Berliner Ufa-Palast wurde der Streifen „Deutscher, fliege!" vorgeführt, in dem er mit Liesel Bach, Elly Beinhorn, Thea Rasche und Willy Stör auftrat.

Auch ein Buch hatte er geschrieben. Es hieß „Mein Fliegerleben", erschien im Ullstein Verlag, und der eigentliche Autor war Dr. Paul Karlson, Verfasser des populären Werkes „Du und das Fliegen", der mit Udet viele Gespräche geführt und dann das Manuskript für ihn geschrieben hatte. Walter Kleffel war enttäuscht. Er hatte Udet wiederholt ermutigt, seine Autobiographie zu schreiben, und da er der Luftfahrtexperte des Ullstein Verlages war, hatte er gehofft, er werde sie für ihn verfassen.

Das wichtigste Ereignis des politisch bewegten Jahres 1933 war für Udet aber völlig privater Natur. Er hatte Inge Bleyle kennengelernt, eine kultivierte, gutaussehende Frau, und bald vertraute er seinen Freunden an: „Das ist die Frau, die ich heiraten möchte."

XVI

WIEDER IN UNIFORM

Das Jahr 1934 begann Udet traditionellerweise in den bayerischen Alpen, in Garmisch-Partenkirchen. Als er von dort in den Schwarzwald flog, um am 4. Februar an einem Flugtag am Titisee teilzunehmen, mußte er zum ersten Male auf den Mechaniker verzichten, der den Flamingo sechs Jahre lang betreut hatte. Erich Baier hatte ihn am 6. Januar verlassen und war nach München gegangen, wo er eine Stelle bei den Bayerischen Motorenwerken annahm.

Am Titisee führte Udet Kunstflüge vor und startete anschließend zu einem Wettflug mit Rennautos. Die beiden schnellsten Wagen hatten den Rundkurs auf dem zugefrorenen See fünfmal zu durchmessen, Udet mußte ihn sechsmal überfliegen und gewann mit einem Durchschnitt von 105 km/h. Zwei Wochen später nahm er auch am traditionellen Eibseerennen teil.

Da der Fliegervizekommodore des DLV nach wie vor Kunst- und Privatflieger war, mußte er bestrebt sein, seinem Publikum neue Attraktionen zu bieten. Er experimentierte deshalb wieder einmal mit seinem Freund Hans Stuck. Diesmal sollte ein Artist von einer kleinen Plattform auf Stucks Rennwagen mit Hilfe einer Strickleiter in Udets Flamingo klettern. Es klappte wieder nicht. Solange die Leiter unbelastet war, schwebte sie im Fahrtwind über dem Wagen, sobald sie durch den Artisten belastet war, baumelte sie vor dem dahinrasenden Fahrzeug. Ein Versuch in Tempelhof glückte zwar mit Müh und Not; als ständige Flugtagattraktion war die Vorführung jedoch zu gefährlich.

Während Udet seine Flugtage vorbereitete, wurden im Reichsluftfahrtministerium die Grundlagen der künftigen Jägergeneration erarbeitet. Am 3. März 1934 traf Dipl.-Ing. Robert Lusser von Messerschmitts Bayerischen Flugzeugwerken mit Dipl.-Ing. Christensen von der Flugzeugabteilung des Technischen Amtes des Ministeriums zusammen. Zweck der Zusammenkunft: die erste orientierende Besprechung über die künftige Bf 109.

Beim Volksflugtag in Berlin, am Ostersonntag, dem 1. April, führte Udet vor 120.000 Menschen die Hawk erstmals vor. Im Vorjahr hatte er die Zuschauer als Professor Canaros zu Lachstürmen hingerissen, nun hielt er sie mit den unglaublichen Leistungen seiner neuen Maschine in Atem. Welchen Eindruck die Hawk auf die Menschen machte, hat ein Reporter des „Hamburger Fremdenblatt" beschrieben, als er mit ihr am 22. Mai beim dortigen Pfingstflugtag startete:

„Nun brüllt ein Motor mit einer Wucht auf, die alles übertönt. Udets Wundermaschine heult mit 750 PS los. Ein unerhörtes Schauspiel bietet der deutsche Meisterflieger. Wie ein urweltliches Insekt von riesenhafter Größe und Gewalt schießt die Maschine durch die Luft, rast in unvorstellbarer Schnelligkeit senkrecht in den Himmel hinein, bohrt sich durch die Wolken, in denen sie verschwindet. Und dann geschieht etwas Unheimliches: Wie ein tödlich verwundeter gewaltiger Adler fällt sie aus den Wolken wieder herab, wieder genau senkrecht, rast mit mehr als 600 Kilometerstundengeschwindigkeit auf den Platz zu. Der Atem stockt, eine phantastische Spannung zwingt die Zehntausenden zur Totenstille. Ist etwas passiert? – Versagt die Maschine? – Jetzt muß sich der metallene Adler gleich mit wahnsinniger Wucht in den Boden bohren! – Aus schätzungsweise 3000 Meter Höhe schießt Udet herunter. Da kracht in heulendem Fortissimo der Motor los, gibt, zum Bersten gespannt, die letzten Kraftreserven her, die Maschine fängt sich dicht über dem Platz. Ein Aufatmen geht durch die Massen. Udet aber jagt schon wieder tollkühn zu neuen Flügen gen Himmel."

Über den Volksflugtag in Berlin, bei dem der deutsche Kronprinz Udet vor dem Start ein Osterei überreicht hatte, war auch ein Bericht von Walter Kleffel erschienen, in dem die Hawk als Sturzbomber bezeichnet worden war. Darauf wurde Kleffel von der Gestapo verhaftet und des Landesverrates beschuldigt, weil er ein Staatsgeheimnis verraten habe. Nach seiner Freilassung ging er zu Kapitän zur See Wenninger, dem Chef der Zentralabteilung im Luftfahrtministerium, und erklärte ihm: „Das ist alles völlig unverständlich. Ohne mich wären diese Hawks nie gekauft worden. Ich habe über sie bereits 1930 geschrieben und sie damals schon Sturzbomber genannt. Man kann doch nicht vom Verrat militärischer Geheimnisse sprechen, wenn ich eine Bezeichnung verwende, die ich immer schon gebraucht habe."

Es wurde zwar weiter nichts gegen Kleffel unternommen, aber der Zwischenfall trug nicht dazu bei, seine an und für sich prekäre Situation zu verbessern. Als langjähriger Mitarbeiter des Ullstein-Konzerns war er den neuen Machthabern mißliebig.

Bereits im Vorjahr hatte das Luftfahrtministerium angeordnet, daß alle Flugzeuge in Hinkunft als Hoheitsabzeichen am Seitenruder das Hakenkreuz zu tragen hatten. Nun, im April 1934, trat eine neue Kennzeichenregelung in Kraft; die Ziffern wurden durch Buchstaben ersetzt. Die Hawk, die Udet für Kunstflüge verwendete, bekam das Kennzeichen D-IRIS. Motorhaube und Flügelvorderkanten der silberfarbenen Maschine hatte er rot streichen lassen.

Zwischen den Flugtagen betätigte sich Udet als Fluglehrer für Erhard Milch. Bereits nach sechs Flugstunden warf er den Steuerknüppel über Bord und schrie: „In Ordnung, Sie können fliegen!" Sein Flugschüler heuchelte Entsetzen; Milch kannte nämlich den alten Trick, für diesen Zweck eine Attrappe mitzunehmen.

Es war ein offenes Geheimnis, daß Göring, der Luftfahrtminister, und Milch, sein Staatssekretär, den Aufbau der künftigen Luftwaffe betrieben. „Newsweek" berichtete darüber am 19. Mai 1934 im typischen Stil amerikanischer Nachrichtenmagazine: „Patriotische Deutsche erschauern pflichtgemäß, wenn die schreckerregenden Propagandafilme des Reichsluftfahrtministeriums über die Leinwand flimmern. Mächtige feindliche Flugzeuge lassen Giftgas und Brandbomben auf das hilflose Vaterland herabregnen. Dann gehen hübsche Mädchen die Sitzreihen des Kinos entlang und sammeln

Spenden für die Luftfahrt. Gleichzeitig hält ein SA-Mann eine Ansprache: Deutschland, so erklärt er, dürfe solche Bomber nicht bauen.

Aber kaum ein ausländischer Politiker zweifelt daran, daß Deutschland solche Flugzeuge dank General Hermann Wilhelm Göring, dem energischen Luftfahrtminister, im Ausland kauft und selbst baut, und zwar so schnell wie möglich. In der vergangenen Woche veröffentlichte der Londoner Korrespondent der New York Times überraschend Einzelheiten der letzten Einkäufe des Reiches.

Er schrieb, daß Deutschland in einem Jahr über Nacht eine Luftwaffe von 3000 bis 4000 Flugzeugen haben könne. Theoretisch seien diese Maschinen für den Flugverkehr vorgesehen, andere wiederum für den Sport. So kaufte Major Ernst Udet, der berühmte deutsche Jagdflieger, für ‚sportliche Zwecke' zwei Curtiss Hawk Militärflugzeuge. Ebenfalls nur aus sportlichen Gründen hat General Göring die jungen Flugbegeisterten mit graublauen Uniformen ausgestattet. Diese Sportflieger machen nicht, was sie wollen. Sie sind in einem nationalen Dachverband unter Führern zusammengefaßt, die ‚Fliegervizekommodore' heißen."

Mehr und mehr wurde jetzt auch Udet, obwohl er noch immer Zivilist war, in die Vorbereitungen zur Schaffung einer deutschen Luftwaffe verstrickt. Der Einladung Milchs folgend, nahm er im Reichsluftfahrtministerium an allen Besprechungen über Sturzkampfflugzeuge teil. Skeptiker gab es noch immer, aber Oberst Wever, Chef des Luftkommandoamtes, der nach der Schaffung der Luftwaffe deren erster Generalstabschef wurde, war, obwohl er aus dem Heer kam und sich mit fliegerischen Fragen erst vertraut machen mußte, ein Befürworter des Sturzkampfkonzeptes. Die ersten Hs 123 und He 50 standen vor der Auslieferung, und Udet drängte auf die Ausschreibung der Bedingungen für die nächste Generation der Sturzkampfflugzeuge. Er wußte, daß Dipl.-Ing. Pohlmann von den Junkers Werken einen fortschrittlichen Sturzbomber, die spätere Ju 87, entwickelt hatte. In der Zwischenzeit unternahm man bei Junkers Versuche mit der K 47, die bereits in Lipezk erprobt worden war, und baute eine Attrappe der Ju 87.

Als das Konzept eines Kampfzerstörers entwickelt wurde, machte Udet seinen Einfluß geltend, damit neben Henschel und Focke-Wulf auch die Bayerischen Flugzeugwerke seines Freundes Willi Messerschmitt, der im Luftfahrtministerium noch wenig Gehör gefunden hatte, bei der Ausschreibung herangezogen wurden. Alle drei Firmen bauten je drei Prototypen. So entstand neben der FW 54 und der Hs 124 die Bf 110, die schließlich in Serienfertigung ging.

Nicht zuletzt trug Udet an das Luftfahrtministerium das Konzept des Lastenseglers heran. Die Rhön-Rossitten-Gesellschaft hatte seinerzeit die Deutsche Forschungsanstalt für Segelflug, kurz DFS genannt, in Darmstadt-Griesheim, Udets erstem Militärflugplatz, gegründet. Die DFS hatte ein großes Segelflugzeug für meteorologische Beobachtungen gebaut, den von Dr. Alexander Lippisch entworfenen Dreisitzer OBS, für Observatorium, der 28 m Spannweite hatte. Die 1932 von den Alexander-Schleicher-Flugzeugwerken in Poppenhausen gebaute Maschine war so schwer, daß sich das Schleppflugzeug, der Flamingo D-1540, beim Start auf der Wasserkuppe auf den Kopf stellte. Udet hatte die Maschine in Darmstadt gesehen und das Luftfahrtministerium auf die Möglichkeit aufmerksam gemacht, mit großen Segelflugzeugen Truppen und Material zu transportieren.

Die Zusammenarbeit mit dem Ministerium hatte eine angenehme Nebenerscheinung im Gefolge: Es gab keine Flugzeugfirma, die nicht gerne bereit gewesen wäre, Udet ihre neuesten Modelle zur Verfügung zu stellen. So flog er die Maschinen, die den Flamingo als Schulflugzeug ablösen sollten: die Arado 66, die Bücker 131, die Gotha 145, die Heinkel 72 und die Focke-Wulf 44, die sein Freund Kurt Tank entworfen hatte.

Obwohl er nicht der offizielle Vertreter der Firma Curtiss in Europa war, hätte ihm die Vermittlung von Aufträgen für die Hawk doch ansehnliche Provisionen gebracht. So führte er am 12. Juni in Dübendorf, wo er wenige Jahre zuvor seine Udet-Schleppschrift demonstriert hatte, die Maschine der Flugzeugbeschaffungskommission der Schweizer Armee vor. Die Herren waren sehr beeindruckt, bestellten aber nichts. Das einzige greifbare Ergebnis des Besuches war eine Karikatur, die Udet im senkrechten Sturzflug zeigte und die Worte trug: „Kracht sie oder kracht sie nicht? Nie sollst du mich befragen!"

Hand in Hand mit dem vorläufig noch geheimen Aufbau einer Luftwaffe ging die moralische Wiederaufrüstung. Als am 24. Juni der Deutsche Rundflug zu Ende ging, hielt Hermann Göring eine Rede, die in den Worten gipfelte: „Das deutsche Volk muß ein Volk von Fliegern werden!"

Ernst Röhm, der Stabschef der SA, hatte seine eigenen Vorstellungen von der deutschen Wiederaufrüstung gehabt. Ihm schwebte ein revolutionäres Volksheer vor, das aus seinen nationalsozialistischen Sturmabteilungen hervorgehen sollte. Die berüchtigte Nacht der langen Messer des 30. Juni 1934 machte diesen Plänen ein Ende. Röhm und seine engsten Gefolgsleute wurden auf Befehl Hitlers liquidiert, Massenerschießungen von Gegnern des Regimes in ganz Deutschland folgten. Die SA wurde auf einen politischen Traditionsverein reduziert, die Reichswehr zum einzigen Waffenträger der Nation bestimmt, und gleichzeitig begann der Aufstieg der SS zur Eliteformation der nationalsozialistischen Bewegung.

Udet war am 30. Juni 1934 mit Elly Beinhorn in seinem offenen Sportwagen unterwegs, um Freunde im Grunewald zu besuchen. Er war wie immer in Zivil. An der Ecke Kurfürstendamm/Uhlandstraße wurden sie von einem jungen SS-Mann mit vorgehaltener Pistole angehalten, der sie zum Aussteigen aufforderte und nach dem Handschuhfach griff. „Nehmen Sie sofort Ihre Hände weg! Sie sehen doch, daß eine Dame in meinem Wagen sitzt!" herrschte ihn Udet an. Als der bereits eingeschüchterte junge Mann etwas von Mitkommenmüssen stammelte, fuhr ihn Udet neuerlich an: „... einen Dreck müssen wir ... und wenn Sie sonst noch etwas von mir wollen, dann melden Sie sich in meinem Büro im Luftfahrtministerium." Worauf sie der SS-Mann mit den Worten weiterfahren ließ: „Jawohl, Herr Major! Entschuldigen Sie!" Elly Beinhorn schließt in ihren Erinnerungen die Schilderung dieser Episode mit der Feststellung: „In diesem Moment hatte er bei mir, in meinem

„Kracht sie - oder
kracht sie nicht?-
Nie sollst Du mich
befragen!!"
Mit herzlichstem Dank
für die Kameradschaft.
D-IRIS

Innern, den ‚Pour le mérite' zum zweitenmal verliehen bekommen. Ernst Udet war wirklich ein Held, wenn es darauf ankam."

Daran änderte auch nichts die Tatsache, daß er die Nacht vorsichtshalber in dem Landhaus verbrachte, das sich der Chef der Firma Rotbart soeben in Blankensee gebaut hatte, und erst am folgenden Tag nach Berlin zurückkehrte. Sein persönlicher Mut war ebenso unbestritten wie seine Abneigung gegen politischen Radikalismus. Seinen Möglichkeiten waren freilich Grenzen gesetzt. Im Oktober 1934 wurde sein Freund Walter Kleffel von der Gestapo verhaftet, zunächst in das Kolumbiahaus, dann nach Lichtenburg und schließlich in das Konzentrationslager Dachau gebracht. Er wandte sich an Udet, der ihm aber nicht zu helfen vermochte. Auch Alfred Weyl, der seinerzeit die Berechnungen für die U 1 gemacht hatte und später Redakteur der „Illustrierten Flug-Woche" geworden war, wurde verhaftet. Es gelang ihm, freizukommen und nach England zu emigrieren.

Am Freitag, dem 20. Juli 1934, hatte Udet neuerlich Gelegenheit, seine Kaltblütigkeit zu beweisen. Nachdem er am 15. Juli mit der Hawk am NS-Flugtag aus Anlaß der Eröffnung des Flugplatzes von Hamburg-Altona teilgenommen hatte, trainierte er an diesem Tag mit der D-IRIS in Tempelhof. Als er in einer Höhe von 1000 m einige gerissene Rollen flog, brach der Sitz aus seiner Verankerung und blockierte die Steuerung. Die Hawk begann steuerlos zu trudeln, und Udet sprang mit dem Fallschirm ab, dessen Erzeugerfirma, die Autoflug in Berlin-Adlershof, bald darauf in der Fachpresse inserierte: „Udet verdankt sein Leben einem Fallschirm unserer Bauart Irvin." Die Maschine schlug auf dem Flugplatz auf und brannte aus; unmittelbar vor einer gerade zur Landung ansetzenden Klemm Kl 31, deren Pilot Rudolf Müller durchstarten und fast eine halbe Stunde warten mußte, bis er Landeerlaubnis erhielt.

Udet war außerhalb des Flugplatzes gelandet und durch den Aufprall ohnmächtig geworden. Er wurde ins Krankenhaus gebracht, wo er zu sich kam und festgestellt wurde, daß er unverletzt geblieben war. An seiner Flugbegeisterung hatte sich nichts geändert; darin unterschied er sich von Gerhard Fieseler, der wenige Tage zuvor einen ähnlichen Unfall erlitten hatte. Fieseler hatte am 10. Juni in Vincennes in Frankreich am „Coupe Mondiale d'Acrobatie Aérienne" teilgenommen. Während seiner Vorführung in einer F 2 „Tiger" D-2200 waren ihm die Anschnallgurte gerissen und er hatte sich mit einer Hand an den Sitz klammern müssen, um nicht aus der Maschine geschleudert zu werden. Der Zwischenfall hatte ihn so beeindruckt, daß er sich geschworen hatte, nie wieder zu fliegen.

Dagegen flog Udet in der zweiten Hawk, der D-IRIK, die vollkommen silberfarben gestrichen war, wie eh und je. Am 26. August startete er als Kunstflieger in Bremen und am 14. Oktober beim NS-Flugtag in Mannheim. Seine Vorführungen waren jetzt Teil einer großangelegten Propaganda, um die Bevölkerung im allgemeinen und die Jugend im besonderen für die Fliegerei zu begeistern. Das deutsche Volk sollte ja, so hatte es Hermann Göring verkündet, ein Volk von Fliegern werden. Walter Angermund, Udets alter Freund, nunmehr Redakteur der „Luftwelt", des offiziellen Organes des Deutschen Luftsportverbandes, schrieb nach dem Flugtag in Mannheim: „Als lange nachhallenden Schlußakkord ließ Udet seine Maschine nochmals in toller Fahrt über den Platz brausen, jetzt dicht über die Zuschauermenge dahin, jetzt hoch oben an den Wolken, wieder hinab, mit aufheulendem Motor wieder hinauf. Landung am Platzende und eine Rollrunde die Zuschauer entlang, wobei manchem der Hut vom Kopfe flog. Die Leute standen noch lange wie die Mauern rund um die Helden des Tages. Udet konnte sich der Jungens nicht erwehren, die Autogramme erbettelten."

Im November brachte die „Luftwelt" einen fünf Seiten langen Artikel, „Ernst Udet, Landungen im ewigen Schnee", der mit den Worten endete: „Ein gottbegnadeter Künstler seines Fachs, ein Mann fliegerischen Könnens auf einsamer Höhe. ‚Verachtet mir die Meister nicht' ist heute der Mahn- und Weckruf an unsere deutsche Jugend, den fliegenden Ernst Udet verachtet sie bestimmt nicht, sie schaut zu ihm als einem ihrer großen Vorbilder bewundernd und begeistert hinauf zur Höhe."

Die fliegerische Erziehung der Jugend wurde systematisch betrieben. Am 17. November 1934 erging der Ru III-Erlaß, auch Rustscher Luftfahrterlaß genannt. Über diesen Erlaß des Reichsministeriums für Wissenschaft, Erziehung und Volksbildung hieß es in einer Fachpublikation: „Er ordnet die Beschäftigung mit der Luftfahrt in allen Fächern der Volks-, Mittel- und höheren Schulen sowie in den Berufs- und Fachschulen an, fordert Anschaffung von Lehrmitteln und Geräten sowie Büchern und die Beteiligung der Schüler am Flugmodellbau und an Flugmodellwettbewerben. Ferner bildet er die Grundlage zur praktischen Ausbildung von Lehrern und Schülern im Segelflug und ordnet die Einrichtung von Luftfahrtlehrgängen und flugphysikalischen Arbeitsgemeinschaften an; er enthält in Anlagen eine Übersicht, inwiefern die einzelnen Unterrichtsfächer sich mit der Luftfahrt beschäftigen können, des weiteren Übersichten über Luftfahrtliteratur, Lehrplan und Werkzeuge für den Flugmodellbau."

Auch der Film wurde in den Dienst der fliegerischen Erziehung gestellt. Walter Angermund schrieb das Drehbuch für „Wunder des Fliegens", dessen Inhaltsangabe lautete: „Der junge Heinz Muthesius hat seinen Vater verloren, der im Weltkrieg als Flieger fiel. Sein größter Wunsch ist es, ebenfalls Pilot zu werden, doch seine Mutter bemüht sich, alle seine Pläne zu durchkreuzen. Durch Zufall lernt er Ernst Udet kennen, der sich des Knaben annimmt, als er erfährt, daß dessen Vater einer seiner Kameraden war.

Udet nimmt den Jungen auf einen Flug und als Zuschauer zu einem Flugtag mit. Nun möchte Heinz Muthesius mehr denn je Flieger werden. Udet spricht mit dessen Mutter, die schließlich zustimmt, daß ihr Sohn Segelflieger wird. Nach Ferien, die er auf Alpenflügen mit Udet in der Schweiz verbringt, beginnt er mit seiner Ausbildung und erwirbt den Flugschein.

Um sein Können zu beweisen, startet er in der Nähe der Zugspitze, aber seine Maschine stürzt im Schlechtwetter ab. Der Unfall wird vom Zugspitzobservatorium aus beobachtet. Rettungsmannschaften werden alarmiert, Udet startet mit dem Flugzeug und findet seinen jungen Freund, der geborgen wird."

Regisseur des Filmes war Heinz Paul, die Mutter spielte Käthe Haack, und Ernst Udet spielte sich selbst. Die teils rührselige, teils dramatische Handlung war lediglich der rote Faden für die Aneinanderreihung von Flugaufnahmen, die Hanns Schneeberger mit gewohnter Meisterschaft drehte: Udet in der Klemm auf der Zugspitze, unter Isarbrücken und durch den großen Hangar am Oberwiesenfeld fliegend und die Hawk im Kunstflug demonstrierend. Außerdem hatte man viele alte Aufnahmen von Udets Flügen in Afrika, Grönland und Amerika verwendet.

Der Film war nicht nur eine ausgezeichnete Propaganda für das Fliegen, sondern auch ein großer geschäftlicher Erfolg und für Udet eine Art von Abschied: Es war das letzte Mal, daß er in einem Spielfilm mitwirkte.

Ähnliche Abschiede folgten: Der Kalender mit Karikaturen, den er alljährlich verschenkte, spiegelte den Wandel der Zeit wieder. Im Vorjahr hatte er sich als Professor Canaros, mit Cowboys und Indianern in Amerika, mit wilden Tieren in Afrika und inmitten der Eisberge Grönlands gezeichnet. Im Kalender für das Jahr 1935 tauchten erstmals militärische Motive auf: Göring in einer Ju 52, Loerzer und seine Männer vom DLV als Zinnsoldaten, Milch als Flugschüler. Eine Karikatur zeigte Udet bei einer Gletscherlandung mit der Klemm, eine andere seinen Absprung aus der Hawk. Und dann gab es eine Zeichnung, die ihn mit seinem Hund Bulli weinend am Grab seines Flamingos zeigte. Ein Flugschüler, der die Maschine von Innsbruck nach Berlin bringen hätte sollen, war beim Versuch eines Kavalierstarts abgestürzt: Totalschaden. Mit diesem roten Doppeldecker, mit dem er neun Jahre lang auf unzähligen Flugtagen in Deutschland, Österreich, Italien, England, der Schweiz und Amerika geflogen war, hatte er mehr verloren als nur ein Flugzeug. Der Flamingo war ein Teil seines Lebens gewesen.

Auch in der neuen Zeit, die nun angebrochen war, versuchte Udet an einigen seiner alten Gewohnheiten festzuhalten. Den Jahresbeginn 1935 verbrachte er traditionellerweise in den Bergen, allerdings mit einer ganz neuen Maschine. Hans Jacobs von der Deutschen Forschungsanstalt für Segelflug, der bereits am DFS, dem ersten Lastensegler für militärische Zwecke arbeitete, hatte den Rhönbussard konstruiert, ein kleines, aber überaus starkes Segelflugzeug. Udet startete mit dieser Maschine, die das Kennzeichen D-UDET trug, vom Eibsee im Schlepp seiner Klemm, Kennzeichen D-ERNI, an deren Steuer Ludwig Hofmann, ein bekannter Segelflieger, saß. Udets Ziel: die Zugspitze. Während es vor acht Jahren mit dem Alpensegler lediglich zu einem langen Gleitflug ins Tal gereicht hatte, vermochte er mit dem Rhönbussard, der eine Hochleistungsmaschine war, die vom Alexander-Schleicher-Flugzeugbau in Poppenhausen gebaut wurde, lange über Deutschlands höchstem Berg zu segeln.

Am Zugspitzflug, der am 17. Februar stattfand, nahm er nur als Zuschauer teil. Im Vorjahr war der Bewerb von Rudolf Heß, dem Stellvertreter des Führers, gewonnen worden, der ein Kriegsflieger war, am 4. April 1929 seinen Zivilflugschein erworben und 1931 am Deutschlandflug teilgenommen hatte. 1935 startete Heß abermals beim Zugspitzflug, diesmal unter dem Pseudonym Müller und gewann den von Willi Messerschmitt ausgesetzten Preis für die beste Maschine der Bayerischen Flugzeugwerke. Andere Teilnehmer waren Udets ehemaliger Teilhaber Erich Scheuermann, sein Freund Kurt Tank, der eine FW 44 flog, die er selbst entworfen hatte, der bekannte Segelflieger Wolf Hirth und ein noch gar nicht bekannter Nachwuchsflieger namens Johannes Steinhoff.

Am 26. Februar unterzeichnete Hitler den Erlaß über die Schaffung der „Reichsluftwaffe". Er trat am 1. März in Kraft, wurde aber offiziell nie verlautbart. Statt dessen gab Hermann Göring am 10. März Ward Price, dem Berliner Korrespondenten der „Daily Mail", ein Interview, in dem er u. a. mitteilte, daß Deutschland nun eine Luftwaffe habe. Die im Zuge der geheimen Vorbereitungen bereits aufgestellten Verbände wurden nun enttarnt, und zahlreiche Funktionäre des DLV ließen neue Kragenspiegel und Schulterstücke an ihre graublauen Uniformen nähen, weil sie Offiziere der Luftwaffe geworden waren. So wurde die „Reklamestaffel Mitteldeutschland e. V." in Döberitz in das Jagdgeschwader 132 umgewandelt, das am 14. März den Traditionsnamen Jagdgeschwader Richthofen erhielt. Kommodore war Udets alter Freund Robert von Greim, der bald darauf zum Inspekteur der Jagdflieger ernannt wurde.

Am 10. April 1935 feierte Hermann Göring, der Oberbefehlshaber der jungen Luftwaffe, Hochzeit mit seiner zweiten Frau, der Schauspielerin Emmi Sonnemann. Zur abendlichen Tafel im Hotel Kaiserhof waren 224 Gäste geladen. Udet saß an einem Tisch mit der Gattin des Obersten Wimmer vom Technischen Amt, der Tochter des Reichswehrministers von Blomberg, dem Generalleutnant der preußischen Polizei Kurt Daluege und dem Nürnberger Gauleiter Julius Streicher. Eine gemischte Gesellschaft.

Der Todestag Manfred von Richthofens am 21. April wurde nun, da es eine Luftwaffe gab, besonders feierlich begangen. Auf dem Tempelhofer Feld fand ein Volksflugtag statt, Udet führte Kunstflüge mit der Hawk, D-IRIK und dem Rhönsperber, D-UDLINGER, vor. Dieses Segelflugzeug war sein persönliches Eigentum; er hatte es beim Flugzeugbau Schweyer in Ludwigshafen für sich gekauft.

Ende April besuchte er seinen Freund Willi Messerschmitt in Augsburg, um dort die Bf 109, die er bisher nur aus den Plänen kannte, in Augenschein zu nehmen. Es war eine in jeder Hinsicht fortschrittliche Maschine, ein Tiefdecker mit Landeklappen, einziehbarem Fahrgestell und verglaster Kabine. Udet war skeptisch und meinte: „Messerschmitt, das wird nie ein Jäger. Ein Pilot muß im Freien sitzen und den Fahrtwind spüren. Außerdem solltest du eine zweite Tragfläche montieren und Streben zwischen den beiden Flächen machen." Udet stand mit diesem Urteil nicht allein. Für die Jagdflieger des Weltkrieges war ein Jagdflugzeug ein Doppeldecker mit offenem Führersitz.

Zwei Jahre nachdem Kleffel von der Gestapo verhaftet worden war, weil er die Hawk einen Sturzbomber genannt hatte, führte Udet das erste Sturzkampfflugzeug der neuen Luftwaffe in aller Öffentlichkeit vor. Am 8. Mai zeigte er in Johannisthal die Hs 123 im Fluge und im Sturz. Es war das letzte Mal, daß er als Zivilist mit einer Maschine der Luftwaffe startete.

Je enger seine Zusammenarbeit mit dem Reichsluftfahrtministerium geworden war, desto heftiger hatte ihn Göring gedrängt, sich voll und ganz in den Dienst der Luftwaffe zu stellen. Greim, Loerzer, Osterkamp, Christiansen – die Elite der Pour-le-mérite-Flieger diente bereits in ihren Reihen. Nachgerade wurde es für Göring zu einer Prestigefrage und für Udet zu einer Ehrensache, an ihre Seite zu treten. Dennoch zögerte er. Die Hawk und der Rhönsperber genügten ihm, er konnte jederzeit wieder filmen, hatte Freunde in aller Welt und wollte seine Unabhängigkeit nicht aufgeben. Auf der anderen Seite stand die große Verlockung ungeahnter fliegerischer Möglichkeiten. Die deutsche Luftfahrtindustrie hatte alle Fesseln abgestreift; Heinkel, Junkers, Fieseler, Siebel, Messerschmitt und viele andere Firmen bauten die neuesten Maschinen, und wenn er in der Luftwaffe eine führende Position übernahm, die seinen Fähigkeiten entsprach, konnte er sie alle fliegen. Göring hatte ihm großzügige Angebote gemacht. Er konnte nach Belieben die Führung eines Jagdgeschwaders oder eine Stelle im Technischen Amt des Ministeriums übernehmen und dort seine Sturzkampf- und Lastenseglerkonzepte vorantreiben.

So trat er also mit Wirkung vom 1. Juni 1935 als Oberst in die Luftwaffe ein, wurde aber zugleich mit seinem Eintritt bis 31. August beurlaubt, um den Verpflichtungen, die er für die sommerliche Flugsaison eingegangen war, nachkommen zu können. Am 2. Juni war er bei der Hitlerjugend, die im Rahmen eines Großflugtages in Tempelhof ihre Modelle vorführte, am 8. und 9. Juni startete er mit der Hawk und dem Rhönsperber beim NS-Pfingstflugtag in Hamburg, am 1. August flog er mit Milch, der bereits General der Flieger war, und Christiansen, der es zum Generalmajor gebracht hatte, auf die Wasserkuppe, am 11. August startete er mit der Hawk auf einem Flugtag der DLV-Ortsgruppe in Bamberg, am 18. August war er Zuseher beim Polizeifest in Berlin, und am 25. August nahm er in Hannover wieder einmal Abschied. Zum letzten Male startete er bei einem Flugtag und produzierte sich als Kunstflieger vor zahlendem Publikum. Zuerst flog er die Hawk, dann startete er zweimal mit dem Rhönsperber, das zweite Mal um 17 Uhr 10. Als er landete, war ein Abschnitt seines Lebens zu Ende gegangen, der sechzehn Jahre zuvor begonnen hatte, als er mit seinem Freund Robert von Greim, dem Ritter Robbi, in alten Kriegsmaschinen zum ersten Schauflug gestartet war.

In den freien Tagen zwischen den Schauflügen war er in seiner Klemm D-ERNI quer durch Deutschland geflogen und hatte Freunde besucht. Flugplätze brauchte er nicht, ihm genügte eine Wiese als Landeplatz. So war er bei Elli Beinhorn aufgetaucht, die ein kleines Sommerhaus am Siethensee südlich Berlin besaß. Er hatte sein Eskimokajak, ein Andenken an die Tage in Grönland, mitgebracht und wollte es auf dem See erproben. Aber sein Bauchumfang entsprach schon lange nicht mehr den Eskimomaßen, er blieb im schmalen Sitz stecken, wurde naß und tobte, bis ihn die schallend lachende Elly Beinhorn befreite.

Als die Firma Gruse, eine Maschinenfabrik in Schneidemühl, im August in Tempelhof ihren Bo 15/1 Motorgleiter, D-YGYF, vorführte, zwängte sich Udet in den Führersitz der kleinen Maschine, die einen Köller M 3 Motor von nur 18 PS hatte, und flog eine Platzrunde.

Beim Besuch auf der Rhön, wohin er mit Milch und Christiansen in einer Ju 52 geflogen war, traf er mit Wolf Hirth zusammen, der damals bereits einer der bekanntesten Segelflieger Deutschlands war. Hirth, der wenige Tage zuvor mit einer Minimoa von der Wasserkuppe 424 km nach Zlabings in die Tschechoslowakei gesegelt war und damit als zweiter Pilot in der Geschichte des Segelfluges eine Strecke von mehr als 400 km zurückgelegt hatte, war eine Art von Universalgenie des Segelfluges. Die D-GÖPPINGER INDUSTRIE, die er auf seinem Flug nach Zlabings gesteuert hatte, war die erste Minimoa der Firma Sportflugzeugbau Schempp-Hirth, die er im Vorjahr zusammen mit Martin Schempp gegründet hatte. Er war außerdem Chef der Fliegerschule Hornberg, hatte bereits 1934 mit Hanna Reitsch, Peter Riedel, Heini Dittmar und Professor Georgii Segelflugdemonstrationen in Argentinien und Brasilien gegeben und war der Verfasser von Fachbüchern und Artikeln.

Als nach der Beendigung des Rhönwettbewerbes die Japaner das Reichsluftfahrtministerium um die Entsendung eines Segelflugexperten in ihr Land baten, rief Udet Hirth an und fragte: „Wollen Sie nach Japan gehen? Die brauchen dort jemanden, der ihnen das Segelfliegen beibringt und dafür Propaganda macht. Sie können sich aussuchen, wen und was Sie mitnehmen wollen." Tatsächlich erledigte Udet alle nötigen Vorbereitungen und Formalitäten mit der ihm eigenen Großzügigkeit, und Hirth verbrachte zwei für alle Beteiligten lehrreiche Monate in Japan.

Am 15. August verunglückte der amerikanische Pilot Wiley Post tödlich, als seine mit Schwimmern ausgerüstete Lockheed Orion beim Start in Point Barrow abstürzte. Udet, der Post in Amerika kennengelernt hatte, widmete ihm einen ritterlichen Nachruf: „Er war ein wahrer Pionier. Dank seiner Ideen und seiner Taten stand er in vorderster Front. Er war der fähigste und mutigste Mann, den die Fliegerei hervorgebracht hat. Trotz vieler Hindernisse hat er für die Entwicklung des Höhenfluges mehr getan als irgendein anderer in unserem Metier. Er verfolgte seine Ziele hartnäckig und erlebte, daß sie sich als richtig erwiesen. Ich glaube nicht, daß ein Laie die einmaligen Verdienste unseres toten Kameraden ermessen kann."

Als Udet, wie vorgesehen, am 1. September seinen Dienst in der Luftwaffe antrat, erhielt er einen Vorgeschmack der bisweilen an Intrige grenzenden Pedanterie der Bürokratie, die ihn erwartete. Statt ins Technische Amt des Luftfahrtministeriums einzuziehen, sollte er den Befehl über ein Jagdgeschwader in Kitzingen übernehmen. Begründung des Personalamtes: Ein Erlaß bestimmte, daß alle ehemaligen Kriegsflieger bei ihrem Eintritt in die Luftwaffe zunächst ein Truppenkommando übernehmen mußten. Göring tobte, machte die Versetzung nach Kitzingen rückgängig, ließ Udet dem Technischen Amt zuweisen und schickte ihn sofort auf eine Sondermission in die Schweiz. Dort waren seit 1931 intensive Versuche im hochalpinen Segelflug im Gange. Die dabei gemachten Erfahrungen sollten in einem Internationalen Segelfliegerlager verwertet und weiterentwikkelt werden, das vom 4. bis 18. September auf dem Jungfraujoch in 3470 m Höhe stattfand.

Udet war Chef der deutschen Delegation, der außer ihm Peter Riedel, Heini Dittmar und Ludwig Hofmann angehörten. Mit Ausnahme von Dittmar, der mit seinem Condor II startete, flogen sie Rhönsperber, deren Erzeuger Schweyer mitgekommen war. Udet flog die D-KOMMANDANT, mit der Erich Wiegmayer am Rhönwettbewerb teilgenommen hatte, jener Pilot, der mit der D-PRÄSIDENT im Vorjahr erstmals von einem Zeppelin aus gestartet war.

Die deutsche Delegation bezog ein Hotel in Thun. Leiter des Lagers war der bekannte Schweizer Segelflieger und Konstrukteur Jacob Spalinger. Außer den vier Deutschen nahmen acht Schweizer, drei Österreicher und ein Jugoslawe teil. Spalinger war ein umsichtiger Mann, der vor Beginn der hochalpinen Flüge auf einer Kontrolle der Maschinen und einem Probestart auf dem Flugplatz von Thun bestand. Zur Vermeidung von Fehlstarts auf dem Jungfraujoch wollte er die jeweils nötige Startenergie ermitteln. Da die deutschen Maschinen keine Halteklinke besaßen, hatte er eine am Boden verankerte Klinke anfertigen lassen. Die deutschen Teilnehmer, die zur fliegerischen Elite ihres Landes gehörten, waren mit diesen Bedingungen nicht einverstanden, bezeichneten die Halteklinke als verdammte Mausefalle und wollten ihre Benützung verweigern. Da stieg Udet in seine D-KOMMANDANT und startete, ohne ein Wort zu sagen, nach der vorgeschriebenen Prozedur. Das genügte; ohne weitere Widerrede folgten die anderen Mitglieder der Mannschaft seinem Beispiel. Die Maschinen wurden am 4. und 5. September mit der Jungfraubahn auf das Joch gebracht, was eine überaus mühsame Arbeit war, weil der Fahrplan der Bahn eingehalten werden mußte. Spalinger meinte dazu: „Es zeigte sich, daß die Deutschen die Höhe schlecht vertrugen und oft unverträglich waren. Hier erwies sich Udet stets als guter Kamerad, der immer bereit war, zu vermitteln. Er selbst hatte nie etwas zu reklamieren.“ Peter Riedel war ähnlicher Ansicht: „Udets immer gleichbleibende Seelenruhe und sein Humor halfen uns jedesmal über Augenblicke weg, wo Eile in Panik übergehen wollte.“

Das Lager war durch Schlechtwetter beeinträchtigt. Am 8. September flogen einige Schweizer und österreichische Piloten, am 9. blieb Dittmar drei Stunden in der Luft, am 10. war Schlechtwetter, am 11. versuchten Udet und Riedel vergeblich von Thun aus das Joch zu erreichen, und erst am 12. stellte sich ein durchschlagender Erfolg ein: Alle vier deutschen Teilnehmer starteten in Thun und flogen auf das Jungfraujoch.

Die Schlechtwettertage verbrachten sie in Udets Hotelzimmer. Wie es dort zuging, hat Peter Riedel geschildert: „Schwarzwälder Kirschwasser oder bester französischer Kognak ließen uns vergessen, daß wir eigentlich Sonne und Aufwind haben wollten. Ernst Udet überraschte uns alle, als er plötzlich etwas Schwyzer Deutsch zum besten gab, gleich darauf gefolgt von etwas noch raffinierterem: Das war Schweizer Deutsch mit dem Akzent eines Französisch-Schweizers. Unschuldiger Spaß, der dazu führte, daß wir ihn für Tage mit ‚... err Obérst' anredeten, mit starkem Akzent auf dem e und beide Worte in eins zusammengezogen. Dann konnte Udet auch die Sachsen und die Schwaben herrlich nachmachen, mit all den ihnen eigenen besonderen Ausdrücken. Dabei fiel mir auf, daß er selbst völlig akzent- und dialektfrei sprach, für einen Münchener eine fast unmöglich erscheinende Eigenschaft."

Am 15. September unterbrach Udet seinen Aufenthalt in Thun und flog nach Nürnberg. Dort hatte am 10. September der „Reichsparteitag der Freiheit" begonnen. Es war der erste Parteitag nach Schaffung der Luftwaffe, und dementsprechend war für den „Tag der Wehrmacht" am 16. September eine machtvolle militärische Demonstration vorgesehen. Auf der Zeppelinwiese, die 200.000 Zuschauer faßte, hatten Pioniere aus Ingolstadt das „Großkraftwerk Franken", das lebensgroße und naturgetreue Modell eines E-Werkes, aufgebaut. Flakgeschütze und MG-Nester sicherten es und feuerten auf feindliche Aufklärer, die sich der Wiese aus verschiedenen Richtungen und in verschiedenen Höhen näherten und schließlich von Jägern vertrieben wurden. Dann griffen Tiefflieger an, wurden ebenfalls von den Jägern bedrängt, die Flak machte Stellungswechsel, Bomber erschienen, und am Höhepunkt der Vorführung tauchte aus einer Regenwolke Udet in der Hawk D-IRIK auf und stürzte sich auf das Kraftwerk, das nun mit Hilfe von zahlreichen Rauch- und Sprengkapseln in Trümmer ging. Genau 1 Stunde und 10 Minuten nach dem Nürnberger Spektakel landete Udet in der friedlichen Schweiz auf dem rund 400 km entfernten Flugplatz von Thun. Seltsames Spiel des Zufalls: An jenem 17. September, an dem die deutschen Zeitungen unter dem Titel „Udet im Sturzbomber" über die Demonstration auf der Zeppelinwiese berichteten, startete in Dessau der Prototyp der Ju 87, des berühmten Stukas, zum Erstflug.

Udet machte am 18. September noch einen Flug mit dem Rhönsperber von zwei Stunden und einen Streckenflug von 56,5 km, dann war die Zeit des Abschieds gekommen. Beim Bankett, mit dem das Segelfliegerlager endete, hielt Udet eine Tischrede, in der er Spalinger zu seiner verdammten Mausefalle beglückwünschte; sie sei ihm von Start zu Start sympathischer geworden, und ihr sei es zu danken, daß es während des Lagers keinen einzigen Unfall gegeben habe.

Nach der Rückkehr aus der Schweiz begann für Udet die Alltagsarbeit im Reichsluftfahrtministerium, das noch immer provisorisch in mehreren Berliner Gebäuden untergebracht war. Der von Professor Sagebiel entworfene Neubau des Ministeriums an der Leipziger, Wilhelm- und Prinz-Albrecht-Straße ging aber bereits seiner Vollendung entgegen. Am 12. Oktober konnte Hermann Göring das Richtfest mit einer markigen Ansprache feiern, die in den Worten gipfelte: „Wahrhaftig, es ist ein einzigartiger Bau, der nach außen hin schon zeigt und beweist, aus welchem Geiste er geboren und geschaffen ist, der ein Sinnbild für die Kraft des neuen Reiches darstellt, der aber darüber hinaus auch ein Zeichen jener unermüdlichen Schaffensfreude und Schaffenskraft ist, die in wenigen Monaten einen Bau erstellt hat, zu dem in früheren Zeiten allein das Feilschen der Parteien schon die doppelte Zeit in Anspruch genommen hätte."

Udet war schon seit fünf Monaten Soldat, als er am 7. November endlich seinen Eid auf den Führer und Obersten Befehlshaber der Wehrmacht ablegte. Als bekanntgeworden war, daß er in das Luftfahrtministerium einziehen werde, hatten seine Freunde gemeint: „Dort bleibt er nicht lange." Das stimmte zwar nicht, aber leicht wurde ihm die Eingewöhnung nicht. Er brauchte Menschen um sich, die ihm vertraut waren. So holte er Oskar Dinort ins Ministerium, einen Pionier der Segelfliegerei, der am 20. Oktober 1929 auf der Rhön mit 14 Stunden 43 Minuten einen Dauerrekord aufgestellt hatte und nun als Hauptmann beim Stabe der I. Gruppe des Jagdgeschwaders Richthofen diente. Wo er konnte, half er alten Freunden und Kameraden. Oberleutnant a. D. Gert von Höppner, der Sohn des Kommandierenden Generals der Luftstreitkräfte im Weltkrieg, war als Vizepräsident des Deutschen Aero Clubs in Ungnade gefallen. Udet sorgte dafür, daß er als Vertreter des Reichsverbandes der Deutschen Luftfahrtindustrie Geschäfte im Ausland tätigen konnte.

Sein Eintritt in das Ministerium hatte weit über die Grenzen Deutschlands Beachtung gefunden. Nigel Tangye von der englischen Fachzeitschrift „The Aeroplane“ kam nach Berlin und sprach mit ihm. Aus dem Artikel, den er daraufhin am 27. November 1935 veröffentlichte, war zu schließen, daß man im Ausland der neuen deutschen Luftwaffe offensichtlich alles zutraute, aber auch zu folgern, daß Udet seinen bisweilen recht hintergründigen Humor nicht verloren hatte. Nigel Tangye schrieb allen Ernstes: „Udet erzählte mir interessante Dinge über Strahlen zur Unschädlichmachung von Flugzeugen, über die ansonsten nur die Sensationspresse mit ermüdender Monotonie in aufsehenerregenden Schlagzeilen berichtet. Wie mir Udet mitteilte, wurde er vor zwei Monaten nach Süddeutschland gerufen, um an den Versuchen eines jungen bayerischen Wissenschaftlers teilzunehmen. Er hielt dies zuerst für verlorene Zeit, weil er bereits drei Jahre zuvor einem Strahlenexperiment beigewohnt hatte, in dessen Verlauf Benzinmotoren zum Stillstand gebracht wurden, aber nur auf eine Entfernung von etwa vier Metern. Der junge Mann in Bayern sei aber erfolgreicher gewesen, und Udet habe mit eigenen Augen gesehen, wie er Autos auf 4000 m Entfernung zum Stillstand gebracht habe. Er war sehr erstaunt, daß diese Erfindung so wenig Aufsehen erregt hatte, um so mehr, als sie nur sehr wenig Energie brauchte. Udet fügte hinzu, daß kein bekanntes Isolationsmaterial gegen diese Strahlen schütze und daß die militärischen Anwendungsmöglichkeiten offensichtlich seien.“

Von derartigen Scherzen, die freilich, wie die Veröffentlichung in „The Aeroplane“ bewies, ernst genommen wurden, abgesehen, war Udet nun ein Offizier der Luftwaffe wie jeder andere. In diesem Sinne marschierte er auch am 7. Dezember, dem „Tag der nationalen Solidarität“, Seite an Seite mit den Pour-le-mérite-Fliegern Buckler,

Loerzer, Bolle und Veltjens in voller Uniform durch die Straßen von Berlin, sammelte für das Winterhilfswerk und gab Autogramme.

Aber der Zwiespalt, der erstmals zutage getreten war, als er 1933 in den Vereinigten Staaten gegenüber den Reportern beruhigende Erklärungen über die Zustände in Deutschland abgegeben und gleichzeitig im vertrauten Kreis über die verdammten Nazi hergezogen war, ergriff nun mehr und mehr von ihm Besitz. Als Oberst der Luftwaffe verdiente er 1050 Mark monatlich, dazu kamen 160 Mark allgemeine Zulage und 150 Mark Fliegerzulage, insgesamt nicht einmal 1400 Mark. Das war ein lächerlicher Betrag für einen Mann, der mit einem einzigen Flugtag 3000 Mark verdient, stets einige Autos und Flugzeuge besessen und als großzügiger Gastgeber ausgelassener Gesellschaften gegolten hatte. Noch besaß er freilich Nebeneinnahmen. „Mein Fliegerleben" hatte Ende 1935 bereits eine Auflage von 300.000 Stück erreicht. Im Vorwort dieses Buches hatte er festgestellt: „Ich schreibe dieses Buch für die Jugend, die nach uns kommt. Denn sie wird einst der Richter unserer Taten sein." Im Nachwort hieß es: „Wir sind Soldaten ohne Fahne gewesen. Wir haben unsere Fahne wieder aufgerollt. Der Führer gab sie uns zurück. Für die alten Soldaten lohnt es sich wieder zu leben."

Im vertrauten Kreis sprach er anders. Als ihn Ernst Heinkel erstmals in Uniform sah und sein Erstaunen nicht verbergen konnte, meinte Udet entschuldigend: „Man muß um der Fliegerei willen auch mal mit dem Teufel paktieren. Man darf sich von ihm nur nicht fressen lassen."

Das hoffte er, wie sich zeigen sollte, vergeblich.

XVII

„UNS ALLE WIRD DER TEUFEL HOLEN“

In Udets Taschenkalender fand sich am 2. Februar 1936 eine lakonische Eintragung: „Garmisch.“ Mit einiger Verspätung kam er dazu, den Beginn des neuen Jahres in den Bergen zu feiern, und das spektakulärer denn je.

Am 6. Februar begannen in Garmisch-Partenkirchen die Olympischen Winterspiele, und er hatte mit Dr. Karl Ritter von Halt, dem Präsidenten des Organisationskomitees, vereinbart, daß eine Attraktion dieser Spiele, die bis 16. Februar dauerten, Kunstflugvorführungen eines Teams von Segelfliegern sein sollten. Mit seinem BMW fuhr er von Berlin nach München und brauchte für die Strekke sechs Stunden. Peter Riedel, der ihn begleitete, hatte so wie einst Zuckmayers Mutter in der Berliner Ballnacht den Eindruck zu fliegen, statt zu fahren. Am Morgen des nächsten Tages nahmen sie ein Weißwurstfrühstück im Franziskaner zu sich und fuhren weiter nach Garmisch-Partenkirchen. Ritter von Halt hatte der Vorführung von Kunstflügen über dem vollbesetzten Eisstadion nur zögernd zugestimmt. Er bangte um die Sicherheit der Zuschauer im Falle eines Absturzes und fürchtete, daß die Flüge von den sportlichen Bewerben ablenken würden. Udet erwies sich aber als gewiegter Diplomat, der mit Autorität und Charme alle Bedenken zu zerstreuen vermochte.

Auf dem Eibsee standen zwei Klemm als Schleppflugzeuge, Udets privater Rhönsperber und fünf weitere Segelflugzeuge des gleichen Typs bereit. Als Piloten waren außer ihm und Peter Riedel, Hanna Reitsch, Heini Dittmar und Ludwig Hofmann vorgesehen.

Die Klemm konnten zwei Flugzeuge zugleich schleppen, so daß Doppelvorführungen möglich waren. Nach Beendigung der Kunstflüge landeten die Maschinen jeweils auf einem Schneehang neben dem Stadion, wobei die Piloten achtgeben mußten, nicht mit den Skifahrern zu kollidieren.

Udets Vorführungen waren sensationell. Den letzten Looping drehte er buchstäblich innerhalb des Stadions; in der atemlosen Stille hörte man, wie die Flächen seines Rhönsperbers durch die Luft rauschten, dann zog er hoch und verschwand hinter dem Stadionrand. Die Zuschauer waren begeistert; einer von ihnen war Adolf Hitler.

Das Eibseehotel war das Fliegerlager, in dem sich die Piloten mit Elly Beinhorn, ihrem Mann, dem Autorennfahrer Bernd Rosemeyer, dem deutschen Kronprinzen und anderen prominenten Gästen zum abendlichen Umtrunk zusammenfanden. Es war wie in alten Zeiten. Sogar Lo, Udets erste Frau, war gekommen. Elly Beinhorn fragte sie, warum sie eigentlich ihren Mann verlassen habe, und bekam darauf zu hören: „Ich habe ihn verlassen? Hat er dir das erzählt? Da solltest du ihn aber noch einmal fragen, Elly.“

Aber auch in Garmisch-Partenkirchen ließ Udet das neue Geschehen nicht los. Jean Blaisy vom französischen Fachmagazin „Les Ailes“ war gekommen und unterhielt sich lange mit ihm. Udet pries den „Puce de ciel“, den Himmelsfloh Henri Mignets, und erklärte, er wolle dieses winzige Leichtflugzeug, das man selbst bauen konnte, in Deutschland vorführen. Blaisy gab das Gespräch in der Ausgabe seines Blattes vom 5. März 1936 wieder und schrieb: „Udet ist ein jovialer und freundlicher Mensch. Verschlossen wurde er nur, als ich ihn nach der Zukunft der deutschen Militärfliegerei fragte. Er bezeichnete die Gerüchte, wonach deutsche Bomber über Nacht Paris zerstören könnten, als Unsinn. Wenn man ihn ansieht und ihm zuhört, dann ist man, wie immer, wenn man mit einem ehemaligen Kriegsteilnehmer spricht, von seinem guten Willen überzeugt.“

Das Mißtrauen gegenüber der deutschen Aufrüstung, das im Ausland herrschte, kleidete Blaisy am Schluß seines Artikels in die geheimnisvolle Feststellung: „Udet schien vollkommen überrascht, als ich ihn fragte, was eigentlich mit den vier Flugzeugen geschehe, die jeden Morgen bei Junkers in Dessau starten und nicht zurückkommen."

Einer der gesellschaftlichen Höhepunkte der Winterspiele war ein großes Bankett am Abend des 12. Februar. Udets Tischdame war die siebzehnjährige Käthe Grasegger, die soeben die Silbermedaille in der alpinen Kombination gewonnen hatte. Er sagte zu ihr: „Ich glaube, wir Flieger und ihr Skiläufer, wir haben etwas gemeinsam. Sie sind Akrobaten auf den Brettern und wir in der Luft." Dann griff er zur Speisekarte und bekräftigte seine Worte mit einer Zeichnung, die er dem jungen Mädchen überreichte. Sie zeigte Käthe Grasegger am Skihang und hoch darüber Udet im Flugzeug.

Vor wenigen Monaten, als er in das Luftfahrtministerium eingetreten war, hatte er erklärt: „Eines sage ich euch gleich: Zuviel Büroarbeit dürft ihr von mir nicht erwarten." Anfänglich konnte er sich daran halten. Die Eintragungen in seinem Taschenkalender am Jahresbeginn zeugen nicht von allzu großer Belastung:

„12. Januar: Stuka-Abzeichen entwerfen; 13. Januar: 11 Uhr, ärztliche Untersuchung, 17 Uhr, Behrents Vortrag; 15. Januar: Plauen, Saujagd, 16. Januar: 16 Uhr Milch, 23. Januar: Kriegsspiel in Damm."

Bald kam aber mehr Arbeit auf ihn zu. Am 10. Februar, zwei Tage vor dem Bankett in Garmisch-Partenkirchen, war er zum Inspekteur der Jagd- und Sturzkampfflieger ernannt worden. Am Beginn des Jahres 1936 umfaßte das Reichsluftfahrtministerium sechs Abteilungen, und zwar die Zentralabteilung, das Allgemeine Luftamt, das Technische Amt, das Luftwaffenverwaltungsamt, das Nachschubamt und das Luftwaffenpersonalamt, ferner zwei selbständige Inspektorate, und zwar die Inspektion der Flakartillerie und des Luftschutzes sowie die Inspektion für Flugsicherheit und Gerät, außerdem das Luftkommandoamt und schließlich die Außenstelle des Luftzeugmeisters.

Das Luftkommandoamt kam dem Generalstab der Luftwaffe gleich. Es bestand aus dem Führungsstab, je einer Abteilung für Organisation, Ausbildung und Gesundheit und vier Inspektionen für

Kraftfahrwesen, Aufklärungsflieger, Kampfflieger sowie Jagd- und Sturzkampfflieger. In der Kürzelsprache des Dritten Reiches war Udet nun Chef der Fl.-Insp. im TA des RLM.

Er war kaum ernannt, als er schon mit der Entscheidung konfrontiert wurde, welche Maschine den Standardjäger der Luftwaffe, die He 51, ablösen sollte. Vorgesehen war die Arado 68, aber der Führungsstab machte Einwände, weil sie keine wesentliche Verbesserung gegenüber der He 51 darstellte. Andererseits klagten die Jäger aber über die Heinkel, die schwierig zu fliegen war, vor allem im Vergleich mit der Arado 65 F, auf der die Ausbildung der Jagdflieger erfolgte. Udet traf seine Entscheidung nicht am Schreibtisch oder im Besprechungszimmer, sondern so, wie es von ihm zu erwarten war. Er ordnete ein Vergleichsfliegen an: Mit einer He 51 A startete ein erfahrener Pilot der Luftwaffe, in die Ar 68 stieg er selbst. Der Vergleich endete damit, daß sich die Arado mit ihm am Steuer als überlegen erwies. Sie war zwar nicht wesentlicher schneller als die Heinkel, aber wendiger, und das war zumindest in den Augen der alten Kriegsflieger ein erheblicher Vorteil.

Die Serienfertigung der Ar 68 wurde angeordnet. Gleichzeitig wurde das Schulflugzeug Ar 65 durch den Focke Wulf FW 56 Stösser ersetzt. Auch diesen kunstflugtauglichen Hochdecker, den Kurt Tank entworfen hatte, erprobte Udet. Dabei kam er zu dem Schluß, daß diese stabile Maschine nicht nur für die Jagdflieger, sondern auch für die Sturzkampfausbildung verwendet werden konnte. Die ersten Stukas vom Typ Ju 87 waren inzwischen zur Erprobung in Rechlin eingelangt, und damit rückte die Notwendigkeit heran, ein Schulflugzeug für die künftigen Piloten bereitzustellen. Udet ließ am Stösser eine verstellbare Luftschraube und Bombenhalterungen unter den Tragflächen anbringen, und bei den ersten Versuchen lag die Hälfte der von Flugkapitän Wolf Stein abgeworfenen Einkilo-Rauchbomben im Ziel.

Die Ersetzung der He 51 durch die Ar 68 war nur eine Zwischenlösung gewesen. Bereits 1934 hatte der Führungsstab der künftigen Luftwaffe mit der Ausschreibung einer neuen Jägergeneration begonnen, die an die Stelle der alten Doppeldecker mit starrem Fahrwerk treten sollte. Von den ursprünglichen vier Maschinen, die daraufhin entwickelt wurden, waren die Ar 80 und die FW 159 ausgeschieden. Übriggeblieben waren die Heinkel He 112 und Messerschmitts Bf 109, beides Eindecker mit einziehbarem Fahrgestell, deren Erprobung in Rechlin im Gange war. Udets ursprüngliche Bedenken gegen diesen neuen Jägertyp hatten sich gelegt; nicht zuletzt bewies die Entwicklung im Ausland, daß die Zeit der Doppeldekkerjäger vorbei war.

Udet und sein alter Freund Robert von Greim flogen die He 112 und die Bf 109 und lieferten einander simulierte Luftkämpfe. 17 Jahre nachdem sie sich in alten Fokker- und Pfalzmaschinen des ersten großen Krieges vor zahlendem Publikum produziert hatten, erprobten sie auf diese Weise den Standardjäger des nächsten großen Krieges. Die endgültige Entscheidung sollte bei einem Vergleichsfliegen in Travemünde fallen. Ernst Heinkel war überzeugt, daß es zugunsten der He 112 ausfallen würde. Er hatte bereits viele Militärmaschinen gebaut, und seine He 51 war das erste Jagdflugzeug der jungen Luftwaffe gewesen. Messerschmitt hatte dagegen keine Erfahrung in der militärischen Produktion, und die Bf 109 hatte das Pech gehabt, daß nach dem Überführungsflug von Augsburg bei der Landung in Rechlin ihr Fahrgestell zu Bruch ging.

Beim Vergleichsfliegen, das vom 26. Februar bis 2. März 1936 in Travemünde stattfand, war die He 112 noch nicht völlig erprobt. Die Bf 109 wurde von Dr.-Ing. Hermann Wurster geflogen, der seit Januar 1936 Chefpilot der Bayerischen Flugzeugwerke war; der Pilot der He 112 war Flugkapitän Gerhard Nitschke. Die Kommission des Luftfahrtministeriums stand unter Führung von Udet. Sie war 40 Mann stark, bestand aus Prüfingenieuren und Piloten und nahm Filmvermessungen sowie Kontrollen der in die Flugzeuge eingebauten Barographen und Beschleunigungsmesser vor.

Zunächst wurden die Kunstflugeigenschaften vorgeführt. Dabei erwies sich die Bf 109 mit ihren eckigen Flächen gegenüber der He 112, die elliptische Flügel hatte, überlegen; sie war vor allem viel schneller zu rollen.

Der nächste Test sah Abtrudeln nach links und rechts vor. Wurster begann in 5000 m Höhe und ließ die Bf 109 zunächst 23mal nach links und dann 21mal nach rechts trudeln. Nitschke mußte wesentlich vorsichtiger sein. Einige Wochen zuvor hatte er aus einer He 112 abspringen müssen, weil es ihm nicht gelungen war, sie aus dem Trudeln abzufangen. Die Kommission war von Wursters Vorführung sehr beeindruckt. Man rechnete damals noch damit, daß Piloten mit den neuen Jägern in großen Höhen durch Sauerstoffmangel ohnmächtig werden könnten. Für diesen Fall legte man großen Wert darauf, daß die Maschinen sicher abtrudelten und leicht wieder in normale Fluglage gebracht werden konnten.

Als Abschluß war ein Sturzflug vorgesehen. Eine bestimmte Höhe war nicht vorgeschrieben. Udet sagte lediglich: „Zeigt, was ihr der Maschine zutrauen könnt.“ Wurster stieg auf 7500 m und stellte die Bf 109 auf die Nase. Beim Abfangen wurde es Wurster schwarz vor den Augen, aber er blieb bei Bewußtsein und konnte eine perfekte Landung hinlegen.

Wieder war Nitschke im Nachteil. Die elliptischen Flügel der He 112 waren nicht so solide, Änderungen, die im letzten Augenblick vorgenommen worden waren, hatten dazu geführt, daß er die Maschine nicht restlos kannte.

Die Kommission mit Udet, Robert von Greim und Flugkapitän Dipl.-Ing. Carl Francke an der Spitze gab der Bf 109, die außerdem einfacher zu bauen war, den Vorzug. Heinkel war enttäuscht und nach wie vor der Ansicht, daß die He 112 schneller war, das bessere Fahrgestell hatte und größere Entwicklungsmöglichkeiten bot.

Udet wurde nun in zunehmendem Maße mit Detailentscheidungen konfrontiert. Einige seiner Kalendereintragungen aus dem Frühjahr 1936 zeugen davon: „10. März: Justiervorschrift verlangen, 11. März: Sonderklasse für Schießausbildung; Spezialanweisung von Milch; Beobachter müssen die Flak 2 cm schießen, 2. Mai: Schweyer Maschine geben für England, 12. Mai: 9 Uhr Döberitz, keine Flugzeuge bei Übung Bork landen lassen, 14. Mai: Nachtübung, wann Nachtbeleuchtung? Prag? 15. Mai: Neue Verbandsvorschrift liegt bei Wever, 4. Juni: M. G. Kamera? Schleppscheiben?“

Auch mit Politik hatte er sich zu befassen. Die SA hatte der Luftwaffe die Flugzeuge für das Jagdgeschwader 134 geschenkt, das dafür den Namen „Horst Wessel“ erhielt. Am 30. März trug Udet in den Kalender ein: „Soll man sich für Namen H. Wessel bedanken?“

Er hatte allerdings auch ein Privatleben. Am 25. März stand im Kalender „Inge Geburtstag“ und am 6. April: „Mutter Geburtstag“. Anscheinend fand er auch noch Zeit zum Lesen. Am 14. Mai trug er den Titel eines Buches ein, das man ihm empfohlen hatte: „Die sieben Säulen der Weisheit.“

Alle möglichen Pflichten kamen jetzt auf ihn zu. Er sollte für die Luftwaffe werben, also besuchte er mit Robert von Greim, der Inspekteur für Flugsicherheit und Material war, Ende Mai auf Einladung von Major v. Stuttersheim, dem Leiter der Luftsport-Landesgruppe 5, Magdeburg, die Reichsmodellbauschule II in Oschersleben, worüber die Zeitschrift „Der Segelflieger“ berichtete: „Zur Freude der Erbauer startete Udet einige Modelle. Dann steht er mitten unter den Jungen und spricht zu ihnen und ermahnt sie, im rechten Fliegergeiste weiterzuschaffen. Er selbst habe seine Fliegerlaufbahn mit dem Bau von Flugmodellen begonnen. Er sei überzeugt, daß der hier geschulte Nachwuchs der deutschen Luftfahrt wertvolle Kräfte zuführen werde.“

Er hatte aber nicht nur zu werben, sondern auch zu repräsentieren. Am 2. April empfing er in Tempelhof Lord Sempill, der mit der B.A.C. Drone, G-ADJP, einem Motorsegler, von Croydon nach Berlin geflogen war. Der 23 PS Douglas Sprite Motor hatte für den Nonstopflug von 1000 km 56 Liter Treibstoff verbraucht.

Sempill, Vizepräsident der Internationalen Studienkommission für den motorlosen Flug, genannt ISTUS, die ihren Sitz bei der DFS in Darmstadt hatte, war elf Stunden unterwegs gewesen und wegen des Schlechtwetters manchmal bis auf sieben Meter heruntergegangen. Nachdem er bereits vor einiger Zeit mit einer Leopard Moth nach Australien und zurückgeflogen war, hatte er mit diesem Flug einen neuen Langstreckenrekord für Einsitzer mit weniger als 200 kg Eigengewicht aufgestellt, den bisher der Franzose Charles Fauvel gehalten hatte.

Udet beschäftigte sich weiter mit der Erprobung neuer Typen im

Bereich der Jagd- und Sturzkampfflugzeuge. Er machte im Mai einige Schießübungen mit der Hs 123, aber so wie die Ar 68 bei den Jägern war diese Maschine bei den Stukas nur eine Zwischenlösung. Vier Nachfolgeflugzeuge standen bereit: die Junkers Ju 87, die Arado Ar 80, die Heinkel He 118 und die Blohm & Voss Ha 137. Wolfram von Richthofen, Chef der Entwicklungsabteilung, bevorzugte die Ha 137, die eigentlich kein Stuka, sondern ein einsitziges Schlachtflugzeug war. Nach dem Vergleichsfliegen der vier Maschinen in der ersten Juniwoche, gab er am 9. Juni die vorläufig vertrauliche Weisung, die weitere Entwicklung der Ju 87 einzustellen. Das war, wie sich erweisen sollte, ein voreiliger Schritt gewesen. Einen Tag darauf, am 10. Juni, war Udet sein Chef.

Göring hatte seinen Inspekteur der Jagd- und Sturzkampfflieger wiederholt aufgefordert, an Stelle von Oberst Wimmer das Technische Amt zu übernehmen. Udet hatte stets abgelehnt: „Ich verstehe nichts von Produktion. Ich verstehe auch nichts von Großflugzeugen. Das ist nichts für mich, das liegt mir nicht.“ Damit hatte er recht. Recht hatte in seiner Art aber auch Göring, wenn er zwei Argumente ins Treffen führte: Udets Einfallsreichtum und das Prestige seines Namens.

Udet nahm am 3. Juni gerade an einer Besprechung in Wimmers Technischem Amt teil, als die Meldung eintraf, daß der Generalstabschef der Luftwaffe, Generalleutnant Wever, tödlich abgestürzt sei. Wever, der aus dem Heer kam, hatte nach dem Übertritt zur neuen Waffe im Alter von mehr als 50 Jahren das Fliegen erlernt. Am Unfallstage hatte er mit der He 70, D-UZON, der Flugbereitschaft des Reichsluftfahrtministeriums von Dresden nach Berlin fliegen wollen. Er hatte vor dem Start vergessen, die Verriegelung des Quersteuers zu lösen. Die Maschine stürzte beim Start ab, Wever und sein Begleiter waren tot.

Göring ernannte General Albert Kesselring, der drei Jahre zuvor ebenfalls aus dem Heer gekommen war, zum neuen Generalstabschef und benützte die Gelegenheit, um Wimmer, den er nicht mochte, von der Leitung des Technischen Amtes zu entheben. Das war leicht gewesen. Schwerer war es, Udet an seine Stelle zu bringen. Göring bediente sich eines Mittels, das im Dritten Reich unbegrenzte Wirkung hatte: Der Führer wollte es. Milch hat dazu später treffend bemerkt: „Hitler sah in Udet zu Recht einen der größten Flieger und leider zu Unrecht einen der größten Flugtechniker."

So zog Udet am 10. Juni in das Zimmer 201 im dritten Stock des Südflügels des riesigen Ministeriumsgebäudes ein. Der Mann, der drei Jahre zuvor als Luftclown Professor Canaros die Massen zu Lachstürmen hingerissen hatte, war nun Chef eines der wichtigsten Ämter des Ministeriums, dem die Abteilungen Forschung, Entwicklung und Beschaffung unterstanden. Wimmers rechte Hand, Hauptmann Max Pendele, blieb ihm erhalten und damit ein Mitarbeiter, der die Feinheiten und Unfeinheiten der weitverzweigten Bürokratie, die Udet verachtete, kannte. In allen technischen Belangen war sein engster Berater der Oberstabsingenieur Dipl.-Ing. Roluf Lucht, den er zum Chefingenieur des Technischen Amtes ernannte. Lucht, am 17. August 1901 auf der Insel Föhr geboren, entstammte einer alteingesessenen schleswig-holsteinischen Familie. Er hatte nach Absolvierung der Technischen Hochschule Berlin einige Zeit bei Rohrbach gearbeitet, war als Hilfsreferent in das Heereswaffenamt eingetreten und hatte von Anfang an beim geheimen Aufbau der künftigen Luftwaffe mitgewirkt. So beschlagen wie Pendele in der Bürokratie war Lucht in allen technischen Bereichen des Amtes.

Aber die besten Mitarbeiter vermochten an der Tatsache nichts zu ändern, daß Udet vor einer Aufgabe stand, die auch ein Mann mit größerer Vorliebe für Schreibtischarbeit und umfassenderem technischen Verständnis nicht hätte lösen können. Er diente unter einem Oberbefehlshaber, der sich um seine Aufgaben kaum kümmerte, unter einem Staatssekretär, dessen zunehmende Machtfülle eine Quelle ständiger Konflikte war, und in einem Lande, dessen Rohstoffquellen und Rüstungskapazitäten trotz aller Anstrengungen nicht ausreichten, um neben dem Aufbau eines schlagkräftigen Heeres und einer leistungsfähigen Marine auch eine Luftwaffe zu schaffen, die nicht nur taktische, sondern auch strategische Aufgaben erfüllen konnte.

Eine der ersten Entscheidungen Udets war es, die Weisung Richthofens, der die Entwicklung der Ju 87 hatte einstellen lassen, rückgängig zu machen, gleichzeitig aber seinen Freund Ernst Heinkel anzurufen und ihm zu sagen: „Ich will in der Frage des Stukas keine übereilten Entscheidungen treffen. Ich werde deinen verdammten Vogel selbst fliegen. Am 27. Juli bin ich in Marienehe.“

Richthofen zog aus Udets Entscheidung die Konsequenzen. Er wollte das Technische Amt verlassen. Statt des erhofften Truppenkommandos erhielt er sogar ein Frontkommando. Im Sommer 1936 wurde er Stabschef der Legion Condor, der deutschen Freiwilligen im spanischen Bürgerkrieg.

Udet wollte nicht nur die He 118 selbst fliegen, er wollte überhaupt in seinem neuen Amt nur sowenig wie notwendig am Schreibtisch und soviel wie möglich in einer Maschine sitzen. Er flog von Fabrik zu Fabrik, von Flugplatz zu Flugplatz und vor allem immer wieder zu den Erprobungsstellen in Rechlin und Travemünde, die ihm unterstanden.

Seine Kalendereintragungen deuten die Fülle von Fragen an, die nun auf ihn einstürmten: „14. Juni: Kesselring, Versorgungsprobleme, 25. Juni: Regensburg, Kesselring fragen, 9. Juli: 1 He 50 an Darmstadt für Schlepp, 10. Juli: Sturzflugwinkelmesser, 29. Juli: Schießstand Heinkel genehmigen, 2. August: Tankeinbau Ju 52, Referenten einziehen zu Übungen, 4. August: Erprobungspiloten Papiere verlangen, Fieseler-Kontrolle, 7. August: Do 17 auf Überführung zerschlagen – Wer zahlt? Bücker-Reparatur, Blohm u. Voss Seeflugzeug.“

Ideen aller Art wurden an ihn herangetragen. Flugkapitän Fritz Thiede kam zu ihm mit dem Vorschlag, in Jagdflugzeuge schräg nach oben schießende Waffen einzubauen. Thiede erinnerte an das Beispiel, das Gerhard Fieseler als Führer der Jagdstaffel 25 im Kriege gegeben hatte: Fieseler ließ damals von einem abgeschossenen Breguet ein Lewis-Maschinengewehr abmontieren und so in seinen Fokker D VII einbauen, daß es nach oben schoß. Diese Neuerung war weitgehend unbekannt geblieben, obwohl man in der Jagdstaffel 25 diese Art des Schießens Fieselieren nannte. Thiedes Vorschlag wurde zunächst nicht aufgenommen; erst im Kriege fand er in der „schrägen Musik" der Nachtjäger seine Verwirklichung.

Eine andere Idee, die von Udet selbst stammte, setzte sich schneller durch. An der Hawk, D-IRIK, die noch existierte und die u. a. in einem Lehrfilm über das Trudeln eingesetzt worden war, ließ er eine Sirene anbringen, die im Sturz betätigt wurde: Die gefürchtete Jericho-Trompete der Stukas war geboren.

Der Stösser war eines der Lieblingsflugzeuge Udets, aber der Gedanke, ihn als Schulflugzeug der Stukaflieger einzusetzen, war fallengelassen worden. Geschult wurde mit den Kampfmaschinen und dafür wurden Zementübungsbomben entwickelt, die 50 Kilogramm wogen und eine Rauchkapsel hatten, die beim Aufschlag detonierte.

Dem Segelflug blieb Udet auch als Chef des Technischen Amtes treu. Die stürmische Entwicklung der Hochleistungssegelflugzeuge war den Erfahrungen und zum Teil auch dem fliegerischen Können der Piloten vorausgeeilt. Insbesondere bei Wolkenflügen war es wiederholt zu extremen Fluglagen und Stürzen gekommen, bei denen die überbeanspruchten Maschinen abmontierten. Die Deutsche Forschungsanstalt für Segelflug in Darmstadt hatte daher Sturzflugbremsen entwickelt, die in einen Rhönsperber eingebaut und von Hanna Reitsch, die bei Wolf Hirth ausgebildet worden war, erprobt wurden. Professor Georgii lud Udet zu einer Vorführung ein. Was Hanna Reitsch zeigte, war so eindrucksvoll, daß Udet sofort an die Möglichkeit dachte, Sturzflugbremsen auch bei einigen Maschinen der Luftwaffe anzuwenden. Auf dem Flugplatz in Darmstadt stand aber nicht nur ein Rhönsperber, sondern auch ein Habicht, ein von der DFS entwickeltes Segelflugzeug, das für Kunstflüge geeignet war und Geschwindigkeiten bis zu 420 km/h erreichen konnte. Udet probierte ihn aus und flog den letzten Looping so dicht über dem Boden, daß Professor Georgii und seine Mitarbeiter die Köpfe einzogen.

Der Besuch in Darmstadt hatte Udet nicht nur auf die Möglichkeiten der Sturzflugbremse aufmerksam gemacht, sondern auch eine andere Idee, die er im Luftfahrtministerium bereits einmal vorgebracht hatte, in ihm reifen lassen. Er bat bald nach seinem Besuch in

Darmstadt Georgii und Dipl.-Ing. Hans Jacobs, den Chefkonstrukteur der DFS, zu sich und fragte sie, ob es möglich sei, innerhalb kürzester Zeit einen Lastensegler zu entwerfen, der zehn Mann befördern könne. Jacobs meinte, daß das Projekt grundsätzlich realisierbar sei. Tatsächlich war bereits im September 1936 eine Attrappe fertiggestellt, und die ersten drei Prototypen, die im März 1937 hätten geliefert werden sollen, standen schon im Januar zur Verfügung.

Am 3. Juli, auf den Tag genau einen Monat nach dem Tode Wevers, in dessen Gefolge Udet schließlich Chef des Technischen Amtes geworden war, fand in Rechlin eine Flugschau statt. Dr.-Ing. Hermann Wurster, der Chefpilot der Bayerischen Flugzeugwerke, hat eine sehr lebendige Beschreibung dieses Ereignisses gegeben:

„Am 3. Juli 1936 fand bei der E-Stelle Rechlin eine große militärische Luftschau mit anschließendem Luftmanöver statt, bei der Hermann Göring und Reichskriegsminister v. Blomberg mit dem Generalstab und dem Ingenieurkorps des Reichsluftfahrtministeriums anwesend waren. Kommandeur der E-Stelle war Oberst Student. Dem abschließenden Luftmanöver lag folgender Fall zugrunde: Ein angreifender Bomber- und Stukaverband wurde durch vier feindliche Doppeldecker-Jagdeinsitzer He 51 angegriffen und in einen Luftkampf verwickelt. Diese He 51 sollten dann durch das Eingreifen eines modernen Jagdeinsitzers abgeschossen werden. Diese Aufgabe übernahm Oberst Udet mit der Bf 109.

Ich war Udet behilflich beim Einsteigen und Anschnallen. Als er dann angeschnallt war, zeigte es sich, daß Udets Beine zu kurz waren und er das Seitensteuer nicht ganz austreten konnte. Udet war darüber ziemlich ungehalten. Ich sagte dann zu ihm: ‚Herr Oberst, Sie müssen in einer Minute starten. Wir haben jetzt keine Zeit mehr dazu, die Seitensteuerpedale auf kürzer zu stellen. Wenn Sie einigermaßen gegen den Wind hereinkommen (Betonpisten gab es nicht), dann kann Ihnen nichts passieren, und im Schnellflug können Sie das Seitensteuer sowieso nicht ganz austreten.'

Er wollte dann nur noch wissen, wie man mit dem Fallschirm

aussteigt, und ich sagte ihm: ‚Herr Oberst, wenn Sie diesen Hebel rechts ziehen, dann fliegt das Kabinendach weg, dann können Sie aussteigen.' Seine letzten barschen Worte waren dann: ‚Klappe zu!' Ich schloß das Kabinendach und winkte ihn in die Rollbahn ein.

In der Hitze des Gefechtes schoß Udet weit über das Ziel hinaus. Er hatte nicht nur die vier He 51 abgeschossen, sondern setzte sich dank seiner Überlegenheit auch hinter alle anderen Flugzeuge, ob Freund oder Feind. Im Offizierskorps machte nachher das Wort die Runde: ‚Udet hat alles abgeschossen.'

Anschließend an das Luftmanöver, es war ein Samstag, war großer Manöverschmaus. Wir Einflieger saßen beim Offizierskorps im oberen Stock, unsere Monteure und die Mannschaften saßen im unteren Stock. An der Spitze der Tafel saß v. Blomberg, Göring war bereits nach Karinhall abgereist, rechts davon in der Nähe saß Udet. Er ließ mich dann während des Essens zu sich kommen und gab mir lächelnd die Hand. Er wollte sich gewissermaßen entschuldigen für seinen rauhen Ton vorher. Aber wir waren ja nicht empfindlich."

Viel früher, als man geahnt hatte, wurde die Luftwaffe nicht nur im Manöver, sondern auch an der Front erprobt. Am 18. Juli brach der Bürgerkrieg in Spanien aus, und am 27. Juli flog die erste Ju 52 von Berlin-Tempelhof nach Marokko, um von dort für General Franco Fremdenlegionäre auf das Festland zu bringen.

Am selben Tag traf Udet wie vorgesehen in Marienehe ein, um Heinkels verdammten Vogel, die He 118, zu fliegen. Dank seines fliegerischen Könnens war er seit Jahren gewöhnt, auch in eine völlig unbekannte oder unerprobte Maschine zu steigen und sie sofort, selbst im Kunstflug, souverän zu beherrschen. So hatte er es mit dem Flamingo, mit der Hawk und erst kürzlich mit dem Habicht gemacht. Dieses unbekümmerte Drauflosstarten war möglich gewesen, solange die Maschinen verhältnismäßig einfach waren und nicht viel mehr verlangten als die Beherrschung von Steuer und Gashebel. Inzwischen war aber eine neue Generation von Flugzeugen entstanden, die ihre Höchstleistungen komplizierten technischen Neuerungen verdankten, die beherrscht werden mußten.

Heinkel, der nicht auf dem Flugplatz erscheinen konnte, weil

Charles Lindbergh, der sich auf einer Reise durch Deutschland befand, bei ihm zu Gast war, hatte die telephonische Anweisung gegeben: „Sagen Sie Udet, daß er auf die Propellereinstellung achten muß und daß bei dieser Maschine noch Vorsicht am Platze ist.“ Aber als Gerhard Nitschke, der Chefpilot der Heinkel-Werke mit seinen Erklärungen beginnen wollte, schnitt ihm Udet das Wort ab: „Sagen Sie mir nur, wo der Gashebel ist.“ Dann startete er, stieg auf 4000 m Höhe, setzte zum Sturz an und verstellte die Luftschraube nicht. Das Unvermeidliche geschah: Der Propeller flog samt dem Getriebe weg. Udet mußte aussteigen. Dabei blieb er mit dem Fuß in der Kabine hängen. Die gleiche Unbekümmertheit, die ihn in diese fatale Situation gebracht hatte, rettete ihn jetzt. Hätte er Fliegerstiefel getragen, wäre es ihm wohl nicht gelungen, sich zu befreien. Er war aber, wie immer salopp gekleidet, mit Halbschuhen gestartet und konnte jetzt den Fuß losreißen, während der Schuh hängenblieb. Der Fallschirm entfaltete sich im letzten Augenblick, Udet schlug hart auf, verlor das Bewußtsein, das er früh genug wiedererlangte, um den herbeigeeilten Rettern sein Urteil über Heinkels verdammten Vogel zuzuflüstern: „Scheißkiste.“ Dann fiel er wieder in Ohnmacht und wurde in das Krankenhaus von Rostock gebracht. Dort kehrte zugleich mit dem Bewußtsein auch sein Humor zurück. Er hatte sich nur den Fuß verstaucht und Hautabschürfungen erlitten und erklärte dem Chefarzt, der eine Röntgenaufnahme machen wollte: „Herr Professor, leuchten Sie lieber mal meine Hosen durch, ob ich reingemacht habe.“

Gegen 19 Uhr war er bereits frisch genug, um Heinkel anzurufen und ihm zu sagen: „Kommen Sie sofort, ich verdurste.“ Mit sechs kleinen und zwei großen Flaschen Sekt erschien der Industrielle im Krankenzimmer, und mit Hilfe von Robert v. Greim, der auch gekommen war, wurden sie geleert. Gegen Mitternacht erklärte Udet: „Hier bleibe ich nicht lange. Die Krankenschwestern sind viel zu alt.“

Die eigentlichen Opfer des Unfalles waren Heinkel und seine He 118. Nun war Udet fester denn je entschlossen, die Ju 87 zum Stuka der Luftwaffe zu machen. Heinkel wollte als Ausgleich dafür, daß wenigstens die He 112 der Standardjäger der Luftwaffe wurde. Auch hier lehnte Udet ab: „Sie steigt besser und hat ein besseres Fahrgestell. Aber wenn wir die Messerschmitt mit ihren geraden Flächen schneller und besser bauen können, dann bin ich dafür, daß wir das tun. Unsere Jäger sind so überlegen, daß es nicht darauf ankommt, ob eine Maschine ein wenig besser oder schlechter ist. Sie können Ihren Jäger ins Ausland verkaufen, wenn Sie wollen." Er fügte hinzu, daß man im Ministerium entschieden habe, die Erzeuger sollten sich auf bestimmte Typen spezialisieren, Messerschmitt auf Jäger und Heinkel auf Bomber. Aber Ernst Heinkel gab nicht auf und erklärte, er werde jetzt einen Jäger bauen, der 700 Kilometer in der Stunde erreichen werde. Udets Antwort: „Niemals." Zwei Jahre später, am Pfingstsonntag 1938, flog er mit dem Jäger, den Heinkel angekündigt hatte, Weltrekord.

Während in Spanien die ersten deutschen Freiwilligen der Legion Condor kämpften und in Paris, London und einigen anderen Metropolen die Werbung für die Internationalen Brigaden begann, versammelte sich in Berlin die Jugend der Welt zum friedlichen Wettstreit. Am 1. August begannen die XI. Olympischen Sommerspiele. Sie boten dem Dritten Reich willkommene Gelegenheit, im dritten Jahre seines Bestehens einem internationalen Publikum seine Kraft, sein Können, seine Friedensliebe im Festtagsglanz zu zeigen. 64 Millionen Mark hatte allein der Bau der Sportstätten gekostet, die Teilnehmer des Olympia-Sternfluges landeten in Rangsdorf, dem neuerbauten Sportflugplatz 30 km südlich von Berlin, wo man für Wasserflugzeuge am Südufer des nahe gelegenen Rangsdorfer Sees eine Station errichtet hatte. Erstmals fanden im Rahmen von Olympischen Spielen Segelflugvorführungen statt. Am 4. August starteten in Staaken Teams aus Deutschland, Bulgarien, Italien, Österreich, Ungarn und der Schweiz. Udet war nur Zuschauer; die deutsche Mannschaft bestand aus Hanna Reitsch, Otto Bräutigam, Ludwig Hofmann und Heinz Huth, die alle den neuen Kranich flogen. Komar, Albanello, Orione, Bussard, Sperber, Spalinger S 18 und Nemere waren die Maschinen der ausländischen Gäste.

Görings Beitrag zu den festlichen Veranstaltungen bestand in einem Münchener Oktoberfest, das er in einem riesigen Zelt gab, das im Garten seines Palais auf dem Leipziger Platz stand. Den Chef seines Technischen Amtes hatte er als Kunstflieger verpflichtet; wie in alten Zeiten akrobatelte Udet für Görings Gäste.

Einer der Besucher der Olympischen Spiele war Al Williams, der Udet 1931 zu den National Air Races in Amerika geholt hatte. Er fand seinen alten Freund „ernst und ernüchtert“ vor und schilderte seinen Eindruck von der Begegnung in einem 1940 erschienenen Buch „Airpower“: „Es ist schwer, diesen Mann zu beschreiben. Klein, stämmig, gesund, mit schmalen Händen und Füßen, hellem Haar, von dem die Zeit freilich nicht viel gelassen hat, einem ausdrucksvollen starken Gesicht und strahlendblauen Augen, aus denen Entschlußkraft, aber auch Humor spricht. Aber in dem Augenblick, in dem man glaubt, ihn eingeschätzt zu haben, ändert er sich, und man muß von neuem beginnen. Er hat viel getan und alles ausgezeichnet.“

Wie in alten Zeiten flog Udet auf die Wasserkuppe, wo beim Rhönwettbewerb ein von Siemens und Haase geflogener Rhönsperber startete, der das Kennzeichen D-ERNST UDET trug. Als Chef des Technischen Amtes genoß er gewisse Vorrechte: Seine Klemm trug das Kennzeichen D-ERNI, sein Rhönbussard war D-UDET und sein Rhönsperber D-UDLINGER, denn bei Segelflugzeugen galt die Beschränkung des Kennzeichens auf vier Buchstaben nicht.

Er war auch, soweit es ihm seine Zeit erlaubte, bemüht, wie früher möglichst oft Bayern und dessen Berge zu besuchen. Der 23. August war ein strahlender Sommertag, und am Flugfeld Prien stand eine Empfangsdelegation bereit: Bürgermeister Jaud mit einer Schnapsflasche und Silberbechern, zwei kleine Mädchen, Zwillinge, in Dirndlkleidern mit Blumensträußen, sowie ihr Vater, Major v. Braun, Chef der Luftgaureserve 14 und Inhaber des Militärflugscheines Nr. 5, auf dessen Initiative vor fünf Jahren der kleine Flugplatz errichtet worden war. Braun war auch Besitzer des schnellsten Motorbootes auf dem nahe gelegenen Chiemsee und hatte Professor Georgii von der DFS, der auch anwesend war, versprochen, es für den Schlepp des D-SEEADLERS, des ersten Wassersegelflugzeuges der Welt, das Hanna Reitsch erproben sollte, zur Verfügung zu stellen.

Der Anlaß der festlichen Versammlung: Man erwartete die 1500. Landung seit der Eröffnung des Platzes. Die 1499. Landung machte ein Student, der nach Reichenhall unterwegs war. Er war kaum gestartet, als am Himmel ein Focke Wulf Stösser, ein Heimatschutzjäger, wie er nun genannt wurde, mit dem Kennzeichen D-IGOE auftauchte. Er setzte mit einem Slip zur Landung an, und Major v. Braun bemerkte zu Georgii: „Ah, das ist ein ausgezeichneter Flieger. Sehen Sie nur, Professor, wie elegant er slipt. Ein ausgezeichneter Flieger! Jetzt nimmt er das Flugzeug aus dem Slip. Ausgezeichnet! Jetzt setzt er ...“ Der Pilot war zwar ausgezeichnet, aber eine ausgezeichnete Landung gelang ihm nicht. Das Fahrgestell sank in einer weichen Stelle der Grasnarbe ein, die Maschine überschlug sich, blieb auf dem Rücken liegen, die Luftschraube brach ab, aber der Pilot hing unversehrt in den Gurten. Es war Ernst Udet, auf einem Ausflug von Schleißheim kommend. Die Empfangsdele-

gation stürzte zum Flugzeug, um ihn zu befreien, und als Udet den Bürgermeister mit Becher und Trank sah, rief er vergnügt: „Das war vernünftig, daß statt des Arztes der Bürgermeister gekommen ist und gleich einen richtigen Schluck mitgebracht hat!“

Es folgte ein Mittagessen auf der Herreninsel im Chiemsee und ein gemütlicher Abend im Hause der Familie Braun, die sehr sportlich war. Über das Schwimmbecken im Garten war ein Seil gespannt; Vater, Mutter und Kinder Braun hantelten sich geschickt daran entlang, die meisten Gäste, die es versuchten, fielen ins Wasser, Udet bewältigte dagegen die Kletterpartie am Seil spielend. In später Stunde zog er noch ins Strandhotel, wo Segelflieger untergebracht waren, die vom 10. bis 30. August Alpenflüge unternahmen. Er übernachtete bei den Brauns, und am nächsten Morgen erinnerte eine Karikatur im Gästebuch an den Besuch: Udet im umgestürzten Stösser und daneben die Worte „Es bleibt einem nichts erspart!“

Wenige Tage später legte er seine nächste Bruchlandung hin. Ing. Walter Rieseler, der in Amerika beim Pennsylvania Aircraft Syndicate tätig gewesen war, hatte mit Unterstützung des Reichsluftfahrtministeriums den Hubschrauber R I gebaut, dessen Antriebsquelle ein Hirth HM 5 Motor von 60 PS war. Udet maß dem Hubschrauber große Bedeutung zu und war begeistert gewesen, als am 26. Juni 1936 die erste deutsche Maschine dieser Art, der Focke Achgelis Fa 61 mit zwei Rotoren, seinen Erstflug gemacht hatte, der 28 Sekunden dauerte. Den R I wollte er am 3. September selbst erproben. Beim zweiten Start setzte aber der Motor aus, und der Hubschrauber krachte zu Boden. Udet blieb unverletzt, er war offensichtlich nach wie vor ein Sonntagskind.

Was ihn erwartete, wenn er von fliegerischen Eskapaden an seinen Schreibtisch zurückkehrte, deuten die Eintragungen in seinem Taschenkalender an: „31. August: Signale durch Lichtgruppen, 1. September: Go 145?, D. B Diesel Luftschiffmotoren, 3. September: Paris Salon ablehnen, 5. September: Schnelltankentleerung Ju 52, 8. September: Attrappe Heinkel, 15. September: Bückeberg-109 – Rauchbomben? Gronau?! ablehnen, 17. September: Göring fragen, was für ein Bild Claus Bergen malen soll, 10. Oktober:

Hubschrauber neuen stärkeren bestellen, 14. Oktober: Umstellung Betriebsstoff in Liter, 28. Oktober: Starre MG Kamera! 7. November: Warum BMW VI? 27. November: Blindflug, 28. November: Thea Rasche Amerikareise? Thiele von Lufthansa nach Heinkel."

Am 16. November war Udet in Karinhall und berichtete seinem Oberbefehlshaber über die Schwerpunkte seines Programmes: Die Bf 109 sollte der einzige Jäger, die Ju 87 der einzige Stuka der Luftwaffe werden, und die Bomber sollte Heinkel bauen. Göring, der am 18. Oktober zum Beauftragten für den Vierjahresplan ernannt worden war, hatte weniger denn je Zeit und Lust, sich um Einzelheiten der Waffe zu kümmern, für die er die Verantwortung trug. Er war allerdings auch weniger denn je gewillt, diese Verantwortung an Milch zu delegieren. Er betrachtete seinen Staatssekretär mit eifersüchtigen Augen, fand, daß er bereits viel zu mächtig sei, und beschloß, ihn zu isolieren, indem er sich eines alten Grundsatzes entsann: Teile und herrsche. Udet war als eine Figur in diesem Spiel vorgesehen. Er sollte sich in Hinkunft unter Umgehung Milchs direkt an Göring wenden. Damit waren die Grundlagen zu einem Konflikt gelegt, der schließlich monumentale Ausmaße annehmen sollte.

Wenige Tage nach der Unterredung mit Göring flog Udet in Begleitung von Major Werner Junck, dem Chef der Entwicklungs- und Erprobungsabteilung im Technischen Amt, nach Paris. Deutschland hatte zwar eine Beteiligung am Luftfahrtsalon, der vom 13. bis 26. November in der französischen Hauptstadt stattfand, abgelehnt, aber Udet wollte sich die ausgestellten Maschinen ansehen und war außerdem vom „Cercle Militaire" eingeladen worden. Als das Luftfahrtministerium darauf bestand, daß er in Uniform reise, lehnte er ab: „Das ist doch Quatsch, das machen wir nicht. Der Botschaft in Paris werde ich das schon beibringen. Wir haben ja nicht einmal ein Auto, und dann fahren wir womöglich mit einem jüdischen Taxichauffeur, und der spuckt uns an. Nein, wenn wir als Junggesellen nach Paris fahren, dann ziehen wir uns anständig an und nehmen einen Smoking mit."

Die französische Armée de l'Air hatte ihnen Capitaine Paul Stehlin als Begleiter beigestellt, aber das war kein Problem, denn Udet trank ihn unter den Tisch. Dann sah er sich mit Junck den Film „Modern Times“ von Chaplin an, der in Deutschland verboten war, und anschließend gingen sie in eine Bar, von der man wußte, daß dort Freiwillige für die Republikaner in Spanien angeworben wurden. Junck, der als Verkehrsflieger in Südamerika gewesen war und fließend Spanisch sprach, schlug vor, sie sollten sich anwerben lassen und mit dem Handgeld einmal fein ausgehen. Udet lachte schallend; der deutsche Luftwaffenattaché, dem sie die Geschichte am nächsten Tag erzählten, war weniger erheitert. Der Abend endete bei Mademoiselle Marie in der Rue de Chazelles.

Für unbeschwerte Scherze war Udet nach wie vor zu haben, sein Repertoire an Einfällen war unverändert groß, doch wurde er nun immer öfter mitten im fröhlichen Geschehen ernst und sagte zu seinen Freunden: „Ich habe es satt, den Clown zu spielen. Wozu das alles?“

Bevor das Jahr zu Ende ging, traf er sich noch einmal mit Carl Zuckmayer, der diese letzte Begegnung in seinem Buch „Als wär's ein Stück von mir“ geschildert hat. Sie trafen sich in einem kleinen Lokal. „Nicht bei Horcher, da hocken jetzt die Bonzen“, hatte Udet gesagt. Er war in Zivil und gab dem Freund den Rat: „Schüttle den Staub dieses Landes von deinen Schuhen, geh in die Welt und komm nie wieder. Hier gibt es keine Menschenwürde mehr.“ Und auf die Frage Zuckmayers, wie es um ihn stehe, antwortete er: „Ich bin der Luftfahrt verfallen. Ich kann da nicht mehr raus. Aber eines Tages wird uns alle der Teufel holen.“

Den letzten Tag des Jahres 1936 verbrachte Ernst Udet in der Schweiz. Im Jahre 1929 war in Böblingen bei Stuttgart ein Luftfahrtmuseum gegründet worden, das am 13. Juni 1931 seine Pforten geöffnet hatte. Die Sammlung war innerhalb kurzer Zeit so umfangreich und bedeutend geworden, daß sie nach Berlin übersiedelte, wo sie am 20. Juli 1936 eröffnet wurde. Nur eine Maschine fehlte in den Beständen: der gefürchtetste deutsche Jäger des Krieges, der Fokker D VII. Bei der Schweizer Luftwaffe wurden einige Flugzeuge dieses Typs noch im Ausbildungsbetrieb verwendet. Auf Anfrage erklärten sich die Schweizer bereit, einen Fokker D VII dem Museum kostenlos als Geschenk zur Verfügung zu stellen. Es war die CH 46, eine Maschine, die bei den Albatroswerken in Johannisthal in Lizenz gebaut worden war. Sie erhielt nun das Kennzeichen D-EIRA und am Seitenruder das Hakenkreuz als Hoheitsabzeichen.

Die Überführung der Maschine wäre wohl eher Sache eines Einfliegers als eines Amtschefs des Reichsluftfahrtministeriums im Rang eines Obersten gewesen – noch dazu an einem bitterkalten Wintertag. Aber Udet hatte darauf bestanden, sie am 31. Dezember 1936 von Dübendorf nach Berlin zu fliegen. Rationale Begründung gab es dafür keine, sentimentale Gründe aber viele. Er wollte wieder einmal fliegen wie einst, im offenen Führersitz, mit Haube, Brille und Schal, den Fahrtwind spüren und über sich den Himmel sehen, der weit und grenzenlos war.

XVIII

BEI DEN GEGNERN VON GESTERN UND MORGEN

Das Jahr 1937 begann hektisch. Von gemütlichen Flügen in den bayerischen Bergen konnte keine Rede sein. Statt dessen jagte Udet in seiner Kuriermaschine von Werk zu Werk und konferierte mit den Vertretern der Luftfahrtindustrie. Ursache dieser Hektik: Göring hatte am 4. Januar die Mobilisierung der deutschen Luftrüstung befohlen.

Nicht von ungefähr hieß er der ‚Eiserne'. Zwar kümmerte er sich um seine Aufgaben wenig, konzentrierte sich auf die Vergrößerung seiner Macht und liebte ein glanzvolles und genußreiches Leben. Das änderte aber nichts daran, daß er nicht nur über Energie, sondern auch über Intelligenz verfügte und die Lage des Dritten Reiches klarer erkannte als die Mehrzahl seiner führenden Männer.

Die Westmächte hatten bisher noch alle Aktionen Hitlers hingenommen. Im Falle der Wiedereinführung der allgemeinen Wehrpflicht, der Schaffung der Luftwaffe, des Einmarsches in das entmilitarisierte Rheinland und der Entsendung deutscher Freiwilliger nach Spanien hatten sie sich jeweils mit Protesten begnügt. Eine Fortsetzung der deutschen Wehr- und Außenpolitik dieser Art mußte aber früher oder später und wahrscheinlich früher als später zur Kollision und zum Konflikt führen. Das hatte Göring erkannt, und deshalb wollte er die deutsche Luftrüstung forcieren. Damit war Udet mehr denn je zu einer Schlüsselfigur im Reichsluftfahrtministerium geworden.

Am 11. Januar war er mit Milch und Kesselring bei Göring, um Einzelheiten zu besprechen. So war ursprünglich vorgesehen gewesen, bis Ende März 1938 insgesamt 758 Bf 109 zu produzieren, nun sollten es aber 1400 werden. Am 20. Februar hielt Göring eine Rede vor den Luftfahrtindustriellen, am 24. Februar besprach er sich im Beisein von „Pilli“ Körner, seinem Staatssekretär für Fragen des Vierjahresplanes, mit Udet, der Oberst Ploch vom Technischen Amt mitgebracht hatte, und am 11. März gab es eine Unterredung zwischen Göring und Udet unter vier Augen.

Deutschland brauchte aber nicht nur Flugzeuge, sondern auch Devisen. Deshalb mußten von der ohnehin an den Grenzen ihrer Leistungsfähigkeit angelangten Erzeugungskapazität Maschinen für den Export abgezweigt werden. So empfing Udet am 18. Februar eine Delegation aus der Schweiz, die am Ankauf der Bf 109 interessiert war.

Görings Bemerkung, daß Udets Name zum Prestige der deutschen Luftwaffe beitragen werde, hatte sich als richtig erwiesen. Die Auslandspresse beschäftigte sich nach wie vor mit dem Chef des Technischen Amtes, dem man ganz einfach alles zutraute. So erschien am 13. Februar im amerikanischen Magazin „Colliers“ ein Artikel über Udet, der mit den Worten begann: „Never fly with that little man“, „Fliegen Sie nie mit diesem kleinen Mann“. Illustriert war der Bericht mit einem Photo, das sein Freund Hans Schaller gemacht hatte, der eine Art von Leibphotograph Udets war. Wann immer in den letzten Jahren ein fliegerischen Ereignis von Bedeutung stattgefunden hatte, war Schaller zur Stelle gewesen, um seinen Freund, der einen natürlichen Instinkt für wirksame Publizität hatte, zu photographieren.

Auch der Einfallsreichtum Udets, den Göring als weitere Voraussetzung für die Übernahme des Technischen Amtes genannt hatte, bewährte sich; es war nur manchmal schwer, ihn angesichts der konservativen Bürokratie im Amt zum Tragen zu bringen. So benötigte die Luftwaffe einen Aufklärer, der die alten Doppeldecker ablösen sollte. Das Flugzeug sollte schnell sein und gute Sichtverhältnisse gewähren. Die Firma Blohm & Voss bot eine unorthodoxe Lösung an: die Ha 141, ein asymmetrisches Flugzeug. Es war ein Eindecker mit dünnem Rumpf, der lediglich vorne das Triebwerk und hinten das Leitwerk trug. Etwas abgesetzt davon war an der Tragfläche die Kanzel angebracht, die rundherum verglast war. Offiziere und Ingenieure der Luftwaffe lehnten diese Lösung ab, worauf die Firma die Maschine auf eigene Kosten baute, ermutigt von Udet, der zu Dr.-Ing. Vogt, dem Chefingenieur von Blohm & Voss, sagte: „Bauen Sie Ihren Vogel. Dann werden wir weitersehen." Das Ergebnis war, daß Udet die Ha 141 zwar flog und von ihr beeindruckt war, sie aber nicht durchsetzen konnte. Statt ihr wurde die Hs 126, ein konventioneller Hochdecker, und später die FW 189 mit Doppelrumpf gebaut.

Weil Udets Einfallsreichtum bekannt war, wurde er immer wieder um Hilfe gebeten. So kam in der Osterzeit der Wissenschaftler Ernst Herrmann zu ihm, der 1931, 1933 und 1934 die Eisfelder in Island erforscht hatte. Er plante nun eine Expedition in das Eismeer und fragte Udet, ob er ihm dafür einen Hubschrauber zur Verfügung stellen könne. Die in Deutschland vorhandenen Typen waren aber für den Einsatz unter so extremen Wetterbedingungen noch keineswegs geeignet, und deshalb meinte Udet: „Warten Sie drei bis vier Monate, dann steht der Fieseler-Storch zur Verfügung. Das ist ein Spezialflugzeug, das auch im Eismeer operieren kann. Es fliegt sehr langsam und braucht nur 30 bis 40 Meter Landestrecke." Herrmann flog daraufhin nach Spitzbergen, um geeignete Stützpunkte für den Storch zu erkunden.

Im Herbst wandte sich dann der Flieger-Hauptingenieur Thoene an Udet mit der Bitte, für die deutsche Nanga-Parbat-Expedition 1938 ein Flugzeug zur Verfügung zu stellen. Die Maschine sollte die mühsame und zeitraubende Beförderung des Nachschubs in die Hochlager übernehmen und eine große Anzahl heimischer Träger ersparen. Udet stimmte zu und ließ eine Ju 52 entsprechend ausrüsten.

Gespräche über Polar- und Himalajaexpeditionen waren ihm eine willkommene Abwechslung im Alltag des Dienstes, der ihn nach wie vor nicht ganz erfüllte. So fand am 1. April in Schleißheim eine Feier aus Anlaß des 25jährigen Bestehens des ersten bayerischen Flugplatzes statt, der nunmehr Standort einer Jagdfliegerschule war. Einer der Ehrengäste des Tages war der Münchener Flugpionier Dr. Otto Lindpaintner, der seit 1910 den Flugschein besaß. Höhepunkt des Tages war eine Fahnenübergabe, die Udet vornahm. Nachdem der Vorbeimarsch der angetretenen Ehrenformationen vorüber war, nahm er Lindpaintner beiseite und faßte sein Urteil über das militärische Schauspiel in einem Wort zusammen: „Scheiße!“

Der Deutsche Luftsportverband, der 1933 in erster Linie als Tarnorganisation für den Aufbau der Luftwaffe gegründet worden war, hatte seine Funktion erfüllt und wurde nun aufgelöst. Am 17. April unterzeichnete Hitler einen Erlaß, in dem es einleitend hieß: „Um den fliegerischen Gedanken im deutschen Volk wachzuhalten und zu vertiefen, eine vor der militärischen Dienstzeit liegende fliegerische Ausbildung durchzuführen und die vielseitigen luftsportlichen Betätigungen in Deutschland einheitlich zusammenzufassen, bestimme ich folgendes:

1. Der Deutsche Luftsportverband e. V. (DLV) und seine sämtlichen Gliederungen (Landesgruppen, Ortsgruppen usw.) werden aufgelöst. An ihre Stelle tritt das Nationalsozialistische Fliegerkorps (NSFK).

2. Das Nationalsozialistische Fliegerkorps ist eine Körperschaft des öffentlichen Rechtes. An seiner Spitze steht der Korpsführer des NSFK. Er ist dem Reichsminister der Luftfahrt unterstellt.“

Der bisherige Reichsluftsportführer Mahncke übernahm das Kommando des Kampfgeschwaders Hindenburg, und Generalmajor Christiansen wurde Korpsführer des NSFK. Eine der ersten Bestrebungen des Fliegerkorps war es, auch die ISTUS, die Internationale Studienkommission für den motorlosen Flug, unter seine Kontrolle zu bringen. Professor Georgii wandte sich daraufhin an Udet, der seinerseits Milch dazu bringen konnte, daß die Eigenständigkeit der ISTUS gewahrt blieb.

Am 20. April wurde abermals ein 25. Jahrestag begangen; diesmal war die Deutsche Versuchsanstalt für Luftfahrt in Berlin-Adlershof an der Reihe. Beim Festakt, der aus diesem Anlaß stattfand, trug Udet zum erstenmal die weißen Kragenspiegel und Hosenstreifen eines Generals der Luftwaffe. Er war am selben Tag, Hitlers Geburtstag, zum Generalmajor befördert worden, sechs Tage bevor er selbst seinen 40. Geburtstag feierte. Zwar stand er dem militärischen Geschehen nach wie vor mit Distanz gegenüber, aber die Beförderung freute ihn, wie seine Freunde merkten, denen er sagte: „Das hätte sich der kleine Udet dereinst nicht gedacht, daß er einmal General sein wird."

Die Beförderungsfeier fand noch am selben Abend in unmilitärischem Milieu im Hause eines seiner Freunde, des Autohändlers von Blumenthal, statt. Elly Beinhorn, ihr Mann Bernd Rosemeyer und dessen Rennfahrerkollege Tazio Nuvolari mit seiner Frau waren unter den Gästen. In vorgerückter Stunde, nach Genuß von viel Champagner, sprang Udet auf einen Tisch, schlang sich ein Tuch um die Hüften und tanzte Cancan.

Auch im übertragenen Sinne tanzte er weiterhin aus der Reihe. Er konnte es nicht lassen, Aufgaben zu übernehmen, die in jeder anderen Luftwaffe junge Einflieger im Leutnantsrang durchgeführt hätten. So war er am 27. April über dem Flugplatz Darmstadt-Griesheim, wo er einst als angehender Militärflieger geschult hatte, in einem FW Stieglitz des Reichsluftfahrtministeriums, Kennzeichen D-ETUE, unterwegs. Sein Ziel: der Zeppelin LZ 129 Hindenburg, der sich, vom Rhein-Main-Flughafen kommend, in 700 m Höhe unter Führung von Luftschiffkapitän Max Pruss langsam Darmstadt näherte.

Deutschland war das einzige Land der Welt, das einen regelmäßigen Luftschiffverkehr unterhielt. Die Reise war allerdings recht langwierig. Um die Beförderung der Post etwas zu beschleunigen, plante die Deutsche Zeppelin-Reederei, analog zu den Katapultflugzeugen der deutschen Ozeandampfer, ein Flugzeug mitzuführen. Zu diesem Zweck war an der Unterseite des Zeppelins ein riesiger hydraulisch gefederter Bügel angebracht.

Der Stieglitz, den Udet flog, hatte an der oberen Tragfläche einen Haken, der wie ein überdimensionierter Spazierstock aussah. Der Haken sollte in dem Bügel einrasten; erprobt war dieses System bereits von der Goodyear Tyre and Rubber Company in Akron worden.

Vorsichtig näherte sich Udet, während das Manöver von einem begleitenden Flugzeug aus gefilmt wurde, dem silberfarbenen Rumpf des Zeppelins, der 245 m lang war. Ein erster Versuch mißlang, und der Stieglitz drehte nach rechts ab. Beim zweitenmal klappte es. Der Haken rastete in den Bügel ein, die Maschine, deren Motor nun leerlief, war mit dem Zeppelin verbunden. Etwa fünf Minuten lang ließ sich Udet von dem Luftschiff mittragen, dann löste er die Verbindung und flog zum Darmstädter Flugplatz zurück. Es war ein geglücktes, aber vergebliches Experiment gewesen. Wenige Tage darauf, am 6. Mai, brannte der LZ 129 bei der Landung in Lakehurst aus. 35 Menschen kamen ums Leben, und die Katastrophe setzte der weiteren Entwicklung der Luftschiffahrt in Deutschland ein Ende.

Trotzdem kehrte Udet bald nach Darmstadt zurück, denn er maß den Arbeiten der Deutschen Forschungsanstalt für Segelflug, die dort untergebracht war, große Bedeutung zu. Er hatte erreicht, daß Hanna Reitsch für ihre Verdienste bei der Erprobung der Sturzflugbremse als erste Frau den Titel Flugkapitän erhielt, und brachte eine Gruppe führender Flugzeugkonstrukteure nach Darmstadt, um ihnen die Neuerung vorzuführen.

Ein anderes Darmstädter Projekt, dem sein Interesse galt, war der Lastensegler DFS 230, mit dessen Konstruktion Jacobs vor zehn Monaten begonnen hatte. Der erste Prototyp war fertiggestellt, Hanna Reitsch hatte ihn erprobt, und Udet wollte ihn nun selbst fliegen. Die Maschine hatte kein Doppelsteuer, so daß sich Hanna Reitsch hinter ihn setzte, um nötigenfalls Ratschläge zu geben. Sie waren auch nötig, denn Udet kannte die Maschine nicht und flog sie anfangs mit zu heftigen Steuerausschlägen, so daß Jacobs, der auch an Bord war, schon um seinen Lastensegler bangte.

Wenige Tage nach dem Flug erschien Udet in Begleitung von Milch, Kesselring, Greim und anderen hohen Luftwaffenoffizieren abermals in Darmstadt. Hanna Reitsch führte ihnen die DFS 230 vor, die diesmal zehn Infanteristen mit voller Ausrüstung mitführte. Sie ließ sich von einer Ju 52 auf 1000 m Höhe schleppen und setzte sodann nach kurzem Gleitflug in einem buschbestandenen Gelände am Flugplatzrund auf. Sofort sprangen die Infanteristen heraus und bezogen Stellung.

Die anwesenden Generale waren sehr beeindruckt, bis Milch erklärte: „Meine Herren, jetzt sind wir an der Reihe." Darauf kletterten Hans Jacobs und neun Generale in die Maschine, Hanna Reitsch startete und brachte sie auch alle wieder heil zur Erde. Die Stimmung war danach recht animiert. Udet zeigte seinen Kameraden im Flughafengebäude die noch erhaltene Arrestzelle der ehemaligen Fliegerabteilung Darmstadt, die nun ein Abstellraum war, und sagte: „Hier bin ich acht Tage gesessen, weil ich den Hund unseres Kommandeurs mit dem Hintern in Benzin getaucht habe. Es war ein scheußliches Tier, das uns immer in die Beine biß, wenn Stillgestanden kommandiert war." Georgii sagte daraufhin lachend, daß dieser Raum nicht länger als Abstellkammer dienen könne; er werde dafür sorgen, daß er in eine Udet-Bar umgestaltet werde.

Die allgemeine Fröhlichkeit war verfrüht, denn das Projekt des Lastenseglers hatte noch viele Widerstände zu überwinden. Die Fallschirmtruppe meldete Bedenken an, und es wurde beschlossen, die Fertigstellung weiterer Prototypen abzuwarten und dann vergleichende Manöver abzuhalten. Sie fanden am Sitz der Fallschirmtruppe in Stendal statt. Neun Ju 52 starteten mit je zehn Fallschirmjägern, neun weitere Ju 52 schleppten je einen Lastensegler mit jeweils zehn Infanteristen. Es herrschte starker Wind. Die Fallschirmjäger wurden in alle Richtungen verstreut, während die Lastensegler nahe beieinander landeten. So kam es, daß die Infanteristen bereits in geschlossener Formation über den Flugplatz marschierten, während die Fallschirmjäger sich noch immer sammelten. Zur großen Überraschung von Professor Georgii lehnten die anwesenden Offiziere der Fallschirmtruppe den Lastensegler trotzdem ab. Noch größer war aber seine Enttäuschung, als Udet nicht widersprach, sondern der Diskussion kommentarlos zuhörte.

Im Mai war Udet bei der Eröffnung der neuen Fabrik Ernst Heinkels in Oranienburg bei Berlin gewesen und hatte in einer Rede die kühne Großzügigkeit dieser neuen Anlage gepriesen. Wenige Tage darauf, am 2. Juni, erteilte er Heinkel den Auftrag, das Projekt 1041, das er für das Bomberprogramm der Luftwaffe entwickelt hatte, voranzutreiben. Hinter dieser nüchternen Werksbezeichnung verbarg sich eines der grundlegenden Probleme der Luftwaffe.

Die allergrößte, wenn auch nie eingestandene Schwierigkeit bei Planung und Aufbau war, daß letztlich niemand genau wußte, oder gar sagte, welche Art von Luftwaffe eigentlich geschaffen werden sollte. Aus Adolf Hitlers Werk „Mein Kampf" konnte man entnehmen, daß Deutschland niemals wieder einen Zweifrontenkrieg beginnen sollte. Zusammen mit seinen ständigen Hinweisen auf die bolschewistische Gefahr und die Notwendigkeit, Lebensraum für das deutsche Volk im Osten zu gewinnen, ergab das ein scheinbar eindeutiges Feindbild. So war in der Führung der Luftwaffe das Konzept des Uralbombers entwickelt worden, des Kampfflugzeuges, das mit großer Bombenlast in die Tiefe des russischen Raumes eindringen und wieder zurückfliegen konnte. Vor allem General Wever war ein überzeugter Verfechter dieses Konzeptes gewesen, und Dornier und Junkers hatten daraufhin je einen viermotorigen Bomber entwickelt: die Do 19 und die Ju 89. Aber eine der großen Schwächen der deutschen Luftrüstung war der Motorenbau. Es mangelte an leistungsfähigen Triebwerken; die beiden Uralbomber waren viel zu langsam. Dazu kam, daß nach dem Tode Wevers strategische Überlegungen immer mehr in den Hintergrund traten. Die hohen Stückzahlen, die Göring mit der Mobilisierung der Luftrüstung angekündigt hatte, waren nur zu erreichen, wenn man sich auf einige wenige leicht zu bauende Maschinen beschränkte, und das waren im Bereich der Bomber neben den Stukas die zweimotorigen Kampfflugzeuge vom Typ Do 17, He 111 und später Ju 88.

Tatsächlich hielt Göring am 27. April 1937 eine Besprechung mit dem Generalstabschef Kesselring und Jeschonnek, dem künftigen Chef der Operationsabteilung des Generalstabes, ab, als deren Ergebnis er die Einstellung der Entwicklung des Uralbombers anordnete. Es war bezeichnend für die Führungssituation in der Luftwaffe, daß er von dieser Entscheidung zwar Udet, nicht aber Milch in Kenntnis setzte. Ebenso bezeichnend war, daß man sich aber gleichzeitig weiterhin mit der Entwicklung viermotoriger Bomber beschäftigte. Heinkels Projekt 1041 war die künftige He 177, die vier Motoren hatte, aber aus einer Reihe von Gründen, vor allem weil die Motoren in Tandemform angeordnet werden mußten, damit sie stürzen könne, nicht die in sie gesetzten Erwartungen erfüllte.

Die Konfliktsituation in der Führung der Luftwaffe kam offen zum Ausdruck, als Göring am 2. Juni 1937 eine Neuordnung im Reichsluftfahrtministerium vornahm, die einer Entmachtung Milchs gleichkam. Kesselring wurde als Generalstabschef durch General Stumpff abgelöst, das dadurch freigewordene Personalamt übernahm v. Greim. Milch war nicht mehr ständiger Vertreter Görings, der sich den Generalstab unmittelbar unterstellte. Auch Udet als Chef des Technischen Amtes erhielt nunmehr formell das Vortragsrecht beim Oberbefehlshaber.

Eine weitere Neuerung war die Schaffung der Lehrdivision mit dem Standort in Greifswald. Ihre Aufgabe war es, die Maschinen der Luftwaffe unter Einsatzbedingungen zu erproben, die von der Legion Condor in Spanien gemachten Erfahrungen zu verwerten und neue Taktiken zu entwickeln. Zu diesem Zweck wurde für jeden Flugzeugtyp, den die Luftwaffe einstellte, eine eigene Einheit gebildet.

Bereits drei Tage nach der Neuordnung, am 5. Juni, hatte Udet seine erste Besprechung mit Göring, an der Milch nicht teilnahm, und am 16. Juni hielt er im Beisein des Reichsministers der Luftfahrt eine Rede vor Luftfahrtindustriellen, die einer Standortbestimmung der Luftwaffe gleichkam. Sie war ernüchternd und beinhaltete das Eingeständnis, daß die Kapazität der Industrie und die Rohstoffversorgung an ihren Grenzen angelangt seien und auf die Phase des stürmischen Aufbaus nun eine Zeit der Konsolidierung folgen müsse.

Udet begann mit der Feststellung, daß er klare Weisungen für die Zukunft geben wolle, die sich auf die Erfahrungen der Vergangenheit, insbesondere des letzten Jahres stützten. Bisher sei es die wichtigste Aufgabe gewesen, so schnell wie möglich eine starke Luftwaffe zu bauen. Finanzielle Überlegungen hätten dabei eine untergeordnete Rolle gespielt.

Nach den ersten praktischen Erfahrungen mit den bisher gebauten Typen sei es klargeworden, daß starke Konzentration in den Bereichen Entwicklung und Beschaffung erforderlich sei. Seiner Ansicht nach sei folgendes unerläßlich: Vereinfachung der Konstruktion, Reduzierung der Entwicklungskosten, Standardisierung von Einzelteilen, Verbesserung der Produktionstechniken, Einsparungen beim Material, Begrenzung der Abänderungen, verbesserter Erfahrungsaustausch und verstärkte Exportanstrengungen.

Er erklärte, daß die Luftwaffe in der He 111 und der Do 17 zwei gute Bomber habe und daß sie dank Weiterentwicklung auch noch 1940/41 modern sein würden, so daß sich die überstürzte Entwicklung neuer Bombertypen erübrige. Die Luftwaffe brauche einfach zu handhabende Maschinen, weil sie für die fliegerische Ausbildung nicht soviel Zeit aufbringen könne wie andere Länder. „Unglücklicherweise haben wir nicht nur Schneider-Cup-Piloten", sagte er.

Weiters führte er die Gründe an, die für die Wahl der Bf 109 zum Standardjäger der Luftwaffe ausschlaggebend gewesen seien: gute Flugeigenschaften, billige Herstellungsmethoden, Möglichkeit der Weiterentwicklung und optimale Lösung beim Einbau des Motors und der anderen wichtigen Bestandteile.

Hauptaufgabe der Industrie sei es nun, sowohl Produktion als auch Produktivität zu steigern. Innerhalb der nächsten neun Monate müßten die Konstruktionsbüros um 40 Prozent reduziert, die Produktion vereinfacht und standardisiert und die Erzeugungskosten, was am wichtigsten sei, gesenkt werden.

Er hob abschließend die gute Zusammenarbeit zwischen Reichsluftfahrtministerium und Industrie hervor, zitierte aber auch Ausnahmen von der Regel. So führte er an, daß eine Firma ein Paar Schneekufen für ein Schulflugzeug zum Preis von 2800 RM angeboten habe, und sagte: „Früher habe ich solche Kufen für meine Gletscherflüge selbst gebraucht und habe damals 120 RM gezahlt." Er fügte hinzu, daß die neuen Kufen sogar schlechter gewesen seien als die früheren, die Firma aber, vom Ministerium zu einer Erklärung aufgefordert, den Preis um 50 Prozent gesenkt habe.

Udet hatte mit größter Präzision und gestützt auf fundiertes Material gesprochen. Dementsprechend wirkte er überzeugend. Dennoch war es, im Lichte der geschichtlichen Erfahrungen, eine deprimierende Ansprache voll tragischer Fehleinschätzungen gewesen.

Unmittelbar nach der Rede vor den Luftfahrtindustriellen begann für Udet eine Zeit, in der er seinen Wunsch, den Schreibtisch zu verlassen und zu fliegen, mit der Erfüllung seiner dienstlichen Obliegenheiten verbinden konnte. Vom 20. bis 27. Juni fand wie jedes Jahr der Deutschlandflug statt. Im Zeichen der neuen Zeit war er nun ein Mannschaftsbewerb, an dem sich die Luftwaffe, das NSFK und seine Flugschulen beteiligten. Es gab prominente Teilnehmer wie Generalmajor Christiansen, Major Seidemann und Ernst Udet, dessen Anteil allerdings mehr symbolischer Natur war. Er konnte den Rundflug nicht beenden, weil ihn die RAF eingeladen hatte, der Luftschau in Hendon am Samstag, dem 27. Juni, beizuwohnen. Am 26. Juni flog er mit Junck und Major von Schoenebeck, die nun beide bei der E-Stelle Rechlin tätig waren, nach England; jeder saß am Steuer einer viersitzigen Bf 108, genannt Taifun.

Es war das Jahr der Krönung König Georgs VI., und die Zeitschrift „Flight“ hatte eine sehr poetische Schilderung dieses 18. Displays der Royal Air Force gegeben: „Ein brillantes Aufgebot von Menschen, Autos, Sesseln, weißen Zäunen, Sonnendächern, Fahnen und schönen Frauen, deren Kleider überall extravagant wirken würden außer hier und in Ascot, und in ihrer Begleitung sonnengebräunte Offiziere der RAF und natürlich auch Flugzeuge, silberschimmernd in der kaum verhüllten Sommersonne ...“

195.000 Zuschauer waren gekommen, um die neuesten Maschinen der englischen Luftwaffe zu sehen. Udet verbrachte das Wochenende im Landhaus des Masters of Sempill, dem er im Vorjahr in Berlin begegnet war. Als er am Montag zurückfliegen wollte, war der Nebel so dicht, daß der Flugverkehr eingestellt war. Die drei Bf 108 starteten trotzdem und flogen wie vorgesehen über Hannover zurück.

Zur Preisverteilung des Deutschen Küstenfluges am 11. Juli in Wyk auf der Insel Föhr, erschien er in Zivil, im Gegensatz zu Christiansen und v. Greim, die ihre strahlendweißen Sommeruniformen trugen, und zwei Tage darauf war er bei Göring. Er berichtete ihm über seine Eindrücke in Hendon und besprach sodann ein unmittelbar bevorstehendes Großereignis: das internationale Flugmeeting, das vom 23. Juli bis 1. August in Dübendorf in der Schweiz stattfinden sollte. Ein erstes Treffen dieser Art hatte in Dübendorf bereits 1922 stattgefunden, und im Laufe der Jahre war daraus eine der bedeutendsten Luftfahrtveranstaltungen der Welt geworden. Für 1937 waren neun internationale Konkurrenzen vorgesehen: eine Rallye und ein Wettflug für Sport- und Reiseflugzeuge, ein Kunstflugbewerb, ein Geschwindigkeitsbewerb über einen Rundkurs, der Alpenflug-Geschwindigkeitsbewerb für Militärflugzeuge, ein Steig- und Sturzflugbewerb, ein Mannschaftsbewerb und ein Wettbewerb für Autogiros.

Milch, damals noch Chef der Lufthansa, war 1932 mit einer Junkers G 32 in Dübendorf gewesen, deren Pilot Willi Polte war, der beim Deutschlandflug 1925 eine U 8 geflogen hatte. Für 1937 hatte Milch eine starke Beteiligung vorgeschlagen, und Hitler persönlich hatte zugestimmt. Begleitet von 15 Ingenieuren, 40 Mechanikern und 20 Lastkraftwagen für das nötige Material zog die deutsche Mannschaft nach Dübendorf.

Mannschaftsführer war Milch, der im achten Prototyp der Do 17, gesteuert von Oberst Polte, flog. Außerdem nahmen sechs Bf 109, mehrere Bf 108 und ein Fieseler-Storch teil. Hanna Reitsch kam mit, um ein Kunstflugprogramm im Segelflugzeug zu absolvieren. Sie arbeitete nun immer enger mit der Luftwaffe zusammen, und Udet sorgte dafür, daß sie im Laufe des Jahres von der Deutschen Forschungsanstalt für Segelflug zur E-Stelle Rechlin überwechselte.

Mit seiner Bf 109 B-2 hoffte Udet den Geschwindigkeitsbewerb für Militärflugzeuge zu gewinnen. Sie hatte keine Bewaffnung, einen Daimler Benz DB 600 A-Motor, war knallrot gestrichen und trug das Kennzeichen D-ISLU. Er holte sie in Augsburg bei den Bayerischen Flugzeugwerken ab, wo er Dipl.-Ing. Carl Francke traf, der in Dübendorf ebenfalls eine Bf 109 fliegen sollte. Während sie die Maschinen erprobten, bat Udet, der schon im Führersitz saß, Francke um dessen Hut, einen schönen Borsalino, setzte ihn auf, schloß die Kabinenhaube, öffnete sie wieder, zog grüßend den Hut und fragte: „Verzeihung, ist hier Zürich?" Lachend fügte er hinzu: „Macht sich das gut?"

Als er am 22. Juli tatsächlich in Zürich landete, berichtete die „Neue Zürcher Zeitung" über seine Ankunft: „In unheimlichem Tempo und in nur geringer Höhe fegte am Donnerstag in den frühen Abendstunden ein rotgestrichenes, schnittiges Flugzeug mit eingezogenem Fahrgestell über den Wangener Berg, traversierte den Flugplatz und stach fast senkrecht in die Höhe, um wenig später glatt zu landen. Der Messerschmitt-Maschine entstieg Generalmajor Udet aus Deutschland, der für den Flug Augsburg – Zürich nur 23 Minuten benötigt hatte."

Am Sonntag, dem 25. Juli, wurde vor 80.000 Zuschauern die internationale Geschwindigkeitskonkurrenz gestartet. Die Franzosen hatten in der Gewißheit der hoffnungslosen Unterlegenheit ihre Maschinen zurückgezogen. So blieb außer Udet und Francke mit ihren Bf 109 nur der Engländer Charles Gardner in einer Percivall Mew Gull übrig.

Die drei Maschinen hatten einen Kurs von 50,5 km viermal zu durchfliegen; Wendepunkte waren die Kirchtürme von Wil und Grüningen, der Bachtel-Turm und der Kirchturm von Wang.

Gestartet wurde in Abständen von 30 Sekunden. Udet war als letzter an der Reihe. Er hatte Pech; nachdem er den Bachtel-Turm umrundet hatte und wieder beschleunigen wollte, reagierte der Motor nicht, am Gashebel war ein Defekt aufgetreten. Er zog die Maschine auf 1000 m hoch und blickte sich nach einem Platz zur Notlandung um. Zugleich versuchte er, ob der Motor nicht doch ansprechen würde. Seltsamerweise reagierte er, wenn er das Gas ganz abstellte. So gelang es ihm, Dübendorf zu erreichen und zu landen, während der Bewerb von Francke mit einer Durchschnittsgeschwindigkeit von 409 km/h mit weitem Vorsprung vor Gardner gewonnen wurde.

Das Pech blieb Udet auch am nächsten Tag, beim Internationalen Alpenrundflug für Militärflugzeuge, treu. Die Teilnehmer konnten zu einer beliebigen Zeit zwischen 5 und 20 Uhr starten, um den 367 km langen Kurs, der zum Teil über die Alpen führte und Pflichtlandungen in Thun und Bellinzona vorsah, zurückzulegen. Die auf dem Boden verbrachte Zeit wurde von der Gesamtzeit abgerechnet. Sieben Maschinen waren in Klasse A am Start: ein Franzose, zwei Deutsche und vier Tschechoslowaken.

Als sich Udet gegen elf Uhr dem ersten Zwischenlandungsplatz näherte, setzte der Motor aus. Diesmal war eine sofortige Notlandung unvermeidbar. Aber bevor er die Maschine mit eingezogenem Fahrgestell aufsetzen konnte, streifte sie die 15.000 Voltleitung der Bahnlinie Burgdorf – Thun und stürzte zu Boden. Die Luftschraube wurde verbogen, der Rumpf brach einen Meter hinter dem Führersitz ab, ein Mast der Hochspannungsleitung war geknickt, aber Udet trug lediglich eine leichte Verletzung am Arm davon. Er kletterte aus dem Wrack, zündete sich eine Zigarette an und wurde von einem Bauern, der zur Hilfe herbeigeeilt war, barsch auf die Gefährlichkeit des Rauchens in der Nähe eines Flugzeuges hingewiesen.

Sobald Milch von dem Unfall erfahren hatte, schickte er eine Bf 108 mit Hauptmann Restemeyer, um Udet zu holen, der sich gleich selbst an das Steuer der Maschine setzte. Als sie in Thun landeten, erfuhren sie vom dortigen Flugplatzkommandanten, daß Hauptmann Engler, einer der Teilnehmer aus der Tschechoslowakei, vermißt wurde. Man hatte in der Nähe des Thunersees Motorengeräusch gehört, das plötzlich verstummt war. Sofort setzte sich Udet wieder in die Bf 108 und begann in den umliegenden Tälern mit der Suche nach dem vermißten Piloten, bis ihn tiefliegende Wolken zwangen, nach Dübendorf zurückzukehren, wo er noch am selben Nachmittag den Fieseler-Storch vorführte. Hauptmann Engler wurde bald darauf gefunden; er hatte sich verflogen und war bei Tirano unverletzt notgelandet.

Den Bewerb in Klasse A hatte Oberstleutnant Seidemann gewonnen, der mit seiner Bf 109 den Rundkurs in 56 Minuten Flugzeit bewältigt hatte. Hinter ihm lagen die drei Tschechoslowaken, und an letzter Stelle landete die französische Dewoitine 510.

Udet hatte zwar keinen Sieg, aber viel Bewunderung errungen, weil er trotz leichter Verletzung nach seinem Absturz auf die Suche nach dem vermißten tschechoslowakischen Piloten gegangen war. Ansonsten genoß er die Tage in Dübendorf, das Beisammensein mit Fliegern anderer Länder und gab sich gelöst wie einst in unbeschwerteren Tagen. In der Bar seines Hotels führte er seinen neuesten Kognak-Trick vor: Er stellte vier Gläser vor sich hin und füllte sie blitzschnell bis zum Rand, gestrichen voll, ohne auch nur einen Tropfen zu verschütten. An einem der Abende im Hotel befand sich in der Gesellschaft eine bezaubernde junge Dame, offensichtlich dem ältesten Gewerbe der Welt huldigend und ebenso offensichtlich mit starkem fremdländischen Bluteinschlag, die den Generalmajor schließlich herausfordernd fragte: „Na, Udet, wie wär's mit einer kleinen Rassenschändung?"

Hans Stuck, dessen Frau jüdischer Abstammung war, hatte Deutschland verlassen und lebte jetzt in Feldbach bei Zürich, in einem schönen Haus mit großem Garten, der von einer Hecke umgeben war. In der Nähe sollte sich, so erzählte Stuck seinem Freund Udet, der ihn besuchte, ein Fuchs herumtreiben. Als sie an einem der nächsten Abende auf der Terrasse saßen, rief Udet: „Mensch, Hans, der Fuchs ist da!" Tatsächlich bewegte sich etwas an der Hekke. Stuck holte sein Gewehr, legte an und schoß. Das Tier bewegte sich weiter. Stuck schoß abermals, aber das Tier bewegte sich noch immer. „Hans, schieß doch anständig", ermahnte ihn Udet, doch dann war der Fuchs hinter der Hecke verschwunden. Stuck schickte seinen Hund los, der mit einem ausgestopften Fuchs auf Rädern zurückkam. Er hing an einer langen Schnur, mit deren Hilfe Frau Stuck das von Udet mitgebrachte Tier durch die Hecke gezogen hatte. Zur immerwährenden Erinnerung an diese Fuchsjagd schenkte er seinem Freund später eine kleine Kupferplakette, die einen Fuchs auf Rädern zeigte. Stuck hatte sie noch Jahrzehnte später am Armaturenbrett seines Wagens montiert.

Einer der ausländischen Teilnehmer in Dübendorf war der Franzose Marcel Doret, den der Kunstflug von Hanna Reitsch im DFS Habicht tief beeindruckt hatte. Er wollte eine solche Maschine haben, wandte sich an Udet und leistete gleich eine Anzahlung auf den

Kaufpreis von 60.000 Francs. Drei Monate später erhielt er einen vollausgerüsteten Habicht samt Transportwagen.

Für die deutsche Luftwaffe war Dübendorf ein großer Erfolg gewesen. Die Bf 108 und die Bf 109, der Fieseler-Storch und der DFS Habicht hatten alle Teilnehmer beeindruckt. Den sensationellsten Erfolg hatte aber die Do 17, der fliegende Bleistift, errungen. Mit Polte als Piloten und Milch als Kopiloten hatte die Maschine die Kategorie B des Alpenfluges gewonnen und gezeigt, daß Deutschland einen Bomber besaß, der schneller war als alle verfügbaren Jagdflugzeuge anderer Länder.

Nach Deutschland zurückgekehrt, flog Udet am 7. August auf die Wasserkuppe, um noch beim letzten Tag des Rhönwettbewerbes dabei zu sein, und am 13. August berichtete er Göring über das Abschneiden der deutschen Mannschaft in der Schweiz; Milch, obwohl er Mannschaftsführer gewesen war, wurde nicht vorgelassen.

Dübendorf war nur ein Anfang gewesen. Weitere eindrucksvolle Demonstrationen der deutschen Luftmacht folgten. Während des Reichsparteitages der Arbeit vom 6. bis 13. September in Nürnberg ließ die Luftwaffe am Tag der Wehrmacht mehr als 300 Maschinen über die Zeppelinwiese donnern, darunter 27 Hs 123, 72 Do 17, 72 He 111, 84 Ju 86 und zahlreiche He 51.

Das war aber nur ein kleiner Vorgeschmack auf die Wehrmachtsmanöver vom 20. bis 26. September, die größten seit Beendigung des Krieges. An der Spitze der vielen ausländischen Manövergäste stand Benito Mussolini, der sich auf einem viertägigen Staatsbesuch in Deutschland befand. Udet war in seinem Element. Statt sich bei den Größen des Reiches und den hohen Gästen auf dem Feldherrenhügel aufzuhalten, flog er mit dem vierten Prototyp des Fieseler-Storch, D-IFMR, über das Manövergelände, überall landend, wo es ihm beliebte. Meist hatte er Milch bei sich im Flugzeug. Trotz allen Versuchen, sie gegeneinander auszuspielen, bestand zwischen den beiden Männern vorläufig noch ein enges Vertrauensverhältnis.

Nach den Manövern besuchten Hitler und Mussolini den neuen Fliegerhorst Wustrow in Mecklenburg. Die Luftwaffe führte ihre Kampfmaschinen vor, Udet demonstrierte den Storch. Sobald er von den Manövern ins Amt zurückgekehrt war, empfing er den Grafen Hagenburg, der Deutschland bei den National Air Races dieses Jahres in Cleveland vertreten hatte. Hagenburg, der auch den Kunstflugbewerb in Dübendorf gewonnen hatte, war für seine Rükkenflüge in Bodennähe bekannt. In Cleveland war er aber mit seinem Bücker Jungmeister, D-EEHO, allerdings zu weit oder genauer gesagt zu tief gegangen: Das Seitensteuer hatte den Boden gestreift, und im Angesicht Tausender von Zuschauern krachte die Maschine in einer riesigen Staubwolke auf. Von einer Schnittwunde am Kopf abgesehen, blieb Hagenburg wie durch ein Wunder unversehrt. Nicht nur das: Weniger als eine halbe Stunde später startete er im Bücker Jungmeister YR-PAX des rumänischen Hauptmannes Alex Papana und absolvierte sein Programm diesmal ohne Zwischenfall.

Als sich Graf Hagenburg nach seiner Rückkehr aus Cleveland im Reichsluftfahrtministerium meldete, hörte sich Udet interessiert seinen Bericht an, las auch die Presseberichte, die Hagenburg mitgebracht hatte, und meinte dann anerkennend: „Wenn Sie die Maschine nicht zerschmissen hätten, hätten Sie niemals so einen Erfolg gehabt!"

Im Ausland hatte man die machtvollen Demonstrationen der Luftwaffe in Dübendorf, am Nürnberger Parteitag und bei den großen Wehrmachtsmanövern aufmerksam verfolgt. Die Politiker waren besorgt, die Militärs beeindruckt. Aus der ganzen Welt kamen Fachleute, um den Aufbau der deutschen Luftwaffe zu studieren. Zu den Besuchern des Jahres 1937 gehörten u. a. der Befehlshaber der chilenischen Luftwaffe General Aracena, der brasilianischen Marineluftwaffe Admiral Schorcht, der schwedischen Luftwaffe Generalleutnant Friis, der polnischen Luftwaffe General Rayski und der Bruder des japanischen Kaisers, Prinz Chichibu.

Von besonderer Bedeutung waren die Besuche ehemaliger Gegner. Bereits am 17. Januar war Air-Vice-Marshall Courtney an der Spitze einer Delegation der RAF auf Einladung der Luftwaffe nach Deutschland gekommen, um deren Einrichtungen zu besichtigen. Im August traf der Befehlshaber der belgischen Luftwaffe, General Duvivier, dem Milch und Udet kurz zuvor in Dübendorf begegnet waren, zum gleichen Zweck in Deutschland ein. Bei einem kameradschaftlichen Zusammensein im Haus der Flieger wurde ihm als Erinnerung an seinen Besuch ein Ärmelband des Jagdgeschwaders Richthofen überreicht.

Die erste offizielle Einladung ehemaliger Feindstaaten sprach Frankreich aus. Am Montag, den 4. Oktober, startete die Heinkel 111, D-ASAR, eine Maschine der Lufthansa, die Milch zur Verfügung stand, mit Udet am Steuer von Berlin nach Paris. An Bord waren Milch, der Adjutant Kreipe, Oberstleutnant Polte und Oberst Hanesse, der deutsche Luftfahrtattaché in Paris. Sie folgten einer Einladung, die einen für die damalige deutsche Außenpolitik und die Situation in Europa bezeichnenden Hintergrund hatte. Der deutsche Botschafter in Paris, Graf Welczek, war einer jener Diplomaten der alten Wilhelmstraße, die bei Hitler kaum Gehör fanden. Das wußten die Franzosen und hatten deshalb Milch eingeladen, von dem sie annahmen, daß sein Wort Gewicht hatte.

Als Udet die Heinkel um 15.30 Uhr auf dem Flugplatz Le Bourget aufsetzte, erwartete die Deutschen ein ansehnliches Empfangskomitee: der Unterstaatssekretär für Luftfahrt Andraud, die Generale Féquant, Jouncaud, Keller und Anthoinet von der Armée de l'Air, die Direktoren der Air France und der Aéronautique Civile und der deutsche Botschafter. Die Hymnen erklangen, die Ehrenformation, die vor sechs veralteten Bombern vom Typ Amiot 143 stand, wurde abgeschritten, dann gab es ein Glas Champagner. Alles war sehr feierlich, aber Udet hatte seinen alten Freund Marcel Detroyat entdeckt und begann mit ihm zu plaudern.

Die deutsche Delegation blieb bis Samstag und absolvierte ein dichtgedrängtes Programm: Kranzniederlegung am Denkmal des Unbekannten Soldaten, ein Essen, gegeben vom Luftfahrtminister Pierre Cot, eine vertrauliche Unterredung Milchs mit Außenminister Yvon Delbos, Besichtigung der 12. und 24. Escadre in Courcy bei Reims, des Flughafens Le Bourget und des Luftfahrtpavillons der Weltausstellung in Paris. Dort traf Udet zu seiner Freude einen seiner ehemaligen Gegner, den Hauptmann Cael, den er am 16. August 1918 bei Foucaucourt abgeschossen hatte.

Die Gastgeber ließen deutlich erkennen, daß sie den Besuch nicht als Routinevisite betrachteten. Beim Mittagessen in der Offiziersmesse von Courcy hatte Luftfahrtminister Cot Milch und Udet das französische Flugzeugführerabzeichen überreicht, in allen Gesprächen wurde versichert, daß Frankreich an freundschaftlichen Beziehungen mit Deutschland interessiert sei, und General Keller von der Armée de l'Air erklärte in einer Tischrede, es sei der schönste Tag seines Lebens, daß die beiden Länder nach einer tausendjährigen Feindschaft nun daran seien, die Streitaxt zu begraben.

Die Delegation kehrte am 9. Oktober zurück, und bereits am nächsten Tag flogen Milch und Udet auf den Obersalzberg, um ihrem Führer über die freundliche Aufnahme und die guten Absichten der Gastgeber zu berichten. Hitler hörte sie ohne Interesse an. Er hatte großen Respekt vor den Engländern, hielt aber nichts von den Franzosen.

Udet blieb nur kurze Zeit im Lande, aber lange genug, um am 12. Oktober im Kongreßsaal des Deutschen Museums in München vor der Generalversammlung der Lilienthal-Gesellschaft, die er manchmal spöttisch den Lilienbund nannte, zu sprechen. Heß, Milch, Dr. Todt, Christiansen und Lindbergh, der sich wieder einmal auf Besuch in Deutschland befand, waren unter den Zuhörern, als er ausführte: „Die Lilienthal-Gesellschaft hat beschlossen, in diesem Jahre zum erstenmal die Lilienthal-Gedenkmünze an besonders verdiente Persönlichkeiten zu verleihen. Ich tue dies um so lieber, als die durch die Auszeichnung geehrten Persönlichkeiten meinem Arbeitsbereich, nämlich dem Technischen Amte im Reichsluftfahrtministerium, besonders nahestehen. Die dreifache Ehrung, die ich im Auftrag der Gesellschaft nunmehr vornehme, gilt vier Ingenieuren, die in den Reihen unserer besten Konstrukteure auf ferne Ziele losmarschiert sind und denen besondere Erfolge beschieden waren. Es werden verliehen:

1. die Lilienthal-Gedenkmünze dem Professor Dr.-Ing. Mader, Dessau, für bahnbrechende Konstruktionsarbeit auf wissenschaftlicher Grundlage im Bau von Benzin- und Dieselflugmotoren;

2. die Lilienthal-Gedenkmünze dem Dr.-Ing. Arthur Berger und

dem Dipl.-Ing. Fritz Nallinger, Stuttgart, gemeinsam als hervorragende Konstrukteure neuer Flugmotore;

3. die Lilienthal-Gedenkmünze dem Professor Dipl.-Ing. Willy Messerschmitt, Augsburg, für bahnbrechende Spitzenleistungen im Flugzeugbau.“

Am 17. Oktober saß er neuerlich am Steuer der D-ASAR. Diesmal war das Flugziel London und der Gastgeber die RAF. In der Heinkel saßen Milch, sein Adjutant Major Kreipe, der Chef des Generalstabes der Luftwaffe Generalleutnant Stumpff, Oberstleutnant Polte, Major Nielsen und der britische Luftattaché in Berlin, Group Captain Don. Die RAF hatte der deutschen Delegation, die in Croydon von Air Vice Marshall Richard Pierce empfangen wurde, außer Group Captain Don noch Group Captain Vachell und Wing Commander Goddard als Begleitoffiziere beigestellt. So wie zwei Wochen zuvor die Franzosen hatten auch die Engländer ein umfangreiches Programm vorbereitet und einiges getan, um die Bedeutung des Besuches zu unterstreichen.

Am 18. Oktober wurden die Gäste vom Luftfahrtminister empfangen, und dann besichtigten sie eine Einheit der RAF in Odiham. Nach London zurückgekehrt, wurden sie von König Georg VI. in Audienz empfangen, und am Abend gab Lord Swinton für sie ein Essen. Der Vormittag des nächsten Tages war einem Besuch der Bomberstation der RAF in Mildenhall gewidmet, wo sie vom Chef des Bomberkommandos, Air Chief Marshall Sir Edgar Ludlow-Hewitt, empfangen wurden. Man zeigte ihnen die neuesten Bomber, die Blenheims, Battles, Whitleys und Wellesleys. Milch, Stumpff, Udet und ihre Begleiter konnten sie nach Belieben besichtigen: sie kletterten in die Kanzeln, betätigten die Steuer, ließen sich die Bombenschächte öffnen und stellten eine Unzahl von Fragen.

Es war ein strahlender Herbsttag, den die Natur um ein seltsames Schauspiel bereicherte. Eine Invasion kleiner Spinnen hatte den Flugplatz heimgesucht und die Maschinen und die Uniformen der angetretenen Mannschaften mit unzähligen dünnen, silberglänzenden Spinnfäden überzogen. Später kam Nebel auf, der die Whitleys am Start verhinderte, so daß nur neun Wellesleys, zwei Squadrons

Battle 18 Harrows und abschließend die neuen, schnellen Blenheims an den Gästen vorbeiflogen. Nach einem Mittagessen in der Offiziersmesse ging es weiter zum RAF College in Cranwell. Dort pflanzte der Marshall der RAF, Sir Edward Ellington, zur Erinnerung an ihren Besuch eine Eiche in der Nähe der Kanone, die vor dem Südflügel des Collegegebäudes stand. Am Mittwoch besichtigten sie die Bristol-Flugzeugwerke und am Donnerstag eine RAF-Station in Halton. Ein besonders interessantes Programm war für Freitag vorgesehen: Besuch bei den Automobilwerken Austin, Rover und Humber, die durch einen im April des Vorjahres erfolgten Beschluß zu Schattenfabriken bestimmt worden waren. Das bedeutete, daß sie im Kriegsfall jederzeit von der Zivilerzeugung auf Rüstungsproduktion umgestellt werden konnten.

Einen eindrucksvollen Abschluß bildete am Samstag der Besuch der RAF-Station Hornchurch, die zum Luftverteidigungsring um London gehörte und wo sie vom Chef des Jägerkommandos der RAF, Air Vice Marshall Dowding, empfangen wurden. Die Jäger verhielten sich zurückhaltender als die Bomber. Die Hurricanes und Spitfires, die eben in den Dienst gestellt worden waren, wurden den Gästen nicht gezeigt. Zu sehen waren lediglich die Doppeldecker vom Typ Gloster Gladiators, die mit dem neuesten Spiegelvisier ausgerüstet waren. Der Kommandant von Hornchurch, Group Captain Frew, hatte seinen Piloten nachdrücklich eingeschärft, auf allfällige Fragen der deutschen Gäste nach Details dieses Visiers ausweichend zu antworten. Zu seinem Entsetzen mußte er nun anhören, wie Dowding Milch das Visier in allen Einzelheiten erklärte. Der deutsche Gast war aber nicht sehr beeindruckt und meinte lediglich, es sei in etwa dem deutschen Visier vergleichbar.

Das Wochenende verbrachte die Delegation als Gäste von Lieutenant Colonel Muirhead, dem stellvertretenden Luftfahrtminister, auf dem Landsitz Haseley Court bei Oxford, und am Montag, den 25. Oktober wurde die Heimreise angetreten. Wieder begaben sich Milch und Udet sofort zu Hitler, um zu berichten. Diesmal hoben sie hervor, daß die Stärke der RAF nicht unterschätzt werden dürfe.

Hitler beruhigte sie: „Keine Sorge, ich werde niemals England angreifen."

Der militärischen Besuchsdiplomatie, wie sie im Jahre 1937 so intensiv betrieben wurde, lag u. a. das unausgesprochene Motiv zugrunde, daß viele der alten Soldaten den Krieg nicht mochten, weil sie seine Schrecken kennengelernt hatten. Eine der Voraussetzungen, ihn zu verhindern, schien ihnen zu sein, jeweils dem anderen die eigene Stärke vor Augen zu führen und damit klarzumachen, wie verlustreich ein neuer Waffengang sein würde.

Völlig korrekt ging es dabei nicht immer zu. Das Staunen des Auslandes über den rasanten Aufstieg der deutschen Luftwaffe barg in sich die Versuchung, zu bluffen. Göring und Milch bedienten sich des Bluffs ganz bewußt, und Udet, der darin eher eine Art von Scherz erblickte, spielte dabei mit. Als im Oktober 1937 Mutt Summers, ein Testpilot der Firma Vickers Armstrong, Deutschland besuchte, wurden ihm so gigantische Ziffern über die deutsche Luftrüstung genannt, daß sich Sir Archibald Jamieson, der Firmenchef, verpflichtet fühlte, den Luftfahrtminister Lord Swinton zu informieren. Swinton gab eine Antwort, die legendär geworden ist: „Sagen Sie bitte Ihren Piloten, sie mögen sich um ihre eigenen verdammten Angelegenheiten kümmern!"

Nach der Rückkehr aus London konnte sich Udet noch eine fliegerische Eskapade leisten, ehe er sich wieder mit den Problemen seines Amtes herumschlagen mußte. Hanna Reitsch hatte am 25. Oktober mit einem Flug von Bremen nach Berlin in der Fa 61 einen Langstreckenrekord für Hubschrauber aufgestellt. Es wurde daraufhin beschlossen, die Fa 61 in Berlin-Staaken den Vertretern aller drei Wehrmachtsteile vorzuführen. Udet wollte die Gelegenheit nützen, um auch den Fieseler-Storch zu demonstrieren. Am Vorführungstag herrschte dichter Nebel, die Sicht betrug kaum 50 Meter, und die Flüge hätten eigentlich nicht stattfinden dürfen. Hanna Reitsch bestand aber darauf zu starten, und Udet ging mit gutem Beispiel voran. Er ließ den Storch auf das etwa 80 Meter entfernte Gebäude der Flugleitung zurollen, verschwand im Nebel, jedermann erwartete den Krach des Aufprallens, aber statt dessen hörte man nur langsam verebbendes Motorengeräusch. Dank der phänomenalen Eigenschaften des Storches hatte er vor dem Gebäude hochziehen können. Während er für den Rest der Vorführung im dichten Grau verschwunden war, führte Hanna Reitsch den Hubschrauber wenige Meter vor und über den Zuschauern vor. Erst nachdem sie gelandet war, tauchte Udet wieder aus dem Nebel auf. Ihre Demonstration hatte alle beeindruckt, und Udet war der erste, der sie beglückwünschte.

Im Amt erwarteten ihn Probleme, die im Grunde darauf zurückzuführen waren, daß die von ihm am 16. Juni in seiner Rede vor den Luftfahrtindustriellen aufgestellten Forderungen der Realität nicht standhielten. Während sich der Führungsstab der Luftwaffe getreu an das Konzept des Standardjägers hielt, wurden in Udets eigenem Technischen Amt bereits im Sommer, als die Bf 109 noch gar nicht zur Truppe gelangt war, erste Überlegungen hinsichtlich einer schnelleren Nachfolgemaschine angestellt. Niemand hörte dies lieber als Ernst Heinkel, der nach wie vor nicht gewillt war, Messerschmitts Jägermonopol anzuerkennen. Kaum war Udet aus England zurückgekehrt, erschien der Industrielle bei ihm, um mitzuteilen, daß der Prototyp seines Projektes 1035 fast fertiggestellt sei. Es war der Jäger, der, wie versprochen, 700 km/h leisten sollte. Nun gab Udet nach, wies dem Projekt die Nummer 100 zu und gab drei Prototypen sowie zehn vorläufige Serienmaschinen der künftigen He 100 in Auftrag.

Messerschmitt, der natürlich über Heinkels Bestrebungen informiert war, setzte alles daran, um die Monopolstellung der Bf 109 zu festigen. Ein großer Erfolg gelang ihm, als Dr.-Ing. Wurster am 7. November mit der Bf 109 V 13, D-IPKY, eine Geschwindigkeit von 610,21 km/h erreichte und damit den absoluten Geschwindigkeitsrekord für Landflugzeuge brach.

Die befohlene Typenbeschränkung und die Reduzierung der Konstruktionsbüros wurde von den Firmen, die den Ehrgeiz hatten, mit neuen Maschinen neue Erfolge zu erzielen, nicht zur Kenntnis genommen. So wollte Heinkel mit der He 119 V4, D-AUTE, den Geschwindigkeitsrekord mit 1000 kg Nutzlast brechen. Ein erster

Versuch im Oktober war fehlgeschlagen. Beim zweiten Versuch mußten Gerhard Nitschke und sein Kopilot Hans Dieterle notlanden. Die Maschine prallte dabei gegen ein Gebäude, und Nitschke wurde schwer verletzt. Nach Erhalt der Unfallsnachricht rief Göring im Technischen Amt an und fragte, was man für Nitschke tun könne. „Schicken wir ein Telegramm", schlug Udet vor, „und beglückwünschen wir ihn, auch wenn er den Rekord nicht gebrochen hat." Nitschke war nach Erhalt des Telegrammes begeistert; noch Jahre nach Udets Tod erinnerte er sich an ihn mit den Worten: „Udet war ein Mordskerl."

Görings Anteilnahme am Geschehen in der Luftwaffe war nach wie vor sporadisch und zeugte von geringem Fachwissen. So schrieb er am 12. Oktober Udet einen Brief und fragte ihn, ob man ein Großtransportflugzeug mit den Start- und Landeeigenschaften des Fieseler-Storches bauen könne. Bei dieser Gelegenheit erkundigte er sich auch, welche Flugzeuge die Luftwaffe überhaupt habe, um Truppen und Material zu befördern.

Obwohl Deutschland über eine ausgezeichnete Industrie verfügte, litt die Luftwaffe unter dem Mangel an verläßlichen Bombenzielgeräten. Sie empfand dies als so drückend, daß man zum Mittel der Spionage griff. Für Luftfahrt war in der Abwehr Major Hans Jochen Großkopf zuständig. In diesem Falle wandte sich Udet aber persönlich an Admiral Canaris. Zweimal sprachen sie miteinander, und beide Male ging es darum, ob es möglich sei, die Pläne des Bombenzielgerätes zu beschaffen, das Carl T. Norden in den Vereinigten Staaten entwickelt hatte. Die deutsche Abwehr erzielte überraschend schnell einen Erfolg; am 31. Oktober brachten Agenten in New York die Pläne, versteckt in einem Regenschirm, an Bord der „Bremen", die noch am gleichen Tag nach Deutschland auslief.

So wertvoll diese Pläne auch waren, so eindringlich waren auf der anderen Seite die Erfahrungen, die man in Spanien gemacht hatte, wo nun bereits seit eineinhalb Jahren deutsche Flieger im Fronteinsatz standen. Die Ju 87 hatte immer wieder ihre Treffsicherheit erwiesen, die durch zahlreiche Übungsangriffe in Deutschland bestätigt wurde. So drängte das Technische Amt darauf, daß in Zukunft alle Bomber sturzfähig sein müßten; das galt für die zweimotorige Ju 88 wie für die viermotorige He 177.

Den Abschluß des Jahres bildete eine Palastrevolution im Technischen Amt. Bereits 1935 war, in der Erkenntnis der zunehmenden Bedeutung der technischen Spezialaufgaben, ein eigenes Fliegeringenieurkorps geschaffen worden. Aber die Schlüsselstellungen im Technischen Amt nahmen meist Offiziere ein, und die Ingenieure mußten sich als Entscheidungsgehilfen mit untergeordneten Positionen begnügen. Dazu kam die überaus nonchalante Art, in der Udet sein Amt führte. Er war imstande, Millionenaufträge am Telephon zu vergeben, und wenn ihn Untergebene auf die Notwendigkeit einer schriftlichen Bestätigung aufmerksam machten, fragte er nur erstaunt: „Ja gilt mein Wort denn nicht mehr?" Mit einem formlosen „Kommen Sie doch mal rauf" bestellte er seine Abteilungsleiter zu sich. Dr. Bäumker war für die Forschung, Junck für Entwicklung und Erprobung und Ing. Ploch für Beschaffung zuständig. Gespräche spielten sich dann so ab, daß Junck sagte: „Das ist schon längst fertig", und Ploch bestätigte: „Ja, wir sind schon bei der Beschaffung, am soundsovielten kommt die erste Maschine heraus und soundsoviel werden wir monatlich bauen."

Udet liebte diesen formlosen Stil, aber zur Führung einer Dienststelle von der Größe und Bedeutung des Technischen Amtes war er wenig geeignet. Greim hatte deshalb auch Walter Angermund, der sich hatte reaktivieren lassen und zunächst in der Inspektion für Flugsicherheit und Gerät arbeitete, geraten, Udet zur Seite zu stehen. So zog Angermund in das Technische Amt ein, wo er das Referat Bild und Presse, die Produktionseinführung und die Flugbereitschaft des Ministeriums übernahm.

Die jungen Löwen des Ingenieurkorps hielten eine Straffung der Führung, in deren Zuge sie in Spitzenpositionen aufrücken wollten, für unerläßlich. Sie hatten ein umfassendes Reformkonzept ausgearbeitet, zu dem Junck Udet am Nachmittag des 24. Dezember ein ablehnendes Exposé vorlegte. Er hielt es so wie Bäumker und Ploch für falsch und bot daher auch gleich seine Demission an.

Udet schob die Entscheidung natürlich auf. Die Weihnachtstage standen vor der Tür, und für den Silvesterabend hatte er einen Tisch im Hotel Esplanade bestellt. Er feierte mit Inge Bleyle in ausgelassener Gesellschaft, und als um Mitternacht ein Schornsteinfeger mit einem Schweinchen unter dem Arm durch den Saal zog, kniff er das heftig quiekende Tier in den Schwanz – das brachte ja Glück. Nachher zogen sie mit den Rosemeyers und den Nuvolaris in seine Wohnung. Jahre zuvor hatte er den Freunden gesagt, daß er die Frau gefunden habe, die er heiraten möchte. Nun erklärte er, daß er sie im nächsten Jahre wahrscheinlich heiraten werde. Auch das eine aufgeschobene Entscheidung . . .

XIX

DER WELTREKORD

Wie viele Menschen, die ein neues Jahr mit energischen Taten oder zumindest mit guten Vorsätzen beginnen, raffte sich auch Göring jeweils zum Jahresbeginn zu Führungsanstrengungen auf, um den beiden chronischen Schwächen seiner jungen Luftwaffe, der mangelnden Rüstungskapazität und der mangelhaften Spitzengliederung zu begegnen. Im Januar 1937 hatte er die Mobilisierung der Luftfahrtindustrie befohlen, nun verordnete er der Luftwaffe wieder einmal ein neues Führungssystem. Am 19. Januar 1938 trat die Neuordnung des Reichsluftfahrtministeriums in Kraft. Dem Minister waren nun sieben gleichwertige Ämter unterstellt: das Ministeramt, der Generalstab der Luftwaffe, das Luftwaffenpersonalamt, das Technische Amt, der Chef der Luftwehr, der General der Luftwaffe beim Oberbefehlshaber des Heeres und der Staatssekretär der Luftfahrt, der gleichzeitig Generalinspekteur der Luftwaffe war.

Unbeschadet seiner Stellung als Staatssekretär und Generalinspekteur war Milch nicht der Vorgesetzte der übrigen Amtschefs, sondern ihnen gleichgestellt. Ein Mann seiner Tatkraft konnte dies schwer ertragen, und so schwelte der Konflikt in der Luftwaffenführung weiter. Die übrigen Amtschefs berührte das nicht sehr, denn im Zuge der militärischen Versetzungsroutine blieben sie jeweils nicht lange auf ihren Posten. Udet aber blieb in seinem Amt und dementsprechend in einer permanenten Konfliktsituation mit Milch.

Görings Führungsdispositionen waren aber verhältnismäßig unbedeutend, verglichen mit der Neuordnung, die Hitler am 4. Februar verfügte. Der Reichskriegsminister Generalfeldmarschall v.

Blomberg und der Oberbefehlshaber des Heeres, Generaloberst v. Fritsch, wurden entlassen. Das Reichskriegsministerium wurde aufgelöst, Hitler übernahm den unmittelbaren Befehl über die Wehrmacht und schuf zu diesem Zweck ein Oberkommando, dessen Chef General Keitel wurde. General Brauchitsch trat an die Stelle von Fritsch. Dieser Kommandowechsel vom Februar 1938 war in seiner Art ein Nachspiel zur Nacht der langen Messer vom Juni 1934, nur daß es diesmal unblutig zuging. Das Regime, das längst fest im Sattel saß, konnte seine Ziele mit subtileren Mitteln erreichen als mit Erschießungen. War es 1934 darum gegangen, den revolutionären Machtanspruch der SA zu brechen und die Wehrmacht als alleinigen Waffenträger der Nation zu etablieren, so ging es jetzt darum, diese Wehrmacht fester als bisher in den Griff des Regimes zu bekommen. Reichswehrminister v. Blomberg erledigte sich gleichsam von selbst; eine nicht standesgemäße Ehe lieferte den Vorwand, ihn zu entfernen. Im Falle des Oberbefehlshabers des Heeres mußte der Vorwand fabriziert werden; Fritsch wurde völlig grundlos der Homosexualität beschuldigt.

So wie im Juni 1934 war Hermann Göring auch im Februar 1938 eine Schlüsselfigur des Geschehens. Damals hatte er, wie Milch in seinen Erinnerungen berichtet, zusammen mit Himmler und Reichenau die Listen für die Erschießungen fertiggestellt. Diesmal hatte er Hitler das Material gegen Blomberg geliefert, und im Falle Fritsch agierte er als oberster Richter der Wehrmacht. Der Lohn blieb aber aus. Er wurde nicht, wie er gehofft hatte, Nachfolger Blombergs als Reichskriegsminister, sondern nur zum Generalfeldmarschall ernannt.

Die unmittelbare Übernahme des Oberbefehles über die Wehrmacht durch Hitler war ein Signal. Fünf Jahre nach der Machtübernahme war die Phase der inneren Konsolidierung des Reiches beendet. Nun begann die Ära der äußeren Aggression. Innerhalb eines Jahres wurden Österreich, die Sudetengebiete, die restliche Tschechoslowakei und das Memelland besetzt. Großdeutschland entstand. Am 11. März 1938 marschierten die deutschen Truppen in Österreich ein. Es ist bezeichnend für die Führungssituation in Berlin, daß Udet Nachricht davon erhielt, als er am Ball der Flieger teilnahm. Wenige Tage darauf, am 24. März, flog er mit Göring in die „Ostmark“. Die beiden Männer waren jetzt viel beisammen. Im gleichen Maße, in dem Göring Milch kaltstellte, zog er Udet näher an sich heran. Der Chef des Technischen Amtes war nun oft mit alten Freunden wie Loerzer, Körner und Bodenschatz Görings Jagdgast in der Romintener Heide.

Der wichtigste Aufenthalt auf der Ostmarkreise war in Wiener Neustadt, wo sich seit den Tagen der österreichisch-ungarischen Monarchie ein Flugplatz und Flugzeugwerke befanden. Oberbürgermeister Dr. Karl Scheidtenberger und die Flugzeugkonstrukteure Oberingenieur Meindl und Lampich empfingen die inspizierenden Gäste. Die „Wiener Neustädter Flughafenbetriebs G. m. b. H.“ wurde in die Obhut des Reichsluftfahrtministeriums übernommen; später entstanden daraus die Wiener Neustädter Flugzeugwerke, eines der größten Lizenzunternehmen für den Bau der Bf 109. Nach Berlin zurückgekehrt, beschäftigte sich Udet mit den Reformplänen, die ihm die Fliegeringenieure im Dezember des Vorjahres vorgelegt hatten. Am 28. März gab er den Auftrag zur Reorganisation des Technischen Amtes, ein Vorhaben, das erst am 9. Mai abgeschlossen wurde.

Die Westmächte hatten den Anschluß Österreichs wie alle früheren Handlungen des Reiches widerstandslos hingenommen. Das festigte in Hitler die Überzeugung, daß er seine Politik fortsetzen könne, ohne in Konflikt mit England zu geraten, gegen das er, wie er immer wieder beteuerte, nicht Krieg führen wollte. Bestärkt wurde er darin durch Joachim v. Ribbentrop, den er im Zuge der Regierungsumbildung vom Februar zum Reichsaußenminister gemacht hatte. Ribbentrop, der zuvor Botschafter in London gewesen war, vertrat die These, daß England eine bewaffnete Auseinandersetzung ängstlich meiden werde.

Der Chef des Luftwaffengeneralstabes Stumpff teilte diese Ansicht nicht. Er hatte deshalb am 18. Februar dem Befehlshaber der Luftflotte 2, General Felmy, den Auftrag erteilt, eine Studie über Voraussetzungen und Möglichkeiten eines Luftkrieges gegen England zu erarbeiten. Wie berechtigt eine solche Vorsicht war, erwies sich am 28. Mai, als Hitler seinen Oberbefehlshaber der Luftwaffe davon in Kenntnis setzte, daß er nunmehr die Lösung der tschechoslowakischen Frage, d. h. die Heimholung des Sudetenlandes, in Angriff zu nehmen gedenke. Bereits am nächsten Tag befahl Göring die Vorbereitungen für diese Operation, als deren Stichtag der 1. Oktober 1938 galt. Damit erschien die Möglichkeit eines bewaffneten Konfliktes abermals in die Nähe gerückt.

So wurden die verantwortungsbewußten militärischen Führungskräfte allmählich in eine Situation von zunehmendem Zwiespalt gedrängt. Während der Oberbefehlshaber der Wehrmacht unentwegt versicherte, es werde keinen Krieg gegen England geben, plante er gleichzeitig Unternehmen, die einen solchen Krieg wahrscheinlich werden ließen, weshalb der Luftwaffengeneralstab pflichtgemäß Kriegshandlungen gegen England vorbereitete. Zwiespalt herrschte aber nicht nur im operativen, sondern auch im technischen Bereich. Einerseits hatte Udet im Juni 1937 verkündet, die Luftwaffe müsse sich auf den Bau einiger weniger Maschinen beschränken, andererseits beschäftigte er sich immer wieder mit neuen Projekten, die ihm vorgelegt wurden. Und während in der Praxis das Konzept einer rein taktischen Luftwaffe immer mehr Gestalt annahm, wurde doch an Typen gearbeitet, die in der Lage waren, strategische Aufgaben zu erfüllen. So entwickelten Messerschmitt und sein Konstrukteur Dipl.-Ing. Lusser das Projekt 1064, das spätere Fernflugzeug Me 261, das sogar Nonstop bis Tokio fliegen sollte.

Wie sehr derartige Projekte das Interesse Udets fanden, beweist eine Aktennotiz Lussers vom 2. Februar 1938 über dieses Vorhaben: „Ferner teilte Herr Messerschmitt mit, daß Udet sehr bedauert habe, daß von der ursprünglich gezeigten Zweirumpflösung wieder abgegangen worden sei, vor allem weil diese Lösung bessere Sichtmöglichkeiten nach hinten aufweist. Lusser meinte darauf, daß Udet von Messerschmitt über die Gründe, die zur Einrumpflösung führen, sicher nicht unterrichtet worden sei, was Messerschmitt auch nicht bestritt.“

Die Frage, ob die Luftwaffe ein taktisches Instrument zur Unterstützung des Heeres oder eine strategische Waffe zur Erfüllung weitreichender Aufgaben sei, stand nicht nur im Bereich der Bomber zur Diskussion. Für den Luftkampf im Nahbereich genügte die einmotorige Me 109. Wollte man dagegen Bombern bis in ihr jeweiliges Zielgebiet Jagdschutz gewähren, bedurfte man einer Maschine mit größerer Reichweite. Mit derartigen Überlegungen hatte man sich bereits im Weltkrieg befaßt und das Konzept des sogenannten Zerstörers, eines schwerbewaffneten Langstreckenjägers entwickelt. Göring hatte dieses Konzept aufgegriffen, und das Ergebnis war die zweimotorige Bf 110 mit zwei Mann Besatzung, in die er große Hoffnungen setzte und die er nach dem Vorbild der Schweren Reiterei Cromwells seine „Eisenseiten" nannte.

Udet war mit der Problematik konfrontiert, daß auch die Bf 110 inzwischen schon wieder eine Nachfolgemaschine brauchte, wobei man im Sinne der nun immer mehr um sich greifenden Sturzkampfdoktrin verlangte, daß sie sturzfähig sei. Aus der Ausschreibung waren zwei potentielle Projekte hervorgegangen: die Ar 240 und die Me 210. Die Wahl fiel auf Messerschmitts Maschine und damit auf ein Flugzeug, von dem es eines Tages heißen sollte, es sei ein Nagel zum Sarge Udets gewesen.

Die Ha 141, D-ORJE, die unkonventionelle Maschine der Firma Blohm & Voss, machte am 25. Februar 1938 ihren Erstflug. Bereits wenige Tage darauf war Udet in Hamburg, um sie selbst zu fliegen. Wie üblich setzte er sich ohne Vorbereitung an das Steuer, startete und begann nach kurzer Eingewöhnung ein Kunstflugprogramm zu absolvieren. Er war von der Maschine so begeistert, daß er gleich drei Prototypen bestellte, aber die Serienfertigung als künftiges Aufklärungsflugzeug der Luftwaffe vermochte er nicht durchzusetzen.

Die Diskrepanz zwischen seiner Leidenschaft zu fliegen und der Größe der Aufgaben, die er zu erfüllen hatte, wurde nun immer deutlicher sichtbar. Wieder beschäftigte er sich mit untergeordneten Angelegenheiten und verlor sich in Details, die Sache eines Einfliegers, nicht aber des obersten Chefs der deutschen Luftrüstung gewesen wären. So war er von dem Hubschrauber Focke Achgelis fasziniert und empört, daß ihn die ausländische Fachpresse schlecht beurteilte und behauptete, er sei eigentlich kein Hubschrauber, sondern eine Art von Autogiro. Um die Leistungen der Maschine eindrucksvoll und in aller Öffentlichkeit zu demonstrieren, kam er auf einen Einfall, der zeigte, wie sehr in ihm noch der alte Kunst- und Privatflieger steckte, der das Publikum bei Flugtagen mit immer neuen Tricks in Erstaunen gesetzt hatte.

In der Deutschlandhalle in Berlin fand im Februar, wie alljährlich während der Automobilausstellung, eine Revue statt, die diesmal unter dem Titel „Kisuaheli" im Zeichen der Propagierung des Kolonialgedankens stand. Udets Idee: Hanna Reitsch sollte mit der Fa 61 in der Halle starten. Was ein Hubschrauber mit dem Kolonialgedanken zu tun hatte, war nicht ohne weiters erfindlich und dementsprechend weit hergeholt, und irreführend war auch die Ankündigung des Spektakels: „Mit 300 km/h durch die Tropen." Es war aber auf jeden Fall ein einmaliges Ereignis: Der erste Start eines Hubschraubers in einem geschlossenen Raum.

Udet ließ die Fa 61 in die Deutschlandhalle bringen. Hanna Reitsch und Ewald Rohlfs, der Pilot, der seinerzeit den Erstflug gemacht hatte, begannen das schwierige Unternehmen zu üben. Rohlfs hatte Pech: Als Udet seine Vorführung gerade Generalen der Wehrmacht zeigen wollte, brach ein Kardangelenk, und der Hubschrauber krachte auf den Boden. Daraufhin ordnete Göring an, daß die Vorführung nur dann stattfinden dürfe, wenn Hanna Reitsch am Steuer sitze. Sie begann daraufhin unermüdlich zu üben, einschließlich aller Details, wie sie es in ihren Erinnerungen beschrieben hat: „Und dazu kam noch das bühnenmäßige Einüben des deutschen Grußes, mit dem ich mich nach dem Flug von dem Publikum verabschieden sollte, eine Zeremonie, die vor Udet stattfand. Ich lernte dabei, daß es Schwierigeres gibt, als in einer geschlossenen Halle den Hubschrauber zu fliegen, und es kostete mich manches Exerzieren an Udet vorbei, der währenddessen mit einer Zigarre in einem bequemen Sessel saß, ehe ich den Gruß zu seiner Zufriedenheit beherrschte."

Bei der ersten Vorführung saß Udet, trotz strengem Rauchverbot eine Zigarre nach der anderen qualmend, in seiner Loge. Alles klappte, aber das Publikum, dem das technische Verständnis für die Leistung fehlte, die ihm geboten wurde, murrte: „Det sollen dreihundert Sachen sin? Det kann ja jeder. Die kann ja jarnich richtig schnell. Soll uns doch mal wat vorfliegen."

Hanna Reitsch nahm es gelassen hin, aber Udet war zutiefst enttäuscht. Sein Verlangen, selbst zu fliegen, war nach wie vor groß. Er hatte auch die Gewohnheit beibehalten, freie Stunden zu benützen, um alten Freunden fliegerische Stippvisiten abzustatten. So stieg er am Pfingstsonntag, den 5. Juni 1938, in legerer Zivilkleidung mit Inge Bleyle in eine Messerschmitt Taifun, um Ernst Heinkel in Warnemünde zu besuchen. Er wußte, was ihn dort erwartete. Der erste Prototyp der He 100, des Jägers, von dem Heinkel versprochen hatte, daß er 700 km/h erreichen würde, befand sich bereits in Erprobung bei der E-Stelle Rechlin, und Udet war mit ihm bereits gestartet. Auf dem Flugplatz Heinkels in Marienehe stand der zweite Prototyp, die D-IOUS, mit der ein Rekordversuch über den 100-Kilometer-Rundkurs unternommen werden sollte. Als Udet nach der Landung die Maschine besichtigte, wurde ihre Unterseite gerade gelb gestrichen, um für Meßzwecke besser sichtbar zu sein. Gerhard Nitschke war von seinem Unfall mit der He 119 noch nicht wiederhergestellt. Statt ihm sollte Flugkapitän Herting den Rekordversuch unternehmen. Udets erste Frage war: „Kann ich den Vogel fliegen?" Heinkel war sich darüber im klaren, daß Udet die Maschine nicht nur fliegen, sondern mit ihr den Rekord aufstellen wollte. Das konnte ihm nur recht sein; ein Weltrekord aufgestellt durch den weltberühmten Ernst Udet war das beste, was er sich für seine Firma erhoffen durfte. Er stimmte also zur großen Enttäuschung Hertings zu, und die Gesellschaft zog sich zum Mittagessen zurück.

Nach fröhlichem Mahl und vielen Scherzen Udets, der freudig erregt eine Zigarre nach der anderen rauchte, kehrten sie am späteren Nachmittag auf den Flugplatz zurück, wo Herting und Jupp Köhler, einer der Mitarbeiter Heinkels, begannen, die Maschine zu erklären. Udet hörte wie üblich nur mit halbem Ohr hin oder tat zumindest so. Das Kühlsystem der Maschine war äußerst anfällig, weshalb man auf der linken Seite der Instrumentenwand einige rote Warnlämpchen angebracht hatte. Köhler ermahnte: „Wenn sie leuchten, Herr General, und das kann passieren, weil wir ja noch mit vielen Kühlerschwierigkeiten kämpfen, ist es allerhöchste Zeit zum Landen."

Udet sagte bloß: „Jetzt mache ich sowieso erst einen Probeflug, Kinder, laßt die Mühle laufen."

Mit welchem Aufwand Heinkel an der Erringung des Rekordes arbeitete, ging daraus hervor, daß trotz des Feiertages alle notwendigen Zeugen und Apparate vorhanden waren und Udets Flug verfolgten. Er startete um 19.27 Uhr, brauchte für die Meßstrecke zwischen Müritz und Wustrow, wo die Wendemarke durch Flakwölkchen gekennzeichnet wurde, 9 Minuten 27 2/5 Sekunden, was einer Geschwindigkeit von 634,320 km/h entsprach, und hatte damit den bisherigen Weltrekord um 80 Stundenkilometer überboten.

Lauter Jubel empfing ihn bei der Landung, aber er sagte lediglich: „Ich habe doch nichts Besonderes gemacht. Was sollen übrigens die blödsinnigen roten Lampen da vorne links. Die Biester haben doch dauernd gebrannt." Als Köhler entsetzt erklärte, er hätte sofort landen müssen, und fragte, was er gemacht habe, meinte Udet ungerührt: „Ich hab' nach der rechten Seite rübergesehen. Da hat nichts gebrannt."

Der Rekord wurde auf Heinkels Kegelbahn mit viel Sekt gefeiert. Einem Mitarbeiter des „Flugsport" schilderte Udet den Flug mit gewohnter Nonchalance: „Ist ja alles so schnell gegangen, blitzschnell rauf über 4000 Meter und ungefähr viereinhalb Minuten über die 50-Kilometer-‚Avus-Gerade' der Lüfte. Schade, daß es nicht 100 Kilometer geradeaus ging, sonst wären's 680 geworden. Daß es nur 635 Kilometer wurden, bringt die Wendung mit sich. Hier muß der Motor gedrosselt und ein weiterer Halbkreis trotz steiler Kurve beschrieben werden. Das sah von unten sicher aus, als ob ein leuchtender Meteor dahinschießt. Von körperlichem Unbehagen keine Spur, vielleicht geht's später noch viel schneller."

In der offiziellen Verlautbarung wurde erklärt, der Rekord sei mit einer He 112 U erzielt worden, um den Eindruck zu erwecken, es

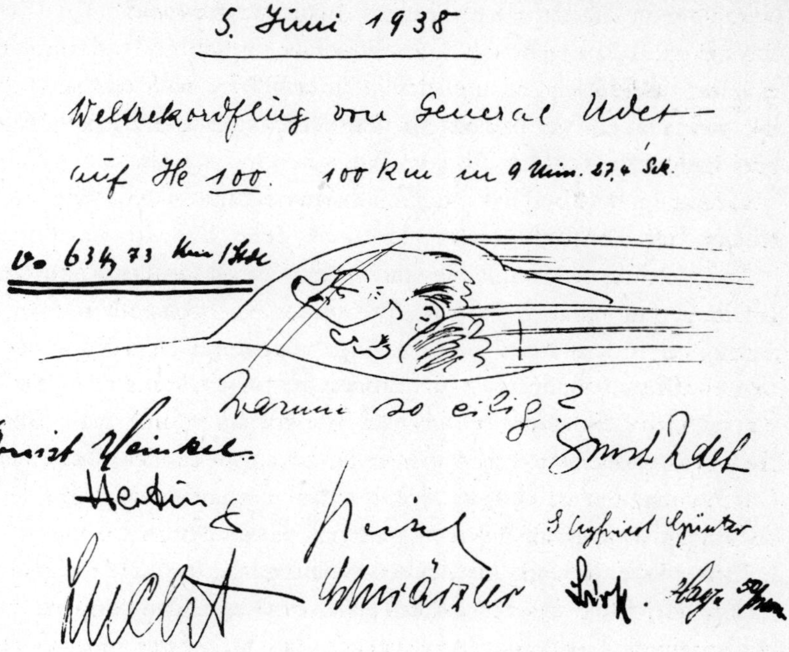

handle sich um die Spezialversion einer Maschine, die neben der Bf 109 als Standardjäger der Luftwaffe im Einsatz sei.

Der Rekord erregte weltweites Aufsehen. Der „Paris Soir" interviewte aus diesem Anlaß René Fonck, der erklärte, die große Stärke der deutschen Luftwaffe liege darin, daß sie von „wahrhaftigen Fliegern" geleitet werde, die unter Lebensgefahr eine große Erfahrung gesammelt hätten. Er fügte hinzu: „Indem ich noch persönlich Udet, den ehemaligen und loyalen Kriegsflieger zu seiner Leistung beglückwünsche, spreche ich den Wunsch aus, daß diese Leistung auch Frankreich nützlich sein werde, indem sie den Franzosen endlich die Augen für die Realitäten der Zukunft öffnet."

Fonck hatte recht und unrecht zugleich. Es stimmte, daß an der Spitze der Luftwaffe wahrhaftige Flieger standen. Zweifelhaft war nur, ob sie immer die richtigen Männer waren, um einen so riesigen militärischen Apparat, der höchste technische Anforderungen stellte, zu führen. Die Reorganisation des Technischen Amtes war nun abgeschlossen. Bislang hatte es vier Abteilungen umfaßt: C-I Forschung, C-II Entwicklung, C-III Beschaffung und C-IV Haushalt. An die Stelle dieser verhältnismäßig einfachen horizontalen Gliederung trat nun ein Vertikalsystem, das nicht weniger als vierzehn Abteilungen umfaßte: Drei Abteilungen waren mit verschiedenen Forschungsaufgaben beschäftigt, die übrigen hatten sich jeweils mit technischen Teilbereichen wie Motoren, Zelle, Bewaffnung, Bomben usw. zu befassen. Damit waren die organisatorischen Voraussetzungen für eine personelle Aufblähung gegeben, die aus dem Technischen Amt einen riesigen Apparat machte. Um ihn zu beherrschen, hätte Udet Tag für Tag am Schreibtisch sitzen müssen. Statt dessen betrachtete er sich nach wie vor als eine Art von oberstem Testpiloten der Luftwaffe. Das war sogar Hitler aufgefallen, der ihm nach dem Rekordflug Startverbot erteilen wollte. Als Udet darauf erklärte, er werde seinen Posten verlassen, wurde das generelle Flugverbot auf ein Kunstflugverbot eingeengt, an das er sich aber nicht hielt. Auch in der Luftwaffe gab es einige führende Persönlichkeiten, die Udets fliegerische Eskapaden mit scheelen Augen betrachteten und meinten, sie seien mit den Aufgaben seines Amtes unvereinbar. So wollte General Mahncke, der frühere Reichsluftsportführer und Kommodore des Kampfgeschwaders Hindenburg, der nun Chef der Fliegerschulen war, Udets Buch „Mein Fliegerleben" aus den Bibliotheken der Luftwaffe entfernen lassen. Begründung: Es sei unernst und unsoldatisch. Göring persönlich mußte eingreifen, um diesen beschämenden Befehl rückgängig zu machen.

In diesen Tagen besuchte er Elly Beinhorn, deren Mann, der Rennfahrer Bernd Rosemeyer, am 28. Januar 1938 bei einem Rekordversuch tödlich verunglückt war. Er sah zu, wie sie ihren kleinen Sohn Bernd auf dem Wickeltisch betreute, und machte ihr dann, wie sie in ihren Erinnerungen berichtet, ein Geständnis: „Ich habe auch eine Tochter – es wird Zeit, daß ich mit ihr Freundschaft schließe."

Es ist verständlich, daß ihn manchmal Resignation erfaßte. Als sich Peter Riedel im Juni 1938 von ihm verabschiedete, bevor er nach Amerika ging, sagte ihm Udet: „Ich beneide Sie, daß Sie nach

Amerika gehen können und dort leben. Ich war immer gerne dort. Besuchen Sie Eddie Rickenbacker und sagen Sie ihm schöne Grüße von mir."

„Ich versuchte nicht zu zeigen, daß er mir leid tat", erinnerte sich Peter Riedel Jahre danach an diese letzte Begegnung. „Er und ich, wir wußten beide, daß er nicht in eine Uniform gehörte, aber wer ist stark genug, seinem eigenen Stern zu folgen, wenn Laufbahnen angeboten werden, die hohen Rang, interessante Arbeitsgebiete und den Glanz der Macht versprechen? Wer konnte voraussehen, zu welchen Katastrophen dieser Weg führen werde?"

Vorläufig suchte Udet mehr denn je im Fliegen Freude und Vergessen zu finden. So war er am 8. Juli im Fieseler-Storch zum Traditionsflugtag in Wyk auf der Insel Föhr unterwegs. Er traf dort seinen alten Freund Al Williams, der sich mit einer Grumman G 22 „Gulfhawk", Nr. 1050 auf einer Europareise befand. Als Williams, von London über Amsterdam und Hannover kommend, in Berlin eingetroffen war, hatte er sofort Udet aufgesucht. Er fand ihn ernst und verändert vor und meinte halb im Scherz zu ihm: „Ernst, den Umgang mit Generälen bin ich leider nicht gewöhnt." Udet antwortete: „Ich kann mich nicht soviel mit dir befassen, wie ich gerne möchte, aber die wenige Zeit, die wir haben, wollen wir gut nützen."

Eine gutgenützte Zeit war für ihn vor allem eine im Flugzeug verbrachte Zeit, besonders dann, wenn es eine Maschine war, die er noch nicht kannte. Er führte Williams in Wyk den Storch vor, indem er, 30 Meter von der Gulfhawk entfernt, startete, auf das Flugzeug seines Freundes zurollte, im letzten Augenblick hochzog und nach kurzem Flug mitten unter abgestellten Maschinen landete. Auf diese eindrucksvolle Demonstration folgte die Frage, wegen der er eigentlich nach Wyk gekommen war: „Al, kann ich deinen wunderbaren Vogel fliegen?" Williams stimmte unter der Bedingung zu, daß er seinerseits eine Bf 109 fliegen dürfe, und damit war Udet sehr einverstanden. Sein Besucher war nicht nur ein ausgezeichneter Pilot, sondern auch ein angesehener Mitarbeiter amerikanischer Luftfahrtzeitschriften. Gleich beim ersten Gespräch in Berlin hatte er ihm eine riesige Landkarte gezeigt, auf der sämtliche Einrichtungen der deutschen Luftwaffe und der Luftfahrtindustrie eingezeichnet waren und ihm angeboten, zu besuchen, was er wolle. Williams sollte ruhig über die Stärke der deutschen Luftrüstung berichten, und wenn diese Berichte auch die Schilderung eines Fluges mit der Bf 109, dem modernsten Jäger der Welt, enthielten, dann war das nur willkommen.

Williams seinerseits war gern bereit, die Gulfhawk, die außer ihm noch kein anderer Pilot gesteuert hatte, Udet für einen Probeflug zur Verfügung zu stellen. Dieser Flug fand in Tempelhof statt, nachdem Udet angerufen und gesagt hatte: „Al, heute nachmittag wäre ich um 16.30 Uhr frei. Kann ich die Gulfhawk fliegen?“ Auf dem Flugplatz erklärte Williams die Maschine und stellte befriedigt fest, mit welch liebevoller Sorgfalt Udet den Motor warmlaufen ließ. Nach dem Start stieg er auf 700 m Höhe, verstellte den Propeller, zog das Fahrgestell ein und begann mit einem Kunstflugprogramm. Williams, der seine eigene Maschine zum erstenmal im Flug sah, schrieb später in seinem Buch „Air Power“ darüber: „Fröhlich und frei hüpfte und tanzte das kleine Flugzeug durch die Lüfte. Während dieses Fluges erkannte ich zum ersten Male die wahrhaft künstlerische Ader Ernst Udets, der mit der Gulfhawk graziös ein wahres Luftballett vorführte.“

Die Revanche erfolgte am 15. Juli. An diesem Tage flog Udet mit Williams nach Kassel, wo Gerhard Fieseler die Bf 109 in Lizenz baute. Man stellte dem amerikanischen Gast die neueste Version, die Bf 109 D zur Verfügung. Er flog sie, war begeistert und folgte gerne der Aufforderung Udets, seiner Begeisterung auch schriftlich Ausdruck zu geben. „Die Bf 109 ist der schnellste und wendigste Standardjäger“, schrieb Williams. „Er ist das einzige Flugzeug, gegen das ich meine Gulfhawk eintauschen würde. Ich habe die englische Hurricane und die Spitfire gesehen, aber ich ziehe ihnen die Bf 109 jederzeit vor.“ Für Messerschmitt, die Luftwaffe und die deutsche Propaganda waren das goldene Worte.

So wie die Gulfhawk flog Udet auch alle Maschinen, die von der deutschen Industrie für die Luftwaffe erzeugt wurden. So erprobte er die Go 149, ein Schulflugzeug für Jäger, das einen Argus-AS-10-C-Motor von 240 PS hatte, und die Siebel Fh 104. Dieses fünfsitzige Reiseflugzeug ohne Doppelsteuerung, also für einen Piloten, war ursprünglich von Klemm entworfen worden und hatte zwei Hirth Hm 508 C Motoren von je 240 PS. Die beiden Maschinen gefielen ihm so gut, daß er mit ihnen am 30. und 31. Juli am „Internationalen Luftrennen" in Frankfurt am Main teilnahm. Der Bewerb fand in zwei Kategorien statt: Klasse A für Flugzeuge mit einer Höchstgeschwindigkeit bis zu 160 km/h und einer Motorenstärke von weniger als 300 PS und Klasse B für Reiseflugzeuge mit mehr als zwei Sitzen und 180 km/h Mindestgeschwindigkeit. In beiden Kategorien war ein Rundkurs von 30 Kilometern viermal zu durchfliegen.

Udet, in legeres Zivil gekleidet, startete in Klasse A mit einer Go 149, D-EGQF und flog zwar die schnellste Runde, doch wurde der Bewerb von Hans Kuhn in einer Ar 79 gewonnen. In der Kategorie B wurde Udet auf der Siebel Fh 104 mit einer Durchschnittsgeschwindigkeit von 319 km/h Sieger.

Die Siebel wurde zu einem seiner Lieblingsflugzeuge. Einige Maschinen dieses Typs wurden der Flugbereitschaft des Reichsluftfahrtministeriums eingegliedert, und eine von ihnen, die D-ILFR, stand zu seiner persönlichen Verfügung. Er ließ sie rot anstreichen und eine hölzerne Bar einbauen, die mit Getränken aller Art, vor allem mit dem besten französischen Kognak, gefüllt war. Er flog die derart ausgestattete Maschine erstmals am 16. Dezember 1938, und bald war die rote Siebel auf allen Flugplätzen Deutschlands wohlbekannt.

Auch wenn Udet weniger geflogen wäre, hätte es genug Anlässe und Ablenkungen gegeben, ihn vom Schreibtisch fernzuhalten. Es gehörte zum Stil des Dritten Reiches, daß ununterbrochen mit großem Aufwand und feierlichem Zeremoniell neue Einrichtungen eröffnet und bestehende Einrichtungen inspiziert wurden, um die Aufbauleistungen des Regimes propagandistisch zu nützen. So war Udet zugegen, als Hitler am 13. Juni in Begleitung von Generaloberst Brauchitsch und Generaladmiral Raeder die Lehrtruppen der Luftwaffe an der Küste von Vorpommern besichtigte. Bereits zwei

Tage darauf, am 15. Juni, war er dabei, als in Anwesenheit von Milch, dem Führer der Deutschen Arbeitsfront Dr. Ley und dem Reichsjugendführer Baldur v. Schirach die Junkers-Ausbildungsstätten in Dessau eröffnet wurden, in denen angehende Mechaniker eine vierjährige Schulung erhielten. Die Junkerswerke gehörten längst nicht mehr Professor Junkers, der sich mit dem neuen Regime überworfen hatte. Sie waren nun Reichseigentum, und an ihrer Spitze stand als Vorsitzender des Vorstandes der 58jährige Dr. Heinrich Koppenberg, der eine Zeitlang die Deutsche Versuchsanstalt für Luftfahrt geleitet hatte und eine außergewöhnlich dynamische Persönlichkeit war.

Von Dessau mußte Udet nach Berlin-Tempelhof fliegen, wo die Weser-Flugzeugbau GmbH, die zum Deschimag-Konzern gehörte, eine neue Fabrikationsanlage errichtet hatte, in der die Ju 87 in Lizenz gebaut wurde.

Udet nahm an allen zeitraubenden Eröffnungen und Besichtigungen pflichtgemäß teil, benützte aber jede Gelegenheit, um das pompöse Zeremoniell zu durchbrechen. Sah er irgendwo einen alten Bekannten, nahm er ihn beim Arm und sagte zum Entsetzen der anwesenden Würdenträger unbekümmert: „Jetzt gehen wir aber einen trinken."

Nicht nur Eröffnungen und Besichtigungen, sondern auch noch zeitraubendere Besuche hielten Udet vom Schreibtisch fern. So traf am 9. August Italo Balbo, Luftmarschall und Gouverneur von Libyen, am Steuer seiner Savoia SM 79 zu einem fünftägigen Aufenthalt in Berlin-Staaken ein. Göring empfing ihn persönlich und überreichte ihm als Geschenk ein Präzisionsgewehr, das Balbo mit Assistenz von Udet, dessen Schießkünste er kannte, am nächsten Tag in Karinhall ausprobierte. Am 12. August führte der Chef des Technischen Amtes dem italienischen Gast die neuesten Maschinen der Luftwaffe vor und demonstrierte persönlich den Fieseler-Storch, mit dem sie am Nachmittag zur Jagd in die Schorfheide flogen, wo Balbo einen Hirsch erlegte.

Kaum war der italienische Besuch abgereist, als schon die nächste Begrüßung fällig war. Am 14. August stand Udet neben Milch,

Stumpff und v. Gronau auf dem Tempelhofer Flugplatz, um die Besatzung der D-ACON, einer viermotorigen FW 200 der Lufthansa, willkommen zu heißen. Die Maschine war in 24 Stunden 56 Minuten nonstop nach New York geflogen; für den Rückflug hatte sie sogar nur 19 Stunden 55 Minuten benötigt.

Zwei Tage darauf, am 16. August, traf der nächste Besuch ein: General de l'Armée Aérienne Joseph Vuillemin, seit einem halben Jahr Chef der französischen Luftstreitkräfte. Er hatte im Kriege Bomberverbände befehligt und sich in Fliegerkreisen einen legendären Ruf erworben, als er im Jahre 1933 insgesamt 28 Potez T. O. E. auf der „Croisière Noire" 23.000 km durch die französischen Kolonien Afrikas geführt hatte.

Vuillemin hatte sein Eintreffen in Berlin-Staaken als großen Auftritt geplant. Er kam mit einer Amiot 340, die mit dem Rekordpiloten Major Rossi am Steuer die Strecke von Villacoublay nach Berlin mit einer Durchschnittsgeschwindigkeit von 436 km/h zurückgelegt hatte. Vuillemin wollte den Eindruck erwecken, er sei mit einem Bomber gekommen, der zur Standardausrüstung der französischen Luftstreitkräfte gehöre; in Wirklichkeit war die Maschine der erste Prototyp. Der Bluff war verzeihlich; seine Gastgeber waren darauf vorbereitet, ihn ebenfalls zu bluffen.

Nach einer Kranzniederlegung am Ehrenmal Unter den Linden begann am 17. August das Besichtigungsprogramm mit einem Besuch beim Jagdgeschwader Richthofen in Döberitz. Vuillemin war von der kameradschaftlichen Atmosphäre so beeindruckt, daß er sein Flugzeugführerabzeichen abnahm und als Gastgeschenk zurückließ. Anschließend flogen die Besucher in der D-ADHR, dem vierten Prototyp der FW 200, nach Leipzig. Kurze Strecken legte Vuillemin dagegen während seines Besuches im Fieseler-Storch zurück, an dessen Steuer Udet saß, der damit einmal mehr seine Pflichten als Amtschef mit seiner Leidenschaft zu fliegen in Übereinstimmung zu bringen vermochte.

Von Leipzig, wo der Lizenzbau der Bf 109 bei den Erlawerken in Heiterblick gezeigt wurde, ging es zu den Messerschmittwerken nach Augsburg, wo erstmals vor Ausländern die Bf 110 im Fluge und auf dem Waffenschießstand vorgeführt wurde. Der Tag schloß mit einem Bankett im Haus der Flieger in Berlin.

Am 18. August wurden am Vormittag die Fliegerschule und die Junkers-Motorenwerke in Magdeburg besichtigt, in den Mittagsstunden wurden die Gäste von Hitler empfangen, und am Nachmittag waren sie bei Göring in Karinhall. Ein Jahr zuvor hatten die Franzosen den Besuch von Milch und Udet genützt, um ihren Wunsch nach einer Verständigung mit Deutschland vorzutragen. Göring nahm nun den Gegenbesuch zum Anlaß, um die Grenzen der Verständigungsbereitschaft zu prüfen, indem er seinen Gast unverblümt fragte: „Was würden Sie machen, wenn Deutschland gezwungen wäre, gegen die Tschechoslowakei Krieg zu führen?“ Vuillemin antwortete: „Frankreich würde zu seinem gegebenen Wort stehen.“

Nach diesem politischen Zwischenspiel wurde das militärische Besichtigungsprogramm am 20. August mit einer gefechtsmäßigen Vorführung von Flugzeugen auf dem Luftwaffenübungsplatz Zingst fortgesetzt. Beim anschließenden Besuch der taktischen Erprobungsstelle in Barth waren die französischen Gäste sehr beeindruckt, als sie in der Bibliothek unter den vielen Fachbüchern auch die Schriften von Camille Rougeron und das Buch eines in der Öffentlichkeit weitgehend unbekannten jungen Obersten namens Charles de Gaulle fanden.

Abschluß und Höhepunkt des Besuches bildete am Samstag, den 21. August, die Visite bei den Heinkelwerken in Oranienburg. Alles war sorgfältig geplant. Bereits die Besichtigung der neuen Fabriksanlagen, die Serienfertigung der He 111 und die hervorragende Wendigkeit der Maschine, die im Flug vorgeführt wurde, hatten die Franzosen tief beeindruckt. Nach dem Mittagessen bestieg Udet mit Vuillemin einen Fieseler-Storch, um ihm die Fabrik aus der Luft zu zeigen. Als er zur Landung ansetzte, schoß, wie Udet vorher mit Heinkel vereinbart hatte, eine He 100 über den Platz und landete ebenfalls. Neugierig drängten sich die Franzosen um die Maschine. Milch fragte beiläufig: „Sagen Sie, Udet, wie weit sind Sie mit der Serienfertigung?“ Udet antwortete ebenso beiläufig: „Das zweite Band läuft gerade an und das dritte in vierzehn Tagen.“

Tief beeindruckt flog Vuillemin, ein gebluffter Bluffer, heim. Seine Gastgeber, die er mit dem ersten Prototyp eines Bombers, den es in Serie noch gar nicht gab, hatte beeindrucken wollen, hatten ihn mit dem fünften Prototyp eines Jägers beeindruckt, der niemals in Serie gebaut werden sollte. Auf der Heimreise sandte Vuillemin an Göring ein Telegramm: „In dem Augenblick, in dem ich Deutschland verlasse, übermittle ich Ihnen die Gefühle höflicher Kameradschaft, meine tiefe Bewunderung für Ihr Werk und meinen aufrichtigen Dank für Ihre herzliche Gastfreundschaft." Zu den ihn begleitenden Offizieren sagte er: „Ich bin überwältigt. Wir werden Monate brauchen, um unseren Rückstand aufzuholen." Udet aber sagte zu Heinkel, der ihm wegen seiner Angeberei Vorhaltungen machte: „Klappern gehört zum Handwerk. Wir müssen ihnen so viel vorklappern, daß sie sogar im Traum nicht mehr an Krieg gegen uns denken können. Wir wollen ja auch nichts von ihnen ..."

Den ernsten Hintergrund dieser Ereignisse bildete die Befürchtung, daß ein Krieg wahrscheinlich und die Erkenntnis, daß die Luftwaffe für ihn nicht gerüstet sei. Bluffen konnte man zwar den Gegner, aber nicht sich selbst. Am 23. August berief Göring die Luftwaffenführung nach Karinhall, um Felmys Luftkriegsstudie zu besprechen. Die Ergebnisse waren deprimierend. Jetzt dämmerte die Erkenntnis auf, daß die Luftwaffe zugleich mit dem Uralbomber auch auf einen Englandbomber verzichtet hatte. Sie besaß keine Maschine, mit der sie nachhaltig die in 300 Kilometer Entfernung liegende Insel angreifen konnte. Der taktische Radius der letzten Version der Do 17 betrug bei voller Belastung nur 680 Kilometer; die He 111 war noch schlechter daran, von der Ju 87 ganz zu schweigen. Von der Ju 88 existierten lediglich einige Prototypen und von der He 177 nur eine hölzerne Attrappe.

Ein schwacher Trost war, daß es bei den Franzosen und Engländern auch nicht besser aussah.

Das einzige, was man vorläufig tun konnte, war die Einsetzung eines Komitees, das die Kampf- und Rüstungsstärke der RAF studieren und Zielunterlagen erarbeiten sollte. Neben Milch, Jeschonnek, dem Chef des Führungsstabes, und Major „Beppo" Schmid, von der Abteilung „Fremde Luftmächte" des Führungsstabes, gehörte ihm auch Udet an.

Am 17. September, dem Tag der Wehrmacht des „Reichsparteitages Großdeutschland", der am 5. September in Nürnberg begonnen hatte, betätigte er sich allerdings wieder einmal als Flugzeugführer. Nach der Vorführung des Lehrgeschwaders erschien die Kunstflugkette des NSFK, drei Segelflugzeuge vom Typ Kranich, mit Obersturmführer Bräutigam und den Sturmführern Hofmann und Haase am Steuer. Sie waren nach Absolvierung ihres Programmes kaum vor der Führertribüne niedergegangen, als vier Fieseler-Störche erschienen und in der Mitte des Zeppelinfeldes landeten. Heraus stiegen die vier Piloten in schneeweißem Overall, an ihrer Spitze Generalmajor Ernst Udet. Die Störche starteten anschließend neuerlich und zeigten ihr Können im Verein mit einem Focke Achgelis-Hubschrauber.

So eindrucksvoll derartige Demonstrationen auch waren, so wenig vermochten sie Görings Sorgen zu zerstreuen. Am 9. September schrieb er deshalb an Udet und drängte ihn, „das schwere Jagdflugzeug so zu entwickeln, daß es mit seinen Reichweiten England überdecken kann". Die Me 210, die Göring meinte, flog aber erst ein Jahr später, und noch mehr in den Anfängen steckte eine andere Ausschreibung des Reichsluftfahrtministeriums, für die es noch nicht einmal eine Projektnummer gab: Der erste Düsenjäger, für den BMW unter strengster Geheimhaltung ein Triebwerk entwickelte.

Hitler gelang es aber wieder einmal, alle Befürchtungen mit einem Schlage zu zerstreuen und den Glauben an sein Genie zu festigen. Am 30. September saß er in München mit Mussolini, Chamberlain und Daladier beisammen und erhielt, was er wollte, ohne Krieg. Die Tschechoslowakei mußte die Sudetengebiete abtreten. Nach London zurückgekehrt, verkündete der britische Premier: „Peace in our times ..." Friede für unsere Zeit!

Zumindest die Führung der Luftwaffe traute diesem Frieden aber nicht. Sie drängte auf eine Entscheidung in der Bomberfrage. Milch trat für eine Weiterentwicklung der Do 17 ein, Generaldirektor Koppenberg, der gute Beziehungen zu Udet unterhielt, befürwortete seine von W. H. Evers und A. Gassner entworfene Ju 88. Am 15. Oktober fiel die Entscheidung: Göring beauftragte Koppenberg mit der Massenproduktion der Ju 88. Umfangreiche Vollmachten wurden ihm dazu eingeräumt. Er durfte direkte Anweisungen an Lizenzunternehmen und Zubringerfirmen erteilen. Für den dynamischen Koppenberg war die Generalvollmacht ein persönlicher Triumph und für Udet eine große Entlastung. Man konnte in ihr allerdings auch einen Schritt zur Entmachtung des Technischen Amtes erblicken, ganz abgesehen davon, daß auch die Ju 88 nicht der strategische Bomber war, den die Luftwaffe gegen England brauchte.

Nun fiel aber eine Entscheidung nach der anderen. Bereits am 26. Oktober versammelte Göring die Luftwaffenführung abermals um sich, um die Voraussetzungen des Luftkrieges gegen England zu besprechen und zu verkünden, daß Hitler die Verfünffachung der Stärke der Luftwaffe befohlen habe. Durch diesen kühnen Befehl ermutigt, erklärte Jeschonnek, für den Luftkrieg gegen England müßten 500 Bomber vom Typ He 177 bereitgestellt werden. Udet traute seinen Ohren nicht. Für eine solche Bomberflotte fehlten nicht nur die Rohstoffe, um sie zu bauen, sondern auch der Treibstoff, um sie fliegen zu lassen. Als bei den folgenden Besprechungen auch andere Generale Bedenken äußerten, verkündete Hans Jeschonnek, genannt Hänschen, unbekümmert: „Meine Herren, ich stehe auf dem Standpunkt, daß es unsere Pflicht ist, dem Führer nicht in den Rücken zu fallen.“ Das war ein Argument, gegen das niemand ankam.

Wenige Tage darauf, am 1. November, gab es eine große Beförderungswelle: Milch wurde Generaloberst, Stumpff General der Flieger, Udet Generalleutnant und Jeschonnek Oberstleutnant. Am 29. November erschien der neubeförderte Generalleutnant bei Göring, um ihm die Umsetzung des Führerbefehles in nüchterne Ziffern vorzulegen.

Demnach mußte die künftige Luftwaffe umfassen:

58 Bombergeschwader: Ju 88, und mindestens vier Geschwader He 177

12 Zerstörergeschwader: Bf 110, und mindestens 7–8 Geschwader Me 210

8 Stukageschwader: Ju 87 b, später Me 210
10 Aufklärungsgruppen: Hs 126 und FW 189
10 Fernaufklärerstaffeln für das Heer: Do 17 P u. Z und FW 189
13 Fernaufklärerstaffeln für die Luftwaffe: Ju 88 und He 177
1 Schlachtgeschwader: FW 189
500 Trägerflugzeuge: Bf 109, Ju 87 b, Fi 167, Ar 195 und Ar 196
4 Transportgeschwader: Ju 90
16 Jagdgeschwader: Bf 109

Udets Programm sah den Bau von 31.300 Flugzeugen vor, darunter 7700 Bomber und 3500 Jäger. Jedermann wußte, daß dieses Programm unrealistisch und nicht zu verwirklichen war. Aber eines stand ebenfalls fest: Da Udet es nun einmal vorgelegt hatte, würde man letztlich ihn für die Nichteinhaltung verantwortlich machen.

Der Befehl des Führers, die Stärke der Luftwaffe zu verfünffachen, war nicht das einzige unrealistische Projekt, mit dem sich Udet in diesen Tagen zu befassen hatte. Charles Lindbergh hielt sich nun immer häufiger in Deutschland auf. Am 12. Oktober nahm er mit Vertretern aus 24 Ländern, darunter dem italienischen General Porro, Igor Sikorsky und Michel Detroyat, an der festlichen Eröffnung der Tagung der Lilienthal-Gesellschaft im Berliner Ufa-Palast und an den anschließenden mehrtägigen Beratungen teil. Am 19. Dezember war Lindbergh neuerlich in Berlin und suchte Udet in dessen Wohnung auf. Er kam aus Paris, wo er Unterredungen mit Premierminister Edouard Daladier und Luftfahrtminister Guy la Chambre gehabt hatte. Frankreich benötigte für seine Jägerproduktion leistungsfähige Motoren von annähernd 1000 PS. Es konnte solche Triebwerke nicht selbst erzeugen, und England konnte sie angeblich nicht liefern. Lindbergh hatte daraufhin seinen französischen Gesprächspartnern vorgeschlagen, Motoren von Junkers oder BMW zu kaufen, die man ihm bei seinen Besuchen in Deutschland gezeigt hatte. Nun fragte er seinen deutschen Gesprächspartner, ob die Lieferung von 400 Motoren möglich sei.

Udet erwiderte, daß man darüber reden könne, doch müsse er zunächst Milch fragen. Auf diesen Gedankenaustausch folgte der gemütliche Teil des Abends mit Scheibenschießen. Lindbergh notierte dazu in seinem Tagebuch: „Udet lebt in einer mittelgroßen Wohnung, die er mit Flug- und Jagdtrophäen und mit jenen Souvenirs angefüllt hat, die man im Laufe eines aktiven Lebens und auf vielen Reisen sammelt und geschenkt erhält. An einer Wand hingen mehrere Photos schöner Frauen. Ich schoß fünfmal, dann Udet fünfmal. Udet gewann ..."

Am nächsten Tag begaben sich die beiden zu Milch, trugen ihm die Idee des deutsch-französischen Motorengeschäftes vor und erhielten die Antwort, daß er Göring fragen müsse. Noch am gleichen Tag um 18 Uhr bestellte Udet Lindbergh ins Reichsluftfahrtministerium und teilte ihm mit, daß Göring für Milch leider nicht zu erreichen sei. Die weitere Behandlung der Angelegenheit müsse deshalb bis nach Weihnachten aufgeschoben werden.

Neben der hohen Politik und den großen Projekten gab es aber auch noch den Alltag des Technischen Amtes, der in Udets Eintragungen in seinen Taschenkalender Niederschlag fand. Da ging es um technische Details wie Landeklappen für die Me 210 oder die Idee, Flammenwerfer als Heckabwehr vorzusehen, und um Bittsteller: „Albert Kunz, Fluglehrer in Schleißheim, möchte zur Lufthansa."

Auf die Hilfsbereitschaft Udets konnten seine Freunde nach wie vor rechnen. So erhielt er Anfang Dezember einen Anruf von Kurt Tank. Die FW 200, D-ACON, die von Berlin nach New York und zurück geflogen war, hatte einen neuen Rekordflug unternommen: Berlin – Tokio, mit Zwischenlandungen zur Treibstoffaufnahme in Basra, Karachi und Hanoi. Auf dem Rückflug hatte die Maschine im flachen Küstengewässer vor den Philippinen notlanden müssen. Nun erbat sich Tank von Udet die D-ADHR, eine andere FW 200, um mit ihr nach Manila zu fliegen, das Wrack zu besichtigen und die Besatzung zurückzubringen. Innerhalb von drei Tagen hatte Udet alles Nötige veranlaßt, aber bevor Tank startete, erhielt das Technische Amt einen Anruf aus Manila: Nur Heinz Junge, der Verkaufsleiter von Focke-Wulf, der den Flug mitgemacht hatte, wollte auf dem Luftwege zurückkehren. Die Besatzung zog es vor, zusammen mit dem Wrack per Schiff heimzukehren.

Udet hatte aber nicht nur Freunde, die sich mit Bitten an ihn wandten, sondern auch Vorgesetzte, die ihm Befehle erteilten. Es entsprach Görings unbeständiger Art, sich um die eigentlichen großen Aufgaben seines Amtes viel zuwenig zu kümmern, sich aber gelegentlich in Detailfragen einzumengen. So schrieb er Udet am 23. Dezember einen Brief, in dem er die beschleunigte Weiterentwicklung der Fa 61 zum FAE 223 E, genannt „Drachen", verlangte. Dieser sechssitzige Hubschrauber, der einen Bramo 323 Motor von 980 PS hatte, war ursprünglich für die Lufthansa bestimmt gewesen. Obwohl die Luftwaffe im Fieseler-Storch ein ausgezeichnetes Nahverbindungsflugzeug hatte, wurde der Hubschrauberentwicklung nach wie vor großes Augenmerk gewidmet. So baute Anton Flettner in Johannisthal am Fl 265. Als der erste Prototyp, die D-EFLU, mit dem Flugkapitän Richard Pecha, einem Testpiloten der Arado-Werke, seinen Erstflug machte, war Udet mit der Filmkamera in der Hand ein interessierter Zuseher.

Beim Zusehen blieb es selten. Wann immer er konnte, flog er selbst. Bei einer Besichtigung in Augsburg packte er Willi Messerschmitt in eine Bf 108 und flog mit ihm in Richtung Wenk, wo er ein schmales Gebirgstal kannte, in dem man, wenn man Steilkurven flog, kreisen konnte. Das tat Udet zum Entsetzen von Messerschmitt, der sich an seinen Sitz festkrallte und ihn bestürmte, dieses verrückte Fliegen zu beenden. Aber in solchen halsbrecherischen Flügen steckte ein tieferer Sinn: Der Wunsch, sich zu bewähren und zugleich zu vergessen und zu entfliehen, das Gefühl wenigstens eine Maschine voll und ganz zu beherrschen.

Am 23. Dezember wurde Udet das Ehrenzeichen der Flieger mit Brillanten überreicht. Einen Tag zuvor hatte er mit Milch und vielen anderen hohen Offizieren der Luftwaffe der Galapremiere des Filmes „Pour le mérite" im Berliner Ufa-Palast beigewohnt. Nach der Vorstellung sprang Milchs Wagen nicht an, und so schoben Udet und einige andere Generale das Fahrzeug ihres Generalinspekteurs über die nächtliche Straße, bis der Motor endlich lief.

Die nächtliche Szene vor dem Ufa-Palast war der skurrile, fast symbolische Ausklang eines ereignisreichen Jahres. Deutschland war auf dem Höhepunkt seiner Macht angelangt, Österreich und das Sudetenland waren heimgekehrt, ohne daß ein Schuß gefallen war. Die junge Luftwaffe hatte sich hervorragend bewährt, und Udet war mit der Erringung des Weltrekordes ein persönlicher Triumph beschieden gewesen.

Aber hinter der glänzenden Oberfläche zeichnete sich kommendes Unheil ab. Die Gefahr eines künftigen Krieges war nicht gebannt, sondern größer denn je, die Luftwaffe sah sich mit undurchführbaren Aufgaben konfrontiert, und auf Udet lastete die Verantwortung für ein Rüstungsprogramm, dessen Verwirklichung am Material- und Kapazitätsmangel scheitern mußte.

Die Sorgen des Amtes überschatteten sein Privatleben. Die in der Silvesternacht des Vorjahres gemachte vage Ankündigung, Inge Bleyle zu heiraten, hatte er nicht verwirklicht. Im Kalender, den er wie alljährlich auch für 1939 verschickte, war von seinen Sorgen scheinbar nichts zu spüren. Im Vorjahr hatte er noch den berühmt gewordenen „Traum des Amtschefs" gezeichnet, der ihn an seinen Schreibtisch im Technischen Amt gekettet zeigte, wie er davon träumt, im D-UDLINGER über den Alpen zu segeln.

Die Bilder für das Jahr 1939 strahlten dagegen Optimismus aus und kündeten von Erfolgen: Göring, der stolz die fliegende Armada betrachtet, die er geschaffen hat, Heinkel, der Udet zum Weltrekord gratuliert, Koppenberg, der als Zauberer aus dem Zylinderhut eine Flotte von Ju 88 zieht und schließlich Udet in Generalsuniform auf einer hohen Leiter stehend und nach einem Stern am Himmel greifend.

Mit Recht nahmen seine Freunde an, daß er damit den Stern des Generalleutnants meinte, den er seit dem 1. November auf den Schulterstücken tragen durfte. Aber das Original, das er Inge Bleyle geschenkt hatte, trug auf der Rückseite von seiner Hand die melancholischen Worte: „Du bist der Stern, der mir fehlt."

XX

„DIESEN KRIEG KÖNNEN WIR NICHT GEWINNEN"

Das Jahr 1939, das den Krieg brachte, begann friedlich. Hans Stuck kam aus der Schweiz zu Udet mit einem Anliegen: Er wollte den absoluten Geschwindigkeitsrekord für Rennwagen und Motorboote brechen. Professor Porsche hatte ein Fahrzeug entworfen, und Daimler-Benz war bereit, es zu bauen. Die Firma Lürssen in Vegesack war an der Konstruktion des Bootes interessiert. Was fehlte, waren leistungsfähige Motoren. Udet war bereit zu helfen: „Die Sache geht klar. Ich zweige für deine Versuche zwei DB 601 ab. Sie stehen dir bei Daimler-Benz zur Verfügung."

Noch am gleichen Abend saßen Udet, Inge Bleyle, Stuck und ihr gemeinsamer Freund, der deutsche Kronprinz, bei Horcher. Als der Kronprinz nach dem Essen für kurze Zeit den Tisch verließ, füllte Udet ein Petit four mit Senf und schob es ihm, nachdem er zurückgekehrt war, zu. Der hohe Herr biß hinein, verzog das Gesicht und rief empört nach dem Ober. Udet lachte schallend; noch mehr Spaß als Freunden zu helfen, bereitete es ihm, sie zu ärgern.

Die großzügige Hilfe, die er Stuck gewährt hatte, war allerdings vergebens. Daimler-Benz baute zwar den T 80, einen 8,50 m langen Superrennwagen, dessen Motor insgesamt 3030 PS lieferte, und Lürssen das Rennboot. Die Rekordversuche sollten bei Salt Lake City in den USA bzw. am Kärntner Millstättersee stattfinden. Wagen und Boot wurden im September fertig; gerade als der zweite Weltkrieg ausbrach und die Möglichkeit zum Aufstellen von Weltrekorden für lange Zeit vorbei war.

Auch aus dem von Charles Lindbergh entrierten deutsch-französischen Motorengeschäft wurde nichts. Am 16. Januar traf er sich mit Milch und Udet im Reichsluftfahrtministerium. Die Herren beschäftigten sich zunächst mit einer Meldung der „New York Herald Tribune“, daß Lindbergh seiner Regierung Berichte über den Aufbau der deutschen Luftwaffe liefere. Udet wischte die Angelegenheit mit den Worten vom Tisch: „Solche Artikel nimmt niemand ernst.“ Dann teilte Milch mit, daß Deutschland bereit sei, die Motoren zu liefern, wenn Frankreich in Devisen bezahle. Zur Tarnung sollten alle weiteren Verhandlungen so geführt werden, als handle es sich um den Ankauf eines Fieseler-Storch. Im März marschierte Hitler jedoch unter Bruch seines Versprechens, er wolle keine weiteren territorialen Veränderungen in Europa, in die Tschechoslowakei ein und schuf damit eine Konfliktsituation, in der deutsch-französische Rüstungsgeschäfte undenkbar waren.

Udet aber flog am 19. Januar mit einer Ju 52 nach Afrika, wo er bis zum 2. Februar blieb. Er war zuerst Gast Balbos in Tripolis und reiste dann mit ihm zur Elefantenjagd nach Abessinien. Als Chef des Technischen Amtes hatte er Deutschland verlassen, als Generalluftzeugmeister kehrte er zurück. Am 30. Januar war wieder einmal eine große Neuordnung der Luftwaffenführung in Kraft getreten, und am darauffolgenden Tag war in ihrem Zuge Udet in seinem neuen Amt bestätigt worden. Es waren freilich nicht nur organisatorische Veränderungen, sondern auch persönliche Bestrebungen, die ihn zum Generalluftzeugmeister, kurz GL genannt, gemacht hatten.

Als er im Vorjahr zum Generalleutnant befördert worden war, hatte er theoretisch den Plafond seiner Karriere in der Luftwaffe erreicht; ein höherer Rang war für einen Amtschef im Reichsluftfahrtministerium nicht vorgesehen. Er hatte daraufhin bei Freunden im Personalamt angefragt, ob es nicht Möglichkeiten gebe, diese Beförderungsbarriere zu überwinden. Sie hatten ihm vorgeschlagen, das große, von Hitler befohlene Ausbauprogramm der Luftwaffe zum Anlaß einer Erweiterung des Technischen Amtes und der Agenden seines Chefs zu nehmen. In Analogie zum Generalfeldzeugmeister des letzten Krieges könne dieser Amtschef mit erweiterten Befugnissen Generalluftzeugmeister heißen, und für diese bedeutende

Stellung könne man auch einen höheren Rang vorsehen. Udet griff diese Anregung auf und ließ von seinem Amt Vorschläge für die Erweiterung der Befugnisse ausarbeiten.

Wenn sich Udet, der so lange glaubhaft verkündet hatte, an militärischen Würden nicht interessiert zu sein, und der noch immer lieber in Zivil als in Uniform ging, zu einer Beförderung drängte, so hatte dies eine Reihe von Ursachen. In den Jahren seiner privaten Existenz war er gewöhnt gewesen, der beste, erfolgreichste und populärste Vertreter seines Metiers zu sein. Das alles waren Kriterien, die es in der militärischen Hierarchie nicht gab; dort zählte nur der Dienstgrad. Bedrückend war vor allem, daß ihm Milch, der sein Freund und Konkurrent zugleich war, stets im Range voraus war. Und schließlich war nicht zu übersehen, daß jede Beförderung eine, wenn auch sehr bescheidene Verbesserung seines Einkommens bedeutete. Zwar standen ihm Flugzeuge, Kraftfahrzeuge und viele Annehmlichkeiten des Lebens wie Einladungen zur Jagd fast unbeschränkt zur Verfügung, aber der Sold war karg. Einem zivilen Einflieger hätte Ernst Heinkel für den Weltrekord am Pfingstsonntag eine fünfstellige Summe bezahlt; für Ernst Udet gab es nur ein paar Gläser Sekt auf der Kegelbahn.

So trat er also am 1. Februar 1939, sechs Monate vor dem Ausbruch des größten Krieges in der Geschichte der Menschheit, an die Spitze eines Apparates von gigantischen Ausmaßen. Als Generalluftzeugmeister unterstand ihm zunächst das Technische Amt mit folgenden Abteilungen:

Forschung, L. C. 1
Flugzeuge, L. C. 2
Triebwerke, L. C. 3
Nachrichten- und Navigationsgerät, L. C. 4
Ausrüstung, L. C. 5
Schußwaffen und Munition, L. C. 6
Abwurfwaffen, L. C. 7
Bodengerät, L. C. 8

Dazu kam nunmehr das Beschaffungsamt mit weiteren vier Abteilungen:

Gesamtplanung, L. E. 1
Fliegerisches Gerät, L. E. 2
Waffen, Gerät und Betriebsstoffe, L. E. 3
Flakgerät und Munition, L. E. 4

Weiters unterstand ihm das Wirtschaftliche Amt mit drei Abteilungen:

Auftragserteilung und Export, L. F. 1
Wirtschafts- und Preisprüfung, L. F. 2
Industriebewirtschaftung, L. F. 3

Dazu kam das Generalluftzeugmeisteramt mit dem Stabsamt, dem leitenden Chefingenieur, der Adjutantur, dem Beauftragten für Sonderaufgaben und vier weiteren Abteilungen:

Technische Planung, G. L. 1
Wehrwirtschaft, G. L. 2
Fertigung und Vorschriften, G. L. 3
Prüfung, G. L. 4

Schließlich unterstanden ihm mehrere selbständige Dienststellen wie:

Die Flugübungsstelle in Rangsdorf
Die Prüfstelle für Luftfahrzeuge
Die Außenstelle Fertigungsprüfung in Adlershof
Der Bevollmächtigte für das Luftfahrtindustriepersonal
Der Kommandant der Fliegertechnischen Vorschulen
Die Abteilung für Flakentwicklung.

Die Größe des Apparates, den er beherrschen sollte, war daraus zu ersehen, daß in seinem Amt neben Hunderten von Offizieren und Beamten allein mehr als 150 Techniker mit dem Grad eines Diplomingenieurs tätig waren. Die Diskrepanz zwischen seinen angeborenen Fähigkeiten und den ihm auferlegten Verpflichtungen hatte nun die Grenze des Absurden erreicht. Der unbekümmerte Flieger, der abgestürzt war, weil er auf die Propellereinstellung vergaß und Weltrekord erflogen hatte, ohne auf die Warnlampen zu achten, war der oberste technische Verantwortliche der Luftwaffe. Und der sorglose Lebenskünstler, von dem seine Freunde sagten, wenn er

3000 Mark verdiene, gebe er 4000 Mark aus, verwaltete ein Rüstungsbudget in Milliardenhöhe.

Die Ernennung Udets zum Generalluftzeugmeister war Teil eines größeren personellen Revirements gewesen. Stumpff wurde als Generalstabschef durch Jeschonnek ersetzt, das bedeutete, daß an die Stelle eines Generals der Flieger ein Oberstleutnant trat! Viel wesentlicher war, daß sich in Görings Spiel vom Teilen und Herrschen nun die Waage nach längerer Zeit wieder einmal Milch zugeneigt hatte. Als Staatssekretär und Generalinspekteur war er nun neuerlich ständiger Vertreter Görings, und als solchem unterstanden ihm der Generalluftzeugmeister, die Zentralabteilung und die Chefs der Luftwehr, des Ausbildungswesens und des Nachrichtenwesens.

Damit war Udets an und für sich schwierige Situation noch mehr erschwert. Auf der einen Seite hatten sich seine Aufgaben immens vermehrt, auf der anderen Seite bedurften in Hinkunft seine Entscheidungen der Zustimmung Milchs. Dazu kam, daß angesichts der immer größer werdenden Aufträge der Luftwaffe auch der Konkurrenzkampf in der Luftfahrtindustrie immer heftiger wurde. Die Industriellen umschmeichelten ihn, weil sie Aufträge wollten, aber er hatte nur wenige wahre Freunde unter ihnen, und die Zeit sollte kommen, in der ihm manche in den Rücken fielen und ihn für ihre eigenen Versäumnisse verantwortlich machen wollten.

Insgesamt war das Ergebnis der Neuordnung eindeutig. Wann immer in Hinkunft ein Sündenbock gesucht werden würde, konnte es nur Udet in seiner neuen Position sein.

Wie sehr nun Udet voll und ganz in das Dritte Reich und seine Phraseologie verstrickt war, bewies die Erklärung, die er Heinrich Bongartz für dessen Buch „Luftmacht Deutschland“ abgab. Ob er die darin enthaltenen Ausdrücke tatsächlich gebraucht hat, ist fast zu bezweifeln; jedenfalls hat er gegen ihre Verwendung keinen Einspruch erhoben und konnte es auch gar nicht. So stellte er also fest: „Das nationalsozialistische Reich wird immer die stärkste Luftwaffe der Welt besitzen. Deutschland ist dank seiner totalitären Führung und dank der nationalsozialistischen Idee führend in der Welt, und

Deutschland wird führend bleiben, solange es sich diese totalitäre Staatsidee erhält ...

Es ist nicht unsere Sache, den anderen Lehren zu erteilen. Wir sollen uns nur des Glückes und des Vorteiles bewußt sein, in einem Staat zu leben und zu arbeiten, zu fliegen und zu rüsten, wo ein jeder die große Aufgabe vor die persönliche Eitelkeit und den persönlichen Nutzen stellt und wo auch die Industrie aus eigenem Wollen im Dienste der Allgemeinheit steht. Wenn wir aus den entwickelten Flugzeugmustern die jeweils besten Maschinen einer Klasse herausstellen, dann bauen wir sie in großen Serien, und die Männer der deutschen Luftfahrtindustrie wissen, daß die Auswahl, die wir vorgenommen haben, allein zum Nutzen für Deutschlands Luftmacht und für das deutsche Volk getroffen worden ist. Diese Auswahl ingt Beschränkung der Muster mit sich und ist ebensosehr die Voraussetzung für die Massenproduktion wie der Lizenzbau. Deutschland ist dank der totalitären Führung und der verständnisvollen Mitarbeit der Industrie in der Lage, mit dem Lizenzbau die ganze Luftfahrtindustrie notwendigenfalls für den Serienbau eines einzigen Flugzeugtyps einzusetzen. Deutschland hat es glücklicherweise nicht nötig, zu Zwangsverstaatlichungen zu schreiten. In seiner Industrieproduktion finden sich staatliche Hand und Privatwirtschaft glücklich und in einer unbestritten guten Organisation zusammen. Es ist ohne große Worte die nationalsozialistische Idee, auf der diese Zusammenarbeit beruht.“

Einer seiner ersten öffentlichen Auftritte als Generalluftzeugmeister erfolgte am 3. März im Haus der Flieger bei einer Festsitzung der Deutschen Akademie der Luftfahrtforschung. Was er dort vor Wissenschaftlern und Industriellen sagte, klang viel nüchterner als die propagandistischen Phrasen im Prachtband „Luftmacht Deutschland“. In einem zeitgenössischen Bericht hieß es darüber:

„Generalleutnant Udet sprach über die Bedeutung einer engen und umfassenden Zusammenarbeit der wissenschaftlichen Forschung mit der Luftwaffe. Alle technisch neuen Erkenntnisse auf die Serienerzeugnisse neuer Luftfahrzeuge anzuwenden, sei nicht immer möglich. Man müsse sich vielmehr im Hinblick auf die Bedürfnisse der Front zu einer starken Konzentrierung auf die vordringlich wichtigen Aufgaben entschließen.

Udet gab dann eine Übersicht über die einzelnen Maßnahmen, durch die die Leistungsfähigkeit der Luftfahrttechnik und der Luftfahrtindustrie gewährleistet und gesteigert worden ist. Hierzu gehörten die Heranführung erstklassiger Facharbeiter an die im Aufbau begriffenen Werke, die Heranbildung des Nachwuchses in mustergültigen Lehrlingswerkstätten, Maßnahmen auf dem Gebiete des Hochschulwesens zur Beseitigung des Mangels an gut durchgebildetem Ingenieurpersonal für die Konstruktionsbüros, die Begründung eines Ingenieurkorps der Luftwaffe usw. Udet führte dabei aus, daß die Maßnahmen an den Hochschulen und Lehranstalten für die Ingenieurausbildung noch nicht ausreichend seien. Es fehle der notwendige Nachwuchs an den technischen Hochschulen. Deshalb werde jetzt in Darmstadt besonders bewährten Arbeitern der Luftfahrtindustrie eine Ingenieurausbildung erteilt, die ihnen die Möglichkeit zum Hochschulbesuch eröffne.

Generalleutnant Udets Rede klang in der Hoffnung aus, daß Deutschland auch in Zukunft zur friedlichen Gemeinschaftsarbeit mit allen Völkern der Erde berufen sein möchte."

Bald darauf wurde er von Göring zum Vizepräsidenten der Akademie und zum Präsidenten der Lilienthal-Gesellschaft ernannt. Alle diese Ehrungen und die Fülle der Arbeit, die nun eigentlich auf ihm lasten hätten sollen, vermochten ihn nicht davon abzuhalten, zumindest zu versuchen, so zu leben, wie er es gewohnt war, und dazu gehörten fröhliche Abende mit alten und neuen Freunden. Am 21. Februar fand im Berliner Gloria-Palast die Premiere des Filmes „Bel ami" statt. Die Titelrolle spielte Willi Forst, eine seiner Partnerinnen war die bildhübsche junge Schauspielerin Ilse Werner. Bei der Premierenfeier erschien, so erzählte sie später, „ein kleiner untersetzter Mann mit einer lustigen Entennase". Er hatte ein Skizzenbuch in der Hand, ging auf die junge Schauspielerin zu und sagte: „Ich muß eine Karikatur von Ihnen machen, denn Sie werden bestimmt eines Tages berühmt sein. Das weiß ich! Daher möchte ich mir auch schon heute Ihr Autogramm unter meiner Zeichnung sichern." Ilse Werner war von der Karikatur begeistert und fragte in aller Unschuld: „Machen Sie das hauptberuflich?“ Worauf der Mann mit der lustigen Entennase gemütlich erwiderte: „Nein, eigentlich nicht. Gestatten Sie, daß ich mich Ihnen vorstelle. Mein Name ist Ernst Udet!“

Der Abend endete damit, daß Udet alle zu Horcher führte und der Generalleutnant mit der Schauspielerin Freundschaft schloß, die Ilse Werner so beschrieben hat: „Ernst Udet war ein Schatz. Ein richtiger Haudegen, der saufen konnte, aber nie aus der Rolle fiel, sondern immer voller lustiger Einfälle steckte und Witze erzählen

konnte wie kein anderer. Er wurde mir ein väterlicher Freund, der mich immer mal wieder – zwei Flaschen Wein unter den Arm geklemmt und ganz ohne Lametta oder Gefolge – daheim besuchte, um bei mir einen netten Abend fern seiner Sorgen und seiner großen Verantwortung zu verbringen."

Auch als Generalluftzeugmeister reiste Udet in seiner knallroten Siebel von Fabrik zu Fabrik. So besuchte er am 24. Februar die Messerschmittwerke in Augsburg und übernachtete wie immer im Hotel Drei Mohren, der „historischen Fürstenherberge, gegründet im Jahre 1511". Dorthin zog ihn nicht zuletzt der Messerschmitt-Cocktail des Barmixers Luis Striegel: ein Drittel Kognak, ein Drittel weißer Curaçao, ein Drittel roter Wermut, zwei Spritzer Angostura Bitter, in einem Champagnerglas mit Sekt aufgefüllt und mit einer Kirsche serviert.

Im übrigen aber bedurfte es zum Fliegen nicht des Anlasses von Fabriksbesuchen. In Tempelhof stand noch immer sein Rhönsperber, und mehr als einmal fuhr er am Abend nach getaner Arbeit auf das Flugfeld, ließ sich vom Stösser, D-INOI, der Flugbereitschaft des Ministeriums, emporschleppen, um dann ein wenig zu akrobateln. Das genügte ihm nicht immer. So tauchte er eines Tages unangemeldet in Zivil bei der Segelfliegerschule Grunau auf, die Pit van Husen leitete. Es herrschte kein Aufwind, nur Schulgleiter waren am Hang, die Udet eine Zeitlang, die Hände in den Hosentaschen vergraben, schweigend betrachtete. Dann ließ Pit van Husen zwei Grunau Babys mit einem Köller-M3-Motor, sogenannte Motorbabys, bereitmachen. Die beiden Männer starteten, gewannen Höhe, begannen zu kreisen und lieferten sich schließlich einen unbeschwerten Luftkampf. Nach der Landung bedankte sich Udet und kehrte froh nach Berlin zurück.

An der Entwicklung neuer Modelle nahm er regen Anteil. Sein besonderes Interesse galt dem Nurflügelflugzeug der Brüder Walter und Reimar Horten; Reimars Frau war eine seiner Sekretärinnen im Reichsluftfahrtministerium. Arthur Sack-Machem führte ihm ein Modell seines „Fliegenden Bierdeckels" vor, einer Art von fliegender Untertasse. Das Modell wog 4,5 Kilogramm, hatte einen Kratsch-

F-30-B-Modellmotor und ein stabiles N.A.C.A.-Flügelprofil.

Im März 1939 probierte er wieder einmal eine Maschine aus, die er noch nicht kannte; diesmal in sehr ungewohnter Umgebung. Am 15. März hatten deutsche Truppen die „Rumpftschechoslowakei“ besetzt – das Reichsprotektorat Böhmen und Mähren war entstanden. Udet traf fünf Tage darauf mit Vertretern seines Amtes in Prag ein. Auf dem Flugplatz standen Maschinen der tschechoslowakischen Luftwaffe, denen man Hakenkreuze nicht nur auf das Seitensteuer, sondern auch an Rumpf und Tragflächen gemalt hatte, zur Übergabe bereit. Es waren vor allem Doppeldecker: Mehrzweckflugzeuge vom Typ Aero 100, Jäger vom Typ Avia 534 und einsitzige Übungsflugzeuge vom Typ Avia 122. In Begleitung von Offizieren der tschechoslowakischen Luftwaffe besichtigte Udet die Flugzeuge, dann kletterte er in eine Maschine und erprobte sie im Fluge. Nachher gestand er ein: „Das war vermutlich sehr leichtsinnig.“ Unter den Maschinen, die von der deutschen Luftwaffe übernommen wurden, befanden sich auch einige Avia B 71, die Lizenzbauten des russischen Bombers Tupolev ANT 40 waren. Udet schlug sein Hauptquartier im Hotel Akron auf, wo er Industrielle empfing, um mit ihnen über die künftigen Aufgaben ihrer Firmen im Rahmen der deutschen Aufrüstung zu verhandeln.

Hielt man sich an die Rekordleistungen, war es um die deutsche Luftwaffe gut bestellt:

Am 19. März hatte eine Ju 88 V 5 über 1000 km mit 2000 kg Nutzlast einen neuen Rekord mit 517 km/h erzielt.

Am 30. März brach die He V 8, D-IDGH, mit 746 km/h den absoluten Geschwindigkeitsrekord für Land- und Wasserflugzeuge, der damit zum erstenmal an Deutschland fiel.

Vier Wochen später schlug Messerschmitt zurück: Seine Me 209, V 1, D-INJR, verbesserte den Rekord auf 755 km/h.

Heinkel wollte nun zu einem neuen Versuch ansetzen, aber Udet verbat ihn. Die Bf 109 war der Standardjäger der Luftwaffe und sollte deshalb auch die Rekordträgerin sein. Damit bereitete er nach seinen Entscheidungen in der Stuka- und in der Jägerfrage Heinkel eine neuerliche Enttäuschung.

Gefeiert wurde der neue Weltrekord am 8. Mai 1939 mit einem Festabend im Haus der Flieger, bei dem die „fünf schnellsten Männer der Welt“ folgendermaßen vorgestellt wurden:

Flugkapitän Fritz Wendel, der den neuen Geschwindigkeitsrekord von 755 km/h flog,

Flugkapitän Dieterle, dessen Rekord von 746 km/h dadurch überboten wurde,

Hauptmann Agello, der italienische Flieger, der ihn fünf Jahre lang mit 709 km/h hielt,

Generalleutnant Udet, der am 5. Juni 1938 mit einem Heinkel-Jagdflugzeug 634 km/h erreichte und

Dr. Wurster, der im November 1937 mit 610 km/h den internationalen Geschwindigkeitsrekord für Landflugzeuge zum ersten Mal an Deutschland brachte.

Hitlers Einmarsch in der Tschechoslowakei hatte die Beziehungen zu den Westmächten drastisch verschlechtert. Die Zeit der militärischen Besuchsdiplomatie war vorüber, aber alte Freunde kamen noch nach Berlin. Am 28. Mai traf Udet im Hotel Adlon Bernt Balchen, den berühmten Arktisflieger, den er 1931 in Cleveland kennengelernt hatte. Er war nach Deutschland gekommen, um bei Junkers Ersatzteile für die Ju 52 zu kaufen, die bei der norwegischen Luftfahrtgesellschaft DNL im Dienst standen. Udet nahm ihn in seine Wohnung mit und begann in vorgerückter Stunde über Hitler zu schimpfen. In seinem Buch „Come North with me“, das 1958 erschien, schreibt Balchen über den Abend:

„Wir verlassen das Adlon in seinem gigantischen schwarzen Horch, der größer ist als ein Cadillac, mit zwei Fahrern, zwei Beifahrern und Dienstflaggen auf beiden Kotflügeln. Soldaten stehen stramm, und wir fahren Unter den Linden entlang ... Um Mitternacht, nachdem die dritte Flasche Kognak fast leer ist, singen wir alte bayerische Jägerlieder und veranstalten ein Scheibenschießen.“

Auch Eddie Rickenbacker kam zu einer Besuchstour bei Luftwaffe und Luftfahrtindustrie nach Deutschland, wurde in Tempelhof von Milch und Udet empfangen und war tief beeindruckt: „Als sie uns am Flugplatz abholten, waren beide in voller Uniform mit schimmernden Seitenwaffen. In einer Kavalkade glänzender neuer Autos brachten sie uns in das Hotel.“

All dieser Glanz vermochte nicht darüber hinwegzutäuschen, daß die Probleme der Luftwaffe immer größer wurden. Bereits am 25. April hatte Göring seinen Generalluftzeugmeister wieder einmal aufgefordert, den Ausbau der Luftwaffe und die Schaffung neuer Fabriken zu beschleunigen. Am 2. Mai erschien Udet daraufhin in Begleitung von Milch bei Göring, um ihn auf den Mangel an Rohmaterial hinzuweisen, doch wurden seine Bedenken beiseite geschoben.

Die Luftwaffe besaß aber noch einen beachtlichen technischen Vorsprung. Am 4. Januar 1939 hatte das Technische Amt die Richtlinien für die Entwicklung eines Düsenjägers, damals noch Strahl- oder Turbojäger genannt, erlassen, der 900 km/h erreichen und mit zwei MG 17 und einem MG 151/20 bewaffnet sein sollte. Vorläufig gab es allerdings kein serienreifes Triebwerk.

Völlig unabhängig davon und ohne Auftrag des Technischen Amtes hatte Ernst Heinkel die He 176 entwickelt, das erste Flüssigkeitsraketenflugzeug der Welt. Udet hatte Erich Warsitz, dem Chefpiloten der E-Stelle in Peenemünde, gestattet, diese Maschine zu erproben. Am 20. Juni unternahm Warsitz den ersten Flug und rief daraufhin persönlich im Reichsluftfahrtministerium an, um Udet das Ereignis mitzuteilen. Bereits am nächsten Tag erschienen Milch, Udet und weitere Offiziere auf dem Flugplatz, und was sich dann abspielte, hat Warsitz sehr lebendig geschildert:

„Udet war ein Mann, dem selbst kein fliegerisches Risiko zu groß war. Als er aber zum ersten Male einen solchen Sprung miterlebte, sagte er wörtlich, daß mit diesem Vogel jede ‚geglückte Landung ein mißglückter Absturz‘ sei. Ich gebe selbst zu, daß dieser Kurzflug äußerst gefährlich ausgesehen hat, denn ich habe hinterher den Film gesehen. Wenn aber eine Menge Generalität erscheint und etwas sehen will, dann muß man das Wetter nehmen, wie es ist. Und es war an diesem Tag recht schlecht. Der Himmel war mit einer niedrigen Wolkendecke bedeckt, und sehr böig war es auch. Böen wirkten natürlich auf diese äußerst kleine und leichte Maschine ziemlich stark. Hinzu kam, daß ich von der Placierung der Herren aus starten, Seitenwind von vorne in Kauf nehmen und eine Startrichtung wählen mußte, bei der die Startbahn nicht wie üblich besonders präpariert war und eine Menge Bodenunebenheiten enthielt. Beim Start bis fast kurz vor dem Abheben fehlten jegliche Steuerdrücke, weil nicht wie bei einem herkömmlichen Flugzeug Propellerwind vorhanden war. Ich war also gezwungen, die Startrichtung ausschließlich mit den Bremsen einzuhalten. Ein wenig zu viel links oder rechts herumgetreten, und schon wollte die Maschine ruckartig ausbrechen. Und wenn dann noch eine Bodenunebenheit dazukam, war die Katastrophe nahe. All dieses Pech kam bei diesem Vorführungsflug zusammen, und daher sah dieser Kurzflug äußerst gefährlich aus. Vielleicht noch mehr, als er in Wirklichkeit war. Eine Landung sah nicht weniger halsbrecherisch aus, denn das Aufsetzen mit fast 300 Kilometern pro Stunde ging bei einer glatten Bahn relativ gut. Aber schon eine kleine Unebenheit verursachte einen Luftsprung, wobei es oft unvermeidlich war, daß die Flächenspitzen den Boden berührten und der Flug mit einem rasanten Ringelpiez endete. Zur Vermeidung von Flächenbeschädigungen hatten wir an den Flächenenden sogenannte Schleifbügel montiert. Hierdurch konnte sich die Fläche bei einer Bodenberührung nicht in den Boden bohren.

Passiert war bei diesem Kurzflug nichts. Alle anwesenden Herren waren jedoch sehr negativ beeindruckt, es fielen Worte wie Selbstmord usw. Udet meinte, das seien ja gar keine Tragflächen, das wären Trittbretter. So kam es dann spontan zu dem weiteren Flugverbot. Obwohl die Tragweite dieser neuen Entwicklung und dieses vollkommen neuartigen Flugzeuges nicht klar erkannt wurde, betrachtete man es als äußerst interessant und spektakulär.

Wie ich später durch Generalingenieur Lucht und auch durch Udet erfahren konnte, sollte sich das ausgesprochene Flugverbot nicht auf die Maschine, sondern auf mich persönlich beziehen. Ich gehörte zum RLM und war Chefpilot von Peenemünde. Als Heinkel mit der Konstruktion der He 176 begann, war ich der einzige, der über eine gewisse Erfahrung auf diesem Gebiet verfügte. Also wurde ich Heinkel zur Beeinflussung des Baues und der Testversuche, sei es auf dem Boden oder in der Luft, leihweise zur Verfügung gestellt. Ich wollte es so, und es gelang mir, Udet hierzu zu bewegen. Die später auftretenden Schwierigkeiten hatten wir zu dieser Zeit alle unterschätzt.

Das Verbot betraf also überwiegend mich persönlich. Man wollte mich nicht aufs Spiel setzen und sagte wörtlich: ‚Heinkel soll solche gefährliche Versuche gefälligst mit seinen eigenen Testpiloten durchführen.‘ Sicherlich spielte bei dieser Entscheidung auch die zu dieser Zeit bestehende Mißstimmung zwischen dem RLM und Heinkel eine Rolle. Trotzdem gelang es mir persönlich nach mehreren Vorsprachen bei Udet, das Flugverbot wieder aufzuheben. Udet begründete dies mit den Worten: ‚Warsitz hat bisher seinen Arsch hingehalten, dann soll er es mal weitertun.‘ “

Das Problem des Rohstoffmangels war nach wie vor ungelöst. Göring weigerte sich, Hitler darüber zu berichten, so daß sich Milch und Udet schließlich an Rudolf Heß, den Stellvertreter des Führers, wandten, der ihnen aber auch nicht helfen konnte. So schrieb Udet zu seiner Deckung Milch einen Brief, in dem er auf die Undurchführbarkeit des Rüstungsprogrammes hinwies. Gestützt auf dieses Schreiben, gelang es Milch, bei Göring durchzusetzen, daß in Rechlin für Hitler eine Vorführung der neuesten Maschinen und Waffen einschließlich jener, die sich noch im Versuchsstadium befanden, stattfinden sollte. Man hoffte, ihn damit so zu beeindrucken, daß er der Luftwaffe daraufhin größere Rohstoffquoten zuteilte.

Zu der Vorführung, die am 3. Juli stattfand, hatten sich neben Hitler und Göring auch Heß, Bormann, Keitel, Jodl und selbstverständlich Milch, Udet und Jeschonnek eingefunden. Der Führer war von den Flugzeugen und Waffen zwar beeindruckt, doch hatte Göring verboten, ihm auch zu sagen, daß viele noch in ihren Anfängen steckten und erst in Monaten oder Jahren einsatzbereit sein würden. Von Rechlin fuhren alle zum 3 Kilometer entfernten Flugplatz Roggenthien, wo Warsitz die He 176 vorführte. Göring war so glücklich über den klaglosen Flug, daß er Udet anwies, Warsitz eine Sonderprämie von 20.000 Mark zu geben.

Die große Waffenschau brachte nicht den gewünschten Erfolg. Im Gegenteil: Hitler teilte der Luftwaffe nicht mehr Rohmaterial zu, hatte aber ein völlig falsches Bild von ihrer Stärke gewonnen. Als sich später seine hochgespannten Erwartungen nicht erfüllten, war es der Generalluftzeugmeister, der als Sündenbock dastand. Von Göring erhielt Udet bereits am 4. Juli einen mahnenden Brief: Er mißbilligte, daß zahlreiche Industrielle im Flugzeug nach Rechlin gekommen waren, und gab Anweisung, sie bei Flügen den gleichen Benützungsbeschränkungen zu unterwerfen, die auch für die Luftwaffengenerale galten.

Auch die Vorführung in Roggenthien hatte kein greifbares Ergebnis gebracht. Hitler befahl zwar Warsitz drei Tage darauf zu sich und unterhielt sich im Beisein von Göring und Udet eingehend mit ihm über die He 176, aber das Reichsluftfahrtministerium war an der Entwicklung der Maschine nicht interessiert. Es versprach sich mehr von dem Raketenflugzeug, das Dr. Alexander Lippisch bei Messerschmitt entwickelte. Für Warsitz war die Aussprache bei Hitler allerdings gewinnbringend. Udet nahm ihn beiseite, erkundigte sich nach dem Vertrag, den Heinkel mit ihm geschlossen hatte, fand die Bezahlung zu niedrig und ließ sie erhöhen.

Für Heinkel war das Desinteresse an der He 176 natürlich eine neuerliche Enttäuschung, was ihn nicht hinderte, Udet am 22. Juli auf die Pirsch einzuladen. Der Jagdgast schoß einen Hirsch, der sich im Feuer dreimal überschlug, hielt das Ereignis zeichnerisch in Heinkels Gästebuch fest und schrieb dazu einen Vers, der mit den vieldeutigen Worten endete: „Und dennoch riecht's nach Aasgeruch im schönen deutschen Wald!"

Am gleichen Tag hatte Udet Göring die Mitteilung zukommen lassen, daß sich das Ju-88-Programm wegen technischer Schwierigkeiten verzögern werde. Seine Kalenderzeichnung, die Koppenberg als produktiven Zauberkünstler gezeigt hatte, schien verfrüht gewesen zu sein.

Ohne großes Aufsehen hatte am 1. Juni der erste Prototyp der FW 190, die D-OPZE, in Bremen den Erstflug gemacht und war dann zur Erprobung nach Rechlin gebracht worden. Dorthin begab sich nun Udet mit Chefingenieur Lucht, um sich das „zweite Eisen im Feuer“ anzusehen, das eines Tages neben den Standardjäger Bf 109 treten sollte.

Am 30. Juli veranstaltete die NSFK-Gruppe 11 auf dem Flugplatz Frankfurt-Rebstock einen Flugtag – den letzten vor dem Kriege. 150.000 Zuschauer waren gekommen, darunter „alte Adler“ wie August Grade und Hans Euler, ferner Greim und Wolf Hirth. Udet hatte Jimmy Doolittle mitgebracht, der sich auf einer Europareise befand.

Ein Blick in die Zeitungen genügte, um zu erkennen, daß Hitler nunmehr gewillt war, die polnische Frage zu lösen. Kein Tag verging ohne Meldungen über Zwischenfälle an der Ostgrenze des Reiches. Udets Mitteilung über die Verzögerung des Ju-88-Programmes hatte Göring so alarmiert, daß er die Junkerswerke inspizierte. Bald darauf, am 5. August, wurden Milch, Udet und Jeschonnek zu einer Besprechung auf seiner Jacht Karin II befohlen. Wieder einmal befahl Göring eine Produktionssteigerung mit Schwerpunkt auf Bomber und warf damit alle von Milch und Udet aufgestellten Pläne über den Haufen.

Milch und Udet trafen sich am 21. August neuerlich bei Göring, diesmal auf dem Obersalzberg. Auch die Oberbefehlshaber der vier Luftflotten waren anwesend, und Udet war befohlen worden, alles verfügbare Material über die Stärke der Luftstreitkräfte Polens, Frankreichs und Englands mitzubringen. Göring teilte den Versammelten mit, daß der Führer befohlen habe, den Angriff gegen Polen am 26. August zu eröffnen, ein Termin, der allerdings verschoben wurde.

Am 27. August um 4.30 Uhr wurde Udet in seiner Wohnung durch das Klingeln des Telephons aus dem Schlaf gerissen. Am Apparat war Heinkel, der ihm sagte: „Ich wollte Ihnen nur melden, daß Flugkapitän Warsitz soeben das erste Strahlflugzeug der Welt, die He 178, mit dem ersten Strahltriebwerk der Welt, HS 3 B, erfolgreich geflogen hat und nach dem Flug glücklich gelandet ist.“

Heinkel und seine Mitarbeiter hatten innerhalb weniger Wochen den zweiten großen Erfolg erzielt. Nach der He 176, dem ersten

Flüssigkeitsraketenflugzeug der Welt, war nun die He 178, das erste Düsenflugzeug, dessen Triebwerk D. Hans Joachim Pabst von Ohain entworfen hatte, geflogen. An der Schwelle zu einem Waffengang von nicht abzusehender Tragweite war Deutschland im Besitz von zwei Flugzeugen, deren technische Überlegenheit von ausschlaggebender Bedeutung sein konnte. Udet sagte aber lediglich schlaftrunken:

„Na fein, dann gratuliere ich. Und Warsitz auch. Aber dann laßt mich erst mal weiterschlafen!"

Am gleichen Tag begab er sich zum Kommandozug des Oberbefehlshabers der Luftwaffe, der in einem Waldstück abgestellt war, und traf dort Birger Dahlerus, den Schweden, von dessen Vermittlungsversuch sich Göring vergeblich eine Verhinderung des Krieges, der nun unmittelbar bevorstand, erhoffte.

Für 1. September hatte Udet Heinkel zu einer Besprechung über die He 178 nach Berlin bestellt. Der Industrielle traf mit seiner Frau bereits am Vortag in Berlin ein, und am Abend des 31. August gingen das Ehepaar Heinkel, Inge Bleyle und Udet in das Restaurant Horcher. Wie immer bei Udet wurde es eine lange Nacht. In den Morgenstunden begab sich die Gesellschaft in seine Wohnung, um dort zu frühstücken. Der Hausherr war sehr aufgeräumt, setzte sich den Indianerkopfschmuck auf, den er aus Amerika mitgebracht hatte, und schoß, in beiden Händen eine Pistole haltend, auf die Scheibe. Jemand drehte das Radio auf, und nun hörte die ausgelassene Gesellschaft, daß deutsche Truppen in den frühen Morgenstunden die polnische Grenze überschritten hätten. Udet wurde bleich, nahm den Kopfschmuck ab und sagte: „Also doch . . ."

So erfuhr der Generalluftzeugmeister der Luftwaffe und oberste Verantwortliche der deutschen Luftrüstung den Ausbruch des Zweiten Weltkrieges.

Er nahm sich aber Zeit, Dipl.-Ing. Lusser, der von Messerschmitt zu Heinkel gegangen war, am 1. September 1939 sein Photo mit der Inschrift zu widmen: „Meinem lieben Lusser in Kameradschaft!"

Am 3. September erklärten Frankreich und England den Krieg, und bereits einen Tag später griffen Bristol-Blenheim der RAF Sqadrons 107 und 110, die in Wattisham und Ipswich gestartet waren, deutsche Kriegsschiffe vor Wilhelmshaven und Brunsbüttel an. Fast die Hälfte der Bomber kehrte nicht zurück, und bald darauf lag auf Udets Schreibtisch als Briefbeschwerer ein Zahnrad vom Triebwerk einer Bristol-Blenheim mit der Gravierung: „4. September 1939.“

Die Maschine, die Udet noch so viele Sorgen bereiten sollte, die Me 210, die Nachfolgerin der Bf 110 und der Ju 87, hatte am 2. September ihren Erstflug gemacht. Während an der Front gekämpft wurde, mußte der Generalluftzeugmeister den Krieg vom Schreibtisch aus führen. Immerhin erhielt er neben seiner bisherigen Reisemaschine, der roten Siebel Fh 104, eine Bf 110 für Flüge, bei denen mit Feindberührung gerechnet werden mußte.

Die Flugbereitschaft des Reichsluftfahrtministeriums wurde nunmehr von der SS bewacht. Als Udet eines Tages wie gewöhnlich mit brennender Zigarre in Tempelhof erschien, wies ihn der Posten darauf hin, daß das Rauchen in der Flugzeughalle nicht gestattet sei. Udet drückte gehorsam die Zigarre aus, kletterte in die Maschine, zündete eine neue an und belehrte den SS-Mann: „Da draußen befehlen Sie, hier oben in der Maschine befehle ich.“

Neben den Maschinen des Ministeriums waren die Flugzeuge der Flugbereitschaft der Geheimen Staatspolizei untergebracht. Reinhard Heydrich, Chef des Reichssicherheitshauptamtes, war flugbegeistert und hatte Milch dazu gebracht, ihn zum Major der Reserve in der Luftwaffe zu machen. Von Udet verlangte er eine Bf 109 und eine Bf 110, mit denen er üben wollte. Udet stimmte zu, verlangte aber mit Erfolg ein Polizeikennzeichen und Blaulicht für seinen Dienstwagen, um ungestört schnellfahren zu können.

Die Luftwaffe hatte sich im Feldzug gegen Polen, der nur drei Wochen gedauert hatte, glänzend bewährt; insbesondere die Stukas mit ihren Jerichotrompeten hatten Furcht und Schrecken verbreitet. Allerdings hatte sich gezeigt, daß die Ju 87 gegenüber Jägerangriffen und leichter Flak verwundbar war. Udet ordnete daher aerodynamische Verbesserungen und ein stärkeres Triebwerk an, und so entstand die Ju 87 D.

Desgleichen befahl er am 4. Oktober, Teile der Tempelhofer

Flugfeldanlagen dem Weser-Flugzeugbau für die Stuka-Produktion zur Verfügung zu stellen.

Am 5. Oktober schienen im Tempelhofer Startbuch folgende Eintragungen auf:

7.06 Uhr General Rommel nach Warschau
8.08 Uhr General Bodenschatz nach Warschau
8.45 Uhr General Udet nach Warschau
9.12 Uhr Der Führer und Generaloberst Keitel nach Warschau

Der Grund dieser regen Flugtätigkeit: In der polnischen Hauptstadt fand an diesem Tage die Siegesparade der 8. Armee statt. Ein gewonnener Feldzug bedeutete aber noch keinen gewonnenen Krieg, und viele Probleme der Luftwaffe waren nach wie vor ungelöst. Bereits am 10. Oktober hielt Göring im Ministersaal seines Ministeriums eine Besprechung ab, in der er die schlechten Ergebnisse der wiederholten Angriffe der Luftwaffe gegen englische Kriegsschiffe rügte und selbstgefällig meinte: „Der Gegner muß angegriffen werden, wie wir ihn im Ersten Weltkrieg angegriffen haben. Nicht wahr, Udet?"

In den Abendstunden des 12. Oktober bestellte Hitler, der sich bis jetzt jeder Steigerung der Bomberproduktion widersetzt hatte, Göring, Milch und Udet zu sich und erklärte ihnen: „Jetzt müssen Sie Bomber fabrizieren. Der Krieg geht weiter!"

Hitler war zu seinem Überfall auf Polen nicht zuletzt durch den Abschluß des deutsch-sowjetischen Freundschaftspaktes am 23. August ermutigt worden. Im Zeichen dieses Vertrages kam nach Abschluß des Feldzuges und der darauffolgenden Teilung Polens eine sowjetische Delegation nach Deutschland, um die Luftfahrtindustrie zu besichtigen und allfällige Kaufgespräche zu führen. Udet rief seine Freunde wie Kurt Tank und Ernst Heinkel, zu dem die Besucher am 1. November kamen, an und sagte ihnen: „Die Russen kommen!" Sobald sich die erste Aufregung gelegt hatte, erläuterte er die Zusammensetzung der Delegation, der Alexander Jakovlev, der bekannte Konstrukteur, und, laut Udet, auch eine bildschöne Frau mit blendender Figur, elegant gekleidet und ohne Zweifel eine Spionin, angehörten. „Laßt euch ja nicht mit ihr ein", warnte er. Der

Anruf war einer seiner üblichen Scherze; die Dame, die tatsächlich der Delegation angehörte, war eher unschön, eher dick und keineswegs elegant.

Das Gespräch mit Heinkel über die Zukunft der He 178, das der Kriegsausbruch verhindert hatte, wurde nun nachgeholt, wobei auch die He 280, ein zweimotoriger Düsenjäger, zur Diskussion stand. Als Ergebnis der Besprechung flog Udet zu den Heinkelwerken und war vom Gesehenen so beeindruckt, daß er Heinkel am 18. Oktober telegraphisch mitteilte, er glaube „fanatisch“ an den Erfolg der He 280. Heinkel solle sie entwickeln und darüber an ihn oder Lucht, aber sonst an niemanden im Technischen Amt berichten. Schließlich wies er darauf hin, daß zwar auch Messerschmitt gemeinsam mit BMW ein ähnliches Projekt entwickle, Heinkel seine Arbeit aber fortsetzen solle.

Am 1. November kamen Milch und Udet nach Marienehe, um die He 178 im Flug zu sehen. Göring, der sich ebenfalls angesagt hatte, war nicht mitgekommen. Beim ersten Start setzte der Motor aus, und Warsitz machte einen Ringelpiez. Nach mehr als zweistündiger Reparatur glückte zwar der zweite Start, aber der anschließende Flug vermochte Milch nicht zu beeindrucken. Heinkel hat in seinen Erinnerungen gemeint, Udet sei dem Düsenflugzeug so skeptisch gegenübergestanden, weil er mit dem Kolbenmotor aufgewachsen sei und mit ihm alle Erfolge erzielt habe. Angesichts des ermutigenden Telegrammes vom 18. Oktober ist dieses Urteil nicht ganz gerecht. Da er aber das neue Triebwerk noch für sehr anfällig hielt, gab er zweimotorigen Modellen wie der He 280 und der späteren Me 262 den Vorzug.

Tragisch dabei war, daß Heinkel so bedeutende Pionierleistungen im Jägerbau erzielte, der ihm offiziell gar nicht zugewiesen worden war, dagegen bei den Bombern, die seine Domäne sein sollten, eine Fehlentwicklung zu verzeichnen hatte. Am 17. Dezember 1939, zweieinhalb Jahre nachdem der Bau einer Attrappe angeordnet worden war, machte der Prototyp der He 177 endlich den ersten Flug. Am Steuer saß Dipl.-Ing. Francke, der aber nur zwölf Minuten in der Luft blieb, weil die Motoren heißliefen. Der kurze Flug hatte genügt, um ihm auch andere Fehler zu zeigen: Flattern der Verwindung, Vibration der Kurbelwellen und zu geringe Leitwerkdimensionen. Neben der Me 210 sollte die He 177 das zweite Flugzeug sein, das Udet ständig Sorgen bereitete.

Über diese Sorgen sprach er nun manchmal mit seinen Freunden und gestand: „An den Krieg mit England habe ich nie geglaubt." Gegenüber Inge Bleyle äußerte er sich noch viel offener: „Ich glaube, daß wir niemals gewinnen werden. Diesen Krieg haben wir schon verloren."

XXI

„DIESER KRIEG IST SCHON VORÜBER“

„Ich konnte mich heute des Eindruckes nicht erwehren, daß Udet in Amerika wegen mangelnder wirtschaftlicher Erfahrungen eine solche Aufgabe nie übertragen worden wäre.“ Das schrieb der amerikanische Korrespondent William Shirer am 8. Januar 1940 in sein Tagebuch, nachdem er ein langes, von Göring drastisch zensuriertes Interview mit Ernst Udet gemacht hatte.

Tatsächlich häuften sich auf dem Schreibtisch des Generalluftzeugmeisters die ungelösten Probleme. Während die Front im Westen im Sitzkrieg erstarrt war und die Welt noch im Banne der Schläge stand, mit denen die Luftwaffe Polens Armee vernichtet hatte, wurde den Verantwortlichen fast täglich vor Augen geführt, auf welch schwachen Füßen der Koloß der deutschen Luftrüstung stand.

Die führenden Konstrukteure der Luftfahrtindustrie wurden am 25. Januar in das Zimmer 3280 des Reichsluftfahrtministeriums berufen und nachdrücklich darauf hingewiesen, mehr Stahl, Magnesium und selbst Holz an Stelle von Aluminium zu verwenden. Am 7. Februar sah sich Udet gezwungen, an Göring zu schreiben: „Die gegenwärtige Knappheit sowohl an Aluminium als auch an anderen Nichteisenmetallen wie Kupfer, Zinn, Molybdän und Chrom läßt mir keine andere Wahl, als folgendes zu empfehlen:

Ich betrachte es als vordringlich, daß alles getan wird, um die Erzeugung jener Modelle zu steigern, die im Einsatz an der Front stehen. Meiner Meinung nach ist eine Minderung der Produktion jener Typen, die nicht im unmittelbaren Fronteinsatz stehen (z. B. Schulflugzeuge und Aufklärer) und die durch umgebaute einmotorige und zweimotorige Jäger ersetzt werden können, vorübergehend gerechtfertigt.

Diese Umstellung unseres Erzeugungsprogrammes wird innerhalb der Gesamterzeugung zu einer Verlagerung zu jenen Modellen führen, die hauptsächlich an der Front verwendet werden."

Bereits zwei Tage darauf, am 9. Februar, traf Göring eine Anordnung, die schwerwiegende Folgen haben sollte. Um möglichst viele Arbeits- und Materialreserven für die Produktion zu mobilisieren, sollten nur jene Projekte weiterentwickelt werden, mit deren Fertigstellung 1940 oder 1941 gerechnet werden konnte. Außerdem wurde der Luftfahrtindustrie verboten, aus eigener Initiative Entwicklungsarbeit zu betreiben.

Wie sehr die Maßnahmen zur Materialersparnis bis ins Detail reichten, bewies die Tatsache, daß die Firmen am 28. Februar angewiesen wurden, zur Befestigung der Treibstofftanks nicht mehr Aluminium, sondern Stoffgurten zu verwenden. Göring fragte seinen Generalluftzeugmeister um diese Zeit, ob Deutschland nicht Flugzeuge aus Holz bauen könne. Udet verneinte energisch: „Das können wir nicht machen! Da lacht uns die ganze Welt aus!" Er konnte nicht ahnen, daß das britische Luftfahrtministerium am 1. März 1940 den Auftrag für die Erzeugung von 50 Schnellbombern in Holzbauweise gegeben hatte. Diese De Havilland DH 98 Mosquitos sollten Deutschland noch schwer zu schaffen machen.

Trotz des drückenden Materialmangels war in der obersten Luftwaffenführung der klare Blick für die Realitäten durch die großen Erfolge, die man in Polen erzielt hatte, getrübt. Anfang März begab sich Göring in seinem Befehlszug Asia nach Westen, um die Luftwaffeneinheiten an der belgischen und französischen Grenze zu inspizieren. Auf der Rückfahrt pries er die Arbeit, die Udet für die Luftwaffe geleistet hatte. Da verlor Milch seine Beherrschung und wies darauf hin, daß die Grundlagen für den Aufbau der Luftwaffe von Udets Amtsvorgänger Wimmer gelegt worden seien und daß es derzeit um die Luftrüstung nicht allzu gut bestellt sei.

Es verging auch tatsächlich kaum ein Tag, an dem nicht Schwierigkeiten zu bewältigen waren. Am 9. März führte Udet den Vorsitz bei einer Besprechung über Verzögerung der Termine beim DB 601 D, das eines der wichtigsten Triebwerke der Luftwaffe war. Am 13. März kamen Göring, Milch und Udet im Reichsluftfahrtministerium zusammen, um Produktionssteigerungen bei der Do 217 und der He 111 zu beschließen, da die Ju 88 noch an zahlreichen Mängeln litt.

Am selben Tag schrieb Messerschmitt an Fliegerstabsingenieur Tschersich, den Chef der Planungsabteilung im Amt des Generalluftzeugmeisters, einen Brief, der die chaotischen Zustände in der Industrie enthüllte und scharfe Kritik am Technischen Amt übte. In dem Schreiben hieß es:

„Wir haben uns darüber beklagt, daß wir durch Eingriffe der Ju 88 Schwierigkeiten in der Beschaffung von Arbeitern, Maschinen und Material haben und daß unsere bisherigen Unterlieferanten stark durch die Ju 88 gestört werden (z. B. VDM). General Udet hat uns erklärt, wir seien zu wenig rücksichtslos und würden deshalb von Koppenberg übertrumpft werden. Wir haben die Konsequenzen daraus gezogen und haben die drei Firmen Daimler-Benz, Drauz und Steyr gesichert, auch gegen Koppenberg, welcher versuchte, uns Daimler-Benz wieder abzuringen.

Damals hätten Sie kommen sollen und uns mitteilen müssen, daß Sie noch eine Kapazität bei Weser frei haben. Wir wären damals gerne zu Weser hingegangen und hätten uns nicht abringen müssen, die Firmen auf Flugzeugbau umzuschulen. Diesen Zeitpunkt haben Sie versäumt. Sie haben jetzt keinerlei Recht, uns Vorwürfe zu machen . . .“

Abschließend hieß es in dem Brief: „Ich habe allmählich den Eindruck gewonnen, daß die größten Schwierigkeiten wegen der rechtzeitigen Beschaffung der Flugzeuge und Ausrüstung in erster Linie an der Planlosigkeit, mit der das RLM arbeitet, liegen. Ich erinnere nur an die Unmengen Umstellungen der Programme und, was noch schwerer wiegt, an die planlose Umstellung der Nachbaufirmen, die der lizenzgebenden Firma unerhörte Schwierigkeiten bereitet, was auf die Dauer unvermeidlich zu Terminverzögerungen führen muß.

Sie brauchen nur nachzusehen, welche Umstellungen die Bf 109 F und Me 210 im letzten Halbjahr durchgemacht haben, und brauchen nur nachzuprüfen, welcher Aufwand an Neuschaffung von Vorrichtungen und Lehren getrieben werden muß, und wenn Sie wissen, wie schwierig es ist, gerade die guten Arbeiter für Lehren zu bekommen, so werden Sie auch verstehen, weshalb letzten Endes auch keine Termine gehalten werden.

Ich würde es begrüßen, wenn Sie einmal versuchen würden, diese Planlosigkeit des RLM zu beseitigen oder auf ein vernünftiges Maß zu reduzieren und nicht Firmen noch Vorwürfe machen wegen Dingen, für die allein das RLM selbst verantwortlich ist.

Sonst nichts für ungut, aber es muß einmal die Wahrheit gesagt werden."

Sechs Tage nach diesem Brief legte der Chef der Flugsicherheit im Reichsluftfahrtministerium eine Liste vor, wonach es bei der Bf 109 seit 1939 nicht weniger als 255 Unfälle beim Landen gegeben habe. Und so ging es Tag für Tag: Beschwerden, Beschwerden und noch einmal Beschwerden.

In dieser Situation war es für Udet eine erwünschte Stärkung seines Selbstgefühles, daß er am 1. April 1940 zum General der Flieger befördert wurde. Bei der abendlichen Feier im Hotel Bristol trumpfte er auf: „Jetzt bin ich Kommandierender General, und die Luftwaffe hat die Flugzeuge zu nehmen, die ich ihr gebe!"

An die Seite der ständigen Besprechungen über technische Probleme traten nun in zunehmendem Maße operative Beratungen über die bevorstehenden Einsätze der Luftwaffe. Am 9. April begannen deutsche Truppen mit der Besetzung Dänemarks und Norwegens. Es war eines der kühnsten Unternehmen des Krieges. Im hohen Norden stießen die deutschen Verbände auf erbitterten Widerstand, und Professor Dr. Madelung von der Deutschen Versuchsanstalt für Luftfahrt schlug Udet vor, auf den Gletschern Norwegens Landeplätze für die Luftwaffe anlegen zu lassen.

In einer Besprechung mit Messerschmitt am 7. Mai, an der auch Lucht und andere Ingenieure des Technischen Amtes teilnahmen, unterstrich Udet die Notwendigkeit, das Me-210-Programm zu beschleunigen. Nach der Besprechung veranlaßte er, daß Göring an Messerschmitt ein Telegramm richtete, in dem er ihm zur Erfüllung des Bf-110-Programmes und der Berücksichtigung der zahlreichen Abänderungswünsche der Front beglückwünschte. Das war typisch für den Führungsstil Udets und für die Situation der Luftrüstung schlechthin: Wenn er mahnte, wollte er auch loben, und der Erkenntnis nicht zu übersehender Mängel stand die Gewißheit ebenso unbestreitbarer Erfolge gegenüber.

Am 10. Mai brach der Krieg im Westen los. Hatte in Polen der Stuka, für den Udet so lange gekämpft hatte, seine Feuertaufe bestanden, so bewährte sich nun beim Fallschirmjägerangriff auf das belgische Fort Eben Emael der Lastensegler DFS 230, um dessen Einführung er sich ebenfalls verdient gemacht hatte. Welche Magie sein Name nach wie vor ausstrahlte, bewiesen ausländische Pressemeldungen, die seine Verdienste um den Erfolg der deutschen Waffen in den leuchtendsten Farben schilderten. So war in phantasievollen Meldungen der amerikanischen Nachrichtenagentur United Press vom 17. und 18. Mai unter dem Titel „Luftakrobat Udet Schöpfer der Fallschirmtruppe" zu lesen: „Er hat die Fallschirmtruppentaktik entwickelt... Die Taten der Männer, die er ausbildete, sind eng mit den legendären deutschen Geheimwaffen verknüpft. Es heißt, daß er drei Taktiken entwickelt hat: Eine verbesserte Absprungmethode... Eine neue Zusammenstellung von Fallschirmeinheiten zum Zwecke rollender Angriffe... Eine neue Landemethode, bei der mit Hilfe von Lenkapparaten Fallschirme an jeden beliebigen Platz gesteuert werden können. Er erprobte diese Taktiken zunächst in Gatow bei Berlin... Hitler billigte sie und schickte Udet mit einer Spezialdivision nach Polen. Dort wurde ihm im März ein großer Truppenübungsplatz in der Nähe von Lublin zur Verfügung gestellt und dafür drei Städte evakuiert..." Noch phantasievoller war eine Meldung gewesen, die United Press als „Today's Profile" bereits am 1. Mai veröffentlicht hatte: „Udet wurde als Bauernjunge geboren und arbeitete 15 Jahre lang als Maurer, bevor er genug Bildung erworben hatte, um Dorfschullehrer zu werden..."

Weitaus korrekter war der Geheimbericht, den Wing Commander Cooper, der Udet persönlich kannte, vorbereitete und der am 12. September, während der Luftschlacht um England, der RAF zugeleitet wurde. Darin hieß es über ihn:

„Die Hauptthesen, die er vertritt, lauten:

a) Der Bomber muß, um die feindliche Luftverteidigung zu durchbrechen, schnell, wendig und von Jägern begleitet sein.

b) Der große Bomber bietet ein leichtes Ziel, deshalb muß der mittlere zweimotorige Bomber entwickelt werden.

c) Da sich Luftkämpfe zu Verfolgungsjagden entwickeln werden, muß der ideale Jäger ein schnelles ein- oder zweimotoriges Flugzeug mit starrer Vorwärtsbewaffnung sein."

Abschließend hieß es in dem Bericht Coopers: „Udet ist ein äußerst amüsanter Mann mit fast komödiantischem Auftreten. Er ist ein ausgezeichneter Scharfschütze und ein sehr einfallsreicher Karikaturist. Er liebt Frauen, gutes Essen und Trinken und hat, wie Milch und einige andere, bei Horcher, dem besten Restaurant Berlins, seine eigenen Weingläser mit eingraviertem Monogramm stehen. Seine Einstellung zu seiner gegenwärtigen Aufgabe hat er folgendermaßen definiert: Er habe gehofft, der deutschen Luftwaffe als oberster Testpilot dienen zu dürfen, aber da man ihn der Generalswürde für wert befunden habe, werde er sie mit Stolz tragen."

Udets Kameraden standen nun an der Front: Loerzer und Greim befehligten je ein Fliegerkorps in der Luftflotte 3, Richthofen war Kommandierender General des VIII. Fliegerkorps in der Luftflotte 2 und errang glänzende Erfolge mit der Ju 87, die er einst skeptisch beurteilt hatte. Udet mußte sich zunächst auf Besuche in Wildpark Werder bei Potsdam beschränken, wo sich die unterirdische Kommandostelle der Luftwaffe befand und Göring seinen Befehlszug abgestellt hatte. Am 15. Mai wies sein Kalender aber bereits die Eintragung auf: „Flpl.-Nieder-Mendig ca. 5 km NO Mayen, 30 km westl. Coblenz." Es war der Flugplatz in der Nähe jenes Eisenbahntunnels bei Trimbs in der Eifel, wo Göring nunmehr seinen Befehlszug abgestellt hatte. Etwa 60 km nordwestlich lag bei Rodert in der Münstereifel das Führerhauptquartier. Von Görings Befehlsstand kehrte Udet kurz nach Berlin zurück und sandte, weil er Nachschubschwierigkeiten befürchtete, Messerschmitt am 24. Mai ein Telegramm: „Ausbringung Bf 110 Mailieferung ist mit allen Mitteln in Tag- und Nachtarbeit sicherzustellen. Fehlteile und Schwierigkeiten sind umgehend Chef L. C. 2 zu melden.“

Noch am selben Tag flog er wieder nach Westen. Der Widerstand Hollands hatte nur vier Tage gedauert, und die Fokkerwerke in Amsterdam, die Fabriken des Mannes, mit dessen Maschinen er im Ersten Weltkrieg so große Erfolge erzielt hatte, waren nun in deutscher Hand. Der 24. Mai war ein Samstag, und die Belegschaft murrte, als man sie wegen des angekündigten deutschen Besuches bis 16 Uhr in der Fabrik behielt. Udet tauchte aber erst am Sonntag in Begleitung von General Christiansen auf und wurde von Fokkers Chefingenieur Beeling und von Oberstleutnant Reinhold Platz empfangen, der einst in Deutschland Fokkers Chefkonstrukteur gewesen war. Udet blieb nur kurze Zeit und wollte noch am selben Tag wieder nach Nieder-Mendig zu Göring fliegen. Das Wetter war sehr schlecht, aber als Loerzer, der sein Hauptquartier in Amsterdam aufgeschlagen hatte, den Flug als reinen Selbstmord bezeichnete, antwortete Udet in einem Anflug von Fatalismus: „Na und? Ich habe ohnehin nicht mehr lange zu leben.“ Er hatte seine Gründe, warum er zu Göring wollte: Es war angezeigt, Milch nicht allein im Hauptquartier zu lassen.

Den Heimflug nach Berlin trat Udet am 26. Mai von Amsterdam aus an. Seit Beginn des Jahres hatte er einen neuen Bordwart: Kurt Schnittke, den er 1937 zu den Messerschmitt-Werken geschickt hatte, der dann Soldat geworden war, zuerst in Rechlin gedient und dann in Tarnewitz eine Bordschützenausbildung erhalten hatte. Schnittke, der in einem Zimmer neben der Halle II von Tempelhof, unterhalb des Raumes von Flugkapitän Leopold von der Flugbereitschaft der Gestapo, untergebracht war, hatte sich an die Eigenarten seines neuen Chefs bald gewöhnt. Udet nahm während des Fliegens nicht nur gerne einen Schluck Kognak, sondern rauchte auch. Aschenbecher brauchte er in der Siebel keinen. Er öffnete das Seitenfenster ein wenig, hielt die Zigarre in etwa zwei Zentimeter Entfernung von der Scheibe, und der Sog entfernte die Asche. Kurz nach dem Start in Amsterdam öffnete Udet den Anschnallgurt und schlug dabei mit dem Verschluß gegen das Funkgerät, wobei eine Röhre mit lautem Knall zerplatzte. Udet, der glaubte, sie seien unter Beschuß geraten, ging sofort in Tiefflug über, und als sie um 11.50 Uhr in Berlin landeten, begossen sie den Luftangriff, der keiner war, mit Kognak.

Je mehr sich der Feldzug seinem Ende näherte, desto stärker zog es ihn an die Front. Am 14. Juni fiel Paris; am 16. Juni landete er als einer der ersten Luftwaffengenerale mit seinem Fieseler-Storch in Le Bourget. Er besichtigte französische Flugzeugfirmen und errichtete eine Verbindungsstelle des Generalluftzeugmeisters. Vier Tage später war er bei Generaloberst Kesselring, dem Befehlshaber der Luftflotte 2, in Brüssel, wo sich der Vorgang wiederholte: Besichtigungen und Einrichtung einer Verbindungsstelle. Außerdem wurden jetzt deutsche Industrielle wie Messerschmitt nach Belgien und Frankreich beordert, um an Ort und Stelle zu prüfen, welche Unternehmen in die deutschen Rüstungsanstrengungen eingegliedert werden konnten. Der Erfolg im Westen stärkte aber nicht nur die Produktionskapazität, sondern verbesserte auch die Rohstofflage, denn Frankreich besaß erhebliche Bauxitvorräte für die Aluminiumerzeugung.

Am 21. Juni nahm Udet auf Einladung von Göring in Compiègne an der Unterzeichnung des Waffenstillstandes teil. Welch ein Tag! Vier Jahre lang hatten sie im Ersten Weltkrieg gegen Frankreich gekämpft und waren schließlich geschlagen worden. Nun war der Gegner von einst innerhalb weniger Wochen besiegt worden.

Von Udets Schultern war eine schwere Last genommen. Nun würde trotz aller Schwierigkeiten in seinem Amt und in der Industrie alles doch noch ein gutes Ende nehmen. Erleichtert erklärte er seinen Mitarbeitern im Reichsluftfahrtministerium: „Dieser Krieg ist schon vorüber. Wir brauchen alle diese Flugzeuge nicht mehr."

Nur England war noch zu besiegen. Bereits am 1. Juni hatte Udet an Heinkel den Auftrag gegeben, den Beginn der Serienproduktion der He 177 um drei Monate aufzuschieben, dann nur drei Maschinen monatlich zu bauen und zunächst keine Lizenzbauten zu vergeben. Dafür rief er am 11. Juni Messerschmitt an und beauftragte ihn, 500 Bf 109 und 300 Bf 110 mit Bombenhalterungen zu versehen, da sie als Jagdbomber eingesetzt werden sollten.

Fünf Tage nach dem Waffenstillstand wurde Udet von Göring nach Wassenaar in die Villa befohlen, in der General Christiansen, der Luftwaffenbefehlshaber in Holland, residierte. Thema der Besprechung waren die Engländer, ein zäher Gegner, der sich nicht geschlagen gab und dessen nächtliche Störangriffe gegen deutsche Städte immer lästiger wurden. Deshalb war auch Hauptmann Falck, der Nachtjagderfahrungen hatte und eben den Befehl erhalten hatte, das erste Nachtjagdgeschwader aufzustellen, anwesend. Udets Kalendereintragungen vermitteln einen Eindruck von den Themen, die in Wassenaar zur Debatte standen: „Falck-Nachtjagd, Ju 88 Brandbomben, Lichter auf See, Attrappen Ju 88, He 111, 109, Scheinwerfer forcieren, Schwimmwesten fehlen, 189 Sicht ungenügend!!, Nachtjagd Fallschirm Bombe?, Keller will 110 mit Außentanks, Bomben Schutz, Spitfire-Junck Reims, Waffe i. Storch, Schlauchboot.“

Das war zwar eine Fülle von Problemen, aber niemand zweifelte daran, daß sie zu meistern waren. Nach den Siegen über Polen, Dänemark, Norwegen, Holland, Belgien und Frankreich mußte es der Wehrmacht ein leichtes sein, England zu bezwingen, und der Luftwaffe fiel die ehrenvolle Aufgabe zu, der Invasion der Insel den Weg zu bereiten. So war aller Anlaß gegeben, das Leben zu genießen. Udet verbrachte die Abende in der „Original Bauern Schänke“ am Amsterdamer Singel, die er zu seinem „Nachtlandeplatz“ erklärte und von der er sagte: „Da ist es am gemütlichsten. Hier fühlen wir uns wie zu Hause.“

Am 2. Juli flog er mit Milch, Bodenschatz und anderen Generalen der Luftwaffe nach Paris. In seinem Kalender hatte er eingetragen, was er mitbringen mußte: „Puder von Caron, Rue de la Paix 10, Peau d'Espagne, Seide, Strümpfe schwarz, Grammophonplatten, Zahnpasta, Rasierseife, Lippenstift.“ Das waren verhältnismäßig bescheidene Einkäufe. In Holland hatten Milch, Christiansen und er derartige Mengen an Delikatessen und Getränken erworben, daß schließlich drei vollbeladene Ju 52 nach Berlin abflogen. Zahlreiche gemütliche Abende bei Horcher und in der Tabarin-Bar, die Udet ebenfalls bevorzugte, waren damit gesichert.

Am Höhepunkt des Besuches in Paris schlenderten Udet und Milch Arm in Arm, rote Fliegerschals um den Hals geschlungen, die Champs-Élysées entlang. Nicht nur die vielen amtlichen Sorgen, sondern auch alle persönlichen Spannungen waren nun vergessen. Der Lohn für die Erfolge blieb nicht aus. Am 13. Juli 1940 erhielt Udet das Ritterkreuz zum Eisernen Kreuz. In der Verleihungsurkunde hieß es: „General Udet hat zunächst als Inspekteur der Jagdflieger geholfen, die Grundlagen für die Wiedergeburt seiner Waffe zu legen. Dann hat er sich besondere Verdienste als Chef des Technischen Amtes und Generalluftzeugmeister erworben. Er hat die Ausrüstung der Luftwaffe gesichert, die kriegsentscheidend ist ..." Weitere Ehren folgten. Am 16. Juli sprach Hitler vor dem Reichstag in Berlin. Nachdem er jahrelang versichert hatte, er wolle keinen Krieg gegen England führen, versuchte er nun den Engländern klarzumachen, daß eine Fortsetzung des Krieges sinnlos sei. Aber dieses sogenannte Friedensangebot wurde noch am selben Tage von BBC und kurz darauf von Regierungsseite auch offiziell zurückgewiesen. Den Siegern über Holland, Belgien und Frankreich dankte Hitler mit einer Welle von Beförderungen: Göring wurde Reichsmarschall, Milch, Kesselring und Sperrle Generalfeldmarschälle und Udet Generaloberst. Wie stolz er war, geht daraus hervor, daß er seinem Freund Kurt Tank bereits am 23. Juli ein Photo schenkte, das ihn in weißer Sommeruniform mit den drei Sternen des Generalobersten auf den Schultern zeigte und das die Widmung trug: „Meinem lieben Tank in dankbarer Kameradschaft." Einen Tag darauf schrieb er der Saargruben-Aktiengesellschaft, deren Bergleute der Luftwaffe eine Bf 109 gespendet hatten, die „Saarbergmann" genannt worden war: „Verbunden mit meinem Dank für die freiwillige Spende der Saarbergleute übersende ich in der Anlage einige Aufnahmen unseres erfolgreichsten Jagdfliegers, des Major Mölders, vor dem ‚Saarbergmann'."

Flugzeuge konnte die Luftwaffe jetzt mehr denn je brauchen;

England war noch nicht geschlagen. Der Rausch des Sieges war vorüber, die Orden und Beförderungen ausgeteilt, jetzt galt es wieder zu kämpfen und zu arbeiten. Während sich seine Kameraden, die Frontkommandos hatten, auf den Einsatz gegen die Insel vorbereiteten, mußte sich Udet mit dem ungelösten Problem der englischen Nachtangriffe herumschlagen. Er tat es in gewohnter Weise: nicht vom Schreibtisch aus, sondern am Steuer eines Flugzeuges. In Berlin-Schönefeld wurden Versuche mit zwei Würzburg-A-Geräten und einem Seeburg-Tisch, also sogenannten Funkmeßeinrichtungen, die bei den Engländern Radar genannt wurden, gemacht. Falck, der sie im Auftrage des Generalluftzeugmeisters aufmerksam verfolgte, rief Udet an, sobald er glaubte, daß sie einsatzbereit seien. Udet hatte sich eine sehr simple Methode ausgedacht, um die Wirksamkeit der Geräte zu überprüfen: Wenn sie in der Ju 88 in großer Höhe funktionierten, dann mußten sie auch im Fieseler-Storch in geringer Höhe verwendbar sein.

So wurden in Schönefeld zwei Maschinen mit je einem Würzburggerät bereitgestellt. Einer der beiden Störche, der ein Funkgerät hatte und von Udet geflogen wurde, war der „Jäger“. Der andere Storch mit Falck am Steuer war der „Bomber“. Der Bereich, in dem sie sich bewegen durften, wurde mit Lampen entlang der Autobahn abgesteckt. Die Maschinen starteten ohne Positionslichter, und Udet ließ sich von der Bodenstelle, die von Dipl.-Ing. Pederzani besetzt war, an den „Bomber“ heranführen. Sobald er in Schußposition war, feuerte er eine Leuchtkugel ab, worauf Falck die Positionslichter anzustellen hatte. Udet, dem auf diese Art drei „Abschüsse“ gelangen, erklärte nach der Landung begeistert: „Das ist die Zukunft der Nachtjagd.“ Er gab sofort Befehl, das System einzuführen, ohne zu wissen, wie überlegen die RAF in diesem Bereich war.

Mitte Juli erhielt Udet für seine Frontflüge eine neue Bf 110, Kennzeichen VF + HP, die einzige vollbewaffnete Militärmaschine der Flugbereitschaft am Tempelhofer Feld. Er ließ sich über dem Armaturenbrett einen Rückspiegel anbringen, mit dem es eine eigene Bewandtnis hatte. Udet nahm während des Fliegens gerne einen Schluck aus einer flachen Kognakflasche, die er stets bei sich führte, und hatte nichts dagegen, wenn der Mechaniker auf dem Rücksitz das gleiche tat. Die Schluckbewegung verursachte allerdings ein Geräusch im Kehlkopfmikrophon, und mit Hilfe des Rückspiegels konnte Udet kontrollieren, ob es tatsächlich nur vom Trinken kam.

Die Besprechungen über den bevorstehenden Großangriff gegen England häuften sich nun. Am 16. Juli hatte Hitler die Führerweisung Nr. 16 erlassen, mit der die Vorbereitung des Angriffes gegen England befohlen wurde. Am 31. Juli versammelte Göring am Obersalzberg seinen Stab. Am 1. August erging die Führerweisung Nr. 17. Sie befahl der Luftwaffe die ehebaldigste Niederkämpfung der RAF. Sobald die Luftherrschaft errungen war, sollten Angriffe gegen Häfen und Vorratslager geflogen werden. Luftangriffe gegen die Schiffahrt hatten zu unterbleiben, und die Luftwaffe sollte sich auf die unmittelbare Unterstützung der Landung, des sogenannten „Unternehmens Seelöwe", vorbereiten. Die Entscheidung über Vergeltungsangriffe behielt sich Hitler vor. Der verstärkte Luftkrieg gegen England sollte nach dem 5. August unter Berücksichtigung der Wetterlage beginnen.

Sofort nach dem Ergehen dieser Führerweisung versammelte Göring neuerlich alle Befehlshaber in Christiansens Villa in Wassenaar. Er erklärte einleitend, daß die Luftwaffe eine entscheidende Rolle bei der Niederwerfung Frankreichs gespielt habe. Dann fuhr er fort: „Nun hat mich der Führer beauftragt, mit meiner Luftflotte England zu zerschlagen. Mit harten Schlägen gedenke ich diesen Gegner, der bereits moralisch entscheidend getroffen ist, in kürzester Zeit in die Knie zu zwingen, so daß eine Besetzung der Insel durch unsere Truppen ohne jedes Risiko erfolgen kann." Nach diesen markigen Worten äußerte Göring eine Reihe von utopischen Detailvorstellungen über den bevorstehenden Kampf. Als Theo Osterkamp, Pour-le-mérite-Träger und Jagdfliegerführer, vorsichtig auf die noch immer beachtliche Stärke der RAF hinwies, herrschte ihn Göring an: „Wenn die englischen Flugzeuge so zahlreich und so gut wären, wie Sie sagen, und wenn ich an Churchills Stelle wäre, würde ich den Chef meiner Luftwaffe wegen Unfähigkeit erschießen lassen." Udet, der den Wortwechsel amüsiert verfolgt hatte, unterstrich die Meinung seines Oberbefehlshabers mit einer drastischen Geste des Halsabschneidens.

Seine pantomimische Einlage war eher Galgenhumor gewesen. Nach Berlin zurückgekehrt, sah er sich mit den ewig gleichen, weniger denn je gelösten Problemen konfrontiert. Die Verantwortung für die Rohstoffversorgung war nun von Göring, dem Beauftragten für den Vierjahresplan, an das Oberkommando der Wehrmacht übergegangen. Hitler persönlich hatte die neue Prioritätenliste erstellt: Panzer, U-Boote, Waffen, Munition, neue Waffensysteme und dann erst die Luftwaffe. Udet eilte sofort zu Göring und wies ihn eindringlich darauf hin, daß damit alle Programme der Luftwaffe gefährdet seien. Aber Göring reagierte nicht; wie so oft, zog er es vor, seinem Führer nicht zu widersprechen.

Anfang August trug Udet in seinen Kalender ein: „Beauvais 19 km i. Dorf links, La Boissière.“ Dort hatte Göring seinen Befehlszug „Asia“ abgestellt, von dem aus er den bevorstehenden Großangriff gegen England persönlich leiten wollte. Am 12. August, 24 Stunden vor dem „Adlertag“, wie der Angriffsbeginn genannt wurde, erhielt Udet im Reichsluftfahrtministerium einen Anruf vom Jagdgeschwader 1 in Jever, der ihn an das ungelöste Problem der englischen Nachtangriffe erinnerte.

Ein Armstrong-Whitworth-Whitley-Bomber der RAF, der die Orientierung verloren hatte, war wegen Treibstoffmangels in Jever notgelandet. Die fünfköpfige Besatzung war gefangengenommen worden. Bei der Durchsuchung der unversehrt gebliebenen Maschine fand man zur großen Überraschung keine Bomben, sondern leere Milchkannen aus Aluminium. Die Spezialisten des Vernehmungszentrums im Kriegsgefangenen-Durchgangslager in Oberursel entlockten der Besatzung rasch das Geheimnis dieser Kannen. Sie waren mit Wasser gefüllt gewesen, das notwendig war, um unzählige Zelluloidkapseln, die mit Phosphor gefüllt waren, vor der Entzündung zu bewahren. Die Kapseln waren abgeworfen worden, um erntereife Felder in Brand zu setzen. Bereits am 20. August, eine Woche nach dem Adlertag, würdigte Premierminister Winston Churchill die Leistungen der englischen Jagdwaffe vor dem Unterhaus mit den berühmt gewordenen Worten: „Nie zuvor in der Geschichte der menschlichen Auseinandersetzungen haben so viele so viel so wenigen zu verdanken gehabt.“ Aber während die Luftwaffe über dem Kanal und über England schwere Verluste erlitt und dringend Nachschub benötigte, wurde bei Messerschmitt in Regensburg und Augsburg, wo die Bf 109 erzeugt wurde, nur sechs Stunden täglich gearbeitet. Göring wollte von einer Steigerung der Arbeitszeit nichts wissen; er fürchtete, sie könnte die Siegeszuversicht der Heimat beeinträchtigen.

Am 30. August erhielt Udet einen Brief von Walter Kleffel, der nach Aufenthalten in diversen Konzentrationslagern freigelassen worden war, in die Luftwaffe eintreten wollte und Udet um Fürsprache beim Personalamt ersuchte. Die beiden Freunde trafen sich einige Zeit darauf in München im Hotel Vier Jahreszeiten, wechselten aber nur wenige Worte miteinander. Jeschonnek, der sich in Udets Gesellschaft befand, lehnte es ab, mit einem entlassenen KZ-Häftling zu sprechen.

Während sich die Angriffsverbände der Luftwaffe über England verbluteten, nahmen die nächtlichen Angriffe der RAF an Heftigkeit zu. Von Kriegsbeginn bis 13. August hatte es in Berlin dreizehnmal nächtlichen Fliegeralarm gegeben; seither allein neunmal. Der erste ernsthafte Angriff auf die Reichshauptstadt erfolgte am 25. August, und am 28., 30. und 31. August griff die RAF neuerlich an. Udet mußte sich darauf beschränken, in eingehenden Besprechungen mit Falck die bisherigen Nachtjagdmethoden einer kritischen Würdigung zu unterziehen.

Für 3. September befahl Göring die Führer der Luftwaffe abermals nach Wassenaar. Der Versuch, die RAF im Luftkampf und durch Angriffe auf ihre Bodeneinrichtungen zu schlagen, war gescheitert. Nun wurde ein neues Angriffsziel befohlen: London. Göring ließ seinen Befehlszug am 7. September nach Cap Gris Nez an der Kanalküste bringen, um diesen Angriff persönlich zu befehligen. Vorher hatte er angesichts der heftiger werdenden Angriffe auf deutsches Reichsgebiet den Befehl zur Tarnung von Karinhall gegeben.

Udet war aber bereits am 5. September mit einem neuen Problem von größter Tragweite konfrontiert worden. An diesem Tage hatte Flugkapitän Fritz Wendel in Augsburg den zweiten Prototyp der Me 210, die D-ABGO, erprobt. Als bei großer Geschwindigkeit das Leitwerk zu flattern begann, setzte er den Flug fort, um die Ursache zu ergründen. Das Leitwerk brach ab, und Wendel mußte sich mit dem Fallschirm retten. Sobald Udet von dem Unfall hörte, rief er Messerschmitt an. Gerade jetzt, da die Bf 110 über England ihre Verletzlichkeit bewiesen hatte, wurde die Me 210 dringender denn je benötigt. Messerschmitt sandte einen beruhigenden Brief: Der Unfall sei auf die Vibration eines Bestandteiles am Leitwerk zurückzuführen. Die Flugeigenschaften im Sturz seien gut, die Steuerung ausgezeichnet, und nur der Fehler im Leitwerk müsse behoben werden. Wörtlich hieß es dann: „Ich kann Dir versichern, daß Du wegen der Zelle nichts zu befürchten brauchst.“ Messerschmitt benützte die Gelegenheit, um auch gleich Beschwerden vorzubringen: Er habe noch keinen einzigen DB-601-Motor erhalten, und das Material für die Serienerzeugung der Me 210 würde nicht rechtzeitig vorhanden sein.

Die beste Ablenkung von solchen Problemen war noch immer das Fliegen und das Beisammensein mit Fliegern. „Er war am Kanal bei uns“, erinnerte sich später Adolf Galland, der mit Werner Mölders an der Spitze der erfolgreichen Jagdflieger stand. „Er strahlte so viel Charme, so viel Sympathie und Fliegergeist aus. Er konnte unheimliche Mengen trinken und im nächsten Augenblick vollkommen nüchtern sein.“ Aber auch bei den Jägern am Kanal blieb er von Beschwerden nicht verschont: Sie klagten, daß die Bf 109 E, die sie flogen, der Spitfire unterlegen sei. Udet vertröstete sie auf die Bf 109 F, die Anfang 1941 zur Verfügung stehen würde. Sie werde einen DB-601-E-Motor und nur eine Kanone haben, die aber erhöhte Feuergeschwindigkeit aufweisen werde. Mölders pflichtete ihm bei, daß eine Kanone im Rumpf besser sein werde als zwei Maschinengewehre in der Tragfläche.

Nach Berlin zurückgekehrt, wurde Udet von Rudolf Heß um eine Bf 110 gebeten, mit der er gelegentlich fliegen wollte. Daran erinnert, daß ihm Hitler bei Kriegsausbruch Flugverbot erteilt habe, antwortete Heß, das habe nur für ein Jahr gegolten, das nunmehr abgelaufen sei. Udet antwortete, daß er die Maschine hergeben werde, wenn er eine schriftliche Genehmigung Hitlers erhalte, worauf Heß die Angelegenheit auf sich beruhen ließ. Wenige Tage später kehrte Udet von einem Dienstflug zurück und setzte seinen Storch unter Nichtbeachtung aller Vorschriften buchstäblich innerhalb der Flugzeughalle in Tempelhof auf. Heß, der davon erfuhr, schrieb ihm darauf einen Brief, in dem er ironisch erklärte, daß derartige Landungen für einen Generalluftzeugmeister wahrscheinlich unerläßlich seien und Udet dafür sicherlich auch eine schriftliche Genehmigung des Führers habe. Udet rief Heß nach Erhalt des Briefes an und bat nach einigen einleitenden Scherzen, Hitler von der Angelegenheit nichts zu erzählen; immerhin hatte er ja auch schon Flugverbot gehabt.

Wenige Tage darauf war er bei Hitler. In der Reichskanzlei versammelte sich am 13. September um 13.15 Uhr die militärische Führung des Reiches zu einem Mittagessen. Allein von der Luftwaffe waren Göring, Milch, Stumpff, Weise, Grauert, Keller und Udet gekommen. Nach dem Mahle fand eine Besprechung über die geplante Invasion Englands statt. Hitler tat, als werde sie nach wie vor stattfinden, pries die Erfolge der Luftwaffe und vertrat die Ansicht, daß sie nur durch die Wetterlage an der Erringung der Luftherrschaft gehindert worden sei.

Das war eine völlig irreale Behauptung. Bereits vier Tage später gab Hitler den Befehl, das Unternehmen Seelöwe auf das kommende Jahr, in Wirklichkeit aber für immer zu verschieben. Zugleich begannen die Vorbereitungen für das Unternehmen Barbarossa, die Niederwerfung der Sowjetunion in einem Feldzug, von dem er annahm, er werde drei bis fünf Monate dauern. Göring vertraute er seine Überlegungen an: Ein Sieg über England im gegenwärtigen Zeitpunkt werde den Krieg nicht beenden. Kanada und auch die USA würden ihn weiterführen. Daher sei es richtiger, sich zunächst gegen Rußland zu wenden, diese Bedrohung im Rücken auszuschalten und dann mit ganzer Kraft gegen das britische Weltreich anzutreten.

So ging mit dem nahenden Winter die Luftschlacht über England ihrem Ende zu. Nach den glänzenden Erfolgen über Polen, Dänemark, Norwegen, Holland, Belgien und Frankreich hatte die Luftwaffe zum ersten Male bei der Erfüllung einer ihr gestellten Aufgabe versagt. Immer wieder hatten Hitler und Göring versichert, es werde keinen Krieg gegen England geben. Nun hatte sich gezeigt, daß die Luftwaffe einen solchen Krieg nicht führen konnte. Die Reichweite der Bf 109 war zu gering, die Bf 110 für den Luftkampf zu schwerfällig und die Ju 87 zu verletzlich. Fernbomber gab es keine. Die Bodenleiteinrichtungen der Jagdwaffe waren ebenso unzulänglich wie die Funkmeßtechnik. Und weil das alles technische Mängel waren, schien die ausschließliche Verantwortung auf Udet zu fallen. Längst war vergessen, daß er sich gegen die Übernahme des Technischen Amtes gewehrt hatte. Nun wurde er nicht mehr nur von Milch, sondern auch von anderen führenden Persönlichkeiten der Luftwaffe kritisiert. Erst wenige Wochen zuvor hatte er mit der Verleihung des Ritterkreuzes und der Beförderung zum Generaloberst den Scheitelpunkt seiner Laufbahn erreicht. Dann begann der Weg in den Abgrund. Nach dem Sieg über Frankreich hatte er geglaubt, der Krieg sei schon vorüber. Nun wußte er mehr denn je, daß er nicht zu gewinnen sei.

Theoretisch bestand noch immer die Möglichkeit, eine entscheidende technische Überlegenheit für die Luftwaffe zu erringen. Heinkels zweiter Düsenjäger, die He 280, war nun flugbereit. Udet hatte vorgeschlagen, die Maschine zunächst ohne Triebwerk im Schlepp zu erproben. Am 22. September flog er nach Rechlin-Roggenthien, wo eine He 280 ohne Motor und Treibstoff und mit Ballast als Ausgleich stand. Die Maschine wurde von Flugbaumeister Paul Bader, einem Rechliner Testpiloten, geflogen; das Schleppflugzeug, eine He 111 B, steuerte Dipl.-Ing. Deutschmann. Der erste Flug bis auf 4000 m Höhe verlief zufriedenstellend, aber es wurde beschlossen, als stärkere Schleppmaschine eine He 111 H 5 einzusetzen.

Warsitz kam bald darauf zu einer Besprechung über die He 280 nach Berlin. Wegen Nebels verzögerte sich seine Landung in Tempelhof, worauf ihn Udet mit den Worten empfing: „Wo bleibt ihr denn? Da habt ihr *solche* Instrumentenbretter mit Blindflugausrüstung, und wenn das Wetter mal schlecht ist, könnt ihr nicht landen.“ Als sein Adjutant fragte, was denn der Herr Generaloberst in solchen Fällen mache, antwortete er: „Ganz einfach. Ich fülle mein Schnapsglas und stelle es vorne auf das Instrumentenbrett. Solange nichts über den Rand läuft, liegt die Maschine richtig.“ Und als der Adjutant meinte, das Glas werde beim sprichwörtlichen Durst des Herrn Generalobersten nicht lange voll sein, bekam er zur Antwort: „Sie Anfänger. Ich habe doch daneben die Flasche zum Nachfüllen stehen.“

Das war anscheinend der alte unbeschwerte Udet, aber als Warsitz über Details der He 280 zu sprechen begann, sagte er ironisch: „Warsitz, wollt ihr denn nicht verstehen, daß der Krieg in einem Jahr gewonnen ist und hiezu keine Jagdmaschinen nötig sind?“ Und gleich darauf in bitterem Ernst: „Warsitz – was habt ihr für Sorgen? Begreifen Sie denn nicht? Der Krieg kann sowieso nicht gewonnen werden.“

Das Unternehmen Seelöwe war zwar verschoben worden, aber manche Vorbereitungen liefen noch weiter. So richtete Fritz Siebel, der inzwischen zum Wehrwirtschaftsführer ernannt worden war, am 10. Oktober aus Antwerpen an Udet einen Brief, in dem er mitteilte, daß die nach ihm benannten Siebel-Fähren nunmehr einsatzbereit seien. Es handelte sich um zusammengekoppelte Pionierpontons, die mit ausgedienten BMW-Flugzeugmotoren angetrieben wurden. Der Generalluftzeugmeister hatte das Projekt gefördert, obwohl die Marine der Ansicht gewesen war, Udet und Siebel sollten sich besser um ihre Flugzeuge kümmern.

Ebenfalls im Oktober verankerte der Seenotdienst entlang der französischen Kanalküste die „Rettungsboje Generalluftzeugmeister“. Sie war auf Anregung Udets gebaut worden, trug ein weithin sichtbares rotes Kreuz, hatte vier Betten und enthielt Vorräte, Trinkwasser, Decken, Bekleidung, Signallampen und sogar Geduldspiele.

Koppenbergs Wunderbomber, die Ju 88, bereitete Udet zunehmend Sorgen. Die Maschine, von der bereits 2000 Stück ausgeliefert waren, wurde von der Truppe heftig kritisiert. Milch ging nach der Rückkehr von einer Inspektion an der Kanalküste so weit, Göring zu sagen: „Die Besatzungen fürchten nicht den Gegner, sondern die Ju 88.“ Das war zwar Übertreibung, aber wenn es um Kritik an den Aufgaben des Generalluftzeugmeisters ging, war Milch um Worte nicht verlegen, um so mehr, als die Ju 88 als Udets „Kind“ galt.

Udet flog daraufhin am 15. Oktober mit seiner Bf 110 zunächst nach Amsterdam, dann nach Rotterdam und besuchte mehrere Ju-88-Einheiten. Carl Francke, der nun bei der Luftwaffe diente, begleitete ihn. Die beiden hatten bereits einmal eine solche Reise unternommen, und zwar nachdem die Jägereinheiten an der Kanalküste Klagen über die Bf 109 geäußert hatten. Diesmal führte Udet den Verbänden die Ju 88 im Sturz vor und beschleunigte dabei bis zu 9 G. In den Gesprächen, die er mit den Besatzungen führte, stellte sich bald heraus, daß die Abneigung gegen die Ju 88 nicht auf technischen Schwierigkeiten beruhte. In den Jagdgeschwadern waren die alten Kommandeure bereits am Beginn der Luftschlacht um England durch junge Offiziere mit den höchsten Abschußziffern, wie Mölders, Galland und Wick, ersetzt worden. Bei den Bombern wurden dagegen die Geschwader und Gruppen noch von Offizieren geführt, die als Beobachter neben dem Flugzeugführer saßen. Das hatte bei den Horizontalbombern wie der He 111 und der Do 17, bei denen die Piloten mehr oder weniger nach ihren Anweisungen flogen, kein Problem bedeutet. Bei den Sturzbombern mußte aber der Pilot auch der Kommandant der Maschine sein, und das gleiche galt für die Führung der Verbände, die ja möglichst geschlossen stürzen sollten. Diese persönlichen Spannungen zwischen Piloten und Beobachtern waren der eigentliche Beweggrund der Kontroversen um die Ju 88.

Udet kehrte gerade rechtzeitig von seiner Reise zu den Verbänden zurück, um am 19. Oktober in sein neues Heim zu übersiedeln. Nachdem er Generaloberst geworden war, hatte ihm Göring nahegelegt, die Wohnung in der Pommerschen Straße aufzugeben, weil sie nicht repräsentativ genug sei. Er hatte widerstrebend zugestimmt, und sein Adjutant, Oberstleutnant Pendele, hatte eine Villa in der

Stallupöner Allee im Grunewald ausfindig gemacht. Inge Bleyle hatte mit Hilfe von Walter Angermund und dem Haushälterehepaar Peters, das Udet seit den Tagen der Bäderflüge kannte, die Übersiedlung und Einrichtung übernommen. Udet liebte das neue Haus nicht. Es hatte ein Vordach, so daß man, ohne naß zu werden, das Auto besteigen konnte. Er meinte dazu: „Das ist der Sargdeckel." Als er am 19. Oktober einzog, bemerkte er, daß das schmiedeeiserne Gartentor als Verzierung ein kleines schwarzes Kreuz aufwies. Erschrocken prallte er zurück und sagte: „Ich hätte in der Pommerschen Straße bleiben sollen."

Das Haus lag ziemlich einsam, und er brachte deshalb zwei Pistolen in Verstecken unter: eine im Boden seines Vergrößerungsapparates, die andere im ausgehöhlten Fuß seines Trophäenkastens. Zwei Tage nach dem Einzug in die Stallupöner Allee brach er zusammen. Es war, als habe man versucht, einen Baum aus seiner gewohnten Umgebung zu verpflanzen. In der Nacht vom 21. auf den 22. Oktober erlitt er einen Blutsturz und wurde von seinem Hausarzt Dr. Brühl in das Franziskaner-Krankenhaus eingeliefert.

Seine Gesundheit war schon seit langem untergraben gewesen. Er trank mehr denn je, rauchte viel, nahm Pervitin, und seine Ernährung bestand fast nur aus Fleisch. Fürchterliches Sausen in dem Ohr, das ihm bereits im Ersten Weltkriege zu schaffen gemacht hatte, quälte ihn. Sein Hausarzt gab ihm Injektionen. Als Udets Hund, der wegen einer Erkrankung von einem Tierarzt ebenfalls mit Injektionen behandelt wurde, starb, meinte er: „So werde ich auch sterben."

Die Wurzeln seiner Leiden waren nicht zuletzt seelischer Art. Göring bedrängte ihn mit Anfragen und Anordnungen und rief ihn oft mitten in der Nacht an. Udet fuhr dann allein ins Amt und suchte ohne Hilfe von Adjutanten und Sekretärinnen die Unterlagen zusammen, um Göring zu antworten. Von Milch fühlte er sich ständig verfolgt. Freunden gegenüber bekannte er nun offen: „Als ich die Uniform wieder anzog, habe ich mir eine Schlinge um den Hals gelegt."

Nach der Einlieferung ins Krankenhaus wurde er von Milchs Arzt, Professor Dr. Kalk, untersucht, der Göring mitteilte, daß Udet fünf bis sechs Wochen Ruhe brauche. Sofort sandte der

Reichsmarschall ein Telegramm, in dem es hieß: „Mein erster und heißer Wunsch ist der, daß Sie mir gründlichst wiederhergestellt werden ... Machen Sie sich keinerlei Sorgen um Ihr Amt, hier werden Ihre vortrefflichen Mitarbeiter, vor allem General Ploch, schon das Notwendige erledigen. Außerdem habe ich Milch gebeten, sich ebenfalls der Dinge anzunehmen.“ Ein ähnliches Telegramm ging an Ploch: „Sie haben dafür Sorge zu tragen, daß der Generaloberst völlig von jeder dienstlichen Tätigkeit abgeschaltet wird und daß keinerlei Stellen der Luftwaffe und der Industrie sich in dieser Zeit an den Generaloberst wenden können ... In besonders wichtigen Fällen haben Sie sich an den Generalfeldmarschall Milch zu wenden und dessen Entscheidung herbeizuführen. Er übernimmt die Aufgaben des Generalobersten in allen grundsätzlichen und wichtigen Dingen.“

Genau das wollte Udet nicht, das hatte er gefürchtet, aber er konnte es jetzt nicht mehr verhindern. Am 29. Oktober flog er nach Baden-Baden und fuhr von dort zum Sanatorium Bühlerhöhe im Schwarzwald. Rauchen und Trinken waren ihm streng verboten, aber auf dem Rücksitz seines Wagens lagen Kartons mit Zigaretten und Flaschen alkoholischer Getränke. Er blieb auch nicht fünf bis sechs Wochen, sondern nur zehn Tage. Der Gedanke, daß Milch nun ungehinderten Zutritt zu seinem Amt, zu allen Vorgängen und damit auch zu allen Versäumnissen hatte, die im Laufe der Jahre entstanden waren, quälte ihn so sehr, daß er in der Abgeschiedenheit der Bühlerhöhe keine Ruhe finden konnte.

Ins Amt zurückgekehrt, sah er sich noch immer mit Problemen im Gefolge des längst verschobenen Unternehmens Seelöwe konfrontiert. Bereits am 4. Oktober hatte ihm Messerschmitt ein phantastisches Projekt vorgeschlagen: Schwere Panzer sollten mit einem Fahrgestell und abmontierbaren Tragflächen samt Rumpf und Leitwerk versehen und dann von vier Ju 52 über den Kanal geschleppt werden. Udet lehnte den Vorschlag ab, beauftragte aber Messerschmitt und die Firma Junkers unter den Decknamen „Warschau Süd“ bzw. „Warschau Ost“ bis 1. November Vorschläge für einen Großraumlastensegler vorzulegen.

Eine der ersten Entscheidungen Udets nach seiner Rückkehr ins Amt war die Bestellung von je 200 Maschinen. Um so große Lastensegler zu schleppen, bedurfte es starker Maschinen. Udet hatte daher den Bau des Heinkel-Zwillings angeregt, der aus zwei miteinander verbundenen He 111 bestand und an der Nahtstelle einen fünften Motor hatte. Schließlich hatte die Gothaer Waggonfabrik angesichts der Bewährung des DFS 230 bei Eben Emael bereits am 21. September die ersten Pläne für den verbesserten Lastensegler Go 242 vorgelegt, dessen Serienerzeugung Udet befahl.

Am 27. November flog er mit Kurt Schnittke nach Dessau, wo bei den Junkers-Werken am Projekt Warschau Ost gearbeitet wurde. Nach einem Blick auf die Pläne erklärte er, daß die Maschine entweder überhaupt nicht fliegen oder aber sehr unstabil sein werde. Auf dem Rückflug gab er Schnittke eine der Konstruktionszeichnungen, damit er ein Modell des Lastenseglers baue. Dabei stellte sich heraus, daß die Rumpflänge zur Erzielung zulänglicher Flugeigenschaften verdoppelt werden mußte.

Udet teilte am 20. Dezember Messerschmitt und Junkers mit, daß er Ing. Jacobs, den Konstrukteur des Rhönsperbers, des Rhönadlers und des DFS 230, zu seinem technischen Berater in allen Lastenseglerfragen bestellt und ihn beauftragt habe, sich über den Stand der Warschau-Projekte zu informieren und ihm Bericht zu erstatten.

Sein seelisches Gleichgewicht war genügend wiederhergestellt, um den alljährlichen Kalender zu verfertigen. Im Vorjahr hatte er u. a. sich selbst bei der Elefantenjagd in Abessinien, Göring beim Tennisspielen in San Remo und die englische Insel, von einer Ju 88 überschattet, gezeichnet. Der Kalender für das Jahr 1941 zeigte u. a. Churchill auf den Trümmern eines Hauses, Göring, der mit einem Brennglas London in Brand setzt, und einen beflügelten Milch, der die brennende Stadt photographiert. Sich selbst hatte er zweimal gezeichnet: im Krankenhaus mit einem Eisbeutel auf dem Kopf und im Auto, wie er im strömenden Regen auf die Bühlerhöhe fuhr. Ein melancholischer Abschied, – es war der letzte Kalender, den er verschenkte.

In der Nacht vom 20. auf den 21. Dezember griff die RAF, deren

Kampfkraft ungebrochen war, die Reichshauptstadt an. Wenige Tage darauf lehnte das Technische Amt Heinkels Projekt 1060, die spätere He 219, als überflüssig ab. Erst viel später und in viel zu kleinen Mengen kam dieser Nachtjäger an die Front. Aber da war Udet bereits längst tot.

XXII

„MORGEN BIST DU EINE WITWE“

„Habt ihr irgend etwas Interessantes zu fliegen?“ fragte die Stimme am Telephon. „Jawohl, Herr Generaloberst, einen erbeuteten englischen Beaufighter.“

Weniger als eine Stunde später landete Udets Siebel in Rechlin. Die Motoren des Beaufighters waren noch warm, Carl Francke war eben von einem Testflug zurückgekehrt. Udet kletterte in die zweimotorige Maschine, nahm im Führersitz Platz, Francke stellte sich in den dahinterliegenden Beobachtersitz und begann ihm das komplizierte Armaturenbrett zu erklären. Plötzlich hieß es: „Wollen Sie mitfliegen?“ Udet startete, stellte nach dem Abheben noch einige Fragen nach Fahrgestell und Klappen und begann sodann mit der Maschine, die er nie zuvor geflogen hatte, zu „akrobateln“.

Flüge wie mit dem Beaufighter waren Ablenkung von einem nicht enden wollenden Strom von Problemen, mit denen das Jahr 1941 begann. Am 7. Januar schlug Messerschmitt dem Generalluftzeugmeister den Bau einer schweren Schleppmaschine für die großen Lastensegler vor. Er kam zu spät. Heinkels Zwilling war bereits im Bau. Messerschmitt erwähnte auch, daß das Langstreckenflugzeug Me 261 soeben seinen Erstflug gemacht habe, seine Reichweite auf 20.000 km verlängert werden könne, und fügte hinzu: „Die Amerikaner haben schon einen Langstreckenbomber.“ Messerschmitts Jägerproduktion war allerdings völlig unzureichend. Im Januar wurden in seinem Unternehmen und in den Lizenzwerken Arado, Erla, Fieseler und in Wiener Neustadt nur 97 Bf 109 erzeugt.

An der Fiktion der Landung in England wurde nach wie vor festgehalten. Am 21. Januar fand bei Udet eine Besprechung statt, an der sein Mitarbeiter Generalmajor Ploch, Professor Messerschmitt und dessen Aufsichtsratvorsitzender Theo Croneiss teilnahmen. Es ging darum, die Me 321, das noch gar nicht fertiggestellte Projekt Warschau Süd, später Gigant genannt, mit erbeuteten französischen Motoren auszustatten und damit aus einem Lastensegler einen Großtransporter zu machen.

Am 30. Januar sprach Udet in Paris vor Industriellen, deren Firmen für Deutschland arbeiteten.

Der Prototyp der Ju 288 machte Ende Januar seinen Erstflug. Die Ausschreibung für diese Nachfolgemaschine der Ju 88 war bereits im Juli 1939 erfolgt, und Koppenberg hatte damals dafür gesorgt, daß sie genau auf sein bereits weit fortgeschrittenes Projekt E 73 paßte. Die anderen Bewerber, wie die FW 191, die Ar 340 und die Do 317, hatten von vorneherein nur geringe Chancen gehabt.

Am 7. Februar hielt Göring in seiner Eigenschaft als Vorsitzender des Ministerrates für die Reichsverteidigung eine Sitzung ab, in der er zwei neue Sonderstufen der Rüstungsprioritäten verkündete: S und SS. In die höchste Kategorie wurden einige Flugzeuge eingestuft. Drei Lastensegler, die DFS 331, die Go 242 und die Me 231, ferner die Bomber Ju 288 und FW 191, die Ju 252, die an die Stelle der Ju 52 treten sollte, und das schnelle Aufklärungsflugzeug Me 161.

Udet hatte sich aber nicht nur um Projekte, sondern auch um ständige Klagen über bereits eingesetzte Maschinen zu kümmern. So erhielt er am 15. Februar ein Telegramm von Kesselring, in dem sich der Luftflottenchef weigerte, die neue Bf 109 F am Kanal einzusetzen, weil die Leitwerkpartie zu schwach sei.

Zwischendurch fand Udet Zeit, sich um alte Freunde zu kümmern. Eddie Rickenbacker, inzwischen Chef der Eastern Airlines geworden, war am 26. Februar mit einer DC 3 seiner eigenen Fluggesellschaft abgestürzt und lag mit schweren Verletzungen im Piedmont Hospital in Atlanta. Udet sandte ihm ein Genesungstelegramm.

Die Großraumlastensegler nahmen nach wie vor eine bedeutende

Position in der Luftwaffenplanung ein. Am 20. Februar hatte sich Göring persönlich in Begleitung von Udet und Bodenschatz nach Leipheim begeben, um Messerschmitts Gigant, der fünf Tage später seinen Erstflug machte, zu inspizieren. Udet flog von dort nach Merseburg, um auch das Junkers-Projekt Warschau Ost, die Ju 322, genannt Mammut, zu besichtigen. Er warf einen Blick auf das in Holzbauweise hergestellte Monster und sagte: „Das Leitwerk ist zu klein. Wenn sie fliegt, wird sie fürchterlich unstabil sein." Er sollte recht behalten.

Seine nächste Werksbesichtigung führte ihn nach Bremen, wo Focke Wulf den von Kurt Tank entworfenen Jäger FW 190 baute. Als eine der am weitesten im Nordwesten gelegenen Flugzeugfabriken war das Focke-Wulf-Werk bereits wiederholt von der RAF angegriffen worden. Die Mängel der He 177 waren noch nicht behoben, und so war man auf Improvisation angewiesen. Bereits seit April 1940 stand die ursprünglich als Verkehrsflugzeug entworfene viermotorige FW 200 C als Fernaufklärer und Bomber im Einsatz gegen die englische Schiffahrt.

Die Schwächen der deutschen Luftrüstung waren um so bedrückender, als ihr das beachtliche Potential der Flugzeugindustrie in Holland, Belgien und Frankreich zu Gebote stand. Udet flog am 12. März 1941 nach Amsterdam, wo die Firma Fokker für die deutsche Luftrüstung arbeiten mußte. Er benützte den Aufenthalt, um seinen alten Freund Loerzer aufzusuchen, der sein Hauptquartier im Hotel Amstel aufgeschlagen hatte. In vorgerückter Stunde vertraute er ihm seine Sorgen an: „Bruno, ich bin der falsche Mann für diesen Posten. Am Ende werden sie mich kriegen. Sie werden einen Sündenbock brauchen. Milch sitzt mir ständig im Nacken und erklärt ständig lächelnd: ‚Ich habe es ja gesagt, daß es nicht klappen wird.'" Mit zaghaftem Optimismus nahm er von Loerzer Abschied: „Mach dir keine Sorgen, ich habe noch nicht aufgegeben. Ich bin nur manchmal des Spieles müde."

Als Souvenir brachte er aus Amsterdam eine Kiste mit Zigarren mit, die ihm die Tabakfirma „Huifkar" geschenkt hatte. Ihre rotgoldenen Bauchbinden waren mit seinem Porträt geschmückt.

Angesichts der Unordnung, die vielfach in seinem Amtsbereich herrschte, war es nicht ohne Ironie gewesen, daß er seiner langjährigen Sekretärin Hildegard Ordnung am 1. März in ein Exemplar seines Buches „Mein Fliegerleben“ die Widmung geschrieben hatte: „Ordnung ist das halbe Leben ... Meiner Ordnerin Frl. Ordnung mit freundlichen Grüßen und dankbarer Anerkennung.“

Die denkbar größte Unordnung herrschte im Flugmotorenbereich. So war die Firma BMW in München mit der Lieferung ihres BMW 801, eines luftgekühlten zweireihigen Sternmotors von 14 Zylindern, bereits zum dritten Male in Rückstand geraten. Udet berief daraufhin die Geschäftsführung von BMW nach Berlin und wies zunächst darauf hin, daß diese Verzögerungen die Erzeugung zweier wichtiger neuer Typen, der FW 190 und der Do 217, verzögere. Er fuhr fort: „Ich habe deshalb den einigermaßen ungewöhnlichen Weg gewählt, einen anerkannten neutralen Fachmann mit der Untersuchung des Konzerns der Bayerischen Motorenwerke zu beauftragen.“ Dieser Fachmann war Direktor William Werner von der Auto Union. Er hatte eine 60 Seiten umfassende Studie vorgelegt, die bald als Werner-Bericht bekannt wurde. Udet teilte mit, daß er bei der Verlesung des Berichtes nicht anwesend sein könne, weil er überraschend zum Reichsmarschall gerufen worden sei, und sagte u. a. abschließend: „Der Bericht gibt viel zu denken. Abgesehen von Organisationsfragen kommt es vor allem auf die Menschen an. Eitelkeit, Boshaftigkeit, hinterrücks geführte Gespräche und Cliquenbildung müssen im höheren Interesse zurückgestellt werden. Glauben Sie mir, daß mir derartige Besprechungen zuwider sind. Ich will nicht den Schullehrer spielen. Aber Sie zwingen mich dazu. Herr Werner wird Sie in zwei Monaten wieder aufsuchen und mir über die Maßnahmen, die Sie in der Zwischenzeit ergriffen haben, berichten.“

So hatte die Sitzung einen ganz und gar typischen Verlauf genommen. Udet war wirklich kein Schulmeister, geschweige denn die harte, energisch zupackende Persönlichkeit, die notwendig gewesen wäre, um die Luftrüstung am Vorabend des Feldzuges gegen Rußland zu der nötigen Produktionssteigerung zu bringen. Er fand allerdings auch wenig Unterstützung und Rückhalt. Zu Göring war er gegangen, um ihn darauf hinzuweisen, daß die Industrie nicht in der Lage sei, die erforderlichen Maschinen für eine Großoffensive zu liefern. Seine Erklärungen wurden wie stets nicht ernst genommen. Göring seinerseits ging zu Hitler und erhielt von ihm die Versicherung, daß der Feldzug gegen Rußland nur sechs Wochen dauern werde. Dann werde man sich mit aller Kraft gegen England wenden können.

Ständige Spannungen herrschten auch im Bereich des von Generalmajor Doerstling geleiteten Nachschubamtes, wo die Industrie erbittert und mit allen Mitteln um jeden neuen Auftrag kämpfte. Niemand dachte auch nur im geringsten daran, sich um die Entscheidung zu kümmern, wonach Messerschmitt Jäger und Heinkel Bomber zu bauen habe. Die Worte von der Überlegenheit des totalitären Führungssystems, die Udet einst für „Luftmacht Deutschland" gewählt hatte, wirkten nun, da im Zeichen eines großen Krieges eine gemeinsame Kraftanstrengung notwendig gewesen wäre, geradezu wie ein Hohn. Udet hatte z. B. kaum die Idee eines einfach herzustellenden Langstreckenflugzeuges entwickelt, als er bereits am 20. März 1941 einen Brief von Messerschmitt erhielt, in dem es hieß: „Ich habe heute gehört, daß beabsichtigt ist, ein Sonderflugzeug, primitiv, schnell zu entwickeln und zu bauen (ungefähr in der gleichen Zeit wie die großen Lastensegler) für einen Flugzettelabwurf über Amerika. Mit der Entwicklung soll eventuell die Fa. Focke Wulf betraut werden. Ich bezweifle nicht, daß Focke Wulf in der Lage ist, diese Aufgabe durchzuführen, glaube aber, daß es bei der heutigen Belastung nicht richtig ist, eine Sache neu beschleunigt anlaufen zu lassen, die hier schon halbwegs fertig ist. Ich habe hier das im Auftrag des Führers gebaute Fernflugzeug Me 261, das vollständig eingeflogen ist, augenblicklich in drei Stücken existiert und als Aufklärungsflugzeug fertig gemacht wird. Diese Maschine ist für obengenannten Zweck geeignet. Je nach der zur Verfügung stehenden Zahl an Arbeitskräften kann das Flugzeug unter Umständen in einigen Wochen einsatzbereit sein."

Chaotischer konnte es kaum zugehen. Am Vorabend des Feldzuges gegen Rußland brauchte die Luftwaffe eine möglichst große Zahl von Frontflugzeugen. Der für den Kampf gegen England unerläßliche schwere Bomber fehlte immer noch. Aber man fand in dieser Situation Zeit und Energie, sich mit einem Flugzeug zu befassen, das über Amerika, mit dem man sich noch gar nicht im Krieg befand, Flugblätter abwerfen sollte.

Verhängnisvoll war auch, daß Udets Faszination am Fliegen ungebrochen war und ihn immer wieder dazu verleitete, sich um zwar interessante, aber vergleichsweise untergeordnete Aufgaben zu kümmern. In der Luftschlacht über England waren He 111 H 8 mit Ballonkabelabweisern eingesetzt gewesen, die Hans Jacobs von der Deutschen Forschungsanstalt für Segelflug entworfen hatte und die von Hanna Reitsch erprobt worden waren. Nun stand ein verbessertes Gerät zur Verfügung, das ebenfalls von Hanna Reitsch in der Ballonerprobungsstelle Saarow getestet wurde. Udet traf dort eines Tages in seinem Storch PO+AL zu Besuch ein. Die Anwesenheit des Generalluftzeugmeisters beeindruckte die Bodenmannschaft so sehr, daß sie Hanna Reitsch starten ließ, obwohl der Ballon durch starken Wind quergestellt worden war und das Kabel schräg stand. So nahm das Unheil seinen Lauf: Zwei Propellerblätter der Do 17, in der Hanna Reitsch saß, wurden vom Kabel beschädigt, und sie konnte nur mit Mühe nach Fürstenwalde, wo sie gestartet war, zurückkehren. Udet setzte durch, daß sie das Eiserne Kreuz II. Klasse erhielt, und Göring verlieh ihr am 27. März das Goldene Flugzeugführerabzeichen mit Brillanten.

Am 4. April traf im Technischen Amt wieder einmal ein Telegramm von Kesselring ein. Diesmal führte der Luftflottenchef 25 Mängel der neuen Bf 109 an und verlangte die Entsendung von Industriekolonnen, um sie auf den Fronteinsatzplätzen zu beheben.

Täglich sah sich Udet mit neuen, immer größer werdenden Problemen konfrontiert. Rudolf Heß hatte nun doch Flugerlaubnis durchgesetzt und startete eines Tages in Rangsdorf mit einer Bf 108, in der auch Adolf Doldi saß, der einst mit Udet den Rumpler-Flugverkehr von München nach Wien eröffnet hatte. Entgegen allen Vorschriften begann Heß über dem Flugplatz mit einem Kunstflugprogramm. Rote Leuchtzeichen beachtete er nicht, worauf der Flugleiter von Rangsdorf empört im Reichsluftfahrtministerium anrief. Udet schrieb daraufhin Heß einen Brief und teilte ihm mit, er habe der Flugbereitschaft des Generalluftzeugmeisters den Befehl gegeben, dem Stellvertreter des Führers keine Maschine mehr zur Verfügung zu stellen.

Die He 280, der zweimotorige Düsenjäger Heinkels, an den Udet „fanatisch" glaubte, hatte am 2. April seinen Erstflug gemacht. Bereits am 5. April flog Udet mit seiner Bf 110 VF+HP in Begleitung von Generalingenieur Reidenbach nach Marienehe. In anderen Maschinen kamen Chefingenieur Lucht, Dipl.-Ing. Eisenlohr und Carl Francke mit. Udet hatte seine Filmkamera mitgebracht, und Schnittke stand mit Ersatzfilmpackungen bereit. Heinkel lud sie in sein Kabriolett ein, um zum Startplatz zu fahren. Als sie die Piste entlangrollten, hörten sie bereits das Heulen der Düsenmotoren. Heinkel riß den Wagen von der Startbahn herunter ins Feld, wo er bis zu den Trittbrettern im Morast steckenblieb. Die Insassen sprangen heraus und versanken ebenfalls in Schlamm und Dreck. Udet, der Stiefel anhatte und noch am besten dran war, filmte den Start und war begeistert, als Flugkapitän Schäfer einige Male im Tiefflug über das Feld jagte. Eine Fw 190 war zu Vergleichszwecken ebenfalls gestartet, und die enorme Überlegenheit der He 280 war offensichtlich. Daran vermochte auch der Ringelpiez bei der Landung nichts zu ändern. Noch auf dem Flugplatz hielt Udet eine kleine Ansprache: „Ich möchte Ihnen danken für das, was hier geleistet worden ist. Was wir heute hier erlebten, ist vielleicht der stolzeste Tag in der Heinkel-Geschichte. Ich werde heute abend beim Reichsmarschall Bericht erstatten über das, was ich hier gesehen habe, und ich kann Ihnen schon jetzt seinen Dank für das aussprechen, was Sie hier geleistet haben." Beim Essen im Werkskasino sagte er: „Wenn die Briten ein paar solcher Maschinen über dem Kanal sehen würden, müßten sie alle ihre Programme ändern."

Seinen begeisterten Worten folgten aber keine entsprechenden Taten. Die Konkurrentin der He 280, die Me 262, machte erst zwei Wochen später ihren Erstflug, und zwar mit einem konventionellen

Kolbenmotor vom Typ Jumo 210 G, den man in den Rumpf eingebaut hatte. Im Gegensatz zu Heinkel hatte Messerschmitt sich nicht selbst ein Strahltriebwerk gebaut, und so stand ihm vorläufig keines zur Verfügung.

Einen Tag nach dem Besuch in Marienehe flog Udet nach Wiener Neustadt, wo er bis zum 9. April blieb, und von dort nach Merseburg, wo der Erstflug der Ju 322, Mammut, stattfinden sollte. Die Startbahn war eigens verlängert worden, als Schleppmaschine diente eine Ju 90 U 7 mit 16-Millimeter-Seil. Die Schleppmaschine konnte nur mit Mühe abheben, der Lastensegler mußte mit Gewalt überzogen hochgerissen werden und torkelte hin und her. Das Fahrwerk wurde abgeworfen, hüpfte wie ein Gummiball fast bis zum Segler zurück und blieb zertrümmert liegen. Um die Ju 90 nicht zu gefährden, wurde das Seil schnell gelöst. Die Versuche des Piloten, den Lastensegler in Normallage zu bringen, endeten mit einer Bruchlandung außerhalb des Flugplatzes. Verärgert flog Udet bereits 83 Minuten nach der Ankunft nach Berlin zurück.

Inmitten all seiner Probleme und Sorgen fühlte er sich in der Gesellschaft von jungen Fliegern noch immer am wohlsten. Nach einer Besprechung im Reichsluftfahrtministerium lud er Mölders und Galland zu sich in die Stallupöner Allee. Dort aßen und tranken sie und schossen auf die Scheibe. Anfänglich erwiesen sich die beiden jungen Offiziere als überlegene Schützen, doch je mehr getrunken wurde, desto schlechter schossen sie und desto besser traf Udet.

Johannes Steinhoff, damals Staffelführer im Jagdgeschwader 52, wurde zu einer Besprechung über die Nachtjagd nach Schöneberg befohlen. Von allen Seiten wurden Klagen laut: Die einsitzige Bf 109 war für die Nachtjagd ungeeignet, die Flakartillerie hatte zu wenige Scheinwerfer, und von Funkmeßgeräten war nur am Rande die Rede. Als die Besprechung vorüber war, lud Udet, der im Storch gekommen war, Steinhoff zum Rückflug nach Staaken ein. Zunächst flog er gegen den Wind fast auf der Stelle einige gewagte Kurven und Wenden, und was dann geschah, hat Steinhoff in seinem Buch „In letzter Stunde“ sehr anschaulich geschildert: „Schließlich legte er die Maschine auf Kurs nach Staaken, und nachdem wir ein Stück des Weges über den Vorstädten der großen Stadt zurückgelegt hatten, drehte er sich zu mir und fragte: ‚Rauchen Sie Zigarren?‘ Als ich bejahte, zog er zwei in Silberpapier gewickelte Zigarren aus der Brusttasche und reichte mir eine davon nach hinten. Es war ein wundervolles schwarzes Kraut von beachtlicher Dicke und Länge, feucht und würzig, und in der kleinen Kabine wurde es beinahe gemütlich, wie wir so genüßlich rauchend über Berlin dahinflogen.“

Den jungen Fliegern war er nach wie vor ein bewundertes Vorbild; in der Führung der Luftwaffe dachte man anders. An die Seite Milchs, der ihn ständig kritisierte, trat nun auch Jeschonnek, der behauptete, das Amt des Generalluftzeugmeisters lege überhöhte Produktionsziffern vor.

Zu seinem 45. Geburtstag am 26. April 1941 wurde Udet noch einmal geehrt. Die Technische Hochschule München ernannte ihn zum Doktor honoris causa. Eine Flut von Glückwünschen traf bei ihm ein. Nur wenige kamen von wahren Freunden. General der Flieger v. Seidel, der Generalquartiermeister der Luftwaffe, hat später Udets Situation in diesen Tagen mit den Worten charakterisiert: „Er stand gegen seinen Willen, auf Wunsch Görings, an der Spitze eines gewaltigen Apparates, der die Technik und Entwicklung vorantreiben, die Industrie und deren Ausbringungen lenken und für reibungsloses Ineinandergreifen aller weitverzweigten Teile sorgen sollte. Er mußte gegen die Intrigen Milchs, der als versierter Experte der Deutschen Lufthansa bald besser durchsah als Udet selbst, ankämpfen, er mußte sich mit den überspannten und überstürzten Forderungen Görings, Jeschonneks und dessen junger Berater, von denen die letzteren auf dem Papier alles besser konnten, auseinandersetzen, und er mußte versuchen, die Masse seiner Mitarbeiter, in erster Linie Ingenieure, unter einen Hut zu bringen. Das war zu viel für ihn.“

Am 1. Mai flog Udet nach Leipheim, um sich den motorisierten Gigant anzusehen, der mit vier französischen Gnome-et-Rhone-Triebwerken von je 720 PS am 21. April zum ersten Mal geflogen war. Die Lastenseglerversion hatte bereits am 21. Februar ihren

Erstflug gemacht. Die Vorführung in Leipheim bot ein buntes Bild. Der Flugplatz war mit Zelten, Karussells, Schaukeln und Buden als Rummelplatz getarnt. Viel Prominenz, darunter auch Goebbels, war erschienen, als 160 Soldaten in den riesigen Rumpf der Maschine kletterten. Einige Ungläubige sahen nach, ob nicht zumindest einige von ihnen auf der anderen Seite wieder ausstiegen. Die Vorführung war ein großer Erfolg, aber überschattet davon, daß der bekannte Segelflieger Otto Bräutigam bei der Erprobung des Giganten mit hundert Soldaten an Bord abgestürzt war.

Von Leipheim flog Udet nach Paris zu einer Besprechung mit Göring im Palais d'Orsay. Er führte seine Aktentasche für Geheimsachen mit sich, für die Schnittke verantwortlich war und in der für den Fall eines Fallschirmabsprunges oder einer Notlandung ein Zerstörzündsatz eingebaut war. Die Tasche barg Unterlagen, mit deren Hilfe er die durch den Rohstoffmangel bedingte aussichtslose Lage der Luftrüstung belegen wollte. Wie immer stieß er auf taube Ohren. Lediglich eine private Besorgung konnte er erfolgreich erledigen. Was er aus Paris, wo er bis zum 4. Mai blieb, mitbringen wollte, hatte er im Kalender notiert: Worcestershire-Sauce.

Am Abend des 10. Mai erhielt Udet einen Anruf vom Berghof. Hitler persönlich war am Apparat. Rudolf Heß war mit einer Bf 110, die er sich bei Messerschmitt besorgt hatte, in Augsburg gestartet und nach Schottland unterwegs. Hitler wollte wissen, ob er dieses Ziel erreichen könne. Udet erbat sich Bedenkzeit, rief nach einigen Minuten zurück und vertrat die Ansicht, daß Heß bei der herrschenden Wind- und Wetterlage wahrscheinlich vom Kurs abgetrieben werden würde. Das war freilich irrig, und am 12. Mai mußten sich Udet sowie Göring und Milch am Obersalzberg bei Hitler einfinden. Vorsichtshalber nahm er den Brief mit, in dem er Heß mitgeteilt hatte, daß er ihm in Hinkunft kein Flugzeug mehr zur Verfügung stellen werde.

Der von Hitler im Herbst verlangte Angriff auf Rußland stand nun unmittelbar bevor. Die Luftwaffe hatte in ihre Planung u. a. auch die tausend Maschinen vom Typ Me 210 einbezogen, die seinerzeit in Auftrag gegeben worden waren, als sich die Maschine noch im Projektstadium befunden hatte. Aber nach ununterbrochenen Versuchsflügen, die eineinhalb Jahre in Anspruch genommen hatten, gab es von der Me 210 nach wie vor lediglich einige Prototypen mit unzulänglichen Flugeigenschaften. Udet war macht- und hilflos und mußte sich darauf beschränken, Messerschmitt am 17. Mai schriftlich zu rügen.

Milch ging nunmehr von der ständigen Kritik zum offenen Angriff über. Am 22. Mai, einen Monat vor Beginn des Unternehmens Barbarossa, erschien er bei Göring, zählte in einem ausführlichen Vortrag alle Mißstände in Udets Amt auf und hob besonders die Versäumnisse bei der He 177 und der Me 210 hervor. Nun änderte auch Göring seine Haltung gegenüber Udet. Bereits am nächsten Tag ließ er den Generalluftzeugmeister kommen und kritisierte zum ersten Male seine Amtsführung. Für Udet war das ein unfaßbarer Vorgang; seine Vorstellungen von Anstand und Kameradschaft gerieten ins Wanken. Er hatte sich nicht in das Amt gedrängt. Übernommen hatte er es auf ausdrücklichen Wunsch Görings, der ihm jede Unterstützung zugesagt hatte. Sobald die ersten Schwierigkeiten aufgetaucht waren, hatte er sich wiederholt bei Göring eingestellt und ihn immer wieder auf die Unerfüllbarkeit der Rüstungsprogramme hingewiesen. Und nun überhäufte ihn der Mann, der alle seine Mahnungen achtlos beiseite geschoben hatte, mit Vorwürfen. Es war gekommen, wie er gefürchtet hatte: Er war zum Sündenbock ausersehen.

Noch gab er aber nicht auf und war entschlossen, sich zu verteidigen. Die nächste Gelegenheit schien sich zu bieten, als ihn Göring für den 6. Juni zu einer Besprechung auf den Obersalzberg bestellt hatte, zu der Udet in seiner Bf 110 flog. Weil das Wetter sehr schlecht war, hatte er aus Rechlin einen Funker angefordert, der im letzten Augenblick, als die Motoren der Bf 110 bereits liefen, in einer Ju 52 in Tempelhof eintraf. Schnittke mußte ihm während des Fluges an die Hand gehen, denn er kam mit dem Funkgerät nicht zurecht. Nach etwa einer Flugstunde fragte Udet: „Wo sind wir?“ Der Funker, Oberfeldwebel Axmann, meldete: „Herr Generaloberst, habe noch keine Funkverbindung, ich weiß nicht, wo wir sind.“ „Na, dann schnallt euch mal gut fest“, sagte Udet und stieß in einem Winkel von 60 Grad in die dichte Wolkendecke. Es wurde immer finsterer, dann rissen einige Wolkenfetzen auf, und schließlich rasten sie im Tiefflug über den Dächern von Salzburg dahin. Eine Steilkurve am Hang des Gaisberges, und dann landeten sie in Ainring.

Die Besprechung auf dem Obersalzberg verlief ohne Erfolg. Einmal mehr gelang es Udet nicht, mit seinen Hinweisen auf die Rohstoffknappheit Gehör zu finden.

Die nächste Auseinandersetzung hatte er nicht mit Göring, der keine neue Kritik vorbrachte, sondern am 11. Juni mit Milch, der in seiner Eigenschaft als Görings Stellvertreter von Udets Amt Produktionszahlen anforderte. Als sie Chefingenieur Lucht am nächsten Tag überbrachte, war Milch überzeugt, daß sie gefälscht seien, und sagte Göring, daß in Udets Amt Selbsttäuschung und Phantasie herrschen.

Das gleiche galt freilich auch für Hitlers Weisung vom 20. Juni, wonach die gesamte übrige Rüstungsproduktion zugunsten der Luftwaffe zu drosseln sei. Zwei Tage vor Beginn des Unternehmens Barbarossa war er fester denn je davon überzeugt, daß der Feldzug nur wenige Wochen dauern werde und daß daher schon jetzt die Zeit gekommen sei, für den künftigen Luftkrieg gegen England zu rüsten. Diese Entscheidung hatte eine schwerwiegende personelle Konsequenz: Milch nahm sie zum Anlaß, um von Göring die Unterzeichnung eines Schriftstückes zu erwirken, das ihn mit der Vervierfachung der Flugzeugproduktion beauftragte. Die unbeschränkte Vollmacht, die er damit erhielt, war gleichbedeutend mit einer fast ebenso unbeschränkten Entmachtung von Udets Amt. Wenn Milch in Hinkunft die oberste Verantwortung für die deutsche Luftrüstung trug, dann brauchte man keinen Generalluftzeugmeister mehr.

Völlig niedergeschlagen kam Udet am Abend des 21. Juni in Inge Bleyles Wohnung am Karolingerplatz und sagte: „Ich bin nur mehr ein Geist in Uniform.“ Am Morgen des nächsten Tages trat die Wehrmacht zum Angriff an der Ostfront an, und bereits einen Tag darauf begann Milch mit einer Marathonserie von Konferenzen über das Göring-Programm, wie er es nannte.

Udet nahm an ihnen gar nicht teil, aber er hatte noch nicht völlig resigniert. Er wußte um seine Fehler, doch er kannte auch die Fehler der anderen. Es war nicht seine Schuld, daß Messerschmitts Me 210 noch immer nicht einsatzbereit war, daß Heinkels He 177 ständig Feuer fing, daß Koppenbergs Ju 88 nicht die versprochene Reichweite hatte und Tanks Fw 190 oft nicht starten konnte, weil der Motor beim Rollen heißlief. So raffte er sich nun zu Taten auf, die seinem verbindlichen Naturell nicht entsprachen. Am 27. Juni schrieb er Messerschmitt einen Brief, in dem er Vorwurf an Vorwurf reihte: Eine Me 321 war aus unerklärlichen Gründen abgestürzt, bei der Bf 109 zeigten sich Verformungen der Tragflächen und Mängel am Fahrwerk, die Me 210 war nach wie vor voller Fehler. Eine Auseinandersetzung mit dem Chef der Flakartillerie, General Rüdel, beendete er damit, daß er bei Göring dessen Entlassung durchsetzte. Am 8. Juli hätte er sich mit Milch besprechen sollen, doch ohne ihn zu verständigen, flog er am 7. Juli ins Führerhauptquartier, wo sich Göring aufhielt. Er legte ihm sein Elch-Programm für die Luftrüstung vor, das die Zeitspanne bis zum Anlaufen von Milchs Göring-Programm überbrücken sollte. Wütend befahl ihm Milch aus Berlin telegraphisch die sofortige Rückkehr. Udet beachtete das Telegramm nicht und beschwerte sich bei Göring über Milchs Brutalität, worauf der Reichsmarschall seinen Stellvertreter wegen mangelnder Bereitschaft zur Zusammenarbeit rügte.

Aus diesen Führungskämpfen entfloh Udet an die Front. Am 9. Juli landete er auf dem Feldflugplatz von Minsk, wo Schnittke vergeblich auf die Suche nach Treibstoff ging. Udet, der in der Bf 110 geblieben war, sagte schließlich: „Paß mal auf, wie schnell wir Sprit bekommen." Dann stieg er mit den weithin sichtbaren weißen Generalsstreifen an der Hose auf die Tragfläche. Sofort blieb ein Kübelwagen stehen, dessen Fahrer fragte: „Herr Generaloberst, wo darf ich Sie hinfahren und kann ich weiter behilflich sein?" Bald erschienen zwei Fahrzeuge mit Treibstoff, und ein Hauptmann, der zuvor Schnittke noch barsch abgewiesen hatte, war persönlich beim

Tanken behilflich. Der kurze Ausflug an die Front hatte Udet ermuntert. Als er noch am gleichen Abend in Tempelhof landete, setzte er sein Käppi quer auf den Kopf, so daß man es mit einiger Phantasie für eine Kosakenmütze halten konnte. Als ihn sein Adjutant Pendele auf das falsch sitzende Käppi aufmerksam machte, warf er es nach einigen Kosakentanzsprüngen in die Luft und rief: „Schöne Grüße aus Rußland.“ Von Schnittke verabschiedete er sich mit den Worten: „Sie sollten schauen, daß Sie auch bald so eine Hose mit weißen Streifen bekommen, damit das Tanken besser klappt.“

Aber solche unbeschwerten Ausbrüche waren ebenso spärlich wie seine Anwandlungen von Tatkraft, mit denen er versuchte, aus seiner wachsenden Resignation auszubrechen. Walter Gollwitzer, den er aus seiner Schaufliegerzeit in den zwanziger Jahren kannte und der nun als Offizier in der Luftwaffe diente, besuchte ihn zu dieser Zeit im Reichsluftfahrtministerium. Udet empfing ihn mit den Worten: „Ich sage dir offen, meine Flügel sind beschnitten, mein Platz hier ist ein Gefängnis, was man von mir erwartet, ist Irrsinn. Ich habe mich von Göring überreden lassen, das Technische Amt zu übernehmen. Ich weiß nun genau, mein einstiger Geschwaderkamerad wollte mich nicht fördern, er hat mich nur gebraucht, um seine Stellung zu festigen. Hier gehe ich kaputt. Um mich sind Intrige, Falschheit und Gestapo. So endet mein freies und frohes Fliegerleben.“ Nach kurzem Schweigen fuhr er fort: „Es ist so, ich brauche Jäger und nochmals Jäger, aber man hat den Bau von Jagdflugzeugen gestoppt. Ich kann nicht mehr an einen Sieg glauben.“ Gollwitzer verließ ihn tief erschüttert.

Tatsächlich galt Udets Sorge mehr denn je den Jägern. Am 11. Juli hielt er eine Besprechung über die He 280 ab, an der außer Vertretern seines Amtes Professor Heinkel sowie dessen Mitarbeiter Meschkat teilnahmen, der anschließend eine Aktennotiz verfaßte, in der es hieß:

„Herr Generaloberst Udet erkundigt sich nach dem Stand der He 280. Die Frage des Interceptors sei außerordentlich dringend. Beim ersten Flug der He 280, der recht eindrucksvoll war, sei ihm das Triebwerk als klar geschildert worden. Er würde gerne und aufrichtig wissen, wann mit einem Fronteinsatz zu rechnen ist. Er hätte den Eindruck, daß wir im Mai schon einmal bedeutend sicherer waren. Die Lage sei z. Zt. so, daß man nur eine Entwicklung betreiben könnte, die dem Krieg noch zugute kommt. Wir hätten ja doch einen bedeutenden Stab von hochwertigen Leuten an dieser Aufgabe sitzen, den man besser auf andere Aufgaben verteilen könnte, wenn es sich zeigt, daß wir mit den Triebwerken nicht mehr rechtzeitig fertig werden.

Herr Generaloberst Udet erwartet, daß wir schnellstens einen Bericht einreichen, in dem wir nach eingehender Prüfung der Lage mitteilen, wann mit einem Fronteinsatz gerechnet werden kann."

Udet flog auch nach Peenemünde und sah sich den Raketenjäger Me 163 A an, den Alexander Lippisch entwickelt hatte und den Heini Dittmar vorführte. Wieder befahl er alle nötigen Maßnahmen zur raschen Entwicklung und ließ Göring Angaben über die Maschine vorlegen. Schließlich schrieb er Messerschmitt am 25. Juli neuerlich einen dringlichen und kritischen Brief, in dem er die Verzögerungen bei der Lieferung der Me 210 beklagte, die vielen Änderungen, die an der Maschine vorgenommen worden waren, beanstandete und besonders die Ausfälle erwähnte, die durch das offensichtlich fehlerhafte Fahrgestell eingetreten seien. Abschließend erklärte er, daß ihn diese Vorfälle zwängen, in Zukunft neue Typen Messerschmitts kritischer zu betrachten.

Zwischen diesen Aktivitäten begann er nun erstmals von Selbstmord zu sprechen. Einmal griff er bereits nach der Waffe, die ihm Inge Bleyle aus der Hand schlug.

Mysteriöserweise meldeten der „Daily Telegraph" und der „Daily Sketch" am 30. Juli seinen Tod, wobei sie sich auf verläßliche diplomatische Quellen beriefen. Demnach hätte er Selbstmord begangen, nachdem er wegen seines Widerstandes gegen den Feldzug in Rußland verhaftet worden sei. Amerikanische Blätter übernahmen die Meldung, und Goebbels veranstaltete daraufhin am nächsten Tag eine Pressekonferenz für Auslandskorrespondenten, auf der Udet 15 Minuten lang scheinbar amüsiert alle Fragen beantwortete.

Andere mysteriöse Dinge geschahen. Udet stand auf der Liste der Personen, deren Telephongespräche Göring durch sein „Forschungsamt“ abhören ließ. Als er eines Abends nach Hause kam, erwarteten ihn vor der Villa zwei Beamte der Gestapo, die Heydrich geschickt hatte. Sie durchsuchten im Beisein Udets das Haus und fanden Briefe an einen Freund in Schweden, wohin er zu einem Jagdausflug hatte fliegen wollen. Heydrich hegte den Verdacht, daß er in das neutrale Schweden habe fliehen wollen, ließ ihn beobachten und setzte ein Flugverbot durch.

Um die Situation zu bereinigen, ließ Udet durch seinen alten Kameraden Barnekow, der jetzt in seiner Adjutantur diente, einen mehrtägigen Jagdausflug mit Heydrich in der Nähe von Rechlin arrangieren. Das Flugverbot blieb aber aufrecht.

Das traf ihn schwer. Fliegen war buchstäblich sein Leben gewesen. Hanna Reitsch vertraute er an: „Dir kann ich es sagen, du wirst mich verstehen. Die anderen würden denken, ich bin verrückt. Das ist mein Ende. Lieber gebe ich alles andere auf, meine Uniform, meinen Rang. Aber ich muß wieder fliegen können. Ich kann es nicht länger aushalten.“

Er litt an zunehmender Schlaflosigkeit. Die RAF griff wiederholt Berlin an, und Nacht für Nacht hörte er das Heulen der Sirenen. Zu Freunden bekannte er in diesen Tagen: „Ich kann fliegen, aber organisieren kann ich nicht.“ Und dann: „Ihr werdet sehen, wohin sie uns noch führen. Es wird eine Zeit kommen, da werden wir, 40 Mann hoch, in einem Raum leben. Der Krieg ist verloren.“

Sein körperlicher Verfall trat nun offen zutage. Am 7. August mußte er Milch zu einem Besuch der Messerschmitt-Werke nach Augsburg begleiten, hielt sich aber im Hintergrund und ging apathisch durch die Werkhallen. Als er bald darauf in das Führerhauptquartier nach Ostpreußen befohlen wurde, saß am Steuer seiner He 111 GA+SV ein Zivilpilot. Auf dem Rückflug durfte er dann das Flugzeug eine Zeitlang selbst steuern.

Dem Verbot der Ärzte zum Trotz trank er nun wieder viel. Zu Inge Bleyle, die ihm Vorhaltungen machte und drohte, ihn zu verlassen, sagte er: „Ingelein, wer Sorgen hat, trinkt, und ich habe Sorgen." Auch sie konnte ihm nicht helfen und erzählte „Floh" Schneeberger, der sie in diesen Tagen besuchen kam, über Udets Sorgen, die auch die ihren waren.

Noch einmal raffte er sich zu einem Entschluß auf. Er wollte zurücktreten. Am 24. August fuhr er mit Inge Bleyle zu Göring nach Karinhall. Sie wartete im Hause, während die beiden Männer drei Stunden lang miteinander rangen. Göring ließ ihn nicht gehen, das Aufsehen wäre zu groß gewesen. Statt dessen schlug er vor, was er schon einmal empfohlen hatte: Udet solle einen längeren Erholungsurlaub nehmen und alles Milch überlassen. Auf der Heimfahrt sagte er: „Wie naiv ich war. Ich habe geglaubt, es geht nur um mich."

Am nächsten Tag meldete er sich krank, und Inge Bleyle fuhr mit ihm zum Anwesen des Staatsrates Dr. Hermann in Speck beim Müritzsee. Er war ein kranker und gebrochener Mann.

Sein erster Besucher war Milch, der Udets Unterschrift unter neue Produktionsprogramme verlangte. Angesichts der unbeschränkten Vollmacht, die Milch besaß, war das eine höchst überflüssige Geste, die eher der Einholung einer Kapitulation gleichkam. Keine Zustimmung holte Milch dagegen ein, als er den Chef der Abteilung G.L.1 „Technische Planung", Stabs-Ingenieur Tschersich, entließ und an seine Stelle Carl August Freiherrn von Gablenz, einen früheren Lufthansadirektor, berief. Gablenz hatte als erster Reserveoffizier der Luftwaffe den Rang eines Obersten erreicht und war nun Chef der Blindflugschule, nachdem er zuvor ein Transportgeschwader befehligt hatte. Milch schätzte seine Fähigkeiten, die er aus ihrer gemeinsamen Zeit bei der Lufthansa kannte. Die Brillanz dieses Mannes wurde auch vom Widerstand anerkannt; auf der Regierungsliste Dr. Goerdelers war Gablenz als Luftfahrtminister vorgesehen.

Udet wehrte sich nach der Rückkehr ins Amt zunächst erbittert gegen Gablenz, mußte dann aber dessen Bestellung ebenso hinnehmen wie die Entlassung von Generalmajor Ploch, den Milch nach Rußland an die Front versetzte.

Am 25. September tauchte Udets Name noch einmal in der amerikanischen Presse auf. In New York fand ein Prozeß gegen deutsche Industriespione statt. Einer der Angeklagten, Hermann Lang, naturalisierter Amerikaner deutscher Abstammung, früher bei der Carl L. Norden Company beschäftigt, gestand, im Frühjahr 1938 die Pläne des Norden-Zielgerätes nach Deutschland geschmuggelt und eine Unterredung mit Udet im Reichsluftfahrtministerium gehabt zu haben. Außerdem sagte William G. Friedmann, ein Beamter des FBI, aus, er habe gehört, daß Udet vor Jahren in Kalifornien eine Vorführung von Sturzbombern gesehen und daraufhin in Deutschland den Stuka entwickelt habe.

Das Flugverbot wurde nun aufgehoben. Als ihn Göring in sein Hauptquartier nach Ostpreußen berief, wo er bis 26. September blieb, durfte er wieder am Steuer seiner Siebel sitzen. Bei der Rückkehr von einem seiner Flüge konnte er wegen Nebels nicht in Tempelhof landen und wich nach Gatow aus, wo sich die Flugbereitschaft von Milch befand. Als er einen Wagen verlangte, um nach Berlin zu fahren, wurde er ihm verweigert. Solche Zwischenfälle waren die kleinen Anzeichen einer unhaltbaren Situation. Udet war zwar nach wie vor Generalluftzeugmeister, aber seine Aufgaben wurden längst von Milch wahrgenommen; er selbst war nicht viel mehr als ein ungebetener Gast in seinem eigenen Amt.

Am 2. Oktober erreichte die Me 163 A V 4 mit Heini Dittmar am Steuer über Peenemünde 1003 km/h oder Mach 0,84; zum ersten Male in der Geschichte der Luftfahrt war ein Mensch schneller als 1000 km/h geflogen. Das veranlaßte Udet neuerlich, die schnellste Entwicklung des Jägers zu verlangen, von dem er sich einen durchschlagenden Erfolg gegen die immer stärker werdende britische Bomberflotte erhoffte. Dr. Lippisch, der Konstrukteur der Maschine, mußte ihn allerdings darauf hinweisen, daß von Serienherstellung und Fronteinsatz der hochempfindlichen Maschine vorläufig keine Rede sein könne.

Zwei Tage nach dem denkwürdigen Flug der Me 163 hielt Milch die erste Besprechung im Minsterium ab, an der die neuen Mitarbeiter teilnahmen, die er über Udets Kopf hinweg im Amt des Generalluftzeugmeisters eingesetzt hatte. Mit der ihm eigenen Härte bestand Milch auch darauf, daß ihn Udet auf Fabriksbesuchen begleitete. Bei Dornier in Friedrichshafen und bei den Opelwerken in Frankfurt, die nun Ju 88 erzeugten, trat der Generalluftzeugmeister als gehorsamer Begleiter auf; zur Eröffnung der Flugmotorenwerke Ostmark in Wiener Neudorf bei Wien flog er am 28. Oktober allein. In der riesigen Werkanlage sollten monatlich tausend Jumo 222 hergestellt werden. Udet übernachtete in Wien im Hotel Sacher. Bevor man zu Bett ging, besuchte er die Marietta-Bar in der Spiegelgasse. Die Barinhaberin, Frau eines früheren Offiziers, bat ihn um eine Eintragung in das Gästebuch. Er lieferte ihr eine Zeichnung von grimmiger Ironie: Das eingenebelte Berlin, aus dem die Siegessäule als Orientierungspunkt für feindliche Bomber weithin sichtbar emporragte. Seine Verbitterung trat nun offen zutage. Er verließ die Bar in Begleitung von Dipl.-Ing. Ferdinand Brandner, der einer der Konstrukteure des Jumo 222 war und den er kaum kannte. Brandner schreibt darüber in seinem Buch „Ein Leben zwischen den Fronten“: „In den Morgenstunden begleitete ich Udet in das Hotel Sacher. Der Vollmond schien. Udet machte eine bittere Bemerkung, die ich nicht mehr in Worte fassen kann, aber sie kam einer Resignation gleich.“

Auch die Weser-Flugzeugwerke in Tempelhof besuchte Udet ohne Milch. Er kam unangemeldet und ließ sich vom schnell herbeigeholten Geschäftsführer erklären, daß 6000 Menschen in dem Werk arbeiteten, darunter nur 1600 Deutsche. Die übrigen waren Belgier, Franzosen, Dänen, Polen und Russen. Udet sagte nur: „Ja, kann denn das gutgehen?“ Im Russenlager blieb er vor einem Topf mit Kohlsuppe stehen und meinte: „Das kann doch kein Mensch essen.“ Unvermittelt wie er gekommen war, ging er wieder; es war sein letzter Werksbesuch.

Bereits am 21. Oktober waren im Reichsluftfahrtministerium vor rund 200 Vertretern der Luftfahrtindustrie die neuen Produktionspläne bekanntgegeben worden. Ausgearbeitet hatte sie Udets Amt, aber verkündet wurden sie von Milch. Wichtigste Neuerung: Bisher waren auf eine erzeugte FW 190 vier Bf 109 gekommen, nun sollte Focke Wulf dreimal soviel Jäger produzieren wie Messerschmitt.

Wütende Proteste der Vertreter der Bayerischen Flugzeugwerke wies Milch mit dem Bemerken zurück, diese Entscheidung habe nicht er, sondern Udet getroffen.

Am 7. November hatte Udet eine Unterredung mit dem Reichsmarschall, die sieben Stunden dauerte. Hitler hatte kurz zuvor Göring vorgeworfen, die Luftwaffe habe im Kampf gegen die RAF versagt. Nun gab er diesen Vorwurf in heftigster Form an seinen Generalluftzeugmeister weiter. Udet war nach der Aussprache so verstört, daß er nach Tempelhof fuhr, in seine Bf 110 stieg und eine volle Stunde lang ziellos über den Himmel jagte. Am nächsten Tag erschien er nicht im Amt, sondern flog am Abend zu seiner Mutter nach München. Er blieb nur wenige Minuten, behauptete, er sei auf der Durchreise, sprach fast nichts und sagte beim Abschied: „Ja, ich glaube, du hast alle Ursache, dir um mich Sorgen zu machen.“

Als Folge der Entscheidung vom 21. Oktober fand am 12. November im Reichsluftfahrtministerium eine Besprechung statt, bei der die Feindschaft Milchs und die falsche Freundschaft der Industriellen offen zum Ausbruch kamen. Fritz Seiler, der Finanzdirektor der Firma Messerschmitt, hatte hinter dem Rücken Udets Milch angerufen und ihm erklärt, daß die Umstellung in der Jägererzeugung zu einem Produktionsverlust von etwa 600 Maschinen führen würde. Außerdem habe Udet seine Entscheidung auf Grund falscher Unterlagen gefällt. Daraufhin hatte Milch die Besprechung einberufen, an der etwa 50 Mitarbeiter des Ministeriums teilnahmen; außerdem waren Messerschmitt und seine Direktoren Fritz Seiler und Rakan Kokothaki anwesend.

Die Sitzung begann damit, daß Seiler von Milch aufgefordert wurde, seine Behauptungen zu beweisen. Der Finanzdirektor Messerschmitts legte daraufhin einige Unterlagen mit dem Bemerken vor: „Hier sind die Beweise, daß Generaloberst Udet falsch informiert war.“

Völlig verblüfft erklärte Udet, daß er diese Vorgangsweise nicht für sehr kameradschaftlich halte. Ungerührt erwiderte Seiler, es sei auch nicht kameradschaftlich gewesen, die Produktionsumstellung zu verfügen, ohne vorher Messerschmitt zu informieren. Dann gab er Milch eine graphische Darstellung, aus der hervorging, daß die Umstellung zu einem Produktionsverlust von 600 Maschinen führen würde. Milch studierte sie sorgfältig, dann fragte er mit eisiger Stimme: „Warum hat mir nicht das Amt des Generalluftzeugmeisters eine solche Darstellung vorgelegt?" Udet schwieg. Die Firma eines seiner Freunde hatte das Material geliefert, mit dem ihn nun sein Feind öffentlich demütigte. Dazu hatte er nichts zu sagen.

Milch, der mit ihm spielte wie eine Katze mit der Maus, schlug ihm vor, mit ihm in der Siebel für ein paar erholsame Tage nach Paris zu fliegen, um „die freundschaftlichen Beziehungen wiederherzustellen". Udet lehnte ab. Als wolle er Abschied nehmen, begann er nun Besuche zu machen. Bei Emmi Göring zum Abendessen eingeladen, rührte er die Speisen nicht an und sagte: „Ich kann nicht, ich bringe keinen Bissen herunter. In mir ist nur noch Verzweiflung . . ." Dann fügte er hinzu: „Ich kann nicht mehr, gnädige Frau! Ich tue seit Monaten nichts mehr, was mir der ‚Eiserne' sagt." Zu Heinkel, dem er begegnete, meinte er: „Leben Sie wohl, in Warnemünde war es immer schön. Na, leben Sie wohl . . ." Bei Elly Beinhorn erschien er zu nächtlicher Stunde, nannte Namen von Männern, die einst seine Freunde und Gönner gewesen waren, und sagte, daß er sich eingekreist fühle und daß man ihn als Verräter an die Partei ausliefern wolle. Nachdem er gegangen war, rief er an und beschwor sie: „Du weißt doch, daß du alles vergessen mußt? Ich habe nichts gesagt, hörst du?"

Er konnte nicht mehr allein sein, behielt Galland bis spät in die Nacht bei sich, schilderte ihm seine verzweifelte Lage, beklagte sich über die Vorwürfe, mit denen man ihn überhäufte, und sprach von den großen Hoffnungen, die er in die Düsenjäger gesetzt hatte.

Am 13. November besuchte er Angermund, der einige Tage zuvor ins Krankenhaus eingeliefert worden war.

Am Samstag, dem 15. November, in den Abendstunden, besuchte ihn Ploch, sein ehemaliger Chef des Stabes, der von der Rußlandfront kam, in der Stallupöner Allee. Pendele, Udets Adjutant, kam auch dazu. Eine Zeitlang hatte Udet mit dem Gedanken gespielt, um ein Frontkommando zu ersuchen. Ploch riet ihm energisch davon ab, berichtete von den ersten winterlichen Rückschlägen in Rußland und von dem Treiben der Einsatzkommandos der SS hinter der Front.

Am Sonntag, dem 16. November, um 11 Uhr läutete das Telephon in der Villa. Es war Erich Baier, der in das Ingenieurkorps der Luftwaffe eingetreten war und am Montag vereidigt werden sollte. Er kam aus Hamburg, und sein erster Anruf hatte Udet gegolten, der ihm sagte: „Baier, Sie müssen natürlich kommen. Sehen Sie, daß Sie ein Taxi auftreiben, wenn nicht, lasse ich Sie abholen.“ Baier traf ein und begrüßte den Herrn Generaloberst, der ihm sagte: „Lassen Sie den General. Ich bin Udet.“ Nachdenklich fügte er hinzu: „Daß ausgerechnet Sie an diesem Tag kommen.“ Baier war ein wenig verwundert; er wußte nicht, was an diesem Tag so besonders sei. Dann rief Udet Inge Bleyle an: „Komm so schnell wie möglich hierher, wir kommen dir entgegen.“ Sie trafen sich in der Heerstraße und fuhren gemeinsam zurück zur Villa zum Mittagessen. Danach saßen die beiden Männer bei Kognak und Zigarren lange beisammen und sprachen von alten Zeiten, von den Flugtagen, von Afrika, Grönland und Amerika. Kein Wort der Klage oder der Verzweiflung fiel, aber beim Abschied waren beide tief bewegt. Nachdem Baier gegangen war, sagte Udet: „Wie schade, ich habe vergessen, ihm die Kiste Zigarren zu geben, die ich ihm schenken wollte.“ Als Inge Bleyle meinte, Baier werde ja wiederkommen, antwortete er: „Er kommt nicht mehr zurück. Ich werde ihn nie wieder sehen.“ Bewegt sagte sie: „Du bist aber seltsam heute.“ Darauf Udet: „Ja, da geht mein letztes Stück Freiheit, aus der Zeit, wo man noch tun konnte, was man wollte.“ Darauf begann er haltlos zu weinen: „Ich muß es dir sagen. Heute sind wir zum letzten Mal beisammen. Morgen bist du eine Witwe.“ Erregt und erschüttert wies sie ihn zurecht: „Ich höre dir nicht zu. Ich kann nicht. Das sagst du immer . . .“ Er hörte nicht auf sie und erzählte ihr lange von seinen Sorgen im Amt, bis sie schließlich vom Dienstmädchen unterbrochen wurden, das zum Abendessen rief.

Es wurde ein bedrückendes Mahl. Eine Ente wurde serviert, und Udet meinte: „Gestern hat sie noch gelebt. So geht es vielen. Heute leben sie noch, morgen sind sie tot." Vergeblich versuchte Inge Bleyle ihn abzulenken. Er bestand darauf, daß seine Entscheidung endgültig sei, und erklärte ihr, was sie nach seinem Tode zu tun habe. Um ihn auf andere Gedanken zu bringen, schlug sie einen Besuch bei Freunden, der Familie Winter, vor. Sie hatten angerufen, und nach langem Zögern ließ sich Udet überreden, sie aufzusuchen.

Er schien nun seine Ruhe gefunden zu haben, spielte mit den Kindern und sang ihnen ein Liedchen vor: „Morgen werdet ihr den Onkel nicht mehr sehen."

Auch die Winters hatten Ente zum Abendessen, Udet nahm ein Stück und sagte: „Eine dritte Ente werde ich in diesem Leben nicht mehr essen." Er trank ein Glas Kognak nach dem anderen, und als ihn Inge Bleyle bat, aufzuhören, wies er sie mit den Worten zurück: „Vor einem schwierigen Flug habe ich immer getrunken."

Schließlich brachte er sie nach Hause. Sie war so erschöpft und am Rande ihrer Kräfte, daß sie nicht mehr in die Villa kommen wollte. In ihrer Wohnung saß er lange schweigend da, starrte vor sich hin und verließ sie schließlich.

Er fuhr nach Tempelhof, wo Schnittke in seinem Zimmer saß und an einem Modell der Siebel bastelte. Gemeinsam gingen sie durch die große Flugzeughalle. Bei seiner alten Fh 104 blieb Udet stehen und meinte: „Morgen fliegt Dr. Brühl mit Oberleutnant Geyer unsere Siebel." Er stieg in die Maschine, nahm aus der Bar eine Kognakflasche, hielt sie, ohne nach einem Glas zu greifen, Schnittke hin und sagte: „Trink." Unvermittelt fügte er hinzu: „Bald wird meine Mutter kommen. Kümmere dich um sie." Er strich über die Tragfläche der Maschine, gab dem Bordwart zum Abschied die Hand, griff dabei nach einer roten Signierkreide, die in Schnittkes Brusttasche steckte, und nahm sie zu sich. Von Tempelhof fuhr er in die Stadt und dort durch die Straßen und von einem Platz zum anderen, bis 3 Uhr früh. Vor Horcher blieb er lange stehen. Es war lange her, seit er zum letzten Male seine offene Rechnung bezahlt hatte; sie belief sich nun auf 32.000 Mark.

Als er in der Stallupöner Allee eintraf, erwartete ihn vor dem Hause im Wagen sitzend sein alter Kamerad Raven v. Barnekow. Es wurde ein seltsamer Abschied. Barnekow sagte: „Udlinger, du wirst doch nicht ...“, fuhr aber davon.

In der Villa empfing ihn der Haushälter Peters mit der Mitteilung, daß Barnekow die ganze Nacht auf ihn gewartet habe. Dann fragte er, wann der Herr Generaloberst das Frühstück wolle und ob er sich ins Ministerium begeben werde. Udet fuhr ihn an: „Nein, ich gehe nicht ins Ministerium. Und lassen Sie mich mit dem Frühstück in Ruhe.“

Er rief dann Inge Bleyle an und bat sie, zu kommen. Sie lehnte ab und versprach, zum Frühstück bei ihm zu sein.

Der Bar hatte er eine Flasche Kognak entnommen. Dann muß er nach oben gegangen sein, sich entkleidet und seinen roten Bademantel angezogen haben. Ein anderer Weg muß ihn zum Gewehrkasten geführt haben, dem er seinen mexikanischen 21-Millimeter-Colt entnahm. Neben dem Kasten stand der Käfig mit dem Wellensittich, dem er einst in unbeschwerten Tagen beigebracht hatte, mit einem Tischtennisball Fußball zu spielen.

Oben im Schlafzimmer fand man auf dem Nachttisch ein Buch, dessen Lektüre er offenbar begonnen hatte: „Die farbige Front.“ Mit Schnittkes roter Signierkreide schrieb er nun an die Stirnwand des Bettes in unsicherer Schrift einen letzten Gruß an Inge Bleyle, Vorwürfe gegen Milch und Gablenz und die Anklage gegen Göring: „Eiserner, Du hast mich verlassen!“

Die Kognakflasche muß schon fast leer gewesen sein, als er vom Telephon neben seinem Bett noch einmal Inge Bleyle anrief. Sie versprach neuerlich, zum Frühstück da zu sein.

„Nein, komm nicht, es ist zu spät“, sagte er. Und dann: „Niemanden habe ich mehr geliebt als dich.“

„Erni, bitte warte, ich bin gleich bei dir!“ rief sie ins Telephon. Da hatte er aber bereits abgedrückt.

Der Schuß, der seinem Leben ein Ende bereitete, fiel gegen neun Uhr früh. Man schrieb den 17. November 1941. Den grauen, nebelverhangenen November hatte er stets gehaßt.

Nachruf

„Was werden Sie von mir sagen – wenn ich tot bin?"
Carl Zuckmayer, „Des Teufels General", 3. Akt

Was ist von Ernst Udet geblieben? Das Dritte Reich war bemüht, ihn schnell zu vergessen. Das Staatsbegräbnis, die Anwesenheit Adolf Hitlers und die Trauerrede Hermann Görings waren nur Fassade und Täuschung in einer Stunde, in der sich die erste Niederlage der bis dahin unbesiegten Wehrmacht abzuzeichnen begann.

An jenem 21. November 1941, an dem die sterblichen Überreste Udets in die Erde des Invalidenfriedhofes gesenkt wurden, standen die Angriffsspitzen des deutschen Heeres erschöpft, ohne Winterbekleidung, ohne Munition und Treibstoff vor Moskau. Zur gleichen Zeit bereiteten sich auf der anderen Seite des Erdballs, in Japan, die Piloten der Flugzeugträgerverbände zum Angriff auf Pearl Harbor vor. Weniger als einen Monat später stand Deutschland im Kampf gegen eine Allianz, die keine Macht der Erde zu besiegen vermochte.

Hermann Göring, dem die letzten Vorwürfe Udets gegolten hatten, bevor er aus dem Leben schied, hielt seinerseits mit Anklagen nicht zurück. Noch am 9. Oktober 1943 sagte er in einer Besprechung auf dem Obersalzberg: „Wenn ich nur eine Erklärung dafür finden könnte, was sich Udet eigentlich gedacht hat. Er hat unsere Fliegerei in ein vollkommenes Chaos hineingeführt. Wenn er heute noch lebte, müßte ich sagen: Sie sind der Zerstörer der Luftwaffe!"

Ein Kriegsgerichtsverfahren, das Göring einleiten hatte lassen, war freilich eingestellt worden, denn es hätte ergeben, daß er selbst als Oberbefehlshaber noch in weit größerem Maße versagt hatte als sein Generalluftzeugmeister.

Mehr Erfolg als die Justizbehörden beim Aufdecken von Udets Schuld hatten die Sicherheitsbehörden beim Verbergen der wahren Umstände seines Todes. Selbst seine Mutter glaubte einige Zeit, ihr Sohn sei tatsächlich einem Unfall zum Opfer gefallen, bis ihr Inge Bleyle die Wahrheit sagte.

Paula Udet starb am 1. November 1949 in Rottweil. Gleich ihr haben viele Weggefährten ihres Sohnes das Ende das Zweiten Weltkrieges überlebt.

Lo Udet, geborene Zink, wiederverehelichte Wolff-Bühring, starb im April 1947. Inge Bleyle lebt heute in München.

Walter Kleffel kam nach seiner Entlassung aus dem Konzentrationslager doch noch zur Wehrmacht. In der Fallschirmtruppe stieg er vom einfachen Soldaten zum Major auf und wurde mehrfach verwundet. Nach dem Kriege lebte er in Hamburg, wo er um die Mitte des Jahres 1977 starb.

Überlebt haben auch die beiden Männer, die Udet jahrelang auf seinen Flügen begleitet haben und die er beide an seinem Todestag noch einmal gesehen hat.

Erich Baier überstand den Krieg und lebt heute in Kassel. Kurt Schnittke war am 10. April 1945 in einem Fieseler-Storch mit Generalstabsingenieur Roluf Lucht am Steuer unterwegs gewesen. Bei Vienenburg in der Nähe von Goslar wollten sie landen, ohne zu wissen, daß General Pattons Truppen bereits in der Nähe waren. Von Feuerstößen einer amerikanischen Vierlingsflak getroffen, ging der Storch in Flammen auf, und Lucht sank mit aufgerissener Schädeldecke im Pilotensitz zusammen. Schnittke griff nach dem Steuerknüppel und vermochte die brennende Maschine auf einem Bahndamm aufzusetzen. Während Benzinkanister und Leuchtspurmunition explodierten, wälzte er sich mit letzter Kraft aus dem Fenster. Nachdem ihn herbeigeeilte Eisenbahner aus den Flammen befreit hatten, lag er mehr als ein Jahr mit Verbrennungen zweiten und dritten Grades im Lazarett. Er hatte nur deshalb so lange in den Flammen aushalten können, weil er einen schweren, langen Ledermantel trug. Es war der Mantel seines einstigen Chefs, den ihm Paula Udet nach dem Tod ihres Sohnes gegeben hatte.

Nach der Kapitulation im Mai 1945 wurden nach und nach die ungeklärten Fälle des Dritten Reiches aufgedeckt und damals erfuhr die Öffentlichkeit zum ersten Mal die wahren Umstände von Udets Tod. Als bald darauf, zunächst vereinzelt, dann in immer rascherer Folge, die Erinnerungen der Hauptakteure dieser Zeit erschienen, gab es kaum einen, der nicht über Begegnungen mit Udet berichtete und Ansichten über seinen Tod äußerte. Sobald diese Memoirenflut abgeebbt war, wurde es still um ihn.

Die Bundeswehr gedenkt seiner kaum. Für die Militärs ist er über den Tod hinaus ein Außenseiter geblieben. In der Erinnerung der Flieger lebt er fort als Zeuge einer Zeit, die unwiederbringlich dahin ist. Spaceshuttle und Astronauten im Raumanzug sind für die interessierte Öffentlichkeit an die Stelle des knallroten Flamingos und der Klemm getreten, in der einst Professor Canaros saß.

Mehr als zwanzig Jahre nach seinem Tode wurde dann das, was von Ernst Udet noch geblieben war, im buchstäblichen Sinne ausgelöscht.

Am 25. März 1973 veröffentlichte die „Welt am Sonntag" einen Bericht von Claudia Kühn:

„Der Invalidenfriedhof im heutigen Ost-Berlin, Pflegestätte nationaler Erinnerungen, zu den letzten Relikten von Preußens Gloria gehörend, existiert nicht mehr. Wo einst in gepflegten Anlagen die Träger klingender Namen ihre letzte Ruhestätte gefunden hatten, Volkshelden aus Fibel und Geschichtsbuch, Männer aus heroischer Zeit, finden sich heute umgestürzte Grabsteine zwischen Haufen von Papier und Abfall.

Was als Plan der Ostberliner Behörden schon vor einiger Zeit in den Westen durchgesickert war, ist nun Wirklichkeit. Das Stadtgartenamt jenseits der Mauer schafft vollendete Tatsachen. Der Invalidenfriedhof wird bis auf wenige Grabstätten eingeebnet. Bislang ist schon ein beträchtlicher Teil der Anlage Bagger und Spitzhacke zum Opfer gefallen. Verschwunden sind die Gräber von

Generalfeldmarschall Graf von Schlieffen, berühmter Stratege der Wilhelminischen Zeit, bekannt als Feldherr ohne Krieg;

Generaloberst Ernst Udet, erfolgreicher Kampfflieger des Ersten

Weltkrieges und enttäuschter Luftwaffeninspekteur des Dritten Reiches, der den Freitod wählte;

Oberst Werner Mölders, hochdekorierter Jagdflieger der ersten Jahre des Zweiten Weltkriegs."

Es blieb einem Dichter vorbehalten, Ernst Udet ein Denkmal zu setzen, das nicht vergehen wird. Carl Zuckmayer hat in seinen Erinnerungen beschrieben, wie er im Dezember 1942, ein Jahr nach Erhalt der Todesnachricht, in seinem Farmhaus in den verschneiten Bergen Vermonts daranging, „Des Teufels General" zu schreiben. Er glaubte damals, es werde das erste Stück sein, das er für die Schublade verfasse, doch heute gibt es kaum eine deutsche Bühne, die dieses Drama nicht gespielt hat, und seine Verfilmung und das Fernsehen haben es Millionen von Menschen nahegebracht.

In einem Brief an den Autor dieser Biographie hat Carl Zuckmayer am 15. Februar 1969 aus der Abgeschiedenheit der Bergwelt von Saas-Fee noch einmal zu der Figur Stellung genommen, die einst in der Bergeinsamkeit von Vermont entstand, und geschrieben:

„Ich möchte darauf hinweisen, daß die Person Ernst Udets mich zwar zu der Gestalt des Generals Harras angeregt hat, jedoch keineswegs ein lebensechtes Porträt Udets darstellt. Harras ist eben keine biographische, sondern eine dramatisch erfundene Figur. Gewisse Grundzüge seines Wesens stimmen mit denen von Udet überein, aber es ist keine Modellarbeit."

So wird die Erinnerung an Ernst Udet bis heute am stärksten in einer Figur wachgehalten, die halb Legende, halb Wirklichkeit ist.

Aber sein Leben bedarf der Überhöhung durch die Legende nicht. Schlicht und einfach erzählt, ist es die zeitlose Geschichte vom Menschen und den Mächten, die ihn formten und zerstörten, von Schuld und Sühne, die ihm das Schicksal bereitet, eine Erinnerung an Wahrheit und Weisheit der Worte, die wir einst auf der Schulbank lernten:

Noch Keinen sah ich fröhlich enden,
Auf den mit immer vollen Händen
Die Götter ihre Gaben streu'n.

BIBLIOGRAPHIE

Die Bibliographie bringt eine Auswahl der wichtigsten vom Autor benützten Werke. Neben weiteren Werken zur Zeitgeschichte und zur Geschichte der Luftfahrt wurden einschlägige Berichte aus der Tages- und Fachpresse verarbeitet; Zitate sind im Text ausgewiesen.

Allen, H. R.: *Who won the Battle of Britain?* London, 1974.

Anders, K. und Eichelbaum, H.: *Wörterbuch des Flugwesens*. Leipzig, 1937.

Angot, E. und de Lavergne, R.: *Le Général Vuillemin*. Paris, 1965

Baeumker, Adolf: *Zur Geschichte der Führung der deutschen Luftfahrttechnik*. Bad Godesberg, 1971

Balchen, Bernt: *Come North with Me*. New York, 1958

Beinhorn, Elly: *... so waren diese Flieger*. Herford, 1966

Bender, R. J.: *Air Organisations of the Third Reich*. Mountain View, 1967

– *The Luftwaffe*. Mountain View, 1972

Bodenschatz, Karl: *Jagd in Flanderns Himmel*. München, 1935

Bongartz, Heinz: *Luftmacht Deutschland*. Essen, 1939

Bordeaux, Henry: *La vie héroique de Guynemer*. Paris, 1918

Brandner, Ferdinand: *Ein Leben zwischen Fronten*. München, 1974

Buckler, Julius: *Malaula!* Berlin, 1939

Conradis, Heinz: *Forschen und Fliegen*. Göttingen, 1959

Dietrich, Richard: *Im Flug über ein halbes Jahrhundert*. Gütersloh, 1942

Fanck, Arnold: *Stürme über dem Montblanc*. Basel, 1931

– *SOS Eisberg*. München, 1933

Farago, Ladislas: *The Game of the Foxes*. New York, 1971

Galland, Adolf: *Die Ersten und die Letzten*. Darmstadt, 1953

Georgii, Walter: *Forschen und Fliegen*. Tübingen, 1954

Gilles, J. A.: *Flugmotoren 1910 – 1918*. Frankfurt, 1971

Göring, Emmy: *An der Seite meines Mannes*. Göttingen, 1967

Gray, Peter und Thetford, Owen: *German Aircraft of the First World War*. London, 1970

Green, William: *Warplanes of the Third Reich*. London, 1970

Heinkel, Ernst: *Stürmisches Leben*. Stuttgart, 1953

Herlin, Hans: *Udet, eines Mannes Leben*. Hamburg, 1958

Hess, Ilse: *Ein Schicksal in Briefen*. Leoni, 1977

Hoeppner, Ernst von: *Deutschlands Krieg in der Luft*. Leipzig, 1921

Imrie, Alex: *Pict. History of the German Army Air Service*. London, 1971

Irving, David: *Die Tragödie der Deutschen Luftwaffe*. Frankfurt, 1970

Ishoven, Armand van: *Messerschmitt.* Wien, 1976
– *Udet Flamingo.* Windsor, 1973
Italiaander, Rolf: *Wolf Hirth erzählt.* Berlin, 1935
Kesselring, Albert: *Soldat bis zum letzten Tag.* Bonn, 1953
Kiaulehn, Walther: *Berlin.* München, 1958
Knightley, Phillip: *The First Casualty.* London, 1975
Lange, Bruno: *Das Buch der Deutschen Luftfahrttechnik.* Mainz, 1970
Lewis, Cecil: *Sagittarius Rising.* London, 1936
Lindbergh, Charles. A: *The Wartime Journals of Charles Lindbergh.* New York, 1970
Lochner, Wolfgang: *Als die Luftfahrt noch ein Abenteuer war.* München
Meyer, Otto: *Zur Geschichte des Luftverkehrs.* Augsburg, o. J.
Nebel, Rudolf: *Die Narren von Tegel.* Düsseldorf, 1972
Neumann, G.: *Die Deutschen Luftstreitkräfte im Weltkriege.* Berlin, 1921
Osterkamp, Theo: *Durch Höhen und Tiefen jagt ein Herz.* Stuttgart, 1952
– *Tragödie der Luftwaffe?* Neckargemünd, 1971
Polte, Willy: *Und wir sind doch geflogen!* Gütersloh, 1940
Radenbach, F.: *Gottlob Espenlaub, ein Fliegerleben.* Stuttgart, 1942
Reitsch, Hanna: *Fliegen – mein Leben.* Stuttgart, 1951
Rickenbacker, Eddie: *Autobiography.* London, 1968
Rieckhoff, Heinz: *Trumpf oder Bluff?* Genf, 1945
Ries, Karl: *Luftwaffe, geheimer Aufbau 1919 – 1935.* Mainz, 1970
– *Luftwaffen Story 1935 – 1939.* Mainz, 1974
Robertson, Bruce, Hsg.: *Air Aces of the 1914 – 1918 War.* Letchworth 1959
Shirer, William: *The Rise and Fall of the Third Reich.* New York, 1960
– *Berlin Diary.* London, 1941
Speer, Albert: *Inside the Third Reich.* London, 1970
Sorge, Ernst: *Mit Flugzeug, Faltboot und Filmkamera in den Eisfjorden Grönlands.* Berlin, 1933
Stehlin, Paul: *Témoignage pour l'Histoire.* Paris, 1964
Steinhoff, Johannes: *In letzter Stunde.* München, 1974
Supf, Peter: *Das Buch der deutschen Fluggeschichte.* Band I: Stuttgart, 1956. Band II: Stuttgart, 1958.
Thomas, L. and Jablonski, E.: *Doolittle, a Biography.* New York, 1976
Thorwald, Jürgen: *Ernst Udet: ein Fliegerleben.* Berlin, 1954
Trautloft, Hannes: *Horridoh!* München, 1953
Trevor-Roper, H. R. Hsg.: *Hitler's War Directives,* New York, 1964
Udet, Ernst: *Kreuz wider Kokarde.* Berlin, 1918
– *Hals- und Beinbruch!* Berlin, 1928
– *Fremde Vögel über Afrika.* Bielefeld, 1932
– *Mein Fliegerleben.* Berlin, 1935

Völker, Karl-Heinz: *Die Entwicklung der militärischen Luftfahrt in Deutschland 1920 – 1933.* Stuttgart, 1962
– *Die deutsche Luftwaffe 1933 – 1939.* Stuttgart, 1967
– *Dokumente und Dokumentarfotos zur Geschichte der deutschen Luftwaffe.* Stuttgart, 1968
Waldhausen, Hans: *Ernst Udet, vom Zauber seiner Persönlichkeit.* Neckargemünd, 1972
Williams, Al: *Airpower.* New York, 1940
Winterbotham, F. W.: *The Ultra Secret.* London, 1974
Zuckmayer, Carl: *Meisterdramen.* Frankfurt, 1966
– *Als wär's ein Stück von mir.* Göttingen, 1968

Jahrbücher

Die Deutsche Luftfahrt. Hrg. Dr. Heinz Orlovius. 1936 bis 1941, Frankfurt
Jahrbuch der deutschen Luftwaffe, Hrg. Dr. Eichelbaum. 1937 bis 1941, Leipzig
Jane's All The World's Aircraft. Hrg. C. G. Grey und Leonard Bridgman. 1914 bis 1941, London

SONSTIGE QUELLEN

a) Personen

Zahlreiche Informationen ergaben sich aus den Interviews und der Korrespondenz mit einem großen Kreis von Personen, von denen nachstehend nur jene angeführt sind, die für das Buch von besonderer Wichtigkeit waren. Ihnen und ebenso den hier nicht Genannten fühlt sich der Autor aufrichtig zu Dank verpflichtet.

Gerd Achgelis, Marion Adam, Gebhard Aders, Walter Angermund, Erich Baier, Bernt Balchen, Richard Bateson, Arno Bäumer, Elly Beinhorn, Josef von Berg, Walter Bönig, Peter Bowers, Chaz Bowyer, Inge Bleyle, Else Braun, Georg Brütting, Gert Buchheit, Clemens Bücker, Harry von Bülow, Charles Cain, Hans Caspari, Wulf-Dieter Graf zu Castell, Ary Ceelen, Frank Courtney, Kurt Delang, Eugen Dietschi, Oskar Dimpfel, Walter Dollfus, James Doolittle, Hans Ebert, Wolfram Eisenlohr, John Ellingworth, Wolfgang Falck, Arnold Fanck, Gerhard Fieseler, Carl Francke, Paula Freifrau von Gablenz, Adolf Galland, Walter Gollwitzer, Traute Grether, Wolfgang von Gronau, Peter Grosz, Ruth Günther, R. Gurra, Fred Haubner, Carl Heeg, Hellmut Herb, Hans von Hippel, Clara Hirth,

Max Holtzem, Gerhard Hubricht, Gerhard Hümmelchen, Pit van Husen, David Irving, Hans Jacobs, Fritz Jacobsen, Kurt Jentkiewicz, Werner Junck, Helmuth Kaden, Josef Kammhuber, Hans Kilian, Clara Klein-Bader, Walter Kleffel, Rakan Kokothaki, Ferenc Kovacs, Adolf Krogmann, Hans-Joachim Kroschinski, Bruno Lange, Otto Lindpaintner, Alexander Lippisch, Gisela Lusser, Hans Justus Meier, Erich Meindl, Fritz Morzik, Rudolf Nebel, Gerhard Nitschke, Maria Gräfin Orssich, Theo Osterkamp, Georg Pasewald, Otto Pausinger, Rudolf Pischl, Peter Raabe, Willy Radinger, Thea Rasche, Gottfried Reidenbach, Hanna Reitsch, Peter Riedel, Karl Ries, Oskar von Römer, Leo Roth, Oskar Rumler, Wilhelm Sachsenberg, Bona Schaller, Hanfried Schliephake, Kurt Schnittke, Carl von Schönebeck, Paul Skogsted, Jacob Spalinger, Heinz Starke, Paul Stehlin, Willy Stör, Paul Strähle, John Stroud, Hans Stuck, Dix Terne, Harold Thiele, Johannes Thinesen, Luis Trenker, Walter Vetter, Woldemar Voigt, G. Voss, Wolfgang Wagner, Hubert Wähner, Hans, Waldhausen, Erich Warsitz, Andreas Weise, Martin Windrow, Laszlo Winkler, Hermann Wurster, German Zettel, Carl Zuckmayer.

Zu besonderem Dank für praktische Hilfe bei der Vorbereitung dieser Arbeit bin ich weiters folgenden Herren verpflichtet: Georges van Acker, Ewald Delbaere, Jean Dillen, André Maes, Robert Rombaut.

b) Institutionen

Dank gilt ferner folgenden Institutionen für gewährte Hilfe:
Abteilung der Militärflugplätze, Dübendorf;
Aero-Club Argentino, Buenos Aires;
Bayerisches Hauptstaatsarchiv, München;
Bayerisches Kriegsarchiv, München;
Bayerische Motoren Werke AG, München;
Berlin Document Center, Berlin;
Bibliothek für Zeitgeschichte, Stuttgart;
Bundesarchiv Freiburg;
Bundesarchiv Koblenz;
Circulo de Aeronautica, Buenos Aires;
Cross and Cockade, California;
Cross and Cockade, England;
Deutsches Museum, München;
Deutsche Staatsbibliothek, Berlin;
Dornier AG, München;

Imperial War Museum, London;
Library of Congress, Washington;
Lufthansa, Köln;
Musée de l'Air, Paris;
National Archives and Press Services, Washington;
Royal Air Force College, Cranwell;
Verein Alte Adler, Weinheim.

BILDNACHWEIS

Archivo General de la Nacion, Buenos Aires: 22
The Associated Press, Berlin: 46, 65, 68, 73, 76, 79
AZ-Bilderarchiv, Wien: 74
Belgapress, Brüssel: 75
Bundesarchiv Koblenz: 9, 10, 11, 14, 21, 43
Photos „Dede", Brüssel: 51, 54, 64
Dornier-Pressestelle, München-Neuaubing: 77
B. Johannes (Beckert), Partenkirchen und Garmisch: 26
Keystone View Company, Berlin: 67
Lufhansa-Archiv: 34, 44, 48, Umschlagfoto
Messerschmitt AG: 71
Musée de l'Air: 60
Service Photographique der New York Times, Paris: 66
Nordmark-Film, Kiel: 33
Österreichisches Institut für Zeitgeschichte, Wien: 12
photopress, Zürich: 53, 61, 62, 63
Bona Schaller, Berlin: 29, 40, 45, 47, 49, 50, 55, 56, 57, 58, 69
Römer via Archiv Schliephake: 16, 20, 32
K. Schnittke: 72
Schocher, Pontresina: 42
Sipho, Brüssel: 52
Sammlung Udet: 2, 3, 5, 7, 13, 17, 18, 19
US Air Force: 37, 39

Alle nicht zitierten Fotos stammen aus dem Archiv des Autors.

PERSONENREGISTER